EL FRANQUISMO
Y LA CONMEMORACIÓN A SUS CAÍDOS
(1938-1959)

Serie: Historia y sociedad nº 242

JIMÉNEZ DE CISNEROS TARATIEL, Francisco Javier

El franquismo y la conmemoración a sus caídos (1938-1959) / Francisco Javier Jiménez de Cisneros Taratiel. Valladolid: Ediciones Universidad de Valladolid, 2024

372 p. ; 24 cm. (Historia y sociedad ; 242)

ISBN 978-84-1320-316-4

1. Franquismo. 2. Víctimas de guerra. 3. España -- Política y gobierno -- 1939-1975. I. Universidad de Valladolid, ed. II. Serie

316.346.36-053.99:94(460).093
94(460).093:316.346.36-053.99

FRANCISCO JAVIER JIMÉNEZ DE CISNEROS TARATIEL

EL FRANQUISMO Y LA CONMEMORACIÓN A SUS CAÍDOS (1938-1959)

EDICIONES
Universidad de Valladolid

En conformidad con la política editorial de Ediciones Universidad de Valladolid (http://www.publicaciones.uva.es/), este libro ha superado una evaluación por pares de doble ciego realizada por revisores externos a la Universidad de Valladolid.

Índice

INTRODUCCIÓN

El presente trabajo es un estudio del culto y de las diferentes conmemoraciones que hace el franquismo a sus caídos tras la guerra civil en España, y se estudiará a través de los monumentos que se levantaron por toda la geografía española, y de los diferentes actos que se hicieron en recuerdo de los fallecidos en determinados días señalados en el calendario; y también se utilizará la prensa como una gran fuente de información que nos dará valiosísimos datos para comprender todo el universo simbólico que se construirá en torno a la figura de los caídos. El marco cronológico parte desde 1938, puesto que comienza en esa fecha la tramitación de los permisos para poder erigir monumentos a los fallecidos, y hasta 1959, que es cuando se producen las últimas peticiones para erigir monumentos y se inaugura el Valle de los Caídos en el Escorial, que fue el gran proyecto del régimen franquista.

Los estudios elaborados sobre el tema frecuentemente tienen una carga ideológica: los que son realizados durante el régimen franquista se relacionan con toda una política de propaganda, recuerdo y culto que hizo el régimen a sus caídos después de la guerra civil. Por el contrario, en la actualidad, cuando se hace referencia a los monumentos y las lápidas de los caídos franquistas, mayoritariamente se les relaciona como monumentos fascistas que representan a una dictadura y por tanto hay que demolerlos.

La investigación se ha desarrollado principalmente en el Archivo General de la Administración situado en Alcalá de Henares, donde se encuentran la mayoría de los expedientes de construcción y las normas relativas a la erección de los monumentos. Esta base, y la selección de algunos archivos municipales, se complementa con un trabajo de campo donde se han ido fotografiando diversos monumentos durante los últimos quince años que todavía se conservaban en muchas localidades. También se dispone de información de otros monumentos retirados que ya se han eliminado en los últimos años desde la entrada en vigor de la Ley de Memoria Histórica y luego ampliada con la Ley de Memoria Democrática.

Se analiza también la legislación que sirve de base al proceso (normas para la construcción de los monumentos, procedimiento administrativo, etc.) y el control que se produce desde la Delegación de Prensa y Propaganda, concretamente desde la Vicesecretaría de Educación Popular desde el 20 de mayo de 1941 hasta que desaparece en 1945. Este organismo daba el visto bueno y controlaba que hubiera una unidad de estilo en todos los proyectos que se mandaban a Madrid.

Este libro se plantea muchas preguntas para intentar responderlas a lo largo del presente trabajo. Una de las más importantes es saber quiénes o qué organismos estuvieron detrás de la iniciativa de la construcción de monumentos, y veremos a lo largo del trabajo cómo fue un proceso que normalmente partió desde las esferas locales cercanas al régimen, es decir, desde los propios ayuntamientos, los familiares de los caídos, o desde la Falange local, que son quienes solicitan al Gobierno Civil y a la Delegación de Prensa y Propaganda el poder levantarlos.

Es interesante conocer que todos los monumentos, según marcaban las normas, tenían un elemento en común, que era la cruz cristiana, lo que muestra la importancia de la religión y el peso esencial del catolicismo en el recuerdo a los caídos. En todos los monumentos y lápidas se puso la frase "Caídos por Dios y por España". Es fundamental poder relacionar la religión y la importancia de la Iglesia respecto al recuerdo que hubo a los caídos en estos años. En esta obra también se tiene en cuenta la historia de las mentalidades y las diferentes conmemoraciones que hizo el franquismo a sus caídos tras la guerra. En muchos combatientes y en el propio régimen la importancia de la religión fue esencial, lo que nos demuestra la importancia de la mentalidad religiosa de la población y la creencia de una vida después de la muerte por lo que se quiso dejar constancia de los valores cristianos.

Un punto esencial es conocer el proceso relativo a los monumentos y saber el por qué los proyectos fueron denegados, saber dónde se ubicarían los monumentos, el simbolismo y las funciones de éstos para los vecinos de las diferentes localidades. Otra cuestión esencial es saber el proceso de erección, las normas de construcción y toda la cuestión económica relacionada con la financiación y qué instituciones ponían el dinero para sacar adelante los proyectos. Un aspecto fundamental que se trata en el libro, y al que se ha conseguido dar respuesta, es la cuestión relativa a la elección de los nombres que debían de aparecer en las diferentes lápidas y monumentos que se iban erigiendo. De esta manera al final sabremos quién era la institución que se encargaba de dar el visto bueno a los nombres que se labrarían en la piedra para que su recuerdo quedara para la posteridad. También conoceremos si hubo problemas a la hora de elegir los nombres, si había errores, repeticiones u omisiones en este aspecto tan sensible, puesto que al final de todo el principal objetivo de los monumentos era preservar la memoria de los que habían fallecido en la guerra.

Muy importante será comprender cómo era el proceso final en el que se inauguraba el monumento que iba a perdurar en las localidades con los nombres de los elegidos que serían recordados durante las generaciones venideras. Vamos a saber las instituciones que programaban los actos y si había diferencias entre los pequeños pueblos y las grandes ciudades, así como las diferentes actividades que se harían durante la jornada. También estudiaremos la preparación del denominado Día de los caídos, que se establecería el 29 de octubre, y el Día de José Antonio, donde podremos entender el papel de FET y de las JONS en el culto a los caídos y veremos cómo se preparaban las localidades y los ciudadanos para la celebración de estas jornadas.

Hay que dejar constancia que durante este trabajo no se tratará el Valle de los Caídos[1] pues no es objeto de estudio puesto que se ha trabajado en diversas obras[2] y era el proyecto oficial del nuevo régimen. De esta manera lo que se pretende aquí es viajar a pequeñas localidades donde antes nadie se había parado para estudiar el recuerdo a los caídos que se hicieron por parte de sus habitantes.

Un aspecto esencial de este trabajo es poder ver el importante papel que harán los medios de propaganda en el recuerdo a los caídos, sobre todo en los primeros años del franquismo. Todos los actos que se llevaron a cabo en su recuerdo, mediante desfiles, celebración de misas, o discursos, se conseguía gracias al empleo masivo de la prensa y de la radio. De este modo la propaganda que hará el franquismo para recordar a sus caídos será fortísima y la población participaría en el recuerdo de los fallecidos de una manera activa, acudiendo a los actos, o también de una forma pasiva recibiendo información y viendo los desfiles.

Otro de los aspectos fundamentales y verdaderamente original de este libro es que se intenta llegar a lo más profundo que nos puede mostrar la documentación y se consigue desarrollar un estudio micro histórico, poniendo nombres y apellidos a los protagonistas de las jornadas, a las personas que pronunciaban los discursos, a los que preparaban los actos, a los alcaldes que pedían permiso para erigir un monumento a los fallecidos de su pueblo, o a los familiares de las víctimas que pedirían financiación para sus proyectos. De esta manera, también tendrán nombre los caídos, por lo que dejarán de ser invisibles, y nos mostrarán quiénes eran, qué tendencia política tenían, y las localidades que consiguieron erigir un monumento, aunque éste fuera sencillo.

Igualmente de importante en este trabajo es poder mostrar a través de la prensa los discursos que se hicieron, quiénes fueron las personas que los pronunciaron, y los objetivos que perseguían. Se podrá saber si éstos tenían un componente emocional y centrado en un recuerdo personalizado a los fallecidos, o si, por lo contrario, había un fuerte componente de doctrina política, y si ésta era falangista, católica o conservadora.

En definitiva, lo que se intenta es acercar al lector al complejo mundo de los caídos del bando franquista que tuvieron tendencias políticas muy diversas y que, en muchos casos, los monumentos que se erigieron en su recuerdo fue gracias a sus familiares o vecinos que buscaban que su memoria no cayera en el olvido del tiempo.

---

[1] Daniel SUEIRO, *La verdadera historia del Valle de los Caídos. La cripta franquista*, Tébar Flores, Madrid, 2019 (1976).

[2] Fernando OLMEDA, *El Valle de los Caídos. Una memoria de España*, Península, Madrid, 2019.

Justificación

Cabe preguntarse si los fallecidos en la guerra civil española que pertenecieron al bando franquista, que es un conflicto que ha finalizado hace 85 años, merecen este estudio. Estamos hablando de unos muertos que fueron honrados y recordados durante el tiempo que duró el régimen que, como se sabe, fueron 36 años, y los caídos tuvieron la categoría de héroes para la dictadura y, sobre todo, para sus familiares. En el presente trabajo se intentará poner de manifiesto la importancia que tiene hacer un estudio que nos permita conocer cómo recordó el franquismo a sus caídos y las diferentes conmemoraciones que éstos recibieron por parte de sus familiares y del Estado. Se puede cuestionar si es necesario seguir investigando y escribiendo sobre el franquismo, del que ya hay cientos de publicaciones desde todas las perspectivas posibles, que van desde el análisis al conflicto bélico, los aspectos económicos, sociales, políticos… de la dictadura; y, sobre todo, tenemos un enorme desarrollo en los últimos años de la historia local y social del conflicto que antes no se había tratado. Además, también podemos encontrar múltiples estudios sobre el papel de las mujeres tanto de la Sección Femenina como de las mujeres que sufrieron la represión que hicieron los franquistas sobre el bando perdedor de la guerra.

Como se sabe, se está produciendo desde el año 2007 una explosión de los estudios relacionados con la "memoria", surgiendo un enorme interés por el tema de los fallecidos en la guerra civil y los represaliados posteriormente por la dictadura franquista. Actualmente asistimos a la recuperación de la memoria y de la dignidad de los asesinados del bando republicano, sacando a la luz gran cantidad de cadáveres de las fosas[3] y la posterior entrega de los restos mortales de los familiares. Este proceso era necesario realizarlo para hacer justicia y ponerlo en conocimiento de generaciones futuras, siendo una asignatura pendiente en España desde la Transición.

Son frecuentes las noticias que aparecen sobre la apertura de fosas y la posterior recuperación de los cuerpos de los ajusticiados. Hoy en día siguen saliendo noticias que nos informan de ello, como por ejemplo en la localidad de Belchite, donde se encontró una fosa común con 150 cuerpos de ejecutados en julio de 1936[4]. En Asturias se informaba que en el verano de 2022 comenzaba en Grado una nueva exhumación para localizar a cinco víctimas del franquismo[5]. Incluso en el año 2023 siguen apareciendo noticias en los medios de comunicación de enormes fosas que se abren y se consigue recuperar la cantidad de 1.800 cuerpos, como sucedió en la fosa

---

[3] Encarnación BARRANQUERO TEXEIRA, Lucía PRIETO BORREGO, *La derrota bajo tierra. Las fosas comunes del franquismo*, Comares, Granada, 2018.

[4] *La Vanguardia*, 28 de octubre de 2021.

[5] *La Voz de Asturias*, 19 de agosto de 2022.

de Pico Reja en Sevilla, donde se estuvo trabajando durante tres años y se consideró que era una de las mayores fosas de Europa[6].

La base legislativa para todo este proceso es la Ley 52/ 2007, de 26 de diciembre, por la que se reconocen, se amplían derechos y se establecen medidas en favor de quienes padecieron persecución o violencia durante la guerra civil y la dictadura. Esta Ley publicada en el *BOE* el 27 de diciembre de 2007 es conocida como la Ley de la Memoria Histórica y permite que las administraciones públicas puedan también actuar en relación a símbolos y monumentos que puedan suponer una exaltación de la sublevación militar, la guerra civil o el franquismo. De esta manera, en los artículos 15 y 16 de la Ley de Memoria Histórica, se remarcan las actuaciones que se pueden llevar a cabo como que "las administraciones públicas, en el ejercicio de sus competencias, tomarán medidas oportunas para la retirada de escudos, insignias, placas y otros objetos o menciones conmemorativas de exaltación, personal o colectiva, de la Sublevación militar, de la Guerra Civil y de la represión de la Dictadura. Entre estas medidas podrá incluirse la retirada de subvenciones o ayudas públicas." Sin embargo, en el punto dos se hace referencia a que no habría que eliminar estos símbolos "cuando las menciones sean de estricto recuerdo privado, sin exaltación de los enfrentados, o cuando concurran razones artísticas, arquitectónicas o artístico-religiosas protegidas por la ley"[7].

De esta manera, tras la entrada en vigor de esta ley, se empieza a asistir a la retirada de monumentos, cruces y lápidas que recordaban a los fallecidos que pertenecían al bando franquista. Hay que tener en cuenta que, cuanto menos, son cuestionables estas políticas consistentes en destruir y borrar los monumentos que hizo el franquismo a sus víctimas, ya que se está produciendo un proceso de eliminar de la memoria, de la historia y del recuerdo a los caídos de este bando que como se sabe no era homogéneo y los fallecidos tenían diferentes adscripciones políticas. Hoy en día en la mayoría de las ocasiones se trata como fascistas a multitud de religiosos asesinados por su fe, a labradores o soldados movilizados a los que se encontraban en el bando contrario, a políticos de derechas e incluso liberales que habían tenido una relevancia política durante el periodo republicano anterior. También tenemos ejemplos de personas que fueron asesinadas por la mera sospecha de ser de derechas y estamos asistiendo a un proceso en el que todos sus nombres tienen que ser eliminados, puesto que parece ser que no merecen un recuerdo porque todos eran fascistas y su memoria debe ser borrada. De este modo se está asistiendo al mismo proceso que hicieron los franquistas con los republicanos fallecidos después de la guerra civil con el objetivo de acabar con su memoria, para que no fueran recordados y cayeran en el olvido.

---

[6] *El País*, 21 de febrero de 2023.

[7] Ley 52/2007, del 26 de diciembre, por la que se reconocen y amplían derechos y se establecen medidas en favor de quienes padecieron persecución o violencia durante la guerra civil y la dictadura.

La eliminación de los monumentos a los caídos del bando franquista muchas veces ha generado importantes polémicas y la retirada de las lápidas de las iglesias o las cruces que representaban la memoria de los fallecidos ha salido en numerosas noticias en prensa, puesto que ha habido problemas entre los vecinos con importantes discusiones sobre si había que retirar o no los monumentos por si eran proyectos que recordaban a una dictadura o eran lápidas que recordaban en unos casos a unos muertos en una guerra o a unos asesinados en la retaguardia del conflicto. Por ejemplo, en Callosa de Segura[8] (Alicante) hubo problemas porque muchos vecinos de la localidad se resistían a la retirada de la cruz. Según informaba *El País*, el 29 de enero de 2018, se habían producido dos detenidos por resistirse a la retirada de ésta. Antes de la eliminación del monumento incluso hubo una campaña de recogida de firmas donde se consiguieron más de 6.000 para que la cruz se mantuviera en la localidad. Hay que recordar que algunos habitantes de dicha localidad llegan al extremo de organizarse en una serie de turnos, incluso encadenándose a la misma, para que no la retiraran[9]. Cabe preguntarse, ¿qué lleva a personas, muchas veces de edad avanzada, hasta esos extremos? Finalmente, la cruz se retiró a las seis de la mañana con fuertes medidas de seguridad.

En Vall de Uxó[10] (Castellón) se retiró la cruz a los caídos en el transcurso de fuertes protestas y tensiones. Según se recogió en prensa, cientos de manifestantes intentaron paralizar los trabajos de retirada del monumento. Incluso hubo una campaña en contra de la eliminación de la cruz que consiguió recoger más de 13.000 firmas para evitar su retirada[11]. Siguiendo en la Comunidad Valenciana, tenemos un ejemplo muy reciente que causó también gran polémica con la retirada de la cruz de los caídos en el Parque de Ribalta situado en la localidad de Castellón. El periódico La Razón, informaba que tras 79 años se procedía a quitarla de su emplazamiento produciéndose tensiones puesto que, más de un centenar de vecinos intentaron impedirlo[12]. La retirada de la cruz fue calificada por la concejala de Memoria Democrática, Verónica Ruiz como "un día histórico para la ciudad y para la democracia…. pues ahora podemos retirar la Cruz y el monumento fascista que degrada a una parte de la sociedad"[13]. Hay que recordar que la cruz no tenía ningún tipo de leyenda que exaltase al anterior régimen puesto que desde la Transición se había eliminado toda referencia a la dictadura, y de este modo se trataba de una cruz que estaba en un parque. En Corella (Navarra) un juez ha paralizado el proceso de

---

[8] Localidad situada al sur de la provincia de Alicante con alrededor de 19.000 habitantes en la actualidad.

[9] *El País*, 29 de enero de 2018.

[10] Localidad situada al sureste de la provincia de Castellón con alrededor de 34.000 habitantes en la actualidad.

[11] *El País*, 5 de junio de 2018.

[12] *La Razón*, 4 de enero 2023.

[13] *La Razón*, 4 de enero 2023.

eliminación de la cruz a los caídos de la localidad puesto que no tiene ninguna inscripción que recuerde a los caídos o el anterior régimen, pero el equipo de gobierno del municipio tiene intención de demolerla[14]. Sin embargo, en la localidad alicantina de Elda se está procediendo a un estudio jurídico antes de la retirada de la cruz de los caídos para saber en qué aspectos puede incumplir la ley de Memoria Democrática[15].

Un último ejemplo de este tema del que tenemos multitud de noticias en los medios de comunicación es el relativo a la retirada de una pequeña lápida de la iglesia de un pueblo llamado Pedro Bernardo (Ávila)[16] donde, tras muchos problemas y denuncias, el ayuntamiento retiró la placa que recordaba a los "Caídos por Dios y por España" y después el Obispado tuvo intención de demandar al ayuntamiento por haber retirado dicha placa sin su consentimiento[17]. Este proceso se ha seguido con la nueva Ley de Memoria Democrática[18] que ha aprobado recientemente el gobierno de España y en lo que se refiere a este trabajo atañe en el apartado de los elementos y actos públicos contrarios a la memoria democrática. De este modo todo tipo de monumentos, lápidas y construcciones que, entre otras cosas, se considere que exaltan a miembros del régimen franquista. tendrán que ser eliminados.

Como se puede comprobar, esta cuestión sigue levantando enorme polémica y crispación sobre todo en personas de avanzada edad. Han pasado 84 años desde que finalizara la guerra civil y muchas veces las polémicas son muy importantes y se crean grandes conflictos entre los vecinos. En este punto hay que hacerse varias preguntas como son: ¿qué es historia y qué es la exaltación de una dictadura? ¿Son esas cruces símbolos de una dictadura fascista o son el recuerdo de personas que murieron o fueron asesinadas hace casi 100 años? Lo que hay que tener en cuenta es que es un asunto de máxima actualidad, en donde medios de comunicación y partidos políticos están constantemente hablando y debatiendo. Los historiadores tenemos el deber de acercarnos para intentar dar luz sobre esta importante cuestión que, en muchos casos, nos lleva a la denominada microhistoria.

---

[14] *Naiz*, 4 de julio 2022.

[15] La Información, 17 de noviembre de 2022.

[16] Localidad situada al sur de la provincia de Ávila y enclavado en el Valle del Tiétar con unos 800 habitantes en 2.017.

[17] *El País*, 12 de julio de 2008.

[18] Ley 20/2022, de 19 de octubre de Memoria Democrática. *BOE* número 252 de 20 de octubre de 2022, pp. 142.367-142.421.

CAPÍTULO 1

EL CULTO A LOS CAÍDOS DURANTE EL FRANQUISMO

1.1 España tras la Guerra Civil. La creación de una nueva memoria

Terminada la guerra, el nuevo Estado se pone rápidamente a construir una memoria que le permita crear una justificación de su existencia[19] y aglutinar a los diversos grupos ideológicos que le apoyaban[20] y que le dieron una longevidad extraordinaria durante casi cuarenta años. De este modo, el Falangismo, el Tradicionalismo, el Ejército, los miembros de la CEDA y Acción Católica; todos van a estar unidos[21] en torno a dos ideas principales: por una parte, la defensa de la religión, y por otra parte, haber luchado contra la "anti España" que según ellos era la causante de la guerra y las desgracias que había tenido que soportar el país durante los últimos años. Es muy interesante el proceso que se realiza para deshumanizar al enemigo, ya que de esta manera se estaría luchando contra personas que estaban al servicio del comunismo y la Unión Soviética, y poseían unos atributos tales como ser seres ruines, miserables materialistas, ateos y sobre todo anti-españoles[22].

Josefina Cuesta explica que la política de la memoria que hizo el franquismo fue enormemente eficaz y que consistió en intentar borrar completamente la memoria republicana: "la guerra no solo se produjo en los campos de batalla... se inicia una política de destrucción de recuerdos, vestigios"[23], es decir, del pasado republicano y

---

[19] Cristina GÓMEZ CUESTA, La construcción de la memoria franquista (1939-1959). Mártires, mitos y conmemoraciones. *Studia histórica. Historia contemporánea*, N.º 25, 2007, pp. 87-123.

[20] Antonio CAZORLA SÁNCHEZ, Sobre el primer franquismo y la extensión de su apoyo popular, *Historia y política*,8, 2002, pp. 303-320.

[21] Roque MORENO FONSERET, Francisco SEVILLANO CALERO, Los orígenes sociales del franquismo, *Hispania: Revista española de historia,* Vol. 60, N.º 205, 2000, pp. 703-724.

[22] Francisco SEVILLANO CALERO, *Rojos. La representación del enemigo en la guerra civil,* Madrid, Alianza Editorial, 2007.

[23] Josefina CUESTA BUSTILLO, "Las capas de la memoria. Contemporaneidad, sucesión y transmisión generacionales en España 1931-2006". *En Hispania Nova. Revista de historia contemporánea,* N.º 7 (2007).

es sustituido por una memoria "impuesta" en la que los valores del nuevo Estado y el recuerdo a sus muertos estaría totalmente presente en todos los rincones. Los valores que se encontraban detrás del régimen franquista no van a estar respaldados por una ideología elaborada como es el caso en otras ideologías políticas u en otros países. Tal y como señala el historiador Javier Tusell "a no ser que se dé al término ideología una acepción extremadamente amplia, al franquismo no se le puede sujetar a una precisa, concreta y elaborada"[24] ya que el franquismo se nutría de diferentes valores espirituales y tradicionales que abarcaban toda la ideología conservadora. El bando vencedor se encargaría de crear una imagen de Franco en la que el denominado Caudillo[25] tendría una función mesiánica y que había logrado salvar España de la destrucción hacia donde iba dirigida. Todo este imaginario se vería reforzado con la construcción del Mito de la Victoria en la que Franco fue capaz de derrotar a los enemigos de España y de esta manera poder hacer la necesaria refundación de la patria[26].

Hay que tener en cuenta que estas corrientes de pensamiento tendrán una lucha constante sobre todo en los primeros años de vida del régimen para lograr la hegemonía en el Nuevo Estado entre los diferentes sectores que luchaban por tener su cuota de poder.

Al carecer de una ideología clara las políticas de memoria se construirán, en primer lugar, sobre el mito fundacional que fue la victoria en la guerra civil. Según Zira Box: "La guerra se convirtió en un importante instrumento de legitimación del régimen y en una retórica recurrente"[27]. Por lo tanto, se producen unas políticas encargadas de desarrollar una memoria de los acontecimientos que acababan de ocurrir. Sin embargo, las políticas de conmemoraciones no acaban, e implantarán toda una política de homenajes, modificando el calendario y las fiestas a lo largo del año[28].

Por otro lado, en los estudios de Todorov se resalta la idea de que "la memoria no pretende salvar el pasado más que para servir al presente y al futuro"[29]. Esto es algo básico en las políticas de memoria que se pueden ver en todos los países donde se implantan y se han llevado a cabo a lo largo de la historia. Los hechos pasados no

---

[24] Javier TUSELL, Introducción al franquismo, en TUSELL, J., GENTILE, E. Y DI FEBO, G. (eds.): *Fascismo y franquismo cara a cara: una perspectiva histórica.* Madrid: Biblioteca Nueva, 2.004, p.28.

[25] Francisco SEVILLANO CALERO, *Franco: caudillo por la gracia de Dios, 1936-1947,* Alianza Editorial, 2010.

[26] M. RICHARDS, El régimen de Franco y la política de memoria de la guerra civil española, en J. AROSTEGUÍ y F. GODICHEAU, *Guerra Civil. Mito y Memoria,* Madrid, Marcial-Pons, pp. 167-200.

[27] Zira BOX, "Secularizando el apocalipsis. Manufactura mítica y discurso nacional franquista: la narración de la Victoria", *en Historia y política: Ideas, procesos y movimientos sociales,* N.º 12, 2004, pp. 133-160.

[28] Ángela CENARRO LAGUNAS, Los días de la "Nueva España": entre la "revolución nacional" y el peso de la tradición, *Ayer,* N.º 51, 2003, pp. 115-134.

[29] Tzvetan TODOROV, *Los abusos de la memoria,* Barcelona, Paidós, 2000 (1º ed. 1995).

se pueden cambiar ni modificar y es por esto por lo que la memoria y la reconstrucción de los hechos de la historia sirven para comprender el presente y poder ser de utilidad en un futuro. Las políticas de memoria son extremadamente útiles como señala Steven Mock a la hora de nuevas construir sociedades[30].

Dentro de las políticas de memorias que el régimen desplegará terminada la guerra los caídos juegan un papel central como se podrá observar a lo largo del presente trabajo. Los muertos constituyen un pilar fundamental, ya que presentaban un poderoso elemento movilizador y cohesionador de la población que había sufrido los estragos de la guerra[31].

Los caídos daban sentido, y las políticas de memoria en su recuerdo se les haría desde abajo, es decir por parte de sus familiares, y desde arriba por parte del nuevo régimen. Como señala Jesús Casquete los caídos representarían una serie de valores como el honor a la patria, la obediencia a los mandos o la generosidad, y serían ejemplos para el resto de la población[32]. Todo esto, como se verá a lo largo del trabajo, fue usado hábilmente por la dictadura para hacerse con el apoyo de los familiares de los caídos en la guerra.

Desde un punto de vista más concreto, lo que se produce en España a partir de 1939 es un enorme trauma, ya que en los enfrentamientos anteriores que habían sucedido en el s. XIX no se encuentra un número de muertos y destrucción tan brutal como el que hubo en el conflicto de 1936-1939. Los datos exactos son difíciles de precisar por la cantidad de desaparecidos y ajustes de cuentas sufridos en las retaguardias[33]. Francisco Espinosa intenta dar una cifra de 130.199 fallecidos, pero exponiendo que es un número relativo, puesto que no se han podido estudiar todas las provincias con la profundidad necesaria[34].

El historiador Paul Preston cifra en torno a 300.000 muertos en el frente en ambos bandos. En lo que se refiere a la violencia sangrienta de la retaguardia, ésta pudo causar alrededor de unos 200.000 fallecidos y unos 55.000 asesinados, de los que 6.800 eran religiosos causados por el bando republicano; y el resto, 150.000, producidos por el bando franquista. Pero la muerte no acaba tras finalizar el conflicto,

---

[30] Mock STEVEN, *Symbols of defeat on the construction of national identity*, New York, Cambridge, 2012.

[31] Paloma AGUILAR, *Políticas de memoria y memorias de la política*, Madrid, Alianza editorial, 2008.

[32] Jesús CASQUETE, El *culto a los mártires nazis*. Alemania, 1920-1939, Madrid, Alianza Editorial, 2020, p. 19.

[33] Ángela CENARRO LAGUNAS, Miradas y debates sobre la violencia franquista, *Ayer*, N.º 91, 2013, pp. 241-253.

[34] Francisco ESPINOSA MAESTRE (ed.), *Violencia Roja y azul. España 1936-1950*, Barcelona, Crítica, 2010, p.77.

puesto que el nuevo Estado franquista va a desatar una dura represión que será saldada con casi 20.000 muertos[35].

Esta violencia tan brutal que sucede en España se produce por el enfrentamiento a muerte que tiene lugar durante la guerra, que supuso una quiebra de las normas sociales, y que pasará a resolver las diferencias entre los dos bandos mediante la muerte[36]. Pero el trauma, o la herida, no queda aquí con la muerte, sino que se alarga con los años. Después de la guerra, Preston señala que casi 500.000 personas tuvieron que exiliarse. Los lugares a los que se dirigen los republicanos son principalmente Francia y Méjico, aunque no hay que olvidar otros países tales como Argentina, Reino Unido y Estados Unidos.

Por tanto, la guerra y la represión crean una herida en la sociedad por el número de muertos, pero también por el sufrimiento generado por la represión que hubo. Sobre el estudio que nos ocupa, hay diversas líneas de investigación que se han dedicado a intentar explicar el fenómeno del culto a los caídos en la guerra, las políticas de memoria a los muertos en un conflicto violento, la construcción simbólica del franquismo y la propaganda que genera un régimen para justificarse y para llegar a todos los sectores de la población.

Una de las vías para el estudio de este tema es la relativa al culto a los caídos que se empezará a producir en Europa en el S. XX. La construcción de los monumentos a los caídos no es algo que solo se desarrolla en la España franquista al finalizar la guerra, sino que tal y como nos explica Mosse, será un fenómeno europeo en el que, después de la Primera Guerra Mundial, comienzan a erigirse monumentos en recuerdo a los soldados fallecidos en la guerra[37]. Este culto a los soldados caídos es fundamental en el franquismo, ya que el régimen franquista nace de una cruenta guerra civil en la que se produce una enorme cantidad de muertes que habrá que justificar a la sociedad. Pero volviendo a los inicios, ¿cuándo surge el culto a la muerte y a los caídos en la guerra? Siguiendo a Mosse, a lo largo de la historia, hasta la Revolución Francesa, solo se recordaba a los generales y a los emperadores, pero nunca eran recordados los soldados comunes ya que éstos carecían de interés para los Estados. Se está ante el relato de una historia de reyes, príncipes y héroes en la que los muertos en las guerras no serían recordados, puesto que la mayoría eran mercenarios que luchaban por dinero y que tenían un escaso o nulo interés por la causa en la que combatían.

Sin embargo, a partir de 1789 van a nacer los primeros ejércitos de ciudadanos compuestos por un elevado número de voluntarios y cuya muerte tendrá que ser de

---

[35] Paul PRESTON, *El holocausto español. Odio y exterminio en la guerra civil y después*, Barcelona, 2011, p.17.

[36] Julián CASANOVA, *República y guerra civil*, Barcelona, Crítica -Marcial Pons, 2007, pp. 200-201.

[37] George L. MOSSE, *Soldados Caídos, La transformación de la memoria*, Zaragoza, Prensas de la Universidad de Zaragoza, 2016. pp. 117-124.

alguna manera justificada. Estos ciudadanos se empiezan a comprometer con un nuevo elemento que surge en el siglo XIX: la Nación. Por tanto, la mitificación de la guerra empieza a aparecer en estos años, ya que produce héroes.

De esta manera Mosse señala que definitivamente todo cambiará en el siglo XX con lo que ha denominado la muerte de masas. Después de la Primera Guerra Mundial, muchas personas conocerán la matanza masiva de seres humanos cara a cara; en esos momentos la muerte alcanza unas cotas que, nunca antes, habían sido vistas en Europa. En solo una batalla, la de Somme, mueren unos 600.000 hombres; en la campaña militar más sangrienta hasta la fecha, que había sido la de Napoleón en Rusia, murieron 400.000 personas[38]. La Gran Guerra por tanto marcará un antes y un después en la historia de Europa; se produjo una carnicería de millones de personas donde el odio y la animalización del adversario se convierte en sistemático y se generaliza la indiferencia de la vida humana[39]. Todos estos cambios de valores influirán posteriormente en el tratamiento que la población y los estados darán a los excombatientes y los caídos en la guerra[40]. Con todo esto, la sociedad necesitaría una serie de expresiones culturales que definen muy bien David A. Johnson y Nicole F. Gilbertson cuando exponen que *"This cultural production, both during and after war, reflected a deep need to define and understand the tremendous destruction caused by a war that demanded a level of human sacrifice previously unimagined"*[41]. Además, este caldo de cultivo sería perfecto para el desarrollo de la religión secular que había empezado con la Revolución Francesa pero que asistiría a su culmen posteriormente tras la Primera Guerra Mundial y el Nazismo[42].

La guerra en España alcanza, como se ha dicho, cotas muy altas en cuanto al número de muertos; la muerte llegaba por todas partes; y, además, se trata de un nuevo tipo de guerra en la que la propaganda, la tecnología y los medios de comunicación tendrán un papel decisivo. De este modo, el encuentro con la muerte es masivo y llegará a todos los rincones, y siguiendo a los anteriores autores el nuevo régimen tendría que atender el sufrimiento, el duelo y las lamentaciones de las familias y la sociedad con sus muertos.

Es interesante analizar cómo cambia la memoria después de la Primera Guerra Mundial, en la que nacerá el mito de la experiencia de la guerra, que sirve para hacer

---

[38] Ibidem.

[39] Fernando DEL REY REGUILLO Manuel ÁLVAREZ TARDÍO, *Políticas del odio violencia y crisis en las democracias de entreguerras*, Biblioteca de Historia y Pensamiento Político, Madrid, Tecnos, 2017, p. 45.

[40] Michael BURLEIGH, *El Tercer Reich, Una nueva Historia*, Madrid, Punto de Lectura, 2004.

[41] David A JOHNSON and Nicole F. GILBERTSON., Commemorations of Imperial Sacrifice at Home and Abroad: British Memorials of the Great War. University of North Carolina, Charlotte and University of California, Irvine, Vol. 43, N. °4 (August 2010), pp. 563-584.

[42] George L. MOSSE, *La nacionalización de las masas*, Madrid, Marcial Pons, 2005.

a esta legítima. El franquismo, al nacer de una guerra, lo convertirá en algo sagrado que había que mitificar ya que se había producido una lucha contra la "anti-España", y de este modo la guerra sería una generadora de héroes y mártires a los que recordar y admirar. En la construcción del mito, tiene un papel fundamental el cristianismo. La muerte había sido un sacrificio por la patria y por Dios, como posteriormente se encargará de repetir el Régimen durante cuarenta años.

Otra de las vías de estudio relacionada es la que intenta explicar que el franquismo tratará de convertirse en una nueva religión política por la sacralización que, de sus caídos, se llevará a cabo[43]. Esto se explica, según defiende Zira Box, por la mitificación que hará el régimen de la figura de José Antonio Primo de Rivera, en la que relata que su fusilamiento será uno de los sacrificios a la nación para que la nueva España fuera posible. Se entendía la nación como una entidad superior sacralizada[44] que tenía unos límites perfectamente marcados y que además era el suelo de héroes, mártires y batallas memorables a lo largo de la historia[45]. De esta manera, el traslado de los restos de José Antonio, que tendrán lugar desde Alicante al Monasterio del Escorial, estuvo cargado de una simbología muy importante puesto que fue llevado el féretro a hombros de los falangistas. Este acto tendría una enorme trascendencia, ya que se pusieron una serie de monolitos donde se reflejaban los relevos a la hora de cargar el féretro. Actualmente, los monolitos se conservan en distintas localidades, como por ejemplo en La Roda, en la provincia de Albacete, con la siguiente inscripción "Hasta aquí trajo el cuerpo de José Antonio la Falange de Gerona. Lo entregó a las 2.30 horas del 25 de noviembre de 1939, año de la Victoria, a la Falange de Lérida". Asimismo, tras la mitificación de los caídos y la guerra, se proporciona un significado religioso a la nación.

En este apartado hay que hacer obligada referencia al concepto de religión política[46] que formula Emilio Gentile en la década de los noventa y del que bebe en parte, FET y de las JONS, a la hora de conmemorar a los caídos. Diversos historiadores han relacionado este concepto con el franquismo por la sacralización de los caídos que se lleva a cabo durante los primeros años de la dictadura[47]. Según

---

[43] Antonio ELORZA, "El franquismo, un proyecto de religión política", en Javier TUSSELL, Emilio GENTILE y Giuliana DI FEBO (eds.): *Fascismo y franquismo cara a cara: una perspectiva histórica*, Madrid, Biblioteca Nueva, 2004. p. 79.

[44] Francisco COBO ROMERO, El franquismo y los imaginarios míticos del fascismo europeo de entreguerras, *Ayer*, 2008, pp. 117-151.

[45] Zira BOX, "Pasión, muerte y glorificación de José Antonio Primo de Rivera", *Historia del presente*, N.º 6, volumen (2005), pp. 191-216.

[46] Emilio GENTILE, Political Religion: A concept and its Critics- A critical Survey, *Totalitarian Movements and Political Religions*, 6, 2005.

[47] Antonio ELORZA, "El franquismo, un proyecto de religión política", en Javier TUSSELL, Emilio GENTILE y Giuliana DI FEBO (eds.): *Fascismo y franquismo cara a cara: una perspectiva histórica*, Madrid, Biblioteca Nueva, 2004. p. 79.

explicaba Emilio Gentile la estrecha unión entre política y religión que se daba en la edad media y el mundo moderno va poco a poco perdiendo fuerza. La religión que había dominado la vida de las personas desde la antigüedad, y lo sagrado, siempre había estado en una dimensión superior. Había habido guerras en defensa de la religión, pero a partir del siglo XVIII, con la Revolución Francesa, se inicia un proceso de secularización de la política por el avance de la Razón que lleva a que se intente producir una separación entre la Iglesia y el Estado.

Sin embargo, a partir del siglo XX se producirá un fenómeno que Emilio Gentile lo definió como la sacralización de la política[48], en el que los movimientos totalitarios como el fascismo, el bolchevismo y el nazismo se afirmarán como religiones políticas, por el papel que juegan el Estado, el Partido único o el Líder que muchas veces tendrá un carácter mesiánico. El Estado, como se verá, asumirá y controlará todas las facetas de la vida de los ciudadanos intentado centrarse en el aspecto religioso y en el de las creencias de éstos, que, como se ha visto antes, siempre habían jugado un papel esencial a la hora de formar valores y mentalidades.

Por otra parte, el Partido único representará la única opción para los ciudadanos; no hay participación política ni opciones diferentes a las que ofrece el régimen. El Partido es fundamental para organizar la nueva religión, ya que se encargará de organizar los desfiles, los ritos y toda una nueva liturgia en la que tendrán que intervenir los ciudadanos muchas veces de forma pasiva, asistiendo a los mismos, y, en otras ocasiones participando activamente en ellos. Esto se verá muy bien en los actos que desarrollará FET y de las JONS, y en el empeño que tendrá la organización en que la población viera al fundador de Falange con un aura de divinidad siendo un enviado para salvar a la patria que tendría que ser venerado por todos los ciudadanos.

Pero ¿qué es la religión política? Como señala Emilio Gentile "el fascismo poseyó desde sus orígenes las características de una religión secular en su modo de vivir la experiencia política a través de los mitos, ritos y símbolos. Cuando llegó al poder se institucionalizó como religión política, ambicionando rivalizar con la Iglesia Católica en el caso italiano por el control y la formación de las conciencias..."[49]. De esta manera se observa cómo las nuevas religiones políticas que aparecen en el siglo XX tratan de competir e incluso aniquilar a las religiones tradicionales. Se busca una nueva religión para un nuevo estado y un hombre nuevo. La modernidad era característica básica de los fascismos y sería utilizada para luchar contra lo antiguo y todo lo que necesitaba una renovación.

Es interesante, como señala Linz, que las religiones tradicionales verían a estas nuevas religiones como una no religión y como parte del proceso de secularización

---

[48] Emilio GENTILE, *Fascismo. Historia e interpretación*, Madrid, Alianza Editorial, 2004, pp. 219-245.

[49] Emilio GENTILE, *Fascismo. Historia e interpretación*, Madrid, Alianza Editorial, 2004, pp. 222-223.

que tomaba fuerza en Europa.[50] Es más, eran una competencia para estas religiones, ya que veían cómo los ciudadanos podían dejar de lado las antiguas tradiciones y mentalidades para profesar estas nuevas creencias que eran muy atractivas, por los ritos y, en ocasiones, por el poder que podían dar a sus seguidores a la hora de escalar hacia puestos de dirección en la organización del nuevo Estado. No hay que olvidar las afiliaciones masivas que tuvieron las diversas organizaciones fascistas cuando los tiempos eran propicios y éstas se creían invencibles.

Dentro de la elaboración de una serie de dogmas, ritos y mitos en el desarrollo de las nuevas religiones y la sacralización de la vida política se procurará construir una serie de rituales para instituir un nuevo universo simbólico. Si en las religiones tradicionales los actos religiosos tenían gran importancia y éstos eran dirigidos por sacerdotes y servían para aglutinar a la población y dotarla de una serie de valores y normas en las nuevas religiones, intentarían ser igual. De este modo, frente a las antiguas celebraciones religiosas, se instauran una serie de ritos que serán esenciales en la nueva política de masas que se iba desarrollando en el siglo XX. Los desfiles, las ceremonias de jura de banderas y el culto a los mártires tendrán una importancia esencial. Como señala Emilio Gentile "el partido era el seminario en el que se formaban los apóstoles y los combatientes de la "religión fascista" y también los nuevos dirigentes del Estado fascista"[51]. Todo esto indicaba la importancia que tenía el fascismo en la constitución de una nueva religión que encuadrase e integrase a la población con el partido.

La nueva religión querrá tener el monopolio educativo para poder moldear a los futuros ciudadanos que tendrían una serie de nuevos mitos, ritos y símbolos quedando el culto a la Nación y al Estado como valores supremos. Las nuevas creencias se tenían que sustentar sobre un trauma, que en el caso italiano o alemán sería la Gran Guerra que había asolado Europa desde 1914 a 1918. En el caso español el trauma estaba servido y era reciente, pues la guerra civil acababa de terminar. El recuerdo a los caídos sería esencial[52] en la nueva religión y la unión entre los muertos y los vivos quedaría sellada en la multitud de actos en recuerdo a los que ya no estaban. En el caso español el día de los caídos sería el día de la fundación de Falange, por lo que la unión quedaba clara y sellada.

En esta línea del culto a los caídos, Francisco Sevillano Calero señala que "la política del recuerdo en España de posguerra instaura un culto a la muerte, como parte del universo simbólico del nuevo estado"[53]. El culto quedará capitalizado por el

---

[50] Juan LINZ, "El uso religioso de la política y/o el uso político de la religión: la ideología sucedáneo versus la religión sucedáneo", *Revista Española de Investigaciones Sociológicas,* N.º 114, Madrid, (2006), p.14.

[51] Emilio GENTILE, *Fascismo. Historia e interpretación,* Madrid, Alianza Editorial, 2004, pp. 219-245.

[52] Luis CASTRO, El recuerdo de los caídos: una memoria hemipléjica, *Ebre* 38, N.º3, 2008, pp. 1-35.

[53] Francisco SEVILLANO CALERO, "Caídos por Dios y por España. El culto a la muerte en la dictadura Franquista". *Historia Contemporánea, Universidad de Alicante,* N.º 55, 2017, pp. 609-635.

partido único Falange Española Tradicionalista y de las JONS (Juntas de Ofensiva Nacional Sindicalista). El partido tiene al caído por excelencia -José Antonio Primo de Rivera-, que presidirá los monumentos y lápidas de todas las localidades de España. Falange, con su proyecto, intentará monopolizar el culto a los caídos, pero, sin embargo, chocará con la Iglesia Católica que en España tiene un peso fundamental a la hora de explicar el régimen, los valores, las mentalidades y todo lo que le acompaña. Serán importantes las pugnas que establece el cardenal Isidro Gomá con Falange ya que ésta, a través de la Jefatura de Prensa, le censurará la obra "Lecciones de la guerra y deberes de la paz" en la que se defendía que el elemento religioso tenía que ser imprescindible a la hora de honrar a los muertos.

Como se verá a lo largo del presente libro, hubo una especie de tablas en lo que se refiere al culto de los caídos. Por una parte, la Iglesia, con su liturgia, será esencial a la hora de recordar a los fallecidos; pero Falange, a través de la Vicesecretaría de Educación Popular, será la encargada de controlar y dar el visto bueno a los monumentos que se erijan en las diferentes localidades. En los primeros años del Franquismo (1941-1945) funcionará este organismo con el objetivo de propagar el modelo ideológico de Falange[54]. La institución se hará cargo de censurar prensa, radio, cine y los monumentos que no cumplan con los requisitos que eran necesarios para poder ser construidos.

Tal y como se verá en la documentación, todos los monumentos debían tener el símbolo de la cruz como elemento central y cristiano además de presentar una cierta uniformidad. Muchos monumentos fueron denegados y censurados por esta vicesecretaría al carecer de este elemento principal y es por eso es por lo que se puede apreciar como el elemento cristiano fue fundamental a la hora de recordar a los caídos. Esto se demuestra leyendo los expedientes de los diferentes proyectos que llegaban a Madrid. Por ejemplo, la Delegación Nacional de Propaganda en su informe del 3 de marzo de 1944, cuando estaba corrigiendo el proyecto de la localidad cántabra de Vega de Pas, dice "la forma de cruz cualquiera que sea el material que se emplee, no puede separarse mucho en lo fundamental, de la Cruz de madera que ha dado origen al símbolo del Cristianismo".[55]

Es decir, la cruz que simboliza el sacrificio de los que ya no estaban y que recordaba la pasión y el suplicio que había pasado Cristo por los hombres, tenía que estar obligatoriamente presente en el recuerdo a los caídos.

---

[54]Benito BERMEJO SÁNCHEZ, "La Vicesecretaría de Educación Popular (1941-1945): Un ministerio de la propaganda en manos de Falange." *Espacio, tiempo y forma. Serie V, Historia contemporánea*, N.º4 volumen (1991), pp. 73-96.

[55] AGA, Cultura, Delegación Nacional de Prensa y Propaganda, informe de Carlos Núñez, jefe de la Sección de Actos Públicos de la Delegación Nacional de Propaganda, Monumento a los caídos de Vega de Pas 21/02387.

Otra línea de interpretación al culto a los caídos es el uso de la propaganda por parte de la dictadura para recordar a sus muertos, que será un elemento central de la cultura de la victoria y de la denominada nacionalización de la sociedad. Miguel Ángel del Arco explica cómo el espacio público juega un papel fundamental tanto para el recuerdo permanente de las víctimas como, sobre todo, para el discurso excluyente que presenta. De este modo, no habrá ningún recuerdo para las víctimas del bando perdedor; éstas serán borradas y olvidadas. Tal como señala el citado autor son "monumentos de exclusión"[56]. Lo mismo les pasará a los vivos, ya que los que constituían el bando perdedor son ajusticiados, exiliados o purgados de los diferentes niveles de la administración. Los muertos que se recordaban habían luchado contra lo que se denominó la "anti-España", es decir, contra el ateísmo y el marxismo, en una dura guerra que había dejado miles de muertos para que la nueva España pudiera renacer.

Otro punto de análisis interesante se da cuando Miguel Ángel del Arco escribe que las "mujeres no engrosaron casi nunca la lista de caídos, adoptando un papel reservado para el duelo"[57]. Sin embargo, numerosas religiosas serán recordadas en muchas iglesias[58] tras haber sido mártires asesinadas durante la guerra civil y otro de los elementos importantes a destacar será el papel que jugará la Sección Femenina, puesto que ocupa un lugar fundamental en la recolección de fondos para los monumentos y en las inauguraciones de los mismos, además de la importante labor que desarrollarán en temas relacionados con la formación o la asistencia sanitaria[59].

Los monumentos tenían la función de perdurar. Por eso la mayoría se construían con piedra, granito y mármol para que el paso de los años no les afectara, su recuerdo persistiera al paso del tiempo, y la gesta de los caídos no se olvidara. A su vez, hay una verdadera reordenación del espacio público para que los monumentos ocupen lugares preeminentes en las distintas localidades y así sean vistos por todos los ciudadanos. Muchos de ellos se colocaban en las arterias principales de las ciudades, en las plazas más concurridas de las localidades y, sobre todo, cerca de las iglesias. Era tal la obsesión por permanecer que incluso, como se ha recogido en el propio trabajo de campo, se encuentran diversas inscripciones en la propia piedra. Esto se

---

[56] Miguel Ángel DEL ARCO BLANCO, "Las cruces de los caídos instrumento nacionalizador en la cultura de la victoria" *No solo miedo actitudes políticas y opinión popular bajo la dictadura franquista*, Granada, Editorial Comares, 2013, pp. 65-83.

[57] Miguel Ángel DEL ARCO BLANCO, "Las cruces de los caídos instrumento nacionalizador en la cultura de la victoria" *No solo miedo actitudes políticas y opinión popular bajo la dictadura franquista*, Granada, Editorial Comares, 2013, p. 72.

[58] Hay lápidas en muchos conventos por toda la geografía que recuerdan a las religiosas asesinadas. Por ejemplo, en la localidad toledana de Ocaña en el convento de San José hay un altar y un cuadro que recuerda a una religiosa.

[59] Cristina GÓMEZ CUESTA: Entre la fecha y el altar: El adoctrinamiento femenino en el franquismo. Valladolid como modelo, 1936-1959, *Cuadernos de historia contemporánea*, N°31, 2009, pp. 297-317.

puede apreciar en la Catedral de Santiago de Compostela donde se grabó el nombre de José Antonio; otro ejemplo, lo tenemos en Porcuna[60], Jaén, donde se adosa una cruz de madera en la iglesia y se grabaron en la piedra los nombres de los caídos de esa localidad. Encontramos otros ejemplos donde los nombres de los caídos fueron grabados en piedra como es el caso de la Colegiata románica de Santillana del Mar, Cantabria. En esta colegiata del siglo XII, declarada Monumento Nacional en el siglo XIX, se sigue conservando grabados en las paredes de su fachada los nombres de los caídos de la zona. Que fuera una iglesia de casi 800 años no importó a los vencedores puesto que lo importante para ellos era recordar a los que habían luchado y muerto en la guerra. Como se puede observar con estos ejemplos, los caídos siempre se encontraban presentes en el día a día de las localidades, de manera que la cultura de la victoria de los vencedores se entendiera como una interpretación en la que el bien había vencido al mal.

Otro punto interesante a remarcar que nos muestra el culto a los caídos es el estudio de los monumentos a los fallecidos en relación con la arquitectura y el punto de vista artístico. De esta manera tenemos la obra de Ángel Llorente quien nos analiza el arte durante el franquismo, explicando la importancia "del arte como instrumento de lucha y de propaganda y el reconocimiento de finalidades políticas"[61]. Como se verá más adelante muchos de los monumentos supondrán una enorme inversión y preocupación a las autoridades para que los mismos proyecten un mensaje que sea entendido por toda la población. Cabe recordar que todo el proceso relacionado con la construcción de monumentos era controlado y dirigido desde Vicesecretaría de Educación Popular que se encargaba de las cuestiones de propaganda. Esto nos muestra cómo los monumentos tenían una profunda carga propagandística y lo esenciales que era para nuevo régimen.

Para la construcción de los proyectos se crean diferentes comisiones artísticas que se encargarán de desarrollar y controlar que haya una unidad de estilo en los monumentos y que no queden al libre albedrío de los ayuntamientos. Por este motivo se elabora una legislación en la que la aprobación y la construcción de los monumentos tenía que autorizarse desde Madrid, exactamente desde la Jefatura del Servicio Nacional de Propaganda; teniendo como objetivo "dar unidad de estilo y de sentido a la perpetuación de monumentos… en especial a los acontecimientos de la guerra y en honor a los caídos"[62]. Las características de los monumentos eran muy claras y debían de cumplir las siguientes condiciones: en primer lugar, sobriedad y austeridad[63], por ser símbolos que representan a los muertos y puesto que era algo casi sagrado; por otro lado, el clasicismo y la sencillez eran elementos que tenían que

---

[60] Localidad situada en la provincia de Jaén con una población de 6.532 en 2018.

[61] Ángel LLORENTE, *Arte e ideología en el franquismo (1936-1951)*, Madrid, Visor, 1995. p.45.

[62] *BOE*, N.° 234, 22-8-1939, p. 4614.

[63] Ángel LLORENTE, *Arte e ideología en el franquismo (1936-1951)*, Madrid, Visor, 1995. p. 280.

estar presentes. Finalmente, no podía faltar la cruz, elemento central y más importante en el monumento. Por esta razón multitud de proyectos fueron denegados o rechazados al carecer de este símbolo fundamental: el signo cristiano por excelencia, que representa la muerte, el sacrificio y la redención de los que ya no estaban. Además, el peso religioso que había tenido la guerra para multitud de combatientes había sido enorme.

1.2 El culto a la muerte y el peso de la religión católica

La muerte siempre estuvo presente en la construcción del nuevo régimen[64]. La guerra civil fue un conflicto bélico que no había tenido comparación en lo que se refería a los miles de muertos, y la sacralización de la memoria de los caídos será uno de los pilares del régimen[65]. Como explicaba Zira Box "la dictadura española construiría su propia teodicea para logar dar sentido a tantas pérdidas humanas"[66]. De esta manera, el franquismo intentará mantener siempre vivo uno de sus cimientos, la guerra adquirirá un sentido mítico en donde hubo, según los franquistas, una lucha para salvar a España. Este culto a los caídos, tal como señala Mosse, proporcionará mártires a la nación, y los monumentos simbolizarían la fuerza y la hombría que los caídos daban de ejemplo a otras generaciones[67]. De esta forma, el franquismo no escatimará esfuerzos en perpetuar la memoria de sus caídos que en muchos casos serán mártires que, con su inmolación o su muerte, habían hecho posible el triunfo del régimen. Por tanto, los caídos serán un arma propagandística de enorme valor para el régimen que le supondrá que luego tenga unos réditos importantes por el apoyo de las familias de éstos. El culto a la muerte[68] ha sido esencial en la conformación de una cultura de la victoria en diversos países ya que, como señala Jesús Casquete, "los caídos eran los encargados de recordar a sus correligionarios vivos su deber, misión y ruta"[69]. Esto sería esencial puesto que cohesionaba a la población y se podía cimentar una identidad grupal además de luchar por un orden

---

[64] José L. LEDESMA Y Javier RODRIGO, "Caídos por España, mártires de la libertad. Víctimas y conmemoración de la Guerra Civil en la España Posbélica (1939-2006)", *Ayer*, N.º 63 (2006), pp. 233-255.

[65] Luis CASTRO, *Héroes y caídos. Políticas de la memoria en la España Contemporánea*, Madrid, Catarata, 2008.

[66] Zira BOX, La fundación de un régimen. La construcción simbólica del franquismo, tesis dirigida por Fernando del Rey Reguillo, Universidad Complutense de Madrid (2008), p.116.

[67] George MOSSE, *Soldados Caídos, La transformación de la memoria*, Zaragoza, Prensas de la Universidad de Zaragoza, 2016. p. 67.

[68] Jesús CASQUETE, Rafael CRUZ, *Políticas de la muerte. Usos y abusos del ritual fúnebre en la Europa del Siglo XX*, La Catarata, Madrid, 2009.

[69] Jesús CASQUETE, *El culto a los mártires nazis. Alemania, 1920-1939*, Madrid, Alianza Editorial, 2020, p. 203.

político y social concreto. Como señala el historiador alemán Reinhart Koselleck los monumentos a los caídos serían instrumentos de legitimación de acción política y algo extremadamente interesante y es que el culto a la muerte, que antes estaba reservado a los santos o monarcas, se extenderá al ciudadano y por tanto este culto a la muerte se democratizará. Esto lo vemos claramente en el culto a los caídos españoles después de la guerra civil; a lo largo de este trabajo se podrá ver que los lugares de memoria donde se erigirán los monumentos serán espacios donde se debía rezar e incluso hablar con los difuntos[70]. De esta manera, la conexión que se establecía entre los vivos y los difuntos sería enorme, lo que permitiría afianzar aún más la identidad colectiva, en este caso de los vencedores, y la justificación de la muerte también dependía de los vivos con la erección de los monumentos.

Sin embargo, este culto a la muerte no se puede entender sin el peso de la religión católica que se convertirá en uno de los justificantes de la guerra y en un importante elemento aglutinador en el bando franquista, ya que se trataba de uno de los puntos de unión en los que se encontraban los falangistas, los carlistas, los militares, los monárquicos y la derecha tradicional[71]. La defensa de la religión va a ser uno de los elementos que legitimarán a la dictadura posteriormente.

En todos los monumentos y las lápidas[72] de las iglesias, que se encuentran en España, aparecerá la frase "Caídos por Dios y por España", con la cruz como elemento principal. La Iglesia encontrará en el franquismo un punto de apoyo frente a la hostilidad que había tenido durante el periodo republicano. La persecución religiosa durante la guerra civil hace que el sentido religioso de la guerra tenga una justificación de cara al exterior que rindió buenos réditos a los sublevados[73]. Hay que recordar que la persecución que se haría sobre los miembros de la Iglesia católica fue brutal y según explica José Luis Ledesma "El verano de 1936 fue lo más cercano a un infierno sobre la tierra para los miembros de la Iglesia católica que estaban en la mitad del país donde no se había producido o no había triunfado la sublevación"[74]. Los asesinatos llevados a cabo en ciertas diócesis causan perplejidad por el empeño que tuvieron las fuerzas de izquierda en exterminar a los religiosos. En la diócesis de Ciudad Real, cayeron casi el 40 % de los sacerdotes, en Toledo el 50% y en Lérida tras emplearse a fondo caerían casi el 60% del clero secular. Sin embargo, la diócesis de Barbastro estaría en el primer puesto porque casi el 90% de los sacerdotes serían

---

[70] Reinhart KOSELLECK, *Modernidad, culto a la muerte y memoria nacional,* Madrid, Centro de estudios políticos y constituciones, 2011.

[71] Ismael SAZ, "Las culturas políticas de los nacionalismos franquistas", *Ayer*, N.° 71, (2008), pp. 153-174.

[72] Antonio CASTILLO GÓMEZ, Escritura, monumento y memoria: las lápidas a los caídos franquistas, *Cultura escrita y sociedad,* N.°6, 2008, pp. 132-149.

[73] Manuel ORTIZ HERAS, Damián A. GONZÁLEZ MADRID (coords.), *De la cruzada al desenganche: la Iglesia española entre el franquismo y la transición,* Madrid, Sílex, 2011.p. 22.

[74] José Luis LEDESMA, La violencia contra el clero español (1936-1939): una interpretación histórica, *Razón y fe*, tomo 263, N.° 1347, 2011, p. 47.

asesinados. Un análisis extremadamente interesante que intenta explicar esta obsesión por parte de las fuerzas de izquierda en intentar en muchos casos exterminar a los miembros de la Iglesia católica lo realiza Fernando Rey, cuando expone que esta persecución tuvo que ver con el protagonismo político que había tenido la Iglesia y sus fieles durante el periodo republicano. La Iglesia y los católicos eran un potente competidor político que habían estado con la gigantesca movilización conservadora que se produjo desde 1933, e hizo ver a las fuerzas de izquierda que tenían a un fuerte adversario político que contaba con multitud de periódicos y con el apoyo de amplios sectores de las clases medias, pequeños propietarios rurales con sindicatos agrarios e incluso entre las personas más desfavorecidos que siempre habían sido objetivo político de la izquierda[75].

Por tanto, para muchas personas la guerra fue vista como una lucha entre el bien y el mal. De este modo, nacerá para los franquistas el mito de la guerra como la última Cruzada en la historia[76]. Este concepto será repetido en los discursos del régimen, en la redacción en los documentos y en los artículos de prensa. El franquismo remarcará una y otra vez que la guerra fue una lucha religiosa para salvar a la Iglesia del marxismo. El término Cruzada viene de las guerras religiosas que tuvieron lugar en la Edad Media impulsadas por la iglesia para recuperar Tierra Santa, la cual se encontraba bajo el dominio del islam. De este modo la guerra, a través de la religión, sirve al franquismo para apuntalar el nacional catolicismo que será tan beneficioso para la iglesia y el régimen, por lo que esta estrecha colaboración se mantendrá durante muchos años[77].

En la construcción de la idea de Cruzada tuvo una notable influencia la carta pastoral de *Las dos ciudades* del obispo de Salamanca D. Enrique Plá y Deniel[78]. En septiembre de 1936 justificaba en su escrito que había dos ciudades: "por un lado estaba la ciudad terrenal, de los sin Dios y, por el otro, la ciudad celeste de los hijos de Dios, de manera que la guerra era justa; no era una contienda civil sino una cruzada por la religión, por la patria y por la civilización"[79].

A partir de este momento, el término cruzada religiosa estará omnipresente en todas partes y los que mueran en el frente se considerarán mártires en defensa de la religión. Por esta razón aparecerá inscrito en las placas "Caídos por Dios". Esto

---

[75] Fernando DEL REY REGUILLO, *Retaguardia roja. Violencia y revolución en la guerra civil española*, Barcelona: Galaxia Gutenberg, 2019, pp. 470-473.

[76] Alberto REIG TAPIA, *La Cruzada de 1936. Mito y Memoria*, Madrid, Alianza Editorial, 2006, pp. 117-121.

[77] José ANDRÉS GALLEGO, *¿Fascismo o Estado Católico? Ideología, religión y censura en la España de Franco, 1937-1941*, Madrid, Encuentro, 1997.

[78] Fue cardenal y arzobispo primado de Toledo estando muy activo en la Guerra Civil.

[79] Manuel ORTIZ HERAS, Damián A. GONZÁLEZ MADRID (coords.), *De la cruzada al desenganche: la Iglesia española entre el franquismo y la transición*, Madrid, Sílex, 2011, p. 27.

ofreció al régimen el apoyo de la mayoría de los católicos. En muchos lugares hubo un gran éxito de movilización por la religión, como por ejemplo en Navarra con los miles de voluntarios que se alistaron para luchar. Los requetés[80] tuvieron un papel destacado en la guerra, y su apoyo fue fundamental en los primeros meses de la contienda y en los feroces combates del frente norte.

La imagen del lado republicano quedó seriamente dañada ante la opinión pública internacional y los ciudadanos ya que, por la quema de iglesias, la persecución religiosa y el fusilamiento al Sagrado Corazón de Jesús en el Cerro de los Ángeles el 28 de julio en Getafe, se genera una reacción de rechazo en el mundo católico internacional. La cuestión religiosa fue un enorme catalizador de movilización para muchas personas que dan, definitivamente, la espalda al bando republicano y apoyarán al bando franquista. Una vez terminada la guerra se celebrarán misas de desagravio, se repondrán crucifijos en escuelas y volverán las Vírgenes a las ermitas[81]. Es muy interesante ver cómo se produce una simbiosis de iconos religiosos y nacionales[82]; las procesiones volverán a salir a la calle y se producirá una transformación de los espacios públicos en las diferentes ciudades de España identificando la muerte de los caídos con la muerte que también había tenido Cristo dos mil años atrás.

Viendo la importancia de la religión católica en lo que respecta al recuerdo a los caídos del franquismo se pueden formular preguntas muy interesantes como la de si hubo una religión política en España siguiendo las tesis que hemos visto que formuló Emilio Gentile. Hay autores como Antonio Elorza y Zira Box[83] que defienden que hay una religión política en España[84] que imita a los movimientos fascistas de otros países por la mitificación y veneración evidente que se hace a la figura de José Antonio Primo de Rivera. Como señala Pablo Baisotti, estos ritos funerarios que se desarrollarán en recuerdo al fundador de Falange y a los caídos tendrán también un carácter político establecido para reforzar las relaciones de dominio entre vencedores y vencidos, produciendo y sirviendo para un reordenamiento de las relaciones sociales y para lanzar mensajes de legitimidad[85].

---

[80] Voluntarios carlistas que participaron en la Guerra Civil llegando a integrar unos 60.000 combatientes.

[81] Julián CASANOVA, *La iglesia de Franco,* Madrid, Temas de Hoy, 2001 pp. 55-70.

[82] César RINA SIMÓN, Fascismo, nacionalcatolicismo y religiosidad popular. Combates por la significación de la dictadura (1936-1940), *Historia y política: Ideas, procesos y movimientos sociales*, N.º 37, 2017, pp. 241-266.

[83] Ismael SAZ y Zira BOX, Spanish Fascism as a political religion (1931-1941*). Politics, Religion and Ideology*, Nº4, (2011).

[84] Pablo BAISOTTI, El culto a la muerte como principal sustento de las religiones políticas. Los casos del fascismo, nacionalsocialismo y el franquismo. *Revista Estudios*, N.º 35, 2017, pp. 188-223.

[85] Pablo BAISOTTI, "Los "caídos" falangistas como germen de la religión política en España (1933-1936)", *Historia del presente*, N.º 28, (2016), pp.143-153.

No hay duda de que hay elementos que pueden tener relación con el concepto de religión política que defienden varios historiadores. Como se verá posteriormente a lo largo de este trabajo se pueden añadir a sus tesis que el culto y el recuerdo a los caídos quedará dirigido únicamente por FET y de las JONS que actuará en forma de monopolio en este tema excluyendo a otras organizaciones. Hay cuestiones esenciales que se han podido ver a través de los informes que mandaban las diferentes vicesecretarías y que nos muestran que había una primacía absoluta del partido único que se encargaba de organizar los actos y los diferentes ritos que se hacían por las diversas localidades españolas. Como veremos siempre las jerarquías falangistas dirigían y pronunciaban los discursos políticos pertinentes siempre mezclando a los muertos con la doctrina falangista. La población era un objetivo prioritario en estos ritos y se harán verdaderos esfuerzos para que participaran de una forma activa o pasiva para que la doctrina política les llegara de alguna forma. Sin embargo, hay que destacar que Falange se presentaba como un proyecto político que era compatible con el catolicismo[86], como lo reflejan las instrucciones que se daban para que los mandos lo expusieran en sus discursos, y hay que recordar que la mayoría de sus militantes eran creyentes[87]. Además, Falange realizará una defensa del catolicismo que no lo harán los demás fascismos europeos[88], y durante los años de la posguerra veremos en los diferentes discursos que se hacían cómo se conjugaba catolicismo y falangismo.

Sin embargo, hay que tener en cuenta que, tras estudiar los expedientes de los monumentos que se usaron como políticas de memoria, tras leer las diferentes actividades que se hacían en recuerdo a los caídos durante las celebraciones de los días veintinueve de octubre y veinte de noviembre, el falangismo nunca intentaría sustituir a la religión católica como sí pasaría, por ejemplo, en otros países como Alemania. De esta manera, no habrá una nueva religión secular que intente hacer sombra o aniquilar a la religión tradicional tal y como defendía Emilio Gentile que sucedía en estos casos.

Como veremos a lo largo de este trabajo en lo que respecta al culto a los caídos la Iglesia católica tendrá un papel fundamental en las celebraciones del recuerdo a los caídos y a los mártires que murieron por su fe. El elemento católico de los monumentos será fundamental y se usará la doctrina y los ritos católicos mediante las misas, que las oficiarán sacerdotes católicos y donde se defenderá que a los caídos les esperaba la vida eterna junto a Dios.

Como se verá a lo largo del trabajo la religión cristiana representaba un terreno ideal, no solo porque se trataba de la religión profesada por los combatientes, sino

---

[86] Stanley PAYNE, *El fascismo*, Madrid: Alianza, 2009, p.159.

[87] Gonzalo MAESTRE, "El tema religioso- católico en Falange Española durante la Segunda República", *Aportes: Revista de Historia Contemporánea* Vol. 31, N.º 90 (2016), p. 96.

[88] Stanley PAYNE, *El fascismo*, Madrid: Alianza, 2009, p.140.

porque conectaba la muerte de los caídos con la idea de sacrificio, la muerte, la pasión y la resurrección de Cristo. De esta manera, surgirá un culto popular que proporcionará esperanza en el sufrimiento y en el dolor[89]. En definitiva, la muerte no suponía el final del camino sino el comienzo de otra vida mucho más plena.

El culto a la muerte alcanza enorme importancia sobre todo en los primeros años del franquismo. En los actos de recuerdo a los caídos se "repetía con insistencia la necesidad de perpetuar el ejemplo de los muertos, el compromiso sagrado en defensa de la patria y de la religión"[90].

El recuerdo se institucionalizará a través de la elección de una fecha simbólica que será el veintinueve de octubre y que coincidirá con la de la fundación de Falange, que tuvo lugar en el Teatro de la Comedia en Madrid en 1933. Este día sería el elegido para la mayoría de las inauguraciones y para todas las actividades que se llevarían a cabo todos los años para recordar a los caídos. Siguiendo la política del culto a la muerte que realiza el régimen, uno de los ejes más importantes será la importancia de la denominación de los lugares públicos. De esta manera aparte de los monumentos y lápidas en las calles, las plazas y los edificios tendrán nuevos nombres que honrarán la memoria de los caídos y nos mostrará una jerarquía clara. De esta manera, las avenidas principales de las localidades serían para José Antonio y Franco siempre teniendo una preeminencia el Jefe del Estado, quedando claro cuál era la figura que estaba en la cúspide. Posteriormente, nos encontraríamos con los caídos locales, los militares más importantes (Mola, Sanjurjo…) y las batallas más famosas (Alcázar, Belchite, Crucero Baleares) donde murieron miles de personas. Todos estos espacios se convertirán en lugares de memoria que no solo se desarrollarán en España sino en todos los lugares donde la guerra había golpeado duramente a las sociedades[91].

Por último, no se puede entender el culto a los caídos sin tener una visión del viaje que había recorrido Falange desde su fundación el 29 de octubre de 1933 en el Teatro de la Comedia en Madrid al 1 de abril de 1939 cuando termina la guerra. La Falange que había creado José Antonio Primo de Rivera, era muy diferente a la que se encontraba en España en 1939[92]. En primer lugar, su líder José Antonio había sido asesinado en Alicante y por tanto se encontraba totalmente descabezada; a esto había

---

[89] MOSSE, George. Soldados Caídos, La transformación de la memoria, Zaragoza, Prensas de la Universidad de Zaragoza, 2016. p.110.

[90] ALONSO CARBALLÉS, Jesús: "Banalización de la Violencia y usos políticos del culto a los mártires y caídos de la cruzada en el primer franquismo", Amnis [En ligne], 17 | 2018, mis en ligne le 15 juillet 2018, consulté le 03 juin 2020. URL: http://journals.openedition.org/amnis/3672; DOI: https://doi.org/10.4000/amnis.3672 2018, p. 3.

[91] WINTER, Jay: Sites of Memory, sites of Mourning: The Great War in European Cultural History. Cambridge, University Press, 1995.

[92] Sheelagh ELLWOOD, Prietas las filas. Historia de la Falange Española, 1933-1983, Barcelona: Crítica, 1984.

que añadir que el 19 de abril de 1937 se produce el decreto de unificación naciendo FET y de las JONS. Como señala acertadamente Francisco Morente, la nueva Falange será la Falange de Franco y ya nada volvería a ser como antes[93]. En 1937 Franco se erigía en líder indiscutible de lo que se denominaría el Movimiento Nacional; la Falange quedó desnaturalizada por la unificación con los carlistas, y la revolución nacional- sindicalista que pedía José Antonio quedaría olvidada. De esta manera, para el falangismo solo le quedaba el importante capital político de los caídos, que serían usados como altavoz político para intentar extender su influencia y su doctrina entre la población española durante la posguerra. De este modo, la labor propagandística de Falange será importantísima, así como el control e intervención que hará de los medios de comunicación[94] para dar la publicidad necesaria a los actos que iban a desarrollar. Por ejemplo, en la provincia de Valladolid tenemos un ejemplo del control que sucederá en los medios de comunicación una vez acabada la guerra puesto que *El Norte de Castilla* lo aceptará para seguir funcionando, así como el *Diario Regional* por su carácter católico, y *Libertad* por ser el medio de comunicación donde se canalizarían los principios ideológicos del nuevo régimen. De esta manera los tres diarios tuvieron el denominador común de someterse al control y la censura estatal para funcionar con normalidad[95]. Todo esto sucederá así hasta que haya una nueva Ley de Prensa e Imprenta del 18 de marzo de 1966 que destierre la censura previa y el lápiz rojo caiga en desuso como nos señala Ricardo Martín de la Guardia[96].

1.3 El recuerdo a los caídos durante el Franquismo: la legislación sobre los monumentos

El culto a los caídos fue una de las principales líneas de actuación del nuevo Estado franquista incluso en la misma guerra civil. El nuevo régimen va a promover que el recuerdo y el sacrificio a sus caídos no caiga en el olvido, y también de que sea uno de los elementos que sirva para aglutinar a la población en torno al régimen como ya hemos visto.

---

[93] Francisco MORENTE VALERO. Hijos de un Dios menor la falange despúes de José Antonio en *Fascismo en España: Ensayos sobre los orígenes sociales y culturales del franquismo*, 2005, p. 211.

[94] Francisco SEVILLANO CALERO, "Cultura, propaganda y opinión en el primer franquismo". *Ayer, Universidad de Alicante*, N.º 33, (1999), pp. 147-166.

[95] Cristina GÓMEZ CUESTA, De la Anti- España a la nueva España: El discurso de las derechas en la prensa de Valladolid entre las elecciones del Frente Popular y el estallido de la Guerra Civil. *Historia Contemporánea*, N.º 68, 2022, p. 219.

[96] Ricardo MARTÍN DE LA GUARDIA: Censura y creación de opinión entre el final del franquismo y la transición a la Democracia: (1973-1978). *Investigaciones históricas: Época moderna y contemporánea*, N.º Extra-1, 2021, pp. 659-682.

La legislación comienza en plena guerra, ya que el régimen empieza a tener constancia de que se levantan monumentos en multitud de localidades y se están realizando numerosas conmemoraciones para honrar la memoria de los que han caído en la contienda. Hay que destacar que se produce un fenómeno similar en los países europeos con los caídos en las guerras mundiales[97]. Como señala Peter Edwards en referencia a Francia *"in October 1919 a law was introduced establishing state subsidies for local memorials, which were administered by the Public Commemoration Division of the Ministry of the Interior. The ministry set up Review commissions at the departmental level as a form of quality control to assess proposed designs for local memorials"[98]*. Es decir, que la participación del estado era mucho mayor ya que, no solo controlaba los monumentos como el Estado franquista, sino que incluso subvencionaba los monumentos a los caídos, cosa que el franquismo haría solo con su propio proyecto que como se sabe fue el Valle de los Caídos en el Escorial.

En 1938 aparece la primera legislación, donde se señalaba la importancia de que hubiera un control a la hora de la puesta en marcha de los diferentes proyectos que se iban a levantar ya que, como había sucedido en otros países, la construcción espontánea de monumentos había supuesto que muchos de ellos carecieran de un mínimo estilo. De este mismo modo sigue a los diferentes países europeos como Francia, Gran Bretaña y Alemania, donde también se publicaron unos reglamentos para que hubiera un cuidado permanente sobre los cementerios militares y lugares donde descansaban los muertos de la guerra[99].

Los británicos llevaron a cabo las mismas pautas, ya que después de la Primera Guerra Mundial crean *The Imperial War Graves Comission*, que tenía como uno de sus objetivos enterrar y conmemorar a los soldados muertos y a los desaparecidos de la guerra. Sin embargo, ellos levantarían un cenotafio diseñado por Edwin Lutyens porque *"the war dead were from many different nations and religions. The Prime Minister, David Lloyd George, also insisted on a secular monument and explicity rejected an alternative proposal for a large cross at Amiralty Arch"[100]*.

En España no tendrían este problema a la hora de erigir un monumento que conjugara las diferencias religiosas de los caídos del bando vencedor y se escogería siempre la cruz como único símbolo para recordar a los fallecidos. De este modo, aparecerán en el *BOE* las pautas que los monumentos deberán seguir a la hora de su

---

[97] A brief history of war memorial design.

[98] Edwards, Peter (2000) "Mort pour la France: conflict and commemoration in France after the First World War". *University of Sussex Journal of Contemporary History*. p.2.

[99] MOSSE, George. Soldados Caídos, La transformación de la memoria, Zaragoza, Prensas de la Universidad de Zaragoza, 2016, p. 119.

[100] Norman BONNEY, The Cenotaph: A consensual and contested monument of remembrance, October 2013.

construcción y se anuncia la creación de una comisión para lograr el objetivo de la uniformización deseada.

> "La experiencia de otros países visitados por la guerra, y a la que ya entre nosotros nos ha empezado a aleccionar, muestra los peligros a veces irreparables, siempre de largos y difíciles cura y alivio, que para el decoro estético y hasta para la dignidad civil de las grandes urbes como de las modestas aldeas, significa el dejar abandonado a la iniciativa particular o a la espontánea…, memoriales a los caídos, … y a veces de las cuales aparece muchas veces retrospectivamente trocada la epopeya en caricatura. Atendiendo a esta consideración paso a disponer lo siguiente:
>
> Artículo primero. Será sometido a normas generales y comunes, cuya fijación será establecida a breve plazo cuanto concierna a la construcción …, erección de monumentos, fijación de lápidas y sus inscripciones … como cualquier otra forma de conmemoración … de glorias y duelos de la actual lucha nacional de España, así como las de su glorioso pasado histórico.
>
> Artículo segundo. Para establecer dichas normas y emitir en cada caso el dictamen necesario al planteamiento y realización de cada una de las iniciativas que se produzcan, se crea una Comisión formada por Académicos del Instituto de España, …: D. Eugenio d´Ors, de las Reales Academias Españolas y de Bellas Artes, Jefe Nacional del Servicio de Bellas Artes; D. José Antonio de San Groniz, de la Real Academia de la Historia; D. Leopoldo de Eijo y Garay, de la Real Academia Española, Obispo de Madrid-Alcalá; D. Vicente Castañeda, de la Real Academia de la Historia; y D. Pedro Muguruza, de la Real Academia de Bellas Artes, con misión de velar conjuntamente por la mayor pureza y honor del repetido orden de conmemoraciones de los aspectos patrióticos, religioso y artístico.
>
> Artículo tercero. A dicha Comisión, que recibirá el nombre de "Comisión de Estilo en las Conmemoraciones de la Patria", se sumarán, a título honorífico …, el General D. José Moscardó y Dª María del Pilar Primo de Rivera, en homenaje a su calidad de representación vida del heroísmo que esos monumentos han de perpetuar.
>
> Artículo cuarto. La sede y funcionamiento de dicha Comisión quedan adscritos al Instituto de España, el cual le facilitará sus elementos técnicos y materiales"[101].

Como vemos, la uniformidad, la seriedad y la sobriedad serían las obsesiones del régimen, y se encargaría de que todos los proyectos pasaran un filtro antes de su construcción. Como se podrá ver posteriormente muchos de los expedientes serán rechazados por no seguir las pautas indicadas que daban las autoridades. Sin

---

[101] *BOE*, 22 febrero 1938, página 5898.

embargo, también encontraremos expedientes de monumentos que se construyeron sin haber tenido los permisos necesarios, y más adelante las autoridades procederían a pedir explicaciones a los responsables, e incluso a plantearse derribarlos.

Según Ángel Llorente la eficacia de esta comisión careció de éxito y finalmente se produjo el cese de Eugenio d'Ors que en ese momento era el jefe Nacional de Bellas Artes, lo que provocó la suspensión de la misma, dificultando el cumplimento de los objetivos propuestos[102]. Como se puede observar en los integrantes de esta Comisión desde el inicio habría una clara unión entre el poder civil, el poder militar y el poder eclesiástico. Tras la falta de éxito de la Comisión los monumentos pasarán a verse aprobados por la Delegación de Propaganda que dependerá de Falange.

La legislación continuará con el Decreto de la Jefatura del Estado del día 17 de noviembre de 1938 en el que se va a conmemorar la muerte de José Antonio Primo de Rivera y de los caídos en combate en los diferentes campos de batalla. En el artículo primero se decreta que el 20 de noviembre será declarado día de luto nacional y esto se mantendrá durante toda la dictadura. En el artículo segundo, se establecen las bases y la justificación legal de lo que sucederá en la mayoría de las iglesias españolas que es la inscripción de los caídos en la guerra civil "previo acuerdo con las autoridades eclesiásticas, en los muros de cada Parroquia figurará una inscripción que contenga los nombres de sus caídos, ya en la presente Cruzada y a víctimas de la revolución marxista"[103].

Tras el decreto, en una multitud de iglesias, desde importantes catedrales hasta las más humildes parroquias, se inscribirán los nombres de los muertos procedentes de la localidad. Esto tuvo una importancia capital, ya que en muchos pueblos pequeños no habrá suficiente dinero para erigir un monumento y se optará por la colocación de lápidas en las parroquias, que en ocasiones solo aparecerían con humildes inscripciones muchas veces incluso pintando las fachadas de los templos.

La legislación seguirá avanzando y no dará pausa para intentar controlar las conmemoraciones, y viendo que la anterior comisión no había sido de utilidad se publica en 1939 otra nueva orden. Este año, terminada la guerra, y ante la avalancha de construcciones de monumentos sin ningún tipo de filtro se fijará un control absoluto por parte de la Dirección General de Propaganda, que se dedicará, entre otras funciones, a controlar los monumentos, su financiación y todo tipo de noticias e informaciones sobre los mismos.

El Boletín Oficial del Estado publicaba la siguiente orden:

"Según la orden de 7 de agosto de 1939 disponiendo quedan supeditados a la aprobación de este ministerio toda iniciativa de monumentos en general.

---

[102] Ángel LLORENTE, *Arte e ideología en el franquismo (1936 – 1951)*, Madrid, Visor, 1995, p. 276.
[103] *BOE*, 17 de noviembre de 1938, p. 2432.

Con objeto de dar unidad de estilo y de sentido a la perpetuación por monumento de los hechos y personas de la historia de España, y en especial a los conmemorativos de la guerra y en honor a los caídos, y para evitar que el entusiasmo, justificado en muchas ocasiones, pueda regir caprichosamente esta clase de iniciativas, sembrando desilusiones cuando se trata de proyectos no viables, este Ministerio se ha servido disponer lo siguiente:

Artículo primero – todas las iniciativas de monumentos en general incluso la apertura de suscripciones para su construcción, concurso de proyectos, etcétera quedan supeditados a la aprobación de este Ministerio al cual deberán elevarse jerárquicamente, con informe de las autoridades que intervengan en el trámite.

Artículo segundo – queda prohibido publicar noticias o informaciones, o hacer cualquiera otra clase de propaganda sobre iniciativas y proyectos hasta que no se obtenga la aprobación.

Artículo tercero – este Ministerio, por medio de la Jefatura del Servicio Nacional de Propaganda comunicará la resolución que recaiga sobre la oportunidad de las proposiciones y resolverá, en su caso, la forma en que haya de gestionarse el proyecto.

Burgos, 7 de agosto de 1939. – Año de la Victoria." Serrano Suñer[104].

Después del decreto, Falange, a través de la Vicesecretaría de Educación Popular, tendrá el control absoluto sobre las construcciones, conmemoraciones y permisos para inaugurar los monumentos. La Delegación de Propaganda, a través de las delegaciones provinciales, establecerá severo marcaje a todas las localidades para que ninguna actuara por cuenta propia y todas siguieran las mismas pautas. A partir de este momento, en la mayoría de las inauguraciones habría una persona perteneciente a Falange, que aprovecharía estos actos para pronunciar un discurso con una gran carga ideológica y propagandística sobre los postulados falangistas que todos los ciudadanos deberían conocer.

---

[104] *BOE*, 22 de agosto de 1939, Orden Ministerial 7 de agosto de 1939, p. 4614.

CAPÍTULO 2

LOS EXPEDIENTES DE LOS MONUMENTOS A LOS CAÍDOS

2.1 Análisis general de la documentación disponible sobre los monumentos a los caídos

Una de las políticas de memoria más eficaces del franquismo fue la de levantar monumentos a sus caídos. Para poder proceder a un análisis exhaustivo sobre el estudio de los monumentos a los caídos del bando franquista tenemos que consultar en el Archivo General de la Administración, la base de datos del IDD (03)060.000 de la Delegación Nacional de Prensa, Propaganda y Radio. Aquí se puede encontrar una extensa documentación relacionada con los numerosos proyectos e informes que se remitían a Madrid para que se aprobaran los diferentes proyectos que se estaban gestando por toda España. En el archivo de Alcalá de Henares se quedaron guardados todos los expedientes y la documentación que se había generado en los años posteriores a la guerra sobre este tema. De los expedientes contamos con información dispar, puesto que de algunos tenemos casi treinta folios donde podemos ver una descripción completa del proyecto con una memoria económica detallada e incluso con fotos de la inauguración[105], mientras que de otras localidades contamos con una información escasa o nula[106], puesto que tenemos expedientes que constan de uno o dos folios[107]; y otros que, aunque llegan incluso a los diecinueve folios, es una repetición del mismo escrito que iban remitiéndose las diferentes instituciones[108]. Hay que resaltar que se puede completar el estudio con la revisión de algunos archivos municipales, pero que en muchos casos la información es escasa o ha

---

[105] Los expedientes de Mocejón o Navahermosa tienen más de 20 folios cada uno, y de la localidad cántabra de Arenas de Iguña contamos con un estupendo reportaje fotográfico.

[106] En el caso de la localidad madrileña de Colmenar Viejo solo disponemos en el expediente de una pequeña hoja donde se hace referencia al telegrama donde se pide permiso para poder inaugurar la cruz en la localidad. AGA, Cultura, Delegación Nacional de Prensa y Propaganda Monumento a los caídos de Colmenar Viejo, 21/05372.

[107] Véase el caso de los expedientes de Daganzo, Móstoles, La Bañeza o Igea.

[108] Véase el expediente del monumento a los caídos en Burriana.

desaparecido. Por ejemplo, contamos con la conservada en el archivo municipal de Talavera de la Reina[109] que hace referencia al monumento de los caídos que se llevó a cabo en esa localidad y que se retiró en 2004 llevándolo al cementerio[110]. En Guadalajara hay un pequeño expediente con muy poca información en el archivo de la Diputación sobre un proyecto a los caídos fechado en 1958[111]; sabemos que la céntrica iglesia de San Ginés sería un punto clave en el recuerdo a los caídos de la ciudad, ya que el templo fue incendiado y destruido durante la guerra, por lo que para su reconstrucción se abriría una suscripción popular para convertirlo "en templo-monumento, que a la vez sirva de Panteón de Caídos por Dios y por España"[112].

En la localidad de Mahón, en su archivo municipal, encontramos en su libro de actas información[113] sobre el monumento que fue llevado a cabo por el gobernador general y también sobre los jornales de los obreros[114] que tuvo que pagar el consistorio para erigir el enorme obelisco.

Tras el estudio del libro de actas municipales de la ciudad de Badajoz del 23 de febrero de 1940, encontramos un acuerdo que tomó el ayuntamiento donde se explicaba que el consistorio no había podido levantar el año pasado la construcción de la cruz de los caídos por lo que durante este año se asignaba un presupuesto de 30.000 pesetas para poder llevarlo a cabo. De este modo se acordaba abrir un concurso entre arquitectos, escultores y artistas para que presentaran sus proyectos, aunque debía de ponerse el ayuntamiento de acuerdo con FET y de las JONS para elegir la mejor ubicación para el futuro monumento[115]. Falange también tendría un papel esencial a la hora de escoger donde se ubicaría la cruz de los caídos en la ciudad de Cádiz ya que, en el archivo municipal de la localidad, se conserva el escrito que hizo la organización para cambiar la ubicación y situarla en frente del mar "balconcillo al mar de nuestra incomparable bahía , existe al final de la Alameda Apodaca, en la iniciación de la muralla de San Felipe….es mucho mejor para las formaciones, Misa de campaña, etc., tendría mucha más visualidad, mucho más realce…"[116].

---

[109] Localidad de la provincia de Toledo que en la actualidad tiene alrededor de 85.000 vecinos censados.

[110] Se recoge la inauguración del monumento por parte de la prensa. *La Rioja: diario político*, 5 de abril de 1941, p.4.

[111] Archivo Diputación Guadalajara, expediente de la construcción de la cuz a los caídos, 1958, SIG. 190.04.

[112] Boletín Oficial de la provincia de Guadalajara, 4 de febrero de 1941, circular número 43.

[113] Archivo Municipal de Mahón, libro de actas NUM 45-1939 asistentes al Pleno y acuerdo.

[114] Archivo Municipal de Mahón exp. 61en B7-OBRAS PÚBLICAS-jornales abonados a obreros en el monumento a los caídos.

[115] Archivo Municipal de Badajoz, libro de actas del ayuntamiento sesión octava del 23 de febrero de 1940, punto 329. También hay un plano con la siguiente signatura: ES. 06015.AHMB/ P.35

[116] Archivo Municipal de Cádiz, Cruz a los caídos en Cádiz, escrito del jefe local de falange al ayuntamiento el 15 de junio de 1938.

Por poner otro ejemplo, el archivo municipal de Pontevedra nos muestra que la cruz de los caídos de dicha localidad fue a iniciativa de la Falange local que en 1941 trasladaría la petición al ayuntamiento, y la comisión permanente del 31 de julio de 1941 acuerda dar una subvención de 5.000 pesetas, y éste sería localizado en la calle Eugenio Montero Ríos, siendo inaugurado en diciembre de 1941 y arreglada por el ayuntamiento tras el pleno 27 de julio de 1967 por el mal aspecto que presentaba[117]. En Galicia contamos también con el ejemplo de la ciudad de La Coruña donde se dispone de un expediente del monumento a los caídos en la localidad[118]. Siguiendo en tierras gallegas encontramos en el archivo municipal de Vigo, los acuerdos del ayuntamiento para erigir la cruz a los caídos en 1959 que sería redactada en agosto por el arquitecto municipal, que se situaría en el Monte del Castro y que el concurso público sería ganado por la empresa Casa Pérez Rial con la oferta que hizo de 99.890 pesetas para construir el monumento[119]. La monumental cruz de 12 metros sería inaugurada en 1961 por el mismísimo Franco en una visita que hizo a la ciudad y el monumento tendría la simbología franquista hasta 1981 cuando el ayuntamiento acordó cambiar la placa por otra que decía "Por los muertos de la Guerra Civil 1936-1939"[120]. La cruz se puede seguir contemplando cuando uno visita Vigo, puesto que se le ha quitado toda la simbología franquista y, tras una decisión judicial, se mantendrá en la ciudad tras una gran polémica puesto que se había pedido su demolición por parte de la Asociación Viguesa por la Memoria Histórica[121].

En el caso de Huesca sabemos por su archivo municipal que se erigió un monumento a los defensores de la localidad situado en el Parque Municipal y que costó al ayuntamiento la cantidad de 141.030'36 pesetas en el año 1964[122].

En el Archivo Intermedio militar de Canarias se puede consultar una memoria muy completa del arquitecto Tomás Machado sobre el monumento a los caídos en Santa Cruz de Tenerife. Hay un análisis detallado del proyecto, y sobre todo de la iluminación de éste, que cuenta con diversos circuitos eléctricos para que por la noche pueda estar iluminado[123]. En la actualidad la cruz sigue en pie aunque hay una campaña de presión muy importante que exige su demolición.

---

[117] Archivo Municipal de Pontevedra, cruz a los caídos en Pontevedra, C 6304 (42).

[118] Archivo Municipal de La Coruña, expediente de construcción de la cruz de los caídos en lo alto del montiño, 1950-1951. AMC. AC. c- 1027 (5).

[119] Archivo Municipal de Vigo, proyecto de la cruz a los caídos en el Monte del Castro, 1959.

[120] *El Faro de Vigo*, 10-9-2014.

[121] *La Voz de Galicia*, 23-07-2023.

[122] Archivo Municipal de Huesca, monumento a los defensores de la ciudad.

[123] Archivo Intermedio Militar de Canarias, Memoria del monumento a los caídos en Santa Cruz de Tenerife.

En el archivo municipal de Oviedo podemos encontrar una información muy escasa de los proyectos en recuerdo a los caídos[124]. Hay un pequeño expediente sobre un proyecto del año 1961 en donde el ayuntamiento acordará realizar la iglesia de San Francisco de Asís y que ésta sirviera como monumento a los caídos. Según constaba en el escrito este proyecto estaría dirigido por el arquitecto Luis Prieto Bances y fue inaugurado por Carmen Polo de Franco. Este proyecto se levantaría en la Plaza de los Caídos y contaba con el visto bueno del arzobispo y el gobierno civil por lo que saldría adelante sin problemas y con un presupuesto de diez millones de pesetas[125].

En el archivo municipal de la ciudad de Huelva hay un expediente que hace referencia al proyecto de cruz de los caídos que se quería levantar en la Plaza de San Pedro, y que vemos cómo se tendría en cuenta el entorno, la iglesia y la construcción de una cruz en hierro forjado para que recordara a los caídos[126]. Todo sería recogido e informado a los vecinos a través del periódico *Odiel*[127] el sábado 18 de julio de 1942 con el artículo "Sobre el proyecto de Cruz de los caídos en la Plaza de San Pedro"[128].

Pero volviendo al Archivo General de la Administración, que es el lugar donde se encuentra la mayor parte de la documentación, debemos considerar que una cuestión de capital importancia es el número de expedientes con los que se cuenta y cuáles son lod núcleos de población a los que se hace referencia.

En la siguiente tabla que se ha realizado con la información extraída del AGA se puede observar que hay un total de 293 expedientes que contienen información sobre los diferentes proyectos que las localidades enviaban a Madrid para obtener los permisos para erigir su monumento a sus fallecidos. En esta primera tabla se ha decidido hacer un análisis entre localidades que tenían más de diez mil habitantes o menos, y así podemos establecer un estudio si hubo un mayor ímpetu por erigir monumentos entre las grandes ciudades o entre los pequeños municipios.[129]

---

[124] En el Archivo Municipal de Oviedo hay un expediente de una propuesta de una pared de nichos con los nombres de los muertos durante la defensa de Oviedo. AMO, ayuntamiento, cementerio del Salvador de los arenales, Mausoleo de los caídos en el cementerio, 420001/1942.

[125] Archivo Municipal de Oviedo, Ministerio de la Vivienda, construcción de templo parroquial y monumento a los caídos, expediente, 214/1958.

[126] Archivo Municipal de Huelva, cruz a los caídos de la Plaza de San Pedro, legajo 45_02, 1941.Sobre las obras de la plaza, legajo 2195_5.

[127] Periódico editado en Huelva entre 1935 y 1984. Sería el órgano informativo en la provincia de Huelva de FET y de las JONS siendo el único diario que se editaba en la provincia.

[128] *Odiel*, 18-07-1942, p. 13.

[129] Tabla de elaboración propia a través del estudio de los expedientes de los monumentos a los caídos en el AGA.

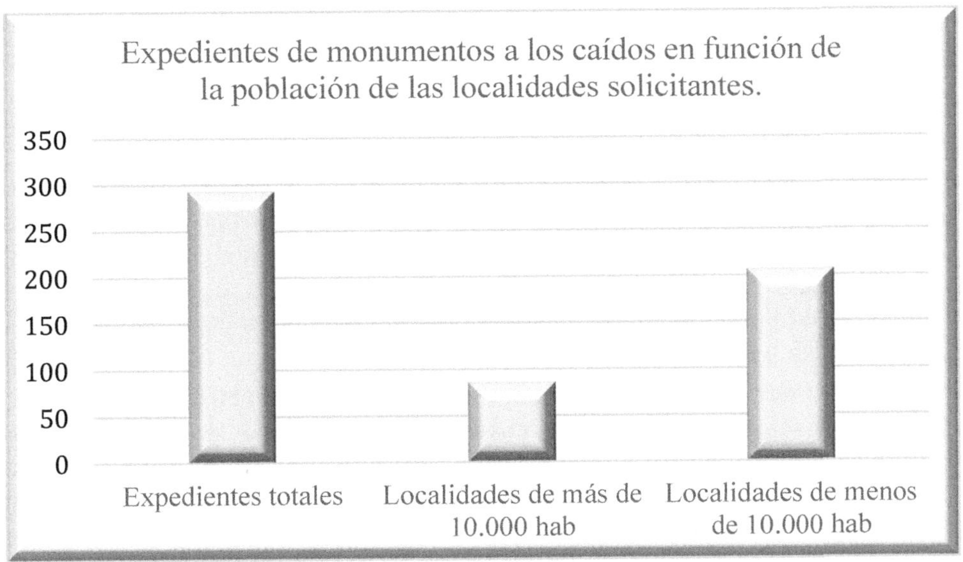

Uno de los puntos a destacar en el análisis es que las pequeñas localidades (de menos de 10.000 habitantes) fueron las más decididas para solicitar construir un monumento a los caídos en la guerra. Casi el 71% de los expedientes corresponden a estas localidades, lo que refleja que el interés en tener un monumento era mucho mayor que el de las grandes localidades. Esto puede deberse a varios factores: por un lado, porque en los pequeños núcleos de población se mantiene con fuerza, y más en aquella época, una mentalidad religiosa y la esperanza de una vida después de la muerte. No olvidemos que en ocasiones son los familiares y alcaldes los que inician la petición. Además, en las pequeñas localidades, se conocen más las familias, por lo que puede decirse que un caído -un difunto - no solo lo es de la familia, sino del pueblo entero. Habrá un porcentaje muy alto de peticiones por parte de las autoridades locales que iniciaban el proyecto porque los propios vecinos lo demandaban. Los monumentos en estas pequeñas localidades tendrán una fuerte simbología religiosa, lo que muestra la importancia de las creencias católicas de la población[130]. Muchas veces en las pequeñas localidades el impacto del conflicto se había vivido de una manera más intensa y los familiares de los caídos necesitaban un consuelo que solo se les podía dar en parte, haciendo un homenaje a sus fallecidos.

El número de expedientes conservados en el archivo que hacen referencia a lo que podemos denominar ciudades son un total de 86. Es decir, casi el 30 % de los expedientes pertenecen a estos núcleos de población. Que el porcentaje sea menor puede indicar que el tamaño de éstos hace que los muertos tuvieran una menor

---

[130] Ver Anexo VII.

visibilidad, que el número de muertos en proporción con los habitantes de la ciudad fuera menor, y que los intereses de la ciudad estaban centrados en otras tareas como podía ser su reconstrucción tras la reciente guerra. En ocasiones los monumentos a los caídos en las ciudades eran promovidos por agentes externos a la misma como, por ejemplo, en Vitoria, donde estuvo detrás del mismo la Diputación; o en Bilbao, donde el monumento a los caídos fue impulsado por el gobernador civil y jefe provincial de Falange, Genaro Riestra Gómez que "consideró que la ciudad debía contar con una Cruz de los Caídos, único símbolo capaz de honrar en su justa medida la memoria de los mártires y de los caídos"[131]. Esto muestra cómo muchas veces las autoridades locales de las grandes ciudades no tuvieron interés una vez terminada la guerra en erigir un monumento a los muertos del conflicto.

Una vez analizados los expedientes que enviaban los municipios por su peso demográfico sería interesante saber cuándo se mandaron construir los diferentes monumentos. En la siguiente gráfica se muestra el número de expedientes que los distintos municipios enviaban a Madrid para obtener permiso para erigir un monumento a sus fallecidos. La mayoría de los monumentos se proyectan y se erigen después de la guerra civil; progresivamente el número de solicitudes irá disminuyendo, porque la guerra se va haciendo más lejana y las localidades van teniendo otras necesidades. Uno de los últimos proyectos en inaugurarse será el Valle de los Caídos el 1 de abril en 1959; a partir de esa fecha el Régimen tendrá otras prioridades.

El recuerdo a los caídos empieza a construirse en piedra en la propia guerra, ya que en 1938 se empiezan a erigir monumentos como, por ejemplo, en Hernani, donde la Falange local impulsó el monumento a los caídos. Hay que destacar que en 1938 se presentan pocos proyectos por estar todavía en pleno conflicto bélico; además hay que tener presente que el número de caídos era todavía provisional por lo que era necesario esperar. Otras veces se hacían incluso monumentos provisionales como fue en el caso de la localidad de Vic, que levantó uno situado en la Plaza Mayor tras la conquista de la localidad por las tropas franquistas. El monumento en cuestión sería un obelisco de unos dieciocho metros de altura, que fue bendecido en la festividad del patrono de la ciudad, que era San Miguel de los Santos a los cinco meses de haber sido conquistada la ciudad por parte de las tropas franquistas. Posteriormente se recoge un acuerdo del 13 de enero de 1940 por parte del ayuntamiento en donde se decide derribar el monumento provisional y se cambia la ubicación del monumento

---

[131] Jesús ALONSO CARBALLÉS, "La memoria de la guerra civil y sus víctimas en el espacio público vasco. Una mirada retrospectiva a través de los monumentos,1937-2017" *Sancho el sabio: Revista de cultura e investigación vasca*, N.º Extra-1, 2018 (Ejemplar dedicado a: La Guerra Civil en el País Vasco. Historia y memoria), p. 211.

que pasaría a estar en el centro de la plaza de la Catedral[132]. En este caso el cambio era imprescindible puesto que en el informe se señalaba que "El Ayuntamiento entiende que ha llegado la hora de proceder a la definitiva construcción ya que el levantado después de la Liberación que, como se ha indicado tenía un carácter puramente circunstancial, se ha agrietado considerablemente amenazando desplomarse"[133]. Para la elección posterior la simbología religiosa fue muy importante, ya que se decidió reconstruir un templete coronado por la Virgen del Pilar que había sido destruido durante la guerra y a la que se añadió la placa con los nombres de los caídos de la localidad.

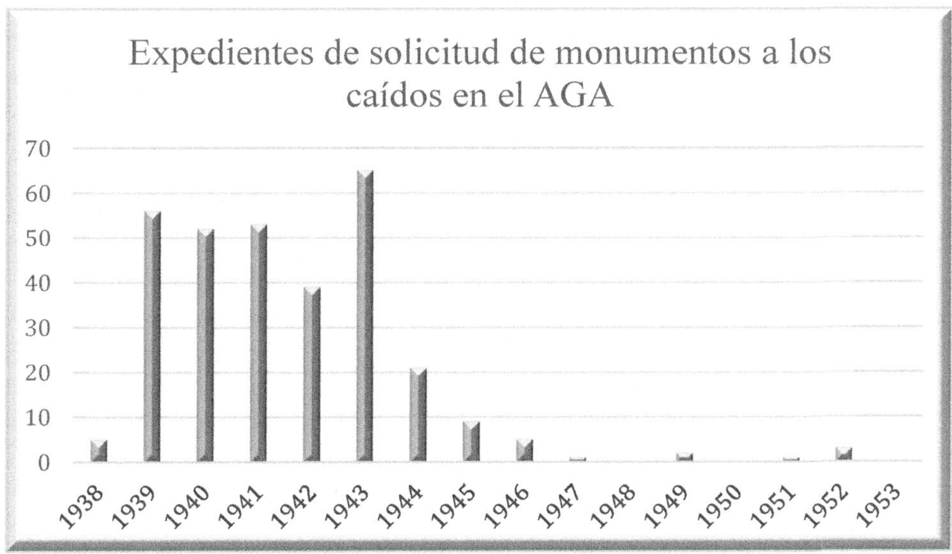

De esta manera vemos que, durante los primeros años de la posguerra, es cuando los sentimientos y el dolor de la pérdida se tenían en gran medida por los que ya no estaban. Estos primeros años están marcados por la avalancha de peticiones para erigir monumentos en las pequeñas localidades, mientras que las ciudades tendrían que esperar unos años indicando muchas veces las autoridades que la ciudad en cuestión no podía permitirse no tener un recuerdo a los caídos de la localidad. [134]

---

[132] AGA, Cultura, Delegación Nacional de Prensa y Propaganda Monumento a los caídos en Vich, 1943, 21/00065

[133] AGA, Cultura, Delegación Nacional de Prensa y Propaganda Acuerdo del ayuntamiento del día 2 de enero de 1943. Monumento a los caídos de Vich,1943, 21/00065.

[134] Tabla de elaboración propia a través del estudio de los expedientes de los monumentos a los caídos en el AGA.

Como se observa en la gráfica la explosión de peticiones para poder erigir un monumento se sucede durante los años 1939, 1940, 1941, 1942 y 1943, ya que se está en un momento donde los vencedores desarrollan sus políticas de memoria con sus fallecidos. Esto también nos muestra que en esta época unos caídos eran honrados y conmemorados, mientras que, por el contrario, los muertos del bando contrario eran olvidados, no se hablaba de ellos, y se procedería a desarrollar un silencio siendo un tema del que no se tendría que hablar y era mejor olvidar[135]. Es muy interesante proceder a la lectura de la obra de Francisco Sevillano "Exterminio: el terror con Franco", donde se narra la implicación de civiles y militares que tuvieron en la represión del bando perdedor, y se encuadra dentro del proceso de glorificar a unos caídos y olvidar a los del otro bando[136].

Siguiendo con la gráfica, en 1943 se produce un aumento considerable de peticiones siendo habitual por el conocido como efecto-contagio: muchos pueblos no quieren quedarse atrás con relación a las demás localidades a la hora de recordar a sus muertos. En las diferentes memorias que se han leído se observa cómo los alcaldes y ciudadanos sabían de la construcción de los proyectos en pueblos vecinos y se decidía que su localidad también debía erigir el recuerdo a los fallecidos. También influye el hecho de que algunos habitantes dispusieran ya de los fines económicos suficientes para costear ese monumento, y los ayuntamientos se decidieran a hacer suscripciones populares para conseguir la financiación necesaria.

Los expedientes de ciudades como Segovia o Sevilla se recibirán en Madrid a partir de 1945. Bilbao era una de las pocas ciudades importantes de España que en 1949[137] no tenía una cruz a los caídos y la inauguración sería por todo lo alto; el mismo Franco fue el encargado de presidir el acto, recogido por la prensa en portada el 20 de junio de 1950, junto con los ministros de Gobernación, Justicia, Aire, Industria y Comercio[138]. En el caso de la ciudad de Zaragoza el monumento, tras una multitud de proyectos y correcciones, sería terminado quince años después de haber finalizado la guerra, en 1954. Frente a estos ejemplos donde los proyectos eran inaugurados por las grandes personalidades del régimen encontramos también a pequeñas poblaciones, que tenían que conformase con otro tipo de invitados que no fueran ministros o el mismísimo Franco. En Alaejos[139], el alcalde Agustín Alonso escribió una carta a mano al gobernador civil de Valladolid para que fuera al

---

[135] Michael RICHARDS, *Un tiempo de silencio. La guerra civil y la cultura de la represión en la España de Franco, 1936-1945*, Barcelona, Crítica, 1999.

[136] Francisco SEVILLANO CALERO, *Exterminio: El terror con Franco*, Oberon, 2004.

[137] Jesús ALONSO CARBALLÉS, La memoria de la Guerra Civil en el espacio urbano de Bilbao, *Bidebarrieta: Revista de humanidades y ciencias sociales de Bilbao*, N.º 18, 2007 (Ejemplar dedicado a: 70 años de la guerra civil : guerra, posguerra y memoria), pp. 399-439.

[138] *El Diario Vasco*, miércoles 21 de junio de 1950, p.1.

[139] Localidad situada al sur de la provincia de Valladolid y que tendría unos 3.000 habitantes aproximadamente en 1940.

descubrimiento oficial de las lápidas[140] a los caídos que se habían puesto en el pueblo. El ayuntamiento recibió el 5 de febrero de 1944 la respuesta del gobernador "agradecido a la invitación que me hace la Corporación municipal para asistir al descubrimiento de las lápidas de los Caídos en nuestra Gloriosa Cruzada, le comunico que no me ha de ser posible hacerlo… por inexcusables deberes del cargo"[141]. Se puede entender que el sencillo acto que estaba programado en Alaejos no podía ocupar el día a un gobernador civil, puesto que el pueblo se hallaba a más de 70 kilómetros y ocuparía varias horas de viaje.

Desde Arenillas de Villadiego[142] mandaban un escrito al gobierno civil para poder inaugurar la placa de los caídos y celebrar a su patrón que era el día 11 de noviembre en la iglesia llamada San Martín de Tours. El templo tenía un enorme valor puesto, que data de finales del siglo XII, y en él destaca su ábside románico. Al lado de sus ventanas decoradas con motivos geométricos, vegetales, animales y de sus canecillos estaría adosada la placa a los caídos sin que importara mucho que fuera un templo con más de 600 años de historia. Lo que nos muestra el escrito es que este pequeño pueblo perdido en medio de la nada en Castilla tendría también sus invitados para descubrir la lápida y serían "los combatientes y excombatientes del distrito a quienes se haría un obsequio, así como las Milicias de FET y de las JONS"[143]. No hace referencia en el documento al regalo que se daría a las personas antes nombradas, pero por artículos de prensa de la época se sabe que se solía regalar tabaco, bebidas alcohólicas o algún alimento típico de la localidad.

Otro de los análisis que hay que destacar es el origen geográfico de las solicitudes que llegaban a Madrid. No puede olvidarse que las actuales comunidades no corresponden exactamente a las antiguas regiones de la época (la actual Castilla La Mancha comprende parte de la antigua región de Murcia y Albacete; Castilla la Vieja comprendía las actuales Cantabria y La Rioja, y no la antigua región de León, Zamora y Salamanca).[144]

---

[140] Las placas estuvieron hasta hace pocos años, pero tras una restauración en la iglesia se quitaron definitivamente.

[141] Archivo Histórico Provincial de Valladolid, Gobierno Civil, correspondencia de Alaejos sobre las lápidas a los caídos, 70/11, escrito del gobernador civil de Valladolid al ayuntamiento de Alaejos.

[142] Localidad situada en la provincia de Burgos y que en la actualidad tiene solamente unos 15 habitantes censados.

[143] AGA, Cultura, Delegación Nacional de Prensa y Propaganda, escrito del 16 de noviembre de 1939 que recibe el Subsecretario de Gobernación de parte del gobernador civil de Burgos. Monumento a los caídos en Arenillas de Villadiego,1939, 21/02387.

[144] Tabla de elaboración propia a través del estudio de los diferentes expedientes de los monumentos a los caídos que se encuentran en el AGA.

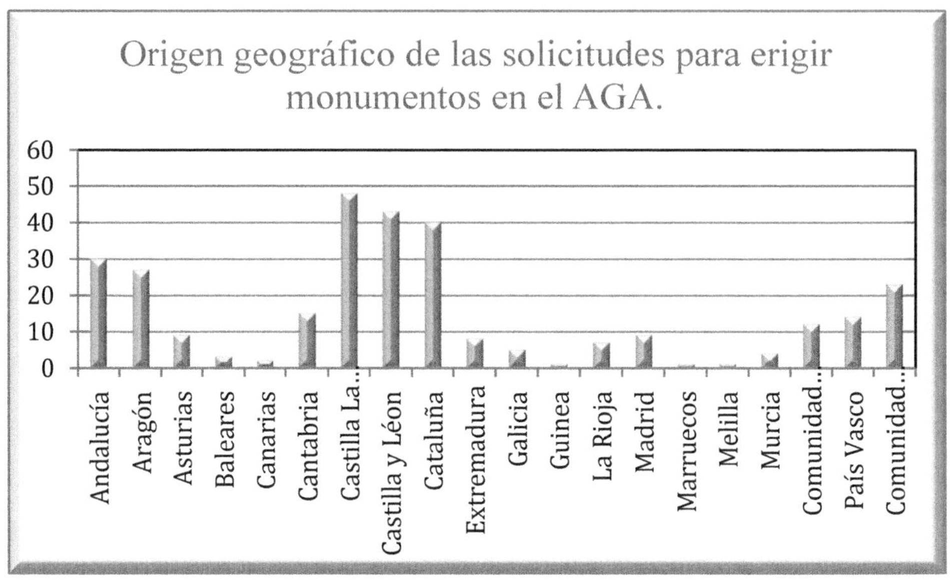

Teniendo estos datos presentes vemos que Castilla La Mancha, con casi 50, y Castilla y León, con más de 40, encabezan el número de peticiones por parte de sus ayuntamientos. Esto puede deberse a que ambas son, y han sido, regiones eminentemente agrícolas, con un porcentaje significativo de la población de extracción humilde y de profundas convicciones religiosas, además de existir en ambas regiones una gran cantidad de núcleos de población. No puede olvidarse que los familiares de los caídos muchas veces tenían un papel esencial a la hora de erigir el monumento[145]; en ocasiones pedían al alcalde erigir el monumento o colaboraban en la financiación.[146] También hay que destacar que, sobre todo en provincias como Toledo o Ciudad Real, sufrieron una dura represión durante la guerra, y esto hace que hubiera miles de caídos a los que conmemorar y recordar.

Otra región con gran número de expedientes es Cataluña con un total de cuarenta. Es esta una región con muchos núcleos de población, lo cual incrementa la probabilidad de petición de erección de monumentos. En Cataluña, Valencia, Andalucía, Aragón y Castilla la Mancha el impacto de la guerra fue muy duro; el frente estuvo en estos territorios, y la represión en las retaguardias también, lo que

---

[145] Por ejemplo, en Sigüenza se crea una Comisión Pro-monumento que estaba formada por familiares de los caídos. AGA, Cultura, Delegación Nacional de Prensa y Propaganda, Monumento a los caídos en Sigüenza 1942, 21 / 05371.

[146] La participación de los familiares en la financiación de los monumentos consta de varios ejemplos: Carrión de Calatrava y Plasencia.

puede explicar la gran cantidad de poblaciones que quieren construir un monumento en recuerdo a sus caídos.

Las regiones que menos solicitudes mandan son Melilla, Galicia, Canarias y Baleares. Una de las explicaciones que se puede obtener es que el impacto de la guerra y por tanto de los muertos en el conflicto fue mucho menor que en otras áreas peninsulares. En estos territorios la sublevación militar triunfo rápidamente, lo que hace que los muertos del bando franquista fueran mínimos comparados con otras zonas de la península.

Tras haber analizado el número de expedientes y su origen geográfico hay que señalar que no todos están completos y que en algunos solo conservan correspondencia que se emitió para poder pedir los permisos. Es decir, estamos ante un problema de falta de información porque en muchos expedientes solo tenemos pequeñas referencias sobre peticiones que hacían diversos ayuntamientos pero que solo constaban de un pequeño folio. Por ejemplo, sabemos que hay una carpeta sobre un proyecto del monumento a los caídos en Burriana entre los años 1941 a 1944 pero no se dispone en el expediente de información ya que no hay planos ni memorias ni ningún documento que sirva para reconstruir el proceso[147]. En otras ocasiones la información es muy escasa, como por ejemplo en el Archivo Histórico de Palencia, donde encontramos información muy pobre sobre el proyecto a los caídos de Barruelo de Santullán del año 1940[148], el de Buenavista de Valdavia del año 1942 e incluso un monumento en el Valle de Tena del año 1958. En el Archivo Histórico Provincial de Cáceres se confirma que no hay ninguna documentación relativa a proyectos de monumentos a los caídos[149]. Sin embargo, es de obligada lectura la obra de César Rina donde trata la construcción de la memoria franquista en la ciudad[150].

Una vez hecho un muestreo de los expedientes se entra en la explicación para comprender el desarrollo que debían de seguir los mismos desde su origen hasta su aprobación final. La construcción de los monumentos suponía un largo camino desde su propuesta y planteamiento hasta su construcción contando con todos los permisos necesarios. El procedimiento a seguir venía marcado por la Orden del 30 de octubre de 1940 que articulaba claramente el proceso que debían de seguir los diferentes proyectos para ser aprobados. Los promotores de los monumentos tenían que pedir permiso al Gobierno Civil de cada provincia y, junto con la Jefatura Provincial de Propaganda, remitían dicha documentación a la Dirección General de Propaganda que, junto a la Dirección General de Arquitectura, resolverían el informe, harían las

---

147 Archivo Histórico Provincial de Castellón, Monumento a los caídos en Burriana, 1941-1944.

148 Archivo Histórico Provincial de Palencia, Monumentos a los caídos en 1940, 1942 y 1958.

149 Archivo Histórico Provincial de Cáceres, consulta el 12 de enero de 2021.

150 César RINA SIMÓN, *La construcción de la memoria franquista en Cáceres: héroes espacio y tiempo para un nuevo estado (1936-1941)*, Universidad de Extremadura, Cáceres, 2012.

correcciones precisas si se necesitaran y, posteriormente, darían su aprobación[151]. Las indicaciones que se marcaron en el *BOE* luego serían seguidas a rajatabla en los informes que se enviaban a Madrid. Por ejemplo, en el informe mandado desde la ciudad de Vic se exponía "el citado proyecto consta de una Memoria explicativa, planos y presupuestos de conformidad determinado con las normas vigentes. La erección de tales monumentos ha sido regulada por órdenes del Ministerio de Gobernación de 7 de agosto de mil novecientos treinta y nueve... Dispone esta última orden en su artículo 1° que las iniciativas de monumentos se presentarán en los Gobiernos Civiles de las respectivas Provincias, los cuales los elevarán al Ministerio, oyendo necesariamente a la Jefatura Nacional de Propaganda"[152].

Cuando todo había sido realizado correctamente desde Propaganda se remarcaba diciendo "visto el escrito que con fecha de 27 de junio de 1945 eleva el Señor alcalde... solicitando la autorización competente para construir un monumento...visto memoria, plano y presupuesto... suscrito por el arquitecto Jesús Guinea... visto el informe de la Delegación Provincial de Educación Popular de Álava...lo dispuesto en las ordenes de 7 de agosto de 1939 y 30 de octubre de 1940...visto el informe de la Delegación Nacional de Arquitectura... la Subsecretaría de Educación Popular autoriza la construcción de referencia..."[153]. Tras la autorización se procedería a comunicar al Gobierno Civil, al delegado Provincial de Educación y al alcalde la decisión tomada. Hay que decir que en ocasiones los trámites se hacían de manera muy ágil como el que sucedió en la localidad de Selaya[154] cuando se informa telefónicamente desde la Sección de Arquitectura, que el proyecto ha sido aceptado para que se hicieran las diligencias oportunas y se informará al ayuntamiento[155]. Esto se puede entender puesto que la localidad había sido casi de las últimas en erigir una cruz a los caídos, pues estamos hablando de un proyecto que se acepta el 4 de agosto de 1951.

Algo básico que hay que conocer en este tema es que el 20 de mayo de 1941 los servicios de prensa y propaganda se transfieren a la Vicesecretaria de Educación Popular. Este organismo sería el encargado de admitir y resolver las decenas de proyectos que iban llegando. A pesar del minucioso trabajo que se hacía desde la Delegación Nacional de Propaganda y que se puede comprobar por el profundo análisis que se hacía de cada monumento, incluso si estudiamos las pequeñas y

---

[151] *BOE*, 12 de noviembre de 1940, OM de 30 de octubre de 1940. p.7786.

[152] AGA, Cultura, Delegación Nacional de Prensa y Propaganda, memoria justificativa del Ayuntamiento de Vich, Monumento a los caídos de Vich, 1943, 21/00065.

[153] AGA, Cultura, Delegación Nacional de Prensa y Propaganda, escrito del director general de propaganda al gobernador civil de Álava. Monumento a los caídos en Llodio,1945, 21/02386

[154] Localidad de Cantabria y que se encuentra enclavada en los Valles Pasiegos. En 1940 tendría una población aproximada de unos 2000 habitantes.

[155] AGA, Cultura, Delegación Nacional de Prensa y Propaganda, informe del jefe de sección de asuntos generales de la Dirección General de Propaganda. Monumento a los caídos Selaya, 1951, 21/02387

apartadas localidades, se ha podido observar que llegó a tal grado la saturación por la gran cantidad de proyectos que tenían que comprobar que hubo casos en los que se mezcló o se perdió documentación. Un ejemplo lo encontramos en un informe que se manda desde la Dirección General de Arquitectura a la Dirección General de Propaganda en donde se dice "Se devuelve adjunto un plano a escala 1/50, suscrito por el arquitecto D. Antonio Roca, representativo de un Monumento a los Caídos y al que se acompaña de una fotografía, al parecer, de Palma de Mallorca; documentos remitidos a esta Dirección General equivocadamente, sin oficios y mezclados el expediente del Monumento a los Caídos de Sotondrio..."[156]. Es decir, estaban mezclados dos expedientes que venían de las dos puntas del país puesto que el otro municipio pertenece a Asturias. Esto nos muestra la enorme carga de trabajo que tenían las instituciones cuando se estaba en uno de los momentos donde hubo más peticiones de permisos que se enviaban a Madrid.

Tras el análisis y el estudio de los monumentos que se proyectan a lo largo de la toda la geografía española se puede observar que hay una uniformización de todos ellos por las normas que se dan a las diferentes provincias. En primer lugar, como hemos podido ver, hubo una legislación clara desde 1938 y un cauce legal para gestionar todas las peticiones que se hacían. En segundo lugar, hubo un esfuerzo por parte de las autoridades para que la unidad de estilo llegara a todos los rincones del país, incluso a los más alejados. Por ejemplo, en Marruecos hay un informe en donde se señala que había llegado un telegrama el 5 de abril de 1940 desde la Dirección General de Prensa y Propaganda con la orden de "que en todos los Monumentos a los Caídos figurase extensiblemente el escudo Nacional y el emblema del Movimiento"[157].

El nuevo régimen tendrá un verdadero interés y hará un control exhaustivo para saber qué localidades tenían una cruz o un monumento que recordara a sus caídos. Por ejemplo, desde la Dirección General de Propaganda se pedía la relación de municipios que tuviera algún tipo de recuerdo a los fallecidos en la guerra civil, como es el caso del escrito fechado en 1945, donde se recibe en Madrid una comunicación desde la jefatura provincial del Movimiento de Palencia que constaba de "los pueblos de esta provincia donde existe Monumento, Cruz o lápida a los Caídos"[158]. Otro

---

[156] AGA, Cultura, Delegación Nacional de Prensa y Propaganda, informe del secretario general de arquitectura el 5 de noviembre de 1943 al delegado nacional de propaganda. Monumento a los caídos de Palma de Mallorca, 1943, 21/05370.

[157] AGA, Cultura, Delegación Nacional de Prensa y Propaganda, informe de la Jefatura local de Melilla del 18 de febrero de 1940, Monumento a los caídos de Melilla 1939-1941, 21/02386

[158] Acuse de recibo del oficio 327/45 a 27 de abril de 1945 firmado por Patricio González de Canales como secretario nacional de Propaganda, Palencia, diversas localidades sobre proyectos de monumentos a los caídos, 1942-1946, 21/02386

ejemplo lo encontramos en Ávila, cuando Patricio González de Canales[159] que en ese momento actuaba como secretario Nacional de Propaganda,[160] hace un acuse de recibo el 27 de abril de 1945 porque le había llegado la "relación de los pueblos de esa provincia donde existe Monumento, Cruz o lápida de los Caídos"[161].

Otro ejemplo que nos muestra el enorme interés del régimen en el control de monumentos o lápidas lo encontramos en el Archivo Histórico Provincial de Alicante, donde se ha encontrado una de las pocas peticiones que se conservan relacionadas con este tema, y la documentación se sitúa en el fondo del Gobierno Civil. Es muy interesante este ejemplo, puesto que se puede observar cómo era el proceso de la recogida de datos de las localidades que tenían algún tipo de recuerdo a los caídos y cómo se llevaba a cabo el control de éstos. La petición partía desde la Delegación Nacional de Propaganda y se dirigía a las Jefaturas provinciales de Falange pero que, curiosamente, éstas no tenían los datos a pesar de que muchas de ellas estaban inmersas en los procesos de erección de monumentos o que podían haber realizado una tabla con la relación de las diferentes localidades. Tras la petición de Madrid en este caso, el delegado provincial de Alicante, Luis Villó, el 27 de marzo de 1945 hace un escrito al Gobierno Civil de la provincia en donde le pide " si obra en su poder, una relación de los pueblos de esta provincia que tienen levantado Monumento o Lápida a (JOSÉ ANTONIO PRESENTE), o indicándome los que lo tengan en proyecto, al propio tiempo, le ruego me indique también aquellos pueblos que tienen erigido Monumento a los Caídos, o proyecto de iniciación del mismo"[162]. Como se observa, se quería una relación exhaustiva de todas las localidades en donde hubiera algún tipo de monumento a los caídos o que estuviera en vías de construcción. De todos modos, se entiende que se escribe al Gobierno Civil porque como veremos a continuación detrás de los monumentos a los caídos había una diversidad de actores y no solo una única institución.

Sin embargo, asombrosamente, desde el Gobierno Civil tampoco había una relación de localidades que tuvieran algún tipo de recuerdo a los caídos. A pesar de

---

[159] Falangista nacido en Bujalance (Córdoba) que llegó a ocupar cargos de relevancia dentro de la organización ya que fue jefe local en Sevilla e inspector de falange para Andalucía oriental. Posteriormente dirigiría varios periódicos y llegaría a ocupar el cargo de secretario nacional de Propaganda y el de delegado nacional. Fallecerá en Madrid en 1976.

[160] Llama la atención que ocupara cargos de semejante responsabilidad cuando era una persona que estaba bajo la lupa del nuevo régimen, pues era acusado de ser uno de los falangistas conspiradores. Véase, Armando ROMERO CUESTA, *Objetivo: Matar a Franco: (La Falange contra el Caudillo)*, Madrid, Ediciones 99, 1976.

[161] AGA, Cultura, Delegación Nacional de Prensa y Propaganda, informe de acuso de recibo N.º 1043, de 24 abril de 1945, Monumento a los caídos de Ávila, 1943-1945, 21/05370.

[162] Archivo Histórico Provincial de Alicante. GC - G 04333.002 Alicante Circular del Gobierno Civil y escrito del delegado Provincial de la Vicesecretaría de Educación Popular de FET y de las JONS, solicitando a los ayuntamientos comuniquen la existencia en sus localidades de monumento o lápida a José Antonio y monumento o proyecto de monumento a los Caídos.

ser una cuestión tan importante, puesto que la guerra aún estaba reciente, los monumentos jugaban un papel propagandístico evidente y los gobiernos civiles eran parte del trámite obligado a la hora de poder aprobar los proyectos de los monumentos. Al recibir la noticia, el gobierno civil emite una circular el 31 de marzo[163] que se manda a todos los ayuntamientos de la provincia donde se pide a alcaldes y secretarios que en un plazo de cinco días se comunique si en su localidad hay algún monumento o lápida donde se hiciera referencia a los caídos o a José Antonio.

Otro ejemplo lo tenemos en la documentación del Archivo Municipal de Villarreal, en donde el secretario provincial mandaba al alcalde de la ciudad el 29 de junio de 1942 un requerimiento para que se le informase de "Relación de monumentos conmemorativos de hechos de armas que existen en este término municipal, y proyectos que se tengan expresando si lo están en casco urbano o en el campo..."[164]. También indicaba que se le informase si había algún tipo de enterramiento o cementerio especial donde se hubieran depositado los cadáveres de los fallecidos ya que como sabemos esta ciudad fue escenario de duros combates. El alcalde contestará casi un mes más tarde puesto que su respuesta fue el 31 de julio indicando que no existía ningún tipo de monumento a los caídos en todo el término municipal. Lo que sí explicaba es que existía un cementerio en la localidad donde se había realizado una enorme fosa común que contaba con más de trescientos cadáveres, muchos de ellos trasladados en ataúdes del frente de batalla de las personas que habían muerto en combate[165].

Como hemos comprobado, en muchas ocasiones la falta de información entre las instituciones era evidente; éstas tenían problemas por la cantidad de peticiones que llegaban a los diversos organismos y por los cambios que hubo por la disparidad de competencias que iban teniendo los diferentes organismos ya que muchas veces chocaron entre ellos. Por ejemplo, sabemos que la Vicesecretaría de Educación Popular que fue pieza clave a la hora de tramitar las peticiones de los monumentos a los caídos solo estuvo en funcionamiento desde el 20 de mayo de 1941 hasta el 27 de julio de 1945. Fuera de esas fechas se siguieron tramitando los diferentes permisos

---

[163] Archivo Histórico Provincial de Alicante. GC - G 04333.002 Alicante Circular del Gobierno Civil solicitando a los ayuntamientos comuniquen la existencia en sus localidades de monumento o lápida a José Antonio y monumento o proyecto de monumento a los Caídos.

[164] Archivo Municipal de Villarreal, Correspondencia: - Oficio de la Delegación Provincial de Excombatientes solicitando informe sobre monumentos conmemorativos de hechos de armas. Informe del Ayuntamiento comunicando que en el cementerio municipal solo existe una fosa común donde se enterraron los caídos durante la guerra, signatura 55/1942.

[165] Archivo Municipal de Villarreal, Correspondencia: - Oficio de la Delegación Provincial de Excombatientes solicitando informe sobre monumentos conmemorativos de hechos de armas. Informe del Ayuntamiento comunicando que en el cementerio municipal solo existe una fosa común donde se enterraron los caídos durante la guerra, signatura 55/1942

pero, en ocasiones, las autoridades que se encargaban de gestionar los procesos escribían relatando que había cierta confusión y problemas para entender cuáles eran los pasos que se debían seguir. En un informe que se mandaba en el año de 1945 por parte de la Vicesecretaría de Educación Popular de Navarra[166] se relataba que la propia vicesecretaría en ocasiones había estado ausente e inoperante puesto que el cargo del delegado de esta vicesecretaría había estado en la figura del gobernador civil y esto había ido creando confusiones de competencias, incluso cuando recibían la documentación de los diferentes alcaldes y jefes locales de Falange pidiendo permiso para erigir monumentos a los caídos en sus localidades.

En este caso se quejaba esta delegación provincial porque se había tramitado por su parte un expediente de la localidad navarra de Mendavia y el documento fue devuelto porque "el expediente había de tramitarse a través del Gobierno Civil de la provincia"[167]. Siguiendo el escrito se quejaba la delegación que, en ocasiones, el gobierno civil había tramitado expedientes no contando con la vicesecretaría para nada como por ejemplo pasaría con el proyecto de la localidad de Lerín.

RELACIÓN DE LOCALIDADES DE LA PROVINCIA DE NAVARRA QUE TENÍAN UN MONUMENTO EN RECUERDO A LOS CAÍDOS EN EL AÑO 1945	
Municipios	**Habitantes en 1945**
Salinas de Oro	300 aproximadamente
Milagros	3.000 aproximadamente
Lerín	3.300 aproximadamente
Mendavia	3.400 aproximadamente
Se tenía constancia de "bastantes" pueblos con cruces o lápidas en sus localidades	

[168]

Desde Navarra continuaban los problemas, y se nos da una valiosa información puesto que desde la Vicesecretaría de Educación Popular de Navarra se mandaba una relación de localidades donde se tenía conocimiento de los municipios que tenían un

---

[166] AGA, Cultura, Delegación Nacional de Prensa y Propaganda, informe de la vicesecretaría de educación popular, Monumento a los caídos de Pamplona, 1941, 21/05373.

[167] AGA, Cultura, Delegación Nacional de Prensa y Propaganda, informe de la vicesecretaría de educación popular, Monumento a los caídos de Pamplona, 1941, 21/05373.

[168] Tabla de elaboración propia en base a la documentación. AGA, Cultura, Delegación Nacional de Prensa y Propaganda, informe de la vicesecretaría de educación popular, Monumento a los caídos de Pamplona, 1941, 21/05373.

recuerdo a los caídos y nos muestra que no había tantas localidades con un monumento a los fallecidos, por lo menos en esa provincia. A continuación, se hace una tabla para poder tener una visión completa del número de localidades de la provincia de Navarra que tenían un recuerdo a los caídos.

Esta información nos muestra que a fecha de 1945 la propia Vicesecretaría de Educación Popular de Navarra no tenía casi ningún conocimiento de la relación de localidades que tenían un monumento en recuerdo a los caídos. Si hacemos un análisis estadístico podemos ver que se tenía conocimiento en ese momento de cuatro localidades sobre un total de 272 municipios que tiene la comunidad de Navarra y esto nos da un porcentaje de conocimiento "real" de 1,47% sobre el total. Aunque sumásemos más localidades del último apartado el porcentaje no llegaría al 10% y hay que tener en cuenta que de las localidades que se tenía información éstas eran pequeñas y no eran grandes núcleos urbanos. Se echa en falta que hubiera un conocimiento más exhaustivo sobre todo de localidades más grandes como podía ser Pamplona, Tudela, Burlada, Barañáin o Estella.

De hecho, en el informe que se mandaba desde Pamplona, se decía que de la lista de monumentos que habían realizado había cuestiones importantes que había que tener en cuenta. Por ejemplo, en la localidad de Salinas de Oro el monumento que se había realizado había sido construido dentro del recinto de la iglesia por lo que no se le había aplicado el reglamento a la hora de haber realizado el proyecto. En el caso de la localidad de Milagro se explica que no se tenía constancia de que existiese monumento puesto que el jefe local de Falange de la localidad había comunicado a la Vicesecretaría de Educación Popular la intención por parte del ayuntamiento de erigir un mausoleo y ésta les había explicado los trámites necesarios. Sin embargo, no se había tenido constancia de que hubieran comenzado con el proceso para poder erigir un recuerdo a los caídos de la localidad.

La lista seguía con "problemas", puesto que la localidad de Lerín se encontraba inmersa en los trámites necesarios para poder levantar el monumento y desde la vicesecretaría no se tenía constancia de cómo iba el proceso. En el caso de la última localidad, que era la de Mendavia, se decía que estaba inmersa en el proceso pero que parecía tener problemas para poder reunir todos los requisitos, y se hablaba incluso de que podía desistir del proyecto. Como resultado de este pobre conocimiento la Vicesecretaría de Educación Popular cursaría "una circular a todos los Ayuntamientos para que nos informen si existe o no en sus respectivos pueblos Cruz o Monumento a los Caídos, de lo que se te dará cuenta tan pronto obtengamos dichos datos"[169]. Llama poderosamente la atención esta falta de información que tenía este organismo, que era pieza clave a la hora de tramitar los proyectos y máxime cuando se tiene otro documento fechado el 25 de mayo de 1944, es decir, casi un año antes, donde la

---

[169] AGA, Cultura, Delegación Nacional de Prensa y Propaganda, informe de la vicesecretaría de educación popular del 21 de marzo de 1945, Monumento a los caídos de Pamplona, 1941, 21/05373.

vicesecretaría mandaba una circular a todos los alcaldes y jefes locales de falange pidiéndoles información relativa de los monumentos que había en las localidades de Navarra. Además, hay que tener en cuenta que esta provincia participó muy activamente en la guerra puesto que proporcionó miles de voluntarios para ir al frente. Esto quedaba demostrado en el expediente que se manda desde la localidad de Tafalla y que, como hemos visto, esta vicesecretaría no tenía la información actualizada de esta localidad. En el informe el ayuntamiento explicaba que en la guerra fue "histórico el entusiasmo con que voluntariamente acudieron miles y miles de navarros de todas las edades con ansias urgentes de heroísmo. Se trataba de defender una vez más los sagrados principios tradicionales que les dejaron sus abuelos...llegaron a ser las fuerzas predilectas del mando..."[170]. De hecho, como se sabe, gracias a la implicación de los famosos requetés y su valía en combate, ganaron el reconocimiento para la provincia de Navarra de la Cruz Laureada de San Fernando, que era el máximo galardón que se podía obtener y que estuvo vigente desde 1937 hasta 1981.

Siguiendo con el informe se explicaba también la relación de órdenes ministeriales, tanto la del 7 de agosto de 1939 como la del 30 de octubre de 1940, en las que se describían los trámites que debían hacer los promotores para realizar un monumento a los caídos. También se hacía referencia a cómo tras la ley del 20 de mayo de 1941 se habían trasladado los servicios de Prensa y Propaganda a la Vicesecretaría de Educación Popular, que era la que se encargaría de resolver los expedientes, y cómo las delegacionales provinciales de educación popular tendrían la función de asesorar a los promotores[171]. Con toda esta información se puede decir que en la vicesecretaría de Navarra, o bien no había llegado un año después la relación de localidades, o la información la habían perdido, o algo había fallado, puesto que no se tenía una información detallada transcurrido ese tiempo.

Es decir, toda esta información nos muestra que al final las administraciones locales eran las que podían decir si existía o no un monumento en recuerdo a los caídos y tanto las diferentes vicesecretarías como los gobiernos civiles tuvieron serios problemas a la hora de tener unas listas completas de las localidades de sus respectivas provincias que contaban con monumentos o lápidas a los fallecidos siendo éste un tema tan importante para el nuevo régimen.

---

[170] AGA, Cultura, Delegación Nacional de Prensa y Propaganda, memoria del ayuntamiento de Tafalla, Monumento a los caídos de Tafalla, 1939-1940, 21/05373.

[171] AGA, Cultura, Delegación Nacional de Prensa y Propaganda, informe de Jaime del Burgo como delegado provincial de educación popular el 25 de mayo de 1944, Monumento a los caídos de Pamplona, 21/05373.

2.2 Los promotores de los monumentos

¿Quién estuvo detrás de los miles de monumentos y lápidas que se erigieron en memoria y recuerdo a los fallecidos del bando franquista? Como veremos, el nuevo régimen nunca se dedicó a construir monumentos en ciudades y pueblos; su proyecto fue el Valle de los Caídos en el Escorial, construido por presos republicanos[172] donde se enterraron los cadáveres de ambos bandos. Los monumentos que se erigieron en ciudades y pueblos fueron el resultado de las diversas peticiones que partieron de instituciones muy diversas pero que tenían un punto en común y es que siempre la mayoría partieron "desde abajo". Es decir, desde las autoridades locales de los ayuntamientos, desde la Falange local de los municipios, desde los familiares y los propios vecinos, de las comisiones pro-monumentos que se hicieron en diversas localidades, de instituciones religiosas, de excombatientes, de empresas, de personalidades militares o de las instituciones locales.[173]

A continuación, se realiza una gráfica circular que refleja en porcentajes a los diferentes promotores que hubo en la erección de los monumentos a los caídos según la información disponible y que se ha podido recoger en el AGA para que se pueda tener una idea del peso que tuvieron cada uno de ellos. Como se puede ver la mayoría de las instancias para erigir un monumento partieron de las autoridades locales puesto que casi el 70% de las solicitudes provenían de los nuevos ayuntamientos que se encargaron de la tramitación de las solicitudes mediante los escritos que presentaron los alcaldes. En segundo lugar, se encontraban los familiares y los propios vecinos con casi el 15% de las solitudes que exigían a los ayuntamientos que tramitaran las peticiones o directamente ellos se encargaban de realizar los escritos pertinentes. En tercer lugar, la petición vino del conjunto de comisiones que se hicieron para desarrollar las gestiones necesarias para erigir un recuerdo a los caídos y que estuvieron integradas por diversas personalidades, como veremos a continuación. Como se leerá posteriormente, las comisiones estarían integradas por miembros de Falange, autoridades locales, familiares, excombatientes o miembros del clero. En los últimos lugares tendríamos con porcentajes mínimos a empresas, la Falange local o grupos de excombatientes. En lo que respecta a instituciones religiosas se ha contabilizado a través de los expedientes un caso en Cantabria, pero sabemos que en multitud de iglesias y parroquias hay lápidas en recuerdo a los religiosos asesinados que pusieron por su cuenta las diferentes autoridades religiosas para honrar a sus fallecidos asesinados por su fe.

---

[172] Alberto BÁRCENA PÉREZ, *Los presos del Valle de los Caídos*, San Román, Madrid, 2015.

[173] Gráfica de elaboración propia en base a la documentación recogida en el AGA.

2.2.1 Las comisiones Pro-Monumento a los caídos

En ocasiones, para intentar erigir un recuerdo a los caídos, muchas veces se realizaban comisiones Pro-Monumentos para impulsar la construcción de éstos. Por ejemplo, en Puertollano, localidad de la provincia de Ciudad Real, se estableció una comisión Pro-monumento que realizó todos los trámites. Félix Bello Chinchilla era el presidente de la comisión en Puertollano y, en su escrito el 27 de mayo de 1943, pedía que "teniendo por presentada en tiempo y forma esta instancia, tenga a bien acordar, si así lo cree procedente, el oportuno permiso para la realización del monumento solicitado"[174]. Pero hay que preguntarse y analizar quiénes formaban parte de estas comisiones, si procedían solamente de miembros de Falange o si había un conjunto de personas de los diferentes sectores que apoyaban al nuevo régimen.

Hay que tener en cuenta que es complicado sacar a la luz a los miembros integrantes ya que muchas veces hay referencias a comisiones Pro-monumentos, pero no sabemos quiénes las formaban. En el expediente de la ciudad de Vic (Barcelona)

---

[174] AGA, Cultura, Delegación Nacional de Prensa y Propaganda, escrito del presidente Pro-monumento a los caídos en Puertollano, 1943, 21/00065.

tenemos una información precisa sobre los integrantes de la comisión, pero no de sus nombres, lo que ha llevado a la posibilidad de elaborar la siguiente tabla[175]:

COMISIÓN PRO- MONUMENTO A LOS CAÍDOS DE LA CIUDAD DE VICH	
Presidente	Alcalde de la localidad
Vocal nº1	Obispo de la Diócesis
Vocal nº2	Jefe local de FET y de las JONS
Vocal nº3	Delegado de las asociaciones de Ex - combatientes, Ex - cautivos y del Cuerpo de Mutilados

Como se puede observar, se tenía una variada representación formada por la jerarquía católica, Falange, el alcalde como presidente y una participación de los excombatientes. En otros lugares los nombramientos estaban oficializados tanto por parte del ayuntamiento como por parte de Falange. El nombramiento de Falange lo hacía el jefe Provincial del Movimiento como queda constancia en el documento que firma Antonio F. de Correa donde indicaba que el miembro de Falange sería "Camarada José María Viñoly Font, como miembro de la Comisión Gestora, Pro-Erección del Monumento a los caídos de la ciudad de Manresa"[176].

Desde el Vendrell también se hizo una comisión Pro-monumento a los caídos y estuvo encabezada por el alcalde que realizó todos los trámites necesarios para poder pedir los permisos necesarios para erigir el monumento en el escrito que realizó el 26 de febrero de 1941. En el informe que envió se nos demuestra que habían hecho un trabajo impecable cumpliendo toda la normativa y enviaba los siguientes documentos: el plano de la futura cruz de los caídos realizado por un arquitecto y visado por el colegio de arquitectos de Barcelona, la memoria del proyecto con los materiales y el emplazamiento y, por último, fotografías de una maqueta que habían realizado junto con un detallado croquis donde se mostraba la futura ubicación[177].

Hay que dejar constancia de que no todas las comisiones estaban formadas por los mismos organismos, y que dependía de las localidades. En Sigüenza el ayuntamiento solicita a la Vicesecretaría de Educación Popular poder realizar dicha obra, y para ello envía una extensa documentación con la creación de una comisión pro-monumento que se formaba por un familiar de los caídos y un excombatiente

---

[175] Tabla de elaboración propia en base a la documentación del expediente de la ciudad de Vich. AGA, Cultura, Delegación Nacional de Prensa y Propaganda, Monumento a los caídos en Vich,1943, 21/00065.

[176] Jefatura provincial del movimiento de Barcelona. Archivo municipal de Manresa.

[177] AGA, Cultura, Delegación Nacional de Prensa y Propaganda, memoria del alcalde del Vendrell, Monumento a los caídos del Vendrell, 1941, 21/05374.

junto con dos concejales de la localidad[178]. De esta localidad[179] tenemos información de cómo se constituye una comisión para impulsar acciones que llevaran a cabo la construcción del futuro monumento a los caídos.

COMISIÓN PRO-MONUMENTO A LOS CAÍDOS DE SIGÜENZA
Un familiar de los caídos
Un excombatiente de la localidad
Un concejal del ayuntamiento.
Un concejal del ayuntamiento

[180]

En este caso no tenemos personas en la comisión que perteneciesen a ningún partido político, incluso ni de la todopoderosa Falange, que en esta época tenía un gran peso a la hora de desarrollar los actos en recuerdo a los caídos. Tampoco había ningún representante de la iglesia católica que era tan importante puesto que el elemento religioso era esencial a la hora de recordar a los fallecidos. En Sigüenza por tanto la comisión tenía un carácter muy local y con menos connotaciones políticas que en otros ayuntamientos.

Otro ejemplo lo tenemos en la localidad de Valls, donde en septiembre de 1941 se constituiría una junta que patrocinaría el monumento a los caídos que se planteaba construir en el municipio. Para tener una mayor claridad de las personas, los cargos y las orientaciones políticas de éstos se desarrolla a continuación una tabla.

---

[178] AGA, Cultura, Delegación Nacional de Prensa y Propaganda, Monumento a los Caídos en Sigüenza, Guadalajara, 1942, 21/ 05371.

[179] Localidad situada en la provincia de Guadalajara y en la que se libraron fuertes combates durante la guerra civil. Tendría aproximadamente en la década de los años 40 unos 4.400 habitantes aproximadamente.

[180] Tabla de elaboración propia en base a la documentación de Sigüenza. AGA, Cultura, Delegación Nacional de Prensa y Propaganda, Monumento a los caídos de Sigüenza, 1942, 21/05371.

COMISIÓN DEL MONUMENTO-CRUZ A LOS CAÍDOS EN LA LOCALIDAD DE VALLS	
Presidente: alcalde y jefe local de FET y de las JONS	José María Fábregas
Secretario	Eugenio Cirac
Delegado local de excautivos	Marcos Mercade
Tesorero Administrador	José María Musolas
Vocal 1: delegado local de prensa y propaganda	Antonio Pruna
Vocal 2: presidente de la comisión de fomento del ayuntamiento	Francisco Ferre
Vocal 3: delegación de excautivos	José María Catalá
Vocal 4: delegación de excombatientes	Emilio Manresa
Vocal 5: representante de los familiares de los caídos	José María Clofent
Vocal 6: representante de la cámara de comercio	Antonio Llagostera
Vocal 7: representante por la C.N.S.	Francisco Bordas
Vocal 8: representante de la sociedad agrícola	José Carreras
Vocal 9: representante por el centro de lectura y educación y descanso	José Batalla

[181]

Como se puede ver había nutrida representación de las fuerzas de las jerarquías civiles del municipio, junto con los cargos de Falange, que copaba el más importante que era el de presidente de la comisión. Además, había un peso importante de los excombatientes, de los excautivos y de los familiares de los caídos ya que tenían cuatro vocales, lo que les daba un peso realmente importante en la toma de decisiones. Tenemos la suerte de poder contar con los nombres de los integrantes de la comisión que se encargaría de desarrollar el proyecto junto con un arquitecto, y de realizar las gestiones necesarias para lograr la financiación mediante una suscripción popular que se iba a realizar por voluntarios que tocarían las puertas del vecindario para intentar recaudar el dinero necesario.

En la localidad palentina de Villaprovedo, que actualmente solo tiene 50 habitantes censados, tenemos una petición escrita a mano por el alcalde de la época que en ese momento era Baltasar Gutiérrez Martín. El escrito fechado el 5 de mayo de 1940 expone que por acuerdo de la corporación municipal se constituye una comisión para erigir un monumento a los caídos del pueblo que "perpetue la memoria

---

[181] Tabla de elaboración propia en base a la documentación del expediente del monumento a los caídos en Valls. AGA, Cultura, Delegación Nacional de Prensa y Propaganda, Monumento a los caídos en Valls, 1942, 21/05374.

de los que inmolaron sus vidas en defensa de tan nobles ideales y recuerdo a los vecinos de los nombres sagrados de los hijos del pueblo que se inmortalizaron en gestas tan sublimes"[182]. En este caso se constituye una comisión de un carácter muy local con las autoridades de la época que como vemos a continuación tenía las siguientes personas.

COMISIÓN PARA ERIGIR UN MONUMENTO A LOS CAÍDOS EN EL PUEBLO DE VILLAPROVEDO
Presidente: alcalde
Vocal nº1: médico titular
Vocal nº2: cura párroco
Vocal nº3: juez municipal

[183]

Como se puede ver, en esta localidad el peso político de Falange era inexistente y los términos en que se planteaba el monumento era en este caso de recuerdo a las víctimas del pueblo. Las figuras consideradas de "autoridad" como eran el médico, el cura y el juez en esta situación quedan muy bien reflejadas y nos muestran el peso tan importante que tenían no solo por sus trabajos sino por ser los elegidos para realizar las gestiones necesarias en un tema tan importante y esencial para el municipio.

Tenemos otro ejemplo en Abades[184], que era un pequeño municipio que tendría entorno a mil habitantes durante los años cuarenta, y en la que piden permiso al Gobernador para poder hacer una comisión. En su acta de constitución, quedaba claramente reflejado que la comisión debería tener una variada representación en la que se encontraran los siguientes grupos: en primer lugar, FET y de las JONS; seguidamente los excombatientes; y, por último, miembros de Acción Católica[185]. A esto se le añadiría una representación de un cargo religioso, que sería el párroco del pueblo.

---

[182] AGA, Cultura, Delegación Nacional de Prensa y Propaganda, escrito del alcalde de Villaprovedo el 5 de mayo de 1940, monumento a los caídos de Villaprovedo, 1940, 21/05373.

[183] AGA, Cultura, Delegación Nacional de Prensa y Propaganda, tabla de elaboración propia en base a la documentación del expediente, Monumento a los caídos de Villaprovedo, 1940, 21/05373.

[184] Localidad segoviana situada en plena campiña.

[185] AGA, Cultura, Delegación Nacional de Prensa y Propaganda, constitución de la comisión Pro-monumento artículo cuarto. Monumento a los caídos en Abades,1940, 21/02387.

COMISIÓN PRO-MONUMENTO A LOS CAÍDOS EN ABADES	
Presidente	Anatolio de Andrés San Pablo
Vicepresidente	Juan Pablo Moreno del Pozo
Tesorero	Paulino Gómez Llorente
Secretario	Luis Ayuso del Pozo
Vocal n°1	Mariano Moreno Gómez
Vocal n°2	Dimas Carrera Aragoneses
Vocal n°3	Mauricio Moreno Aragoneses
Vocal n°4	Benito Sancho Llorente
Vocal n°5	Araceli del Pozo Tejedor
Vocal n°6	Úrsula Moreno del Pozo

[186]

Este ejemplo es muy valioso porque nos muestra los nombres de los integrantes y podemos comprobar cómo, tras la elección de los miembros, hay que destacar que se incluyeron mujeres, que aquí incluso tenían nexos familiares con algún otro integrante de la comisión. Esta información nos permite hacer un estudio micro histórico muy importante ya que, no solo disponemos de los nombres de los integrantes, sino que vemos cómo las mujeres no tenían un papel secundario como se podía imaginar. De esta manera estaban dentro de la institución y se contaría con su opinión en temas muy relevantes como veremos en las funciones que tenía asignadas este organismo.

Finalmente el párroco, llamado Cirilo Herguedas Herguedas, ostentaría el cargo de presidente honorario por la gran implicación que tenía en el pueblo y con los actos que aquí se describen.

En otras ocasiones podía haber cambios y que los ayuntamientos tuvieran un mayor peso. Por ejemplo, tenemos una relación de los integrantes de la comisión Pro-monumento en Manresa que eran distintos a los anteriores y vemos que no tenían miembros de la iglesia católica.

---

[186] AGA, Cultura, Delegación Nacional de Prensa y Propaganda, tabla de elaboración propia en base a la documentación de Abades,1940, 21/02387.

COMISIÓN PRO-MONUMENTO A LOS CAÍDOS DE LA CIUDAD DE MANRESA	
Presidente de Honor: alcalde presidente del Excmo. Ayuntamiento.	Juan Prat y Pons
Presidente efectivo: Ponente de los servicios de Gobernación.	José María Portella y Figueras
Vocal nº1: Comisión de Cultura y Deportes	Pedro Roca y Sellares
Vocal nº2: Comisión de Fomento	José Grau
Vocal nº3: Comisión de Gobernación	José María Villalta y Fuixench
Vocal nº4: Comisión de Hacienda	Juan Torras y Selga
Vocal nº5: Cámara de la Propiedad Urbana	José Firmat y Serramalera
Vocal nº6: Cámara de Comercio e industria	Acisclo Selga
Vocal nº7: C.N.S.	Francisco Santasusana y Vendrell
Vocal nº8: FET y de las JONS	Ángel Olive
Vocal nº9: Excombatientes	Pedro Carreras y Roca

[187]

Un aspecto fundamental era el de las funciones de las comisiones que eran variadas, pero contamos con escasos documentos donde no se pone nada al respecto. Sin embargo, aparecen recogidas en la documentación que hace referencia al monumento a los caídos que se hace en Manresa (Barcelona). El escrito fechado el 1 de junio de 1950 decía que una de las facultades de la comisión era "que de acuerdo con los servicios técnicos del ayuntamiento se señale una plaza de la ciudad, para el emplazamiento del monumento" y en otro apartado se decía "que se faculte a la "Comisión Gestora pro-monumento a los caídos para que, una vez constituida, siempre de acuerdo con el Excmo. Ayuntamiento, haga las gestiones, convoque concursos y arbitre los medios económicos necesarios"[188].

En Abades se tiene otro ejemplo, donde se tienen las funciones muy definidas y que nos permite mirar de una manera más completa los cometidos de estas comisiones.

Como vemos tenían unas funciones claras y delimitadas pero que eran de una importancia capital. En Abades se centrarían en todas las gestiones necesarias para poder erigir el monumento cuanto antes y centrándose sobre todo en realizar veladas teatrales para poder recaudar dinero.

---

[187] Tabla de elaboración propia en base a la documentación del archivo municipal de Manresa, jefatura provincial del Movimiento, Monumento a los caídos de Manresa.

[188] Archivo Municipal de Manresa, jefatura provincial del Movimiento, Monumento a los caídos de Manresa.

FUNCIONES DE LA COMISIÓN PRO-MONUMENTO DE ABADES
1)Realizar actos de propaganda
2)Recaudar fondos para erigir el monumento
3)Administrar correctamente los fondos recaudados
4)Realizar las gestiones necesarias para la erección del monumento
5)Honrar la memoria de los caídos y mantener vivo su recuerdo.

[189]

En la localidad de Sigüenza las labores que tenían que hacer vendrían marcadas por el acuerdo que se toma en el ayuntamiento el 10 de abril de 1942.

FUNCIONES DE LA COMISIÓN PRO-MONUMENTO DE SIGÜENZA
1) Repartir boletos de inscripciones entre el vecindario.
2) Repartir un manifiesto en la localidad enalteciendo la obra de los caídos.
3) Solicitar la autorización para erigir un monumento a los caídos a la Dirección General de Propaganda.

[190]

Como se puede observar, la principal función en este caso era la propagandística para que la memoria de los caídos no quedara en el olvido. La comisión tenía que hacerse y conseguir las copias para repartir entre los vecinos sobre cómo los fallecidos habían muerto en el campo de batalla, así como recordando la represión y la persecución que habían sufrido.

Sin embargo, en la ciudad de Manresa la elección de la posible ubicación (de acuerdo con el ayuntamiento) del monumento era la función principal. Como se ve a lo largo de este trabajo la futura localización del monumento era un tema siempre muy delicado y que en ocasiones era rechazado por los organismos superiores. En otros puntos se remarcaba que incluso se tenían facultades junto con el ayuntamiento para expropiar los terrenos que se consideraran necesarios para poder colocar el monumento.

---

[189] AGA, Cultura, Delegación Nacional de Prensa y Propaganda, tabla de elaboración propia en base a la documentación de Abades,1940, 21/02386.

[190] Tabla de elaboración propia en base a la documentación del expediente relativo a Sigüenza, AGA, Cultura, Delegación Nacional de Prensa y Propaganda, Monumento a los caídos de Sigüenza,1942, 21/05371.

2.2.2 Excombatientes, excautivos, autoridades militares, instituciones y empresas

Se han podido encontrar varios ejemplos donde los promotores del monumento fueron un grupo de excombatientes que alentaron al ayuntamiento a levantar un recuerdo a los muertos de la localidad. En la localidad de Valencia de Don Juan[191] los excombatientes de la villa se pusieron de acuerdo y formaron una comisión para plantear la necesidad de construir una cruz a los caídos y ellos se comprometían a cooperar en todas las gestiones necesarias para que el proyecto se llevara a cabo con éxito[192]. Muy interesante resulta poder ver la publicidad que llevó este proyecto, puesto que la maqueta que hizo el escultor y excombatiente Manuel Gutiérrez Álvarez sería expuesta en el patio de la Diputación Provincial para que todas las personas la pudieran contemplar[193]. Este monumento es singular, puesto que es de los pocos donde se puede ver una figura de un religioso mirando hacia el cielo y sosteniendo a un caído, como nos muestra el diario Proa cuando hizo la crónica de la jornada. Hay que destacar que los actos serían muy completos e incluso se contaría con un aeroplano de la cercana base de León que arrojaría flores durante la misa de campaña[194].

En la localidad castellana de Íscar los excombatientes también fueron la pieza clara para poder inaugurar el monumento a los caídos. La prensa recogería la noticia cuando se inauguró, y reconocía la importante labor de los promotores: "ellos mediante aportaciones económicas y alguna ayuda de los vecinos de la localidad, adquirieron el terreno, el trabajo material, la mano de obra… no retrocedieron ante los obstáculos hasta ver coronado el esfuerzo convertido así en el más importante. y meritorio de la provincia de Valladolid"[195].

En otras ocasiones las autoridades militares pedían incluso, en la misma guerra, construir ya un recuerdo a los caídos como fue el caso de la localidad de Igea[196], en donde el alférez provisional Benito Arnedo solicita el 17 de octubre de 1937 la necesidad de erigir una pirámide de metro y medio de alta que estuviera coronada por una cruz para recordar a los muertos. Posteriormente el alcalde y el ayuntamiento llevarían el peso de las gestiones para poder erigir el monumento puesto que se haría una vez terminada la guerra.

---

[191] Localidad que se encuentra en la provincia de León y que está situada entre la vega del río Esla y los Oteros contando con una población en la actualidad de alrededor de 5.000 habitantes aproximadamente.

[192] AGA, Cultura, Delegación Nacional de Prensa y Propaganda, informe del secretario de la localidad en 1939, monumento a los caídos de Valencia de Don Juan, 1939, 21/05372.

[193] *Proa: diario de Falange Española de las JONS,* 25 de junio de 1940, p. 2.

[194] *Proa: diario de Falange Española de las JONS,* 27 de julio de 1940, p. 4.

[195] *Libertad,* 27 de septiembre de 1941, p.1.

[196] Localidad situada en lo que se denomina la Rioja Baja en la comarca de Alhama-linares y que cuenta con unos 600 habitantes en la actualidad.

También se tiene constancia de casos en los que los impulsores fueron militares ya que, en la lápida del monumento a los caídos en Mahón, aparece el nombre del iniciador y creador de este que era el Gobernador General de Menorca Eduardo Recas Marcos y el ejecutor del proyecto Juan Cordó Pujol, comandante de ingenieros[197]. Otro caso que es digno de mención por su singularidad es el escrito del Almirante Salvador Buhigas Abad que en nombre de diferentes pueblos de la ría de Villagarcía de Arosa[198] querían establecer un monumento a los marinos que habían perecido en la guerra[199]. Por último, el diario *Libertad*, en su página cuarta, decía que en Valencia la asociación de excautivos planeaba erigir un monumento con un altar para las misas en la plaza de José Antonio[200].

En otras ocasiones el peso de los gobernadores militares era evidente, como el caso de la ciudad de Jaca,[201]donde jugó un papel importante y en donde se pidió permiso para poner la primera piedra en las tempranas fechas de 1938 aún sin haber concluido el conflicto.

Tenemos un caso en donde la figura que estaba detrás del proyecto al monumento en recuerdo a los caídos era el comandante jefe de orden público que, el 5 de diciembre de 1939, escribió desde la localidad de Ciudad Real en donde pedía un monumento para los asesinados en el pueblo de Carrión de Calatrava.

En una ocasión se escribe desde la Real Academia de Buenas Letras de Barcelona[202] pidiendo permiso para poder erigir una lápida con los nombres de los académicos que habían muerto en la guerra. Se proporcionaba una serie de nombres que eran Luis Sagalá, que fue candidato de la Comunión Tradicionalista, el Doctor Barjau, y el padre Gazulla, que fue asesinado cuando intentaba huir de Cataluña durante la guerra. Según se recogía en la petición esta placa tenía enorme interés puesto que se demostraría "la afección al régimen por parte de lo más elevado de la intelectualidad catalana"[203]. El 14 de agosto del mismo año recibirían la autorización para colocar la placa, donde estarían los tres nombres que se habían solicitado.

Por último, en determinadas ocasiones, había incluso empresas que pedían permisos para poder colocar placas con los nombres de los fallecidos. Por ejemplo,

---

[197] *Arriba España*, Mahón, 31 de octubre de 1939, p.1.

[198] Localidad costera situada en la provincia de Pontevedra.

[199] AGA, Cultura, Delegación Nacional de Prensa y Propaganda, petición del Almirante Salvador Buhigas 29 de marzo de 1938, 21/02382.

[200] *Libertad: diario nacionalsindicalista*, 17 de enero, 1940, p.4.

[201] AGA, Cultura, Delegación Nacional de Prensa y Propaganda, petición de permiso para colocar la primera piedra del monumento a los caídos en la ciudad de Jaca, 1938, 21/02387.

[202] Institución fundada en 1729 dedicada al estudio de la lengua y literatura castellana y catalana.

[203] AGA, Cultura, Delegación Nacional de Prensa y Propaganda, escrito del jefe Provincial de Propaganda de Barcelona el 3 de junio de 1941, 21/02382.

la sociedad anónima Cros[204], a través de Manuel Canalejas Bricio que era el delegado en Madrid, escribía el 25 de noviembre de 1940 una petición para poder colocar en sus oficinas y fábricas una lápida con la inscripción "Sociedad Anónima Cros a sus empleados asesinados por creer en Dios, por su amor a España y por su fidelidad a la empresa"[205]. Como se puede ver el componente falangista de la dedicatoria era inexistente, no como en otras localidades en las que al haber detrás miembros de Falange se añadían frases con un carácter político evidente.

2.2.3 Familiares, vecinos y religiosos

Los familiares y vecinos tuvieron un papel importante a la hora de erigir un recuerdo a los fallecidos. Por ejemplo, en la localidad de Sagunto[206] Ramón Gaspar Huguet, que explicaba que era labrador y vecino del municipio, escribió "en nombre y representación de todos los familiares de los Caídos por Dios y por España, inmolados por la horda roja de esta ciudad"[207]. Como se puede ver, en esta ocasión se escribía con un fuerte componente político e ideológico sobre la necesidad de erigir un recuerdo a los caídos de la localidad.

El alcalde de Castro Urdiales escribe una memoria el 22 de junio de 1940 para pedir permiso a Propaganda para poder erigir un monumento por "feliz iniciativa de algunos castreños se va a construir en esta ciudad, un artístico monumento que perpetue la memoria de los héroes castreños que dieron su vida por Dios y por España"[208]. Este futuro proyecto estaría financiado por castreños que vivían incluso en tierras tan lejanas como era Argentina.

En la localidad riojana de Haro se quiso levantar un monumento por parte del ayuntamiento y el deseo era compartido por los familiares de los caídos. El alcalde Bonifacio Prieto Trigueros, el 16 de junio de 1941[209], manda un escrito para pedir permiso para erigir la futura cruz de los caídos. Es muy importante la información que se consigue en este expediente porque tenemos un documento que se envía con

---

[204] Empresa perteneciente al sector químico que tuvo fábricas en diversas localidades españolas y estuvo en funcionamiento desde 1904 a 1989. Desde 1989 está dentro del grupo Unión Explosivos Río Tinto dando lugar al holding Ecros.

[205] AGA, Cultura, Delegación Nacional de Prensa y Propaganda, petición de la empresa Cros al director general de Propaganda,1940, 21/02382.

[206] Municipio de la provincia de Valencia que en la actualidad tiene alrededor de 66.000 habitantes censados.

[207] AGA, Cultura, Delegación Nacional de Prensa y Propaganda, escrito de los familiares de los caídos, Monumento a los caídos en Sagunto,1942-1943, 21/05374.

[208] AGA, Cultura, Delegación Nacional de Prensa y Propaganda, memoria del alcalde de la localidad de Castro Urdiales, Monumento a los caídos de Castro Urdiales, 1940, 21/05373.

[209] AGA, Cultura, Delegación Nacional de Prensa y Propaganda, escrito del alcalde de Haro el 16 de junio de 1941, Monumento a los caídos de Haro, 1940, 21/05372.

la información de los actos que se desarrollaron el día de la inauguración del monumento. El delegado provincial de educación popular envió a Madrid el informe con una relación de actos que constaron de una misa réquiem en la iglesia de Santo Tomás y, posteriormente, las autoridades y jerarquías pusieron las coronas de flores mientras la banda municipal interpretaba el himno nacional. En segundo término, se desarrollaron los discursos que hicieron el alcalde, que en ese momento seguía siendo Bonifacio Prieto, el jefe local de Falange, que era Orbañanos, y, por último, se contó con la participación de Arsenio Marcelino, que era el padre de uno de los caídos de la localidad. Finalmente se hace referencia a un desfile que hizo la Falange juvenil siendo firmado el informe el 13 de marzo de 1943. Esto nos muestra el largo proceso que era el desarrollo, la aceptación del proyecto y la inauguración del mismo. Como hemos visto en este caso el proceso duró casi dos años hasta que fue inaugurado.

Luis Nogués Alcoverro, como alcalde del municipio de Mora la Nueva[210], escribía un informe el 22 de enero de 1940 en donde exponía que la población estaba "deseando rendir un tributo a los mártires que cayeron durante el Glorioso Movimiento Nacional, ofrendando su vida por Dios y por la Patria levantando una cruz que perpetue su memoria"[211].

En Puzol[212] el ayuntamiento estaría detrás del proyecto dando el apoyo oficial que se envía en 1939 para poder erigir un recuerdo a los caídos de la localidad[213]. Pero hay que tener en cuenta que la primera decisión partiría de los familiares de las propias víctimas.

Patricio Jara Sánchez, como alcalde de Parrillas[214], recoge "el sentir unánime del vecindario" para erigir un monumento que perpetue la memoria de los que derramaron su sangre en la "Santa Cruzada de liberación"[215]. Los vecinos también estaban detrás de algunos monumentos, como es el caso de la localidad de Villarrubia de los Ojos[216], donde el alcalde expone el 22 de enero de 1944 que "Esta población

---

[210] Municipio localizado en la comarca de Rivera de Ebro situado en la provincia de Tarragona. Durante los años cuarenta tendría alrededor de 2.000 vecinos.

[211] AGA, Cultura, Delegación Nacional de Prensa y Propaganda, escrito del alcalde de Mora la Nueva el 22 de enero de 1940, Monumento a los caídos de Mora la Nueva,1942, 21/05374.

[212] Municipio situado a las afuera de la ciudad de Valencia y que tiene alrededor de 20.000 vecinos en la actualidad.

[213] AGA, Cultura, Delegación Nacional de Prensa y Propaganda, memoria del alcalde, Monumento a los caídos en Puzol, 1939-1940, 21/05374.

[214] Municipio de la provincia de Toledo que actualmente cuenta con alrededor de 350 vecinos censados.

[215] AGA, Cultura, Delegación Nacional de Prensa y Propaganda, escrito del alcalde de Parrillas el 23 de enero de 1941, Monumento a los caídos de Parrillas, 1941, 21/05373.

[216] Localidad situada en la provincia de Ciudad Real y que tendría unos 7.000 habitantes en la década de los años cuarenta.

acordó erigir un monumento por suscripción de todo el vecindario en recuerdo de los Mártires de nuestra gloriosa Cruzada vecinos de la misma"[217].

También, desde Burriana[218], el alcalde manda un escrito el 20 de septiembre de 1939 pidiendo permiso para erigir un monumento puesto que es " el pensamiento unánime de este vecindario el proyecto que se acompaña, ya que en él aparece reflejado, a la par que el mago ideal de ofrendar la vida en holocausto de la Patria, la glorificación mística a los que de tal modo traspasaron los umbrales de la inmortalidad, procede, en concepto de esta Alcaldía, que por esa superioridad se le otorgue la necesaria aprobación"[219]. Como se observa en este caso, las palabras trataron de ser lo más trascendentales para intentar convencer a las autoridades de la necesidad de aprobación del proyecto y que vieran que todo el pueblo quería que se llevara a cabo un homenaje a los fallecidos de la localidad.

En otras ocasiones eran los propios vecinos, como sucedió en la localidad leridana de Seo de Urgell, donde José Llangort Planas[220] promovió el hacer un Monumento- Panteón en recuerdo a los fallecidos en el conflicto. Antonio Pérez López escribía un documento a mano desde la localidad castellana de Arévalo[221] exponiendo que era vecino de la localidad, procurador en los tribunales, y que había sido encargado por sus vecinos para solicitar los permisos para una suscripción popular y "levantar en esta población un modesto monumento de piedra y mármoles, a los Caídos por Dios y por la Patria, hijos de esta ciudad"[222].

En otras ocasiones eran las familiares de las propias víctimas que habían sido asesinadas en la retaguardia republicana. Tenemos el ejemplo de la localidad de Herencia[223] donde la represión fue brutal y en el escrito[224] que se hace al gobierno civil el 30 de noviembre de 1939 recién terminada la guerra un grupo de mujeres será el que se movilice para levantar un monumento en recuerdo a los casi 3.000 muertos que según las promotoras estaban en la antigua mina de las Cabezuelas situada en el

---

[217] AGA, Cultura, Delegación Nacional de Prensa y Propaganda, escrito del alcalde al secretario de educación popular de Madrid, monumento a los caídos de Villarrubia de los Ojos, 1943-1944, 21/05370.

[218] Localidad situada en el sureste de la provincia de Castellón y que tendría unos 18.000 habitantes aproximadamente en la década de los años cuarenta.

[219] AGA, Cultura, Delegación Nacional de Prensa y Propaganda, escrito del alcalde de Burriana al gobierno de Burgos el 20 de septiembre de 1939, Monumento a los caídos de Burriana, 1939-1945, 21/05371.

[220] AGA, Cultura, Delegación Nacional de Prensa y Propaganda, informe del jefe provincial de falange el 20 de agosto de 1941, Monumento a los caídos en Seo de Urgell, 1941, 21/05372.

[221] Municipio de la provincia de Ávila que en la actualidad tiene alrededor de 8.000 vecinos censados.

[222] AGA, Cultura, Delegación Nacional de Prensa y Propaganda, escrito del 27 de diciembre de 1939, Monumento a los caídos en Arévalo, Ávila, 1939, 21/2386.

[223] Municipio perteneciente a la provincia de Ciudad Real y que en la década de los años cuarenta tendría aproximadamente 9.300 habitantes.

[224] AGA, Cultura, Delegación Nacional de Prensa y Propaganda, escrito de los familiares en Herencia el 30 de noviembre de 1939, Monumento a los caídos en Herencia,1940-1942, 21/05373.

término municipal de Camuñas[225]. Esta fosa ha salido varias veces en los medios de comunicación en los últimos años[226] puesto que se pudo comprobar que seguían quedando los cadáveres de los fallecidos[227] pero que era muy complicado sacarlos. Hay que tener en cuenta que estamos hablando de una fosa de casi 25 metros de profundidad y a la que posteriormente se arrojaron cal y áridos para que los cuerpos se descompusieran.

Esta fosa fue excavada por el prestigioso forense Francisco Etxebarria y llegó a la conclusión de que en la fosa podía haber todavía alrededor de 100 cadáveres llegando a individualizar casi 30 cuerpos en la excavación de 2010. En estudios llevados a cabo por los forenses y a partir de las pruebas realizadas mostraron que los cadáveres pertenecían a labradores, religiosos y mujeres. Esto nos indica que este lugar había sido el destino de los religiosos asesinados de los conventos cercanos como el de la Merced de la localidad de Herencia.

A continuación, se hace una tabla para poder tener una visión completa de quiénes fueran las personas que firmaron el documento para poder pedir permiso para erigir una capilla monumento en recuerdo a sus muertos.

FAMILIARES DE LOS ASESINADOS DE LA LOCALIDAD DE HERENCIA	
Concepción Fernández	Lucía Gómez
Florencia Fernández	Victoriana Gómez
Gregoria García	Ramona López
Angelita Corrales	María Luisa López
Alvara López	Ester Parra
Leonor (Ilegible)	Dolores Úbeda
Eugenia Sepúlveda	Matilde Sánchez
Consuelo Manuela	Paula García
Dionisia Rodríguez	Mercedes Villareal

[228]

Como se puede ver en la tabla todas las firmantes eran mujeres, es decir fueron ellas las verdaderas promotoras de querer levantar un recuerdo a sus fallecidos. En esta ocasión madres, hermanas, mujeres, tías e incluso las abuelas se movilizaron

---

[225] Localidad perteneciente a la provincia de Toledo que en 1940 tenía aproximadamente 2.500 habitantes.

[226] La Razón, 22-11-2021, La Mina de Camuñas (Toledo), historia de una tragedia.

[228] Tabla de elaboración propia donde se muestra a los familiares de los asesinados de la localidad de Herencia y que piden construir una capilla monumento. AGA, Cultura, Delegación Nacional de Prensa y Propaganda, Monumento los caídos en Herencia, 1940-1942, 21/05373.

para poder dar un recuerdo a sus seres queridos. Esto es algo casi único puesto que las mujeres no aparecen prácticamente en los documentos que se enviaban, y de esta manera se nos muestra que no solo tenían que cumplir un rol secundario. Además del triste papel de llorar a los muertos y de vestirse el resto de su vida de luto, se emplearon a fondo en conseguir los permisos necesarios para erigir un monumento a sus fallecidos.

En la localidad de Hinojosa de Duero[229] el alcalde José Pérez Corral escribe una carta pidiendo permiso por "los anhelos unánimes de este vecindario de contribuir todos a la erección de la cruz de los Caídos, que perpetue la memoria de todos los que ofrendaron su vida por Dios y por España"[230]. En este caso tenemos la oportunidad de ver cómo iban de lentos muchas veces los trámites puesto que se inician una vez terminada la guerra el 4 de septiembre de 1939 y el ayuntamiento enviaba un requerimiento de información, puesto que el 30 de julio de 1943 no tenía aún información necesaria: "hasta el presente no se tiene noticia alguna de la tramitación del expediente de concesión de licencias"[231]. Es decir, habían pasado casi cuatro años y no se había conseguido que el monumento tomara forma y que se tuvieran los permisos necesarios, por lo que se puede afirmar que el proceso en ocasiones era muy lento y lleno de trabas.

Como hemos visto los familiares de los caídos tenían un peso muy importante, puesto que eran los que habían perdido a sus seres queridos.

En otras ocasiones, los familiares de los muertos eran los encargados de fomentar la construcción del monumento, como por ejemplo en Guadalajara donde se agruparon en una hermandad para solicitar poner unas lápidas a las víctimas[232]. También se hicieron asociaciones de familiares de víctimas como sucedió en las localidades de Paracuellos del Jarama y Torrejón de Ardoz[233]. En estos municipios la asociación de familiares estuvo detrás del proyecto que se haría del monumento en recuerdo a los asesinados durante el conflicto. Luis Pérez Izquierdo, que era capitán de corbeta, actúa como representante de la institución y pide en 1939 que se inicien los trámites para poder erigir el monumento a los familiares caídos.

---

[229] Municipio perteneciente a la provincia de Salamanca y que se encuentra en la región de Vitigudino. En la actualidad tiene alrededor de 600 habitantes censados.

[230] AGA, Cultura, Delegación Nacional de Prensa y Propaganda, escrito del alcalde el 4 de septiembre de 1939, Monumento a los caídos de Hinojosa del Duero, 1939, 21/05373.

[231] AGA, Cultura, Delegación Nacional de Prensa y Propaganda, escrito del alcalde el 30 de julio de 1943, Monumento a los caídos de Hinojosa del Duero, 1939, 21/05373.

[232] AGA, Cultura, Delegación Nacional de Prensa y Propaganda, Monumento a los caídos en Guadalajara 1941, 21 / 05371.

[233] AGA, Cultura, Delegación Nacional de Prensa y Propaganda, escrito del delegado de la asociación de los familiares de los Mártires de Paracuellos del Jarama y Torrejón de Ardoz, monumento a los caídos de Paracuellos, 21/05372.

Tenemos una vez más información relativa a la importancia de las mujeres, que nos muestra el peso que éstas tuvieron en el recuerdo a los caídos. De esta manera encontramos el ejemplo en la carta que se envía desde San Sebastián el 19 de junio de 1938 por parte de Pilar de Aragón y que es dirigida al mismo Ramón Serrano Suñer. Comenzaba con "una española muy española" quería sugerirle al ministro que para recordar a los caídos la mejor manera sería "una cruz de piedra o hierro forjado tan típicamente españolas"[234]. Sabemos que fue respondida por el jefe del Servicio Nacional de Propaganda agradeciéndole "el celo por el buen decoro de los monumentos"[235].

En otras ocasiones las iniciativas partían de los propios religiosos que habían sufrido en sus propias carnes la brutal persecución que se había cometido contra ellos. Es el caso de la localidad cántabra de Escalante[236] en donde se quiso proyectar una cruz en recuerdo a los asesinados durante el conflicto. El proyecto tenía detrás al padre superior de la Orden de los Hermanos Capuchinos del monasterio de Montehano[237], que es donde se pretendía levantar el monumento. El informe venía avalado por el visto bueno del alcalde de la localidad de Escalante y del jefe de la Falange local que apoyaban erigir un recuerdo para "perpetuar la memoria de los caídos por Dios y por España, así de Escalante, como de los ayuntamientos circunvecinos y muy especialmente de los religiosos pertenecientes a la citada comunidad..."[238]. Como se puede ver, la persecución religiosa alcanzó a este monasterio que existía desde 1441 cuando se fundó con el mecenazgo de Beltrán Ladrón de Guevara y estaría ocupado por la orden franciscana hasta que en 1835 pasaría a manos privadas por la desamortización de Mendizábal. Los religiosos volverían al monasterio en 1879 cuando la Condesa de Casa Puente donó al obispado el edificio que sería ocupado por la Orden de los Hermanos Menores Capuchinos. Tras la guerra civil al haber varios religiosos asesinados se plantea construir una cruz de hormigón armado para recordarlos junto con los vecinos de las localidades vecinas. La carga religiosa era importante puesto que no solo aparecía el sello de los

---

[234] AGA, Cultura, Delegación Nacional de Prensa y Propaganda, carta de Pilar de Aragón a Ramón Serrano Suñer, 21/02382.

[235] AGA, Cultura, Delegación Nacional de Prensa y Propaganda, respuesta del jefe del Servicio Nacional de Propaganda el 9 de julio de 1938, 21/02382.

[236] Localidad situada en Cantabria y que se encuentra en la comarca de Trasmiera. Actualmente tiene alrededor de 700 vecinos censados.

[237] Monasterio que sigue actualmente ocupado por los Padres Capuchinos y que se encuentra junto a las marismas de Santoña. Fue declarado Monumento Nacional el 6 de noviembre de 1981.

[238] AGA, Cultura, Delegación Nacional de Prensa y Propaganda, memoria del jefe provincial de propaganda en Santander el 19 de enero de 1942, Monumento a los caídos en Escalante, 21/05373.

Padres Capuchinos, sino que el escrito pedía "perpetuar la memoria de los asesinados por los sin Dios"[239].

Otras veces era el párroco el que se encargaba de solicitar los permisos como el de San Miguel de Esporiz (Lugo) que será rechazado[240]. En otra ocasión, Juan Gándara Andrés, párroco de Soñeiro[241] pide poder construir un monumento y envía la solicitud al mismísimo Franco[242]. El papel de los párrocos era el de hacer colectas entre los fieles para poder así recaudar fondos y subvencionar los gastos de la construcción.

2.2.4 Alcaldes

Hay que tener en cuenta que la mayoría de las instancias que llegaban a Madrid para levantar un monumento provenían de los alcaldes de los diferentes municipios.

Uno de los ejemplos más tempranos de los que se tiene registro de la erección de un monumento a los caídos lo encontramos en la localidad de Sestao, ya que durante la guerra las nuevas autoridades locales plantean hacer un monumento en recuerdo a sus fallecidos. De esta manera, en el año 1937 el nuevo alcalde Mario Clérigo Santamaría firmaba el 22 de diciembre un escrito donde se indicaba que se quería levantar un obelisco en la recién nombrada Plaza de los Mártires. El monumento en cuestión como se puede suponer no tendría la típica leyenda de Caídos por Dios y por España y tampoco tendría reflejado el nombre de José Antonio, aunque hay que destacar que las nuevas autoridades presentaban un proyecto que incluso tendría una serie de focos que iluminarían el obelisco por la noche.

Desde la ciudad de Murcia, el alcalde Agustín Virgili Quintanilla pide permiso el 15 de marzo de 1940 para construir e inaugurar un monumento a los caídos queriendo hacerlo a la máxima brevedad puesto que quería que todo estuviese listo para que coincidiera con las fiestas primaverales y con el aniversario de la "liberación" de la ciudad[243]. Sabemos que la autorización sería rápida porque el 29 se harían los actos y se recogería la noticia en El Día de Palencia, defensor de los

---

[239] AGA, Cultura, Delegación Nacional de Prensa y Propaganda, memoria del alcalde, el jefe local de falange y el padre del Monasterio de los Capuchinos el 19 de diciembre de 1941, Monumento a los caídos en Escalante, 21/05373.

[240] AGA, Cultura, Delegación Nacional de Prensa y Propaganda, Monumento a los Caídos en San Miguel de Esporiz, 1940, 21/05374.

[241] Parroquia que pertenece al municipio de Sada y que actualmente tiene unos 700 habitantes.

[242] AGA, Cultura, Delegación Nacional de Prensa y Propaganda, solicitud para erigir un monumento en Soñeiro por parte de Juan Gándara Andrés, 21/02382

[243] AGA, Cultura, Delegación Nacional de Prensa y Propaganda, escrito del alcalde de Murcia el 15 de marzo de 1940, monumento a los caídos de Murcia, 21/05372.

intereses de Castilla, que decía, "Murcia celebra con gran entusiasmo el aniversario de su liberación. Se inaugura el monumento a los caídos por España"[244].

En Navarredonda[245] el alcalde fue el que escribió el informe para pedir los permisos para erigir un recuerdo a los fallecidos de la localidad. De esta manera, en el escrito se exponía la necesidad "de erigir un monumento que perpetue la memoria de aquellos heroicos soldados que, en nuestro Glorioso Alzamiento Nacional, dieron su vida por Dios y por la Patria"[246]. En Gavilanes[247] el alcalde también mandaría la instancia para poder erigir un monumento a los caídos del pueblo.

Francisco Moreno García, como alcalde de la localidad de Aranda de Moncayo[248], manda un escrito el 24 de febrero de 1941 solicitando los permisos necesarios para erigir un monumento a "los hijos de esta villa que dieron su vida por Dios y por España"[249].

Tenemos otro ejemplo con la localidad de Albí[250] en donde el ayuntamiento mandaría los escritos pertinentes para proceder a pedir los permisos necesarios al gobierno civil[251]. Además, se pediría desde el ayuntamiento algún tipo de subvención puesto que la suscripción popular quizás no lograba reunir la cantidad necesaria para poder sufragar los gastos del futuro monumento. También, en la localidad de Borjas Blancas, en la tardía fecha del 23 de marzo de 1955, se procedió a mandar una solicitud para tener los permisos necesarios para poder erigir un monumento a sus caídos[252].

En Cuart de Poblet[253] el ayuntamiento estuvo detrás del proyecto, aunque se inició por los propios familiares de las víctimas y varios vecinos de la localidad[254]. De esta manera, se solicitaron los permisos necesarios para poder empezar con los

---

[244] *El día de Palencia: defensor de los intereses de Castilla*, 30 de marzo de 1940, p.5.

[245] Municipio de la provincia de Ávila que en la actualidad cuenta con unos 400 vecinos censados.

[246] AGA, Cultura, Delegación Nacional de Prensa y Propaganda, escrito del alcalde el 27 de abril de 1945, Monumento a los caídos en Navarredonda, Ávila, 21/2386.

[247] Municipio de la provincia de Ávila que cuenta con 600 habitantes.

[248] Localidad de la provincia de Zaragoza que actualmente tiene unos 140 vecinos censados.

[249] AGA, Cultura, Delegación Nacional de Prensa y Propaganda, escrito del alcalde el 24 de febrero de 1941, Monumento a los caídos de Aranda de Moncayo, 21/05374.

[250] Municipio de la provincia de Lérida situado en la comarca de las Garrigas y que en los años cuarenta tendría alrededor de 1.000 vecinos.

[251] Archivo Histórico Lérida, fondo del Gobierno Civil. Administración Local, solicitud autorización erección monumento a los caídos, Les Borges Blanques,1955, signatura 1.964.

[252] Archivo Histórico Lérida, fondo del Gobierno Civil. Administración Local, solicitud autorización construcción monumento a los caídos, L Albi, 1941, signatura 2.097.

[253] Municipio perteneciente a la provincia de Valencia y que se encuentra en la comarca de Huerta Oeste contando en la actualidad con unos 25.000 vecinos.

[254] AGA, Cultura, Delegación Nacional de Prensa y Propaganda, memoria del ayuntamiento, Monumento a los caídos de Cuart de Poblet, 21/05374.

trámites en junio de 1940 puesto que la localidad había sufrido una fuerte represión y había tenido muchos muertos. El alcalde en su informe decía "En este término municipal fueron asesinados alevosamente por las hordas rojas un centenar de mártires de la Religión y de la Patria"[255].

Ramon Miret Massó, como alcalde de San Pedro de Ribas[256], en nombre del ayuntamiento y cumpliendo un deber con la memoria de "los hijos de la población Caídos por Dios y por España, durante la guerra de la Cruzada contra el Marxismo"[257] encarga un proyecto de monumento a los caídos a Manuel Puig Janer, que era arquitecto en Barcelona. El proyecto consistía en erigir un mausoleo en el cementerio de la localidad y contaría con el apoyo del gobernador civil de Valencia. Además, en la posterior inauguración, estarían dirigidas las oraciones por el párroco Vicente Jorge Peñarrocha, que se encontraba adscrito en la parroquia de San Juan y San Vicente de Valencia y que había sido excautivo durante la guerra siendo además vicario en Cuart de Poblet, por lo que el simbolismo del acto sería enorme.

En Cebolla,[258] Florentino Muñoz Vallejo, en calidad de alcalde, hará todos los trámites necesarios para pedir los permisos ya que se había propuesto desde el ayuntamiento hacer un monumento en recuerdo a los caídos de la villa[259]. Desde la localidad de Castillo de Bayuela[260] el alcalde envía una petición en diciembre de 1942 exponiendo que el ayuntamiento ha "acordado erigir un monumento a los caídos, hijos de este pueblo, en la gloriosa Cruzada de Liberación"[261].

En Carpio del Tajo[262] el ayuntamiento, a través de Francisco Fernández Collado, que era el alcalde en ese momento, será el encargado de realizar todos los trámites necesarios para poder levantar una cruz a sus caídos en la localidad. Contaría con la ayuda de la Falange local y con los servicios de un marmolista de Talavera de la Reina.

---

[255] AGA, Cultura, Delegación Nacional de Prensa y Propaganda, escrito del alcalde el 31 de mayo de 1941, Monumento a los caídos de Cuart de Poblet, 21/05374.

[256] Municipio de la provincia de Barcelona que tendría alrededor de 2.000 vecinos en los años cuarenta.

[257] AGA, Cultura, Delegación Nacional de Prensa y Propaganda, Memoria del alcade el 15 de febrero de 1943, monumento a los caídos de San Pedro de Ribas en 1943, 21/02386.

[258] Municipio de la provincia de Toledo que en la actualidad tiene aproximadamente 3.200 vecinos.

[259] AGA, Cultura, Delegación Nacional de Prensa y Propaganda, escrito del 18 de febrero de 1941, Monumento a los caídos de Cebolla, 21/05374.

[260] Municipio de la provincia de Toledo que tiene alrededor de unos 800 vecinos aproximadamente.

[261] AGA, Cultura, Delegación Nacional de Prensa y Propaganda, escrito del alcalde en diciembre de 1942, Monumento a los caídos de Castillo de Cajuela, 21/05374.

[262] Municipio de la provincia de Toledo que actualmente cuenta con unos 1.800 vecinos aproximadamente.

También, en Aniñón[263] el ayuntamiento estuvo detrás del proyecto que se quería hacer para homenajear a los caídos de la localidad en agosto de 1939[264]. En este municipio se pretendía hacer directamente un altar como recuerdo e inaugurarlo el 17 de septiembre puesto que coincidía con la fiesta del Santísimo Misterio. Sin embargo, no se podría evaluar el proyecto puesto que como indicó el servicio nacional de propaganda "este departamento solo puede emitir un juicio a la vista de los planos del proyecto del monumento, los cuales deben ser presentados por el citado ayuntamiento"[265]. Esto hará que Luciano López Arévalo, en calidad de alcalde, haga otro escrito para intentar subsanar los problemas y el 21 de diciembre de 1939 manda un nuevo informe, diciendo que el altar ya se encuentra realizado y que había sido costeado por los habitantes del municipio. En la carta dejaba claro que el altar que se había erigido "sin que encierre matiz político alguno, sino un puro ideal sentimental, pretendiendo de esta forma rendir este justo y sentido recuerdo a los que con su sacrificio y sangre vertida nos marcaron la ruta a seguir en la nueva España y que sirva de ejemplo a la actual y futuras generaciones"[266]. Como se puede ver en esta ocasión, el monumento tenía un mayor sentido religioso y de recuerdo a los fallecidos que en otras ocasiones donde el elemento propagandístico era más acusado. Hay que recordar que estamos hablando de un pequeño municipio que en los años cuarenta del siglo pasado tendría alrededor de unos 1.500 habitantes y donde la doctrina falangista no estaba muy implantada. En esta ocasión el elemento educativo también era muy importante puesto que la ubicación sería enfrente de las escuelas del municipio, y de esta manera el lugar sería de "enseñanza y ejemplo para los niños, hombres del mañana, que han de ser los conductores de la España Imperial"[267].

Desde Carranza[268] llegaba una petición por parte de las autoridades locales para poder erigir un recuerdo a los caídos en la guerra, y sería llevado a cabo por el arquitecto Emiliano Amann que desarrollaría varios trabajos en Bilbao como por ejemplo la iglesia del Carmen en Neguri. La petición desde este ayuntamiento venía con cierta polémica, puesto que la propia Vicesecretaría de Educación Popular de la mano de su delegado Bernardo Bureba Muro lanzaba un duro informe explicando que el municipio de Carranza había tenido un descuido muy importante " a las

---

[263] Localidad perteneciente a la provincia de Zaragoza y que actualmente tiene unos 600 vecinos censados.

[264] AGA, Cultura, Delegación Nacional de Prensa y Propaganda, escrito del alcalde el 31 de agosto de 1939, Monumento a los caídos de Aniñón, 21/05374.

[265] AGA, Cultura, Delegación Nacional de Prensa y Propaganda, Informe del Servicio Nacional de Propaganda a fecha de 15 de diciembre de 1939, Monumento a los caídos de Aniñón, 21/05374.

[266] AGA, Cultura, Delegación Nacional de Prensa y Propaganda, escrito del alcalde el 21 de diciembre de 1939, Monumento a los caídos de Aniñón, 21/05374.

[267] AGA, Cultura, Delegación Nacional de Prensa y Propaganda, escrito del alcalde el 21 de diciembre de 1939, Monumento a los caídos de Aniñón, 21/05374.

[268] Municipio situado en la provincia de Vizcaya y que en la década de los años cuarenta tendría alrededor de 4.000 vecinos.

actividades de nuestro Movimiento, la vigilancia privada y pública de sus postulados esenciales e indeclinables y el recuerdo ejemplar de los que todo lo dieron en la gloriosa Cruzada por la causa de España, la Falange y el Caudillo"[269]. Estamos ante un claro ejemplo de un territorio en cierta manera hostil al nuevo régimen en donde se hablaba abiertamente de que había complicaciones a la hora de extender los postulados falangistas en la zona. De hecho, estamos en una fecha donde la guerra va quedando años atrás y nadie se había ocupado de hacer un homenaje, aunque fuera sencillo a los muertos del bando ganador.

La localidad de Villarta de San Juan[270] procedería a erigir y construir el monumento a sus caídos gracias al impulso que dio el ayuntamiento de la localidad y con el escrito que firmaría el alcalde de la localidad y el perito de ésta. En esta ocasión el monumento sería erigido e inaugurado sin los permisos necesarios.

Desde la localidad de Zaragoza el promotor de levantar un enorme monumento a los caídos sería el ayuntamiento, y el alcalde José María García Beleguer y García haría un escrito el 29 de noviembre de 1945 pidiendo los permisos necesarios para poder erigirlo en la famosa Plaza de Nuestra Señora, y sería abonado por el ayuntamiento[271].

Desde tierras palentinas llegaba una petición por parte del alcalde de la localidad de Cervera de Pisuerga donde el 3 de junio de 1944 el ayuntamiento acordaba "la erección de un monumento a los caídos que perpetúe la memoria de los mártires en esta localidad Caídos por Dios y por España"[272]. En la memoria el alcalde se comprometía a hacer un concurso público para que se presentaran diversos proyectos y que el ayuntamiento correría con los gastos que fueran necesarios si la suscripción pública no conseguía reunir todo el dinero necesario para levantar el monumento. Continuando en la provincia palentina tenemos otros ejemplos: desde la localidad de Nestar[273] o de Castrillo de Villavega[274], en esta última localidad donde el alcalde era Patrocinio Manero Cerón, pide permiso para erigir un monumento a los caídos de la villa y autorización "para que las autoridades u otras personas autorizadas en el

---

[269] AGA, Cultura, Delegación Nacional de Prensa y Propaganda, informe del delegado provincial el 31 de mayo de 1944, Monumento a los caídos de Carranza, 21/05374.

[270] Municipio de la provincia de Ciudad Real que en la actualidad tiene unos 2.700 habitantes aproximadamente.

[271] AGA, Cultura, Delegación Nacional de Prensa y Propaganda, memoria del alcalde de Zaragoza, Monumento a los caídos de Zaragoza, 21/02386.

[272] AGA, Cultura, Delegación Nacional de Prensa y Propaganda, escrito del alcalde a Madrid el 2 de agosto de 1944, Monumento a los caídos de Cervera de Pisuerga, 21/05373.

[273] Municipio independiente hasta que en 1977 se anexionó al municipio de Aguilar de Campoo. En la actualidad tiene 60 vecinos censados. El alcalde Vicente García Unquera hace un escrito pidiendo permiso para construir un monumento el 11 de abril de 1946.

[274] Localidad palentina que en la actualidad tiene 200 vecinos censados.

pueblo, puedan hacer uso de la palabra en el acto de inauguración"[275]. Cuando hablamos de localidades que tenían tan pocos recursos y muchas veces tan pocos vecinos las autoridades no ponían casi pegas puesto que el fin de recordar a los caídos estaba por encima de cuestiones estéticas. En el caso de la localidad de Nestar, que ha sido citado antes, el delegado provincial de Palencia hace un informe especificando lo que decían las normas que remarcaba la Dirección General de Propaganda de que "no falte en ninguna localidad este recuerdo a los que dieron su vida por la salvación de España y atendiendo también las escasas disponibilidades económicas de este municipio... por lo que la idea es plausible en todos los conceptos"[276]. Para hacernos una idea de la sencillez del monumento que se pretendía construir el presupuesto era de 2.200 pesetas y el número de caídos eran solo siete personas para que sus nombres quedaran grabados en la futura lápida.

Esto nos demuestra que llegaba un punto donde el nuevo régimen no ponía demasiadas pegas a determinados proyectos en pequeñas localidades, puesto que era consciente de los enormes problemas económicos, sociales y materiales que había en la España de la posguerra. De esta manera, el proyecto que presentaba la localidad para erigir un monumento, que contaba con materiales como ladrillo o mampostería que se podían degradar con facilidad, se le señalaba que teniendo en cuenta sus escasos recursos económicos podían hacer una simple cruz y una lápida adosada a la pared de la iglesia parroquial[277].

Sin marcharnos de la provincia de Palencia tenemos la petición de Ángel Abia y García de los Ríos, que era el alcalde de la localidad de Baños de Cerrato[278], del 31 de marzo de 1945. El 9 de abril el gobernador civil de Palencia mandaba a Madrid al vicesecretario de educación popular el proyecto para la construcción del monumento en la localidad. La Dirección General de Arquitectura no lo aceptaría puesto que era inadmisible el tratamiento y el detalle arquitectónico y se adjuntaba "un plano a escala 1:20 en que se desarrolla la misma idea de composición ...para realización del monumento que nos ocupa"[279]. En esta ocasión como vemos la Dirección General de Arquitectura no solo deniega, sino que hace ella misma el proyecto.

---

[275] AGA, Cultura, Delegación Nacional de Prensa y Propaganda, escrito del alcalde el 25 de mayo de 1940, Monumento a los caídos de Castrillo de Villavega, 21/05373.

[276] AGA, Cultura, Delegación Nacional de Prensa y Propaganda, informe del delegado provincial de educación en Palencia el 16 de mayo de 1946, Monumento a los caídos de Nestar en Castrillo de Villavega, 21/05373.

[277] AGA, Cultura, Delegación Nacional de Prensa y Propaganda, informe del secretario general de propaganda, Monumento a los caídos en Castrillo de Villavega, 21/05373.

[278] Municipio que tiene alrededor de 300 habitantes censados en la actualidad.

[279] AGA, Cultura, Delegación Nacional de Prensa y Propaganda, informe el 23 de abril de 1945 de la Dirección General de Arquitectura, Monumento a los caídos en Baños de Cerrato, 21/05373.

En la localidad de Sallent[280] el alcalde, que en ese momento era José Roca Paulis, pedía permiso en la temprana fecha del 8 de agosto de 1939 para inaugurar el monumento erigido en memoria de los caídos[281]. Continuando en tierras catalanas tenemos el ejemplo de la localidad de Peramola[282], donde el alcalde Joaquín Roca redacta un escrito hecho a mano (que no era muy común en los documentos que se enviaban) pidiendo permiso para poder levantar un monumento en donde se detallaría incluso los nombres de los caídos, cosa que no era nada habitual. En esta ocasión, se explicaba con todo detalle las personas que habían fallecido y cómo serían las inscripciones que pensaban poner "Peramola a sus Caídos y a continuación del año, los nombres y apellidos de los mismos por orden de fecha que sucumbieron, siendo los mismos: José Finca Duró, … José Lozano cura párroco que fue de la localidad y muerto asesinado la víspera de la liberación..."[283]. Como vemos en este ejemplo, al ser una localidad pequeña y teniendo pocos caídos, la información que se puede extraer es cuantiosa puesto que nos dan el nombre de las víctimas y la profesión que ostentaban. Desde la localidad navarra de Carcastillo[284] la petición de erigir un monumento a los caídos también partía desde el ayuntamiento, puesto que el alcalde quería hacer un homenaje que forzosamente resulta "pobre y desproporcionado a la grandiosidad de la idea que simboliza y el sacrificio de los treinta y dos hijos del pueblo que con su muerte cooperaron a la resurrección de España"[285].

En el pueblo de Guadamur[286] la petición para poder erigir una cruz a los caídos partió desde la corporación municipal que, en sesión ordinaria el 10 de noviembre de 1943, acuerda la construcción de un monumento en su recuerdo. Sin embargo, no se solicitaría el permiso hasta casi un año después, puesto que el alcalde hará un informe dirigido al gobernador civil pidiendo los permisos necesarios el 27 de septiembre de 1944 e informando que sería costeado por el ayuntamiento[287].

---

[280] Localidad situada en la provincia de Barcelona y que se encuentra en la comarca de Bages. En 1939 contaría aproximadamente con unos 5.000 habitantes aproximadamente.

[281] AGA, Cultura, Delegación Nacional de Prensa y Propaganda, escrito del alcalde el 8 de agosto de 1939 al Ministerio de Gobernación, Monumento a los caídos de Sallent, 21/05370.

[282] Localidad situada en la provincia de Lérida y que se encuentra en la comarca del Alto de Urgel. En la actualidad tiene unos 370 habitantes aproximadamente.

[283] AGA, Cultura, Delegación Nacional de Prensa y Propaganda, escrito del alcalde de Peramola el 10 de mayo de 1940, Monumento a los caídos de Peramola, 21/05372.

[284] Municipio situado en la merindad de Tudela, en la comarca de la ribera Arga-Aragón.

[285] AGA, Cultura, Delegación Nacional de Prensa y Propaganda, memoria del monumento a los caídos de Carcastillo, 21/05373.

[286] Localidad perteneciente a la provincia de Toledo que tendría en 1940 alrededor de 1.600 habitantes.

[287] AGA, Cultura, Delegación Nacional de Prensa y Propaganda, carta del alcalde de Guadamur el 27 de septiembre de 1944, Monumento a los caídos de Guadamur, 21/05373.

Desde La Unión[288] llegaba la petición del alcalde, que era Gerónimo Asensio García, y que actuaba como alcalde y presidente de la comisión pro-monumento, para pedir los permisos necesarios para levantar una cruz de cuatro metros de alto[289].

En Barbastro[290], donde hubo una persecución brutal contra los religiosos[291], el alcalde de la localidad pide en 1940 permiso para erigir una sencillo y austero monumento[292] que recordase a "los Mártires de la Religión que en esta ciudad fueron asesinados..."[293]. En Daganzo[294] Edmundo Ahijón Godín, que en ese momento era el alcalde, pide permiso para poder levantar una cruz a la memoria de los 14 mártires asesinados de la localidad[295]. En Móstoles también el alcalde, en su escrito del 5 de julio de 1940, pide permiso "para levantar la cruz en una plaza del pueblo"[296]. Siguiendo en tierras madrileñas, desde Cercedilla el ayuntamiento en 1941 plantea hacer una sencilla cruz en recuerdo a los hijos de la villa que habían muerto en la guerra[297].

En la localidad cántabra de Los Corrales de Buelna[298] el alcalde firma una memoria el 18 de noviembre de 1940 en donde pide los permisos necesarios para poder levantar una cruz de cinco metros en recuerdo a "la gesta heroica que escribieron con su sangre los que no dudaron un momento en darla por los Ideales de

---

[288] Localidad murciana situada en la comarca del Campo de Cartagena y que actualmente tiene casi 20.000 habitantes.

[289] AGA, Cultura, Delegación Nacional de Prensa y Propaganda, informe del alcalde de la Unión el 30 de enero de 1943, Monumento a los caídos de la Unión, 21/05372.

[290] Localidad situada en la provincia de Huesca y que tendría unos 9.000 habitantes aproximadamente en la década de los años cuarenta.

[291] Fueron asesinados casi el 85% de los religiosos de la provincia incluyendo al obispo Florentino Asensio Barroso. Posteriormente serían beatificados por la iglesia católica.

[292] Actualmente queda una enorme placa en la iglesia de San Francisco de Asís que recuerda a los religiosos asesinados por el mero hecho de ser católicos.

[293] AGA, Cultura, Delegación Nacional de Prensa y Propaganda, escrito del secretario del ayuntamiento a 15 de diciembre de 1940, Monumento a los caídos de Barbastro, 21/05371.

[294] Municipio al este de la Comunidad de Madrid y que actualmente cuenta con unos 10.500 habitantes aproximadamente.

[295] AGA, Cultura, Delegación Nacional de Prensa y Propaganda, escrito del alcalde de Daganzo el 21 de noviembre de 1939, Monumento a los caídos de Daganzo, 21/05372.

[296] AGA, Cultura, Delegación Nacional de Prensa y Propaganda, escrito del alcalde de Móstoles, Monumento a los caídos de Móstoles, 21/05372.

[297] AGA, Cultura, Delegación Nacional de Prensa y Propaganda, memoria del monumento a los caídos de Cercedilla, Monumento a los caídos de Cercedilla, 21/05372.

[298] Localidad que pertenece a la comunidad autónoma de Cantabria y que se encuentra en la cuenca del río Besaya a unos 40 kilómetros de Santander. En la década de los años cuarenta tendría alrededor de 5.000 personas.

Dios y España, y que bien bajo el odio marxista o en el glorioso campo de batalla cayeron para ocupar su glorioso puesto en los luceros"[299].

Posteriormente, se tendría que adjuntar otro escrito puesto que la jefatura provincial de Santander quería saber qué frase exacta iban a poner en recuerdo a los caídos. El alcalde emitirá otro informe pidiendo permiso para poder colocar la siguiente frase "R.I.P. El pueblo de los Corrales de Buelna erigió esta cruz en santa memoria de sus hijos muertos por Dios y por España, 18-JULIO-1936, 1-ABRIL-1939"[300]. Como se puede ver los trámites en estas fechas iban lentos incluso dentro de la misma provincia, y las comunicaciones tardaban semanas antes de mandar el informe definitivo a Madrid. Aquí tenemos un ejemplo en donde la importancia de la Falange era escasa, puesto que el ayuntamiento llevará el peso de las gestiones incluida la recogida de dinero para erigir el futuro monumento, y no se pondrán frases de estilo falangista como pasaba en otros lugares.

Desde la localidad de Béjar[301] Valentín Domínguez Díaz, que era el alcalde en ese momento, manda un informe que constaba de una memoria, presupuesto y proyecto para pedir permiso para erigir un monumento a los que dieron su vida en la guerra. El monumento tendría un carácter austero y sería de líneas severas constando de una cruz exenta, estaría rodeado por un arco monumental de sillería de piedra granítica y evitando en todo momento que el proyecto tuviera líneas rebuscadas y mucha ornamentación. Además, iría adornado con un jardín con una gran masa verde según sus promotores, aunque esto no haría el efecto deseado, puesto que desde el Servicio Nacional de Propaganda el proyecto sería calificado negativamente. En el informe que redactan el 13 de diciembre de 1939 se dirá que "el aspecto que presenta viéndolo por su parte posterior es feo"[302].

Desde la pequeña localidad de Campazas[303] se mandaba un sencillo escrito a mano realizado por el alcalde, que en ese momento era Santiago Cadenas Huerga, pidiendo permiso para poder "erigir un monumento a los caídos... a la puerta de la iglesia..."[304]. Siguiendo por tierras leonesas encontramos el ejemplo de la localidad

---

[299] AGA, Cultura, Delegación Nacional de Prensa y Propaganda, memoria del alcalde de Corrales de Buelna el 18 de noviembre de 1940, Monumento a los caídos de Corrales de Buelna, 21/05373.

[300] AGA, Cultura, Delegación Nacional de Prensa y Propaganda, escrito del alcalde el 20 de diciembre de 1940, Monumento a los caídos de Corrales de Buelna, 21/05373.

[301] Municipio de la provincia de Salamanca y que se le considera como centro de servicios de toda la comarca. Actualmente tiene censados alrededor de 12.000 personas la misma cantidad que tenía en los años cuarenta.

[302] AGA, Cultura, Delegación Nacional de Prensa y Propaganda, informe del servicio de plástica el 13 de diciembre de 1939, Monumento a los caídos de Béjar, 21/05373.

[303] Municipio de la provincia de León y que actualmente tiene 113 habitantes censados.

[304] AGA, Cultura, Delegación Nacional de Prensa y Propaganda, escrito del alcalde de Campazas el 8 de febrero de 1940, Monumento a los caídos de Campazas, 21/05372.

de La Bañeza[305], donde el alcalde pide permiso para erigir un monumento y abrir una suscripción popular para financiarlo[306].

Desde Irún llegaba una petición por parte del alcalde[307] para erigir una enorme cruz en recuerdo a los caídos que se situaría en San Marcial y en la que se detallaba que incluso los gastos del monumento correrían a cargo de un concejal del ayuntamiento que se había ofrecido a costearlo. También, desde Zarauz sabemos que llegaron varios proyectos para levantar un monumento a los caídos y en donde el ayuntamiento estuvo detrás[308]. Posteriormente incluso se escribiría al ministerio para saber qué había pasado con la documentación que se había enviado. Siguiendo en la provincia de Guipúzcoa el alcalde de la localidad de Tolosa hace un escrito el 1 de septiembre de 1941 pidiendo permiso para erigir un monumento en recuerdo a la "memoria de sus caídos que en número superior de 150 fueron inmolados, unos, vilmente por sus asesinos en aras de los sacrosantos Ideales y, los más, muertos gloriosamente en el campo de batalla"[309].

En Benavente hay una instancia del alcalde pidiendo permiso al delegado Provincial de Propaganda de Zamora para solicitar la construcción del monumento. El proyecto contenía planos firmados por el arquitecto y una completa memoria descriptiva sobre todo el proceso[310]. Este municipio es un ejemplo del ímpetu de las autoridades por tener un monumento a sus fallecidos, que se desarrollaría durante todo el franquismo, y comenzarían las gestiones en el año 1939 con el objetivo de recordar al Capitán Gonzalo Silvela Tordesillas[311]. La ciudad de la provincia de Zamora erigiría el primer monumento en el año 1942[312] y lo ubicaría en el Parque de la Mota y, a la inauguración asistieron periodistas para hacer una extensa crónica de los actos y para reflejar los 22 nombres de los fallecidos de la localidad[313]. En 1969

---

[305] Localidad que cuenta con unos 10.000 habitantes y que se encuentra cerca de la estratégica localidad de Benavente que es nudo de comunicaciones a su paso por la autopista A6.

[306] AGA, Cultura, Delegación Nacional de Prensa y Propaganda, escrito del 6 de marzo de 1942 al gobierno civil de León, Monumento a los caídos de la Bañeza, 21/05372.

[307] AGA, Cultura, Delegación Nacional de Prensa y Propaganda, memoria del alcalde el 26 de agosto de 1939, Monumento a los caídos de Irún, 21/05371.

[308] AGA, Cultura, Delegación Nacional de Prensa y Propaganda, informe del delegado provincial de educación al delegado nacional de propaganda el 6 de mayo de 1942. Monumento a los caídos de Zarauz, 21/05371.

[309] AGA, Cultura, Delegación Nacional de Prensa y Propaganda, escrito del alcalde el 1 de septiembre de 1941, Monumento a los caídos de Tolosa, 21/05371.

[310] Archivo General de la Administración, (AGA), Cultura, Delegación Nacional de Prensa y Propaganda, Monumento a los caídos en Benavente, 1941, 21/05374.

[311] Archivo Municipal de Benavente, régimen interior y protocolo. Varios 1939, Exp. 21. suscripción para homenajear al Capitán Gonzalo Silvela y a varios Caídos.

[312] Archivo Municipal de Benavente, libro de actas de sesiones de pleno del Ayuntamiento de Benavente. Libro 301 fol.41 recto Acuerdo de la sesión ordinaria de 14 de enero de 1942, punto N.º 17.

[313] *Imperio: Diario de Zamora de Falange Española de las JONS*, 9 de diciembre de 1941, p.3.

la alcaldía, junto con el gobernador civil de Zamora, estudiaría[314] levantar otro 1970 puesto que el antiguo sería derribado y se instalaría uno más sobrio, siendo una cruz exenta en la actual Plaza del Grano[315]. Finalmente, en el año 2004 los fallecidos del bando franquista en la ciudad de Benavente perderían su monumento pues éste fue retirado por una remodelación urbana que se hizo en la localidad.

En Sigüenza el ayuntamiento, a través de la comisión que constituye con sus vecinos, lleva a cabo el proyecto de monumento a los caídos[316].

En la localidad de Villarreal no tenían monumento en la ya tardía fecha de 1947 y lo que sucederá es que un concejal del ayuntamiento pedirá que se construya de forma definitiva puesto que el que existe se había erigido de forma temporal y que no recordaba a los caídos de la localidad de la mejor manera, y se intentaría realizar uno con un presupuesto de 30.000 pesetas para su construcción[317].

Desde Arrigorriaga[318] el ayuntamiento pedía los permisos para poder erigir un monumento a los caídos que fuese digno. Según se explicaba en el escrito se había erigido uno de forma temporal por la escasa disponibilidad económica en la que se encontraba el ayuntamiento. Sin embargo, el consistorio había acordado realizar "una obra digna y definitiva que perpetúe la memoria de los que heroicamente dieron su vida por Dios, por España y su revolución Nacional Sindicalista en la Santa Cruzada que ha terminado con el triunfo de nuestro invicto Caudillo..."[319]. El lenguaje que se usa en esta ocasión a la hora de pedir permiso para poder erigir el monumento nos muestra claramente que el ayuntamiento había quedado bajo el control de Falange puesto que era un discurso con una carga política falangista muy evidente.

Desde el ayuntamiento de Huércal-Overa[320] se mandaba una memoria el 23 de abril de 1941 solicitando permiso para erigir un monumento en donde incluso se detallaba cuánto tardaría la obra. En el informe se explicaban con detalle los datos

---

[314] Archivo Municipal de Benavente, acuerdo de la Corporación de fecha 27 de noviembre de 1970. Libro de Actas de Sesiones de Pleno del Ayuntamiento de Benavente, punto 5º. Presupuesto Instalación Cruz de los Caídos. L. 328, fol. 69 recto (A.M.B).

[315] Archivo Municipal de Benavente, acuerdo de Sesión extraordinaria de 5 de junio de 1971 sobre el Monumento a los Caídos, mediante el que se acuerda la construcción de un monumento nuevo en sustitución del anterior con la mayor urgencia para su inauguración el 18 de Julio de dicho año. Libro de Actas de sesiones de Pleno, punto 3º. Monumento a los Caídos. L. 328, fol. 98 recto-vuelto.

[316] AGA, Cultura, Delegación Nacional de Prensa y Propaganda, sesión celebrada en el ayuntamiento y reflejado por el secretario Antonio Vista Muñoz 18 de abril de 1942, Monumento a los caídos de Sigüenza, 21/05371.

[317] Archivo municipal de Villarreal, Proyecto de Cruz a los Caídos por Dios y por España, signatura 66/1948:

[318] Municipio situado a las afueras de Bilbao.

[319] AGA, Cultura, Delegación Nacional de Prensa y Propaganda, escrito del alcalde de Arrigorriaga el 9 de septiembre de 1939. Monumento a los caídos Arrigorriaga, 21/02387.

[320] Localidad situada en Almería que tendría una población de 13.700 habitantes aproximadamente en 1940.

más importantes "plazo de duración de las referidas obras será de 35 días a contar desde la formalización... El personal a emplear en los trabajos será de la localidad menos el obrero especializado si se carece"[321]. Es decir, se había detallado en la memoria del ayuntamiento incluso los días que durarían las obras y quiénes trabajarían en ellas.

Desde la provincia de Barcelona llegaba una petición del ayuntamiento de Igualada[322] para poder erigir un monumento a los caídos. El secretario, que era Antonio Xucla Llobet, certificaba que en la reunión del 5 junio de 1941 se acordaba la aprobación de la "urbanización de la Plaza de la Cruz... cuya parte principal es el Altar de los Caídos por Dios y por España, perpetuando así la memoria de los Mártires de nuestra ciudad..."[323]. Seguidamente el ayuntamiento explicaba que la financiación del monumento recaería sobre las arcas municipales.

Siguiendo en la provincia de Barcelona encontramos la información del ayuntamiento de Sabadell, que de la mano de su alcalde José María Marcell y Coll, en sesión del 19 de noviembre de 1942, aprobó el proyecto de monumento a los caídos que había formulado el arquitecto municipal que en ese momento era Joaquín Manich Comerma[324].

En la ciudad de Tarrasa el alcalde, que en ese momento era Joaquín Amart Llopart, estaba detrás de la petición para erigir el monumento puesto que el ayuntamiento "recogiendo el sentir de la ciudad, tienen acordada la erección, costeado por suscripción popular... tal iniciativa del Ayuntamiento ha sido secundada con el mayor entusiasmo por todas las entidades representativas de la vida local, y acogida por verdadero fervor por el vecindario..."[325]. Estas afirmaciones se hacían pues según quedaba reflejado en el informe la ciudad había sufrido la dureza de la guerra de una manera extrema y más de 200 habitantes habían muerto en ella por parte del bando franquista. Posteriormente la prensa recogería la exposición que se haría de las diferentes maquetas de monumentos a los caídos dentro de un concurso público para que se eligiera el que mejor se considerase[326].

---

[321] AGA, Cultura, Delegación Nacional de Prensa y Propaganda, memoria del maestro de obras a fecha del 23 de abril de 1941. Monumento a los caídos de Huércal-Overa, 21/05370.

[322] Municipio situado a cincuenta kilómetros de Barcelona y que en la actualidad posee alrededor de 41.000 vecinos aproximadamente.

[323] AGA, Cultura, Delegación Nacional de Prensa y Propaganda, acta de la sesión del ayuntamiento de Igualada a 5 de junio de 1941. Monumento a los caídos en Igualada 21/05370.

[324] AGA, Cultura, Delegación Nacional de Prensa y Propaganda, memoria del alcalde de Sabadell, Monumento a los caídos Sabadell 21/05370

[325] AGA, Cultura, Delegación Nacional de Prensa y Propaganda, escrito del ayuntamiento pidiendo los permisos, Monumento a los caídos de Tarrasa. 21/05370.

[326] La Prensa: diario de la tarde de información mundial, 23 de julio de 1941, p.2.

Viajando a la provincia de Toledo nos encontramos, en la localidad de San Román de los Montes[327], que el alcalde escribió una carta a mano puesto que parece ser que la situación económica de la localidad era muy complicada. En el escrito Pablo García Herrero explica que el ayuntamiento había acordado erigir "la cruz de los caídos por Dios y por la Patria como asimismo la formación de una lápida donde figuren todos los fallecidos en combate naturales de esta localidad con expresión del frente donde fallecieron y edad de cada uno de ellos"[328].

Otro ejemplo lo tenemos con Federico Pérez Martín que, en calidad de alcalde del municipio de Mocejón[329], pedía los permisos necesarios puesto que se había acordado por "este Ayuntamiento la construcción del Monumento a los Caídos de esta villa para conmemorar aquellos héroes y mártires"[330]. En esta ocasión y en muchas otras el alcalde demostraba un dominio y control absoluto de los pasos a seguir, puesto que en el escrito hacía referencia a la Orden del 7 de agosto de 1939 y su complementaria la del 30 de octubre de 1940 donde se explicaba el procedimiento para solicitar y conseguir los permisos necesarios para erigir un monumento a los fallecidos. Sin embargo, tras un análisis en profundidad de la documentación, se puede ver que la idea de erigir un monumento a los caídos no partió de la alcaldía, sino que fue de Manuel del Villar Mazarracín, uno de los concejales del ayuntamiento. El 14 de enero de 1943, en el pleno municipal, el concejal propuso "la conveniencia de construir el Monumento a los Caídos por carecer de él y tener la obligación de guardar este santo recuerdo"[331]. Como se puede ver, en muchos pueblos de la provincia de Toledo hay un verdadero aluvión de proyectos que se produce en 1943, y en muchas memorias se observa que fue por un efecto contagio entre localidades puesto que ninguna quería quedarse sin conmemorar a sus caídos.

Ya en Navarra, en el pueblo de Lumbier,[332] fue el alcalde el que haría todos los trámites para conseguir los permisos necesarios para erigir un monumento a los caídos de la localidad. Asimismo, abrirá una suscripción popular para construir el "monumento con que perpetuar la memoria de aquellos hijos de esta villa, que en

---

[327] Municipio de la provincia de Toledo que actualmente tiene unos 1.300 habitantes aproximadamente.

[328] AGA, Cultura, Delegación Nacional de Prensa y Propaganda, memoria del alcalde en noviembre de 1940, Monumento a los caídos en San Román de Montes, 21/05373.

[329] Municipio de la provincia de Toledo que en la década de los años cuarenta tendría alrededor de 3.000 vecinos.

[330] AGA, Cultura, Delegación Nacional de Prensa y Propaganda, escrito de Federico Pérez el 1 de marzo de 1943, Monumento a los caídos en Mocejón, 21/05373.

[331] AGA, Cultura, Delegación Nacional de Prensa y Propaganda, acuerdo del ayuntamiento de Mocejón en la sesión celebrada el 16 de enero, Monumento a los caídos en Mocejón, 21/05373.

[332] Municipio de la Comunidad Foral de Navarra y que se encuentra situado en la Merindad de Sanguesa. En la actualidad tiene una población de 1.300 habitantes aproximadamente.

aras de Dios y de la Patria dieron gloriosamente sus vidas"[333]. Como se puede ver en esta ocasión, la petición que llegaba de tierras navarras no tenía en el escrito influencias falangistas y no se nombraba a la figura de José Antonio, puesto que al ser un territorio donde el carlismo, el tradicionalismo y el catolicismo tenían un importante peso los postulados falangistas tenían un menor seguimiento.

En la localidad de Albalate del Arzobispo[334] el alcalde, que en ese momento era Valero Alcaine Olaveria, pide el 30 de octubre de 1939, por tanto recién terminada la guerra, los permisos necesarios para poder erigir un monumento a los caídos de la localidad. En el escrito que envía relata cómo el pueblo había sido "liberado" el día 12 de marzo de 1938, pero que aun así los vecinos asesinados durante la guerra habían sido cincuenta y seis por lo que el ayuntamiento había tomado el acuerdo de dedicarles un sencillo monumento para recordar a los fallecidos. Sin embargo, a pesar de las peticiones de los permisos que se dirigen en el escrito, encontramos una información muy interesante puesto que vemos que las obras ya se habían iniciado sin esperar al visto bueno de las autoridades. De esta manera se explicaba que se había llegado a proceder "a la adjudicación de dicha obra que es toda ella de piedra de sillería adjudicándole el contrato a los vecinos Ángel Armas y Lorenzo Garín Pérez quienes estaban ya trabajando en dicha obra"[335].

En la localidad de Noblejas el alcalde también estuvo detrás de la erección del monumento a los caídos, puesto que Salvador Figa Olio hizo un escrito el 3 de marzo de 1941 para solicitar permiso al gobierno civil[336].

Desde el ayuntamiento de Santa Cruz de la Zarza[337] el alcalde, que era Emilio de la Barreda Maldonado, procede a enviar un escrito a Madrid tal y como se indica en la carta donde explica que siguiendo los deseos del ayuntamiento y "siendo el sentir unánime de todas las personas de orden de esta Villa el que esta idea sea llevada a ejecución dentro del menor tiempo posible, la Comisión Gestora de este ayuntamiento….tiene acordado proceder con toda urgencia a la construcción y emplazamiento de un Monumento o Cruz de los Caídos"[338]. Este es uno de los pocos ejemplos desde donde un alcalde de un ayuntamiento remarca que el monumento era

---

[333] AGA, Cultura, Delegación Nacional de Prensa y Propaganda, escrito del alcalde de Lumbier el 4 de mayo de 1940, Monumento a los caídos de Lumbier, 21/05373.

[334] Municipio de la provincia de Teruel y en la década de los años cuarenta tenía unos 4.000 habitantes aproximadamente.

[335] AGA, Cultura, Delegación Nacional de Prensa y Propaganda, escrito del alcalde el 30 de octubre de 1939, Monumento a los caídos de Albalate del Arzobispo, 21/05373.

[336] AGA, Cultura, Delegación Nacional de Prensa y Propaganda, memoria del alcalde el 3 de marzo de 1941, Monumento a los caídos de Noblejas, 21/05373.

[337] Municipio de la provincia de Toledo que se encuentra cerca de la localidad de Ocaña. En la década de los años cuarenta tendría alrededor de 6.000 habitantes.

[338] AGA, Cultura, Delegación Nacional de Prensa y Propaganda, escrito del alcalde el 12 de enero 1943, Monumento a los caídos de Santa Cruz de la Zarza, 21/05373.

deseo de toda la gente de "orden" y no que era el sentir de todo el pueblo. Este ejemplo nos acerca más a la realidad de un país que había sufrido una guerra civil y donde había dos bandos enfrentados.

Desde la localidad de Doña Mencía[339] escribía Francisco Blasco Vizcaíno, que era el alcalde en ese momento, pidiendo permiso para erigir un monumento que según quedaba reflejado el ayuntamiento costearía[340]. En este caso, la memoria que se enviaba reflejaba que los materiales y los medios serían de la localidad y que se intentaría desarrollar con la máxima austeridad y sencillez. Siguiendo en la provincia de Córdoba llegaba una petición en 1942 del ayuntamiento de Pozoblanco donde se acordaba un proyecto que exaltase el sacrificio de las víctimas inmoladas con la "Cruz, eterno símbolo del más alto sacrificio y renunciación"[341]. Viendo esta declaración se observa que las memorias estaban redactadas muchas veces por personas que tenían una formación intelectual grande y en donde se justificaba con la retórica del nuevo régimen la erección de los monumentos.

Desde la Mancha llegaba la petición de José Calero Rabadán, que ostentaba el bastón de mando del ayuntamiento de Manzanares[342], y donde exponía que la "Corporación Municipal, tiene acordado, elevar en una de sus plazas un monumento que perpetue la memoria de los Caídos por Dios y por España, hijos de esta población..."[343]. Finalmente, el monumento se erigiría en la plaza mayor de la localidad.

Desde Madrigalejo[344] llegaba la petición por parte del alcalde, en donde en sesión ordinaria del 1 de junio se había acordado erigir una cruz en honor a los caídos. En el escrito que mandaba contaba las glorias que habían sucedido en el pueblo entre las que destacaban, en primer lugar, que era donde había fallecido Fernando el Católico el 23 de enero de 1516; seguidamente decía que los vecinos habían luchado heroicamente contra la invasión francesa realizada por las tropas napoleónicas; y, por último, que habían participado heroicamente en la guerra contra la horda marxista. Tras sus palabras consideraba que en el pueblo era imperativo "levantar el Monumento a los Caídos que se detallaba en la memoria..."[345]. Desde el municipio

---

[339] Localidad de la provincia de Córdoba que en la actualidad tiene unos 4.000 habitantes aproximadamente.

[340] AGA, Cultura, Delegación Nacional de Prensa y Propaganda, escrito del alcalde a 29 de noviembre de 1943, Monumento a los caídos en Doña Mencía, 21/05370.

[341] AGA, Cultura, Delegación Nacional de Prensa y Propaganda, memoria del ayuntamiento de Pozoblanco, Monumento a los caídos de Pozoblanco 21/05370.

[342] Municipio de la provincia de Ciudad Real que en la década de los años cuarenta tendría alrededor de 19.000 vecinos.

[343] AGA, Cultura, Delegación Nacional de Prensa y Propaganda, escrito del alcalde el 25 de enero de 1943, Monumento a los caídos Manzanares, 21/05370.

[344] Localidad situada en la provincia de Cáceres y que tendría unos 4.000 habitantes alrededor de 1940.

[345] AGA, Cultura, Delegación Nacional de Prensa y Propaganda, Memoria del alcalde de Madrigalejo el 5 de abril de 1941, Monumento a los caídos de Madrigalejo, 21/05371.

de Colmenar de Oreja[346] también se intentó levantar un monumento en recuerdo a los caídos en donde las retribuciones para el autor del proyecto no se contemplaban puesto que "el contribuir con una obra personal a la exaltación de los mártires y a la consagración del Movimiento es la mejor retribución que el autor del proyecto podía apetecer..."[347].

Otro ejemplo se puede encontrar en la localidad de Tafalla, situada en Navarra, donde el alcalde solicita al ministro de Gobernación el poder erigirlo[348]. Siguiendo en tierras navarras encontramos un expediente que hace referencia a la localidad de Olazagutia[349], en que el alcalde en 1946 envía escrito pidiendo los permisos necesarios para poder erigir un monumento a los caídos de la villa. Como indicaba en la memoria el objetivo era hacer un mausoleo "destinado a reunir los restos de los gloriosos héroes muertos en la Cruzada de Liberación y evocar su recuerdo." El mausoleo se situaría en el cementerio del municipio que había sido ampliado y contaba con el espacio suficiente. El delegado Provincial de Educación Popular de Navarra llamado Jaime del Burgo en su informe respalda la construcción del monumento y remarca la lealtad que había mostrado la localidad en la guerra puesto que "en nuestra Cruzada de Liberación aportó la casi totalidad de su censo apto para el servicio de las armas. El número de sus caídos es de 14"[350]. A pesar de ser un mausoleo y no una cruz exenta como era lo normal, el proyecto salió adelante sin ningún tipo de pega y se autorizó la construcción con la aprobación por parte de la Dirección General de Propaganda en su escrito el 12 de noviembre de 1946. Lo que nos muestra esta relación tan detallada de fechas es que el proceso de conseguir los permisos duraba meses en el mejor de los casos.

Desde Motrico[351] llegaba en 1941 una petición por parte del alcalde donde pedía permiso para erigir un monumento, puesto que en la localidad habían perecido treinta vecinos en la guerra y desde el ayuntamiento se buscaba que " nuestros buenos hermanos tengan seguidamente y siquiera en parte el recuerdo debido a su generosidad, que sirva para que nuestros pequeños aprendan aún más a amar a esta cada vez más querida Patria española y nosotros los mayores tengamos perenne en

---

[346] Situado en el sureste de la Comunidad de Madrid y ubicado en la llamada comarca de Las Vegas. Actualmente cuenta con unos 7.800 habitantes.

[347] AGA, Cultura, Delegación Nacional de Prensa y Propaganda, Memoria del 30 de enero de 1941, Monumento a los caídos de Colmenar de Oreja, 21/05372.

[348] AGA, Cultura, Delegación Nacional de Prensa y Propaganda, Monumento a los caídos en Tafalla, Navarra, 1940, 21/05373.

[349] Municipio situado en la comarca de la Barranca situado en el Valle de Burunda. Actualmente tiene alrededor de unas 1500 personas censadas.

[350] AGA, Cultura, Delegación Nacional de Prensa y Propaganda, informe de Jaime del Burgo a 2 de junio de 1946, Navarra 21/02386.

[351] Localidad que pertenece a la a la provincia de Guipúzcoa

nuestras memorias el camino trazado por los mejores"[352]. En esta ocasión, las autoridades buscaban dar un importante componente educativo tanto a las nuevas generaciones como a las de los más mayores en un ambiente que tal y como dejaba en el escrito era necesario hacer pedagogía.

Desde la localidad de Sobradiel[353] se pretendía erigir una sencilla cruz a sus caídos ya en la tardía fecha de 1952. De esta manera, se mandaría un sencillísimo informe de menos de una cara de folio en donde se planteaba hacer una pequeña cruz en la replaceta de las escuelas del pueblo[354].

El ayuntamiento del Vendrell[355], a través de su alcalde, mandaría un escrito para pedir los permisos para erigir un monumento a sus caídos. En este caso el alcalde era el presidente de la junta pro-monumento a los caídos que se había constituido en esa localidad, y en el informe que mandaba hacía constar que se enviaban una serie de documentos para que se estudiaran y se dieran los permisos necesarios. La relación de la documentación que se enviaba nos sirve para darnos un detalle de la información muchas veces tan exhaustiva que se facilitaba. De esta manera la información que se mandaba era: en primer lugar, un plano del futuro monumento firmado por un arquitecto como era lo pertinente y que además iba visado por el Colegio de Arquitectos de Barcelona; a continuación, se adjuntaba una memoria detallada con los presupuestos, los materiales de construcción y todos los datos precisos del proyecto; por último, se enviaban una serie de fotografías de una maqueta que se había hecho y un croquis del emplazamiento con sus perspectivas[356]. En Ulldecona[357] el alcalde Agustín Juan Campara, en representación de la corporación municipal, llevaría a cabo las gestiones necesarias para levantar un monumento a los caídos de la localidad y que ésta correría a cargo de las cuentas municipales[358].

En la localidad de Borja[359] la solicitud para conseguir los permisos para construir un monumento venía del alcalde que lo hacía en nombre suyo, pero también por las "Autoridades locales, Jerarquías y organismos representativos y fuerzas vivas, y por

---

[352] AGA, Cultura, Delegación Nacional de Prensa y Propaganda, memoria del alcalde a tres de julio de 1941, Monumento a los caídos de Motrico, 21 /05371.

[353] Municipio de la provincia de Zaragoza que en la actualidad cuenta con alrededor de 1.000 vecinos.

[354] AGA, Cultura, Delegación Nacional de Prensa y Propaganda, memoria del proyecto de cruz de los caídos, Monumento a los caídos en la Villa de Sobradiel, 21/05374.

[355] Municipio de la provincia de Tarragona y que es la capital del Bajo Penedés contando con una población de casi 40.000 habitantes.

[356] AGA, Cultura, Delegación Nacional de Prensa y Propaganda, relación de documentación que envía la alcaldía el 26 de febrero de 1941, Monumento a los caídos del Vendrell, 21/05374.

[357] Localidad de la provincia de Tarragona y que en la actualidad tiene alrededor de 6.000 vecinos censados.

[358] AGA, Cultura, Delegación Nacional de Prensa y Propaganda, memoria del 21 de enero de 1941, Monumento a los caídos de Ulldecona, 21/05374.

[359] Localidad de la provincia de Zaragoza y que actualmente tiene alrededor de 5.000 vecinos.

la Corporación Municipal, se ha acordado erigir un Monumento dedicado a la memoria de los Mártires de la Religión y de la Patria caídos de esta ciudad"[360]. Como se puede ver en esta ocasión, se habla de un proyecto que venía avalado por todas las fuerzas que apoyaban al régimen y que habían visto la necesidad de erigir un recuerdo a las víctimas, pero ya en una fecha tardía y en donde la mayoría de los proyectos ya se habían levantado. En esta ocasión se explicaba en el proyecto que la financiación correría a cargo del ayuntamiento, no haría falta hacer ningún tipo de suscripción popular pues las finanzas del ayuntamiento estaban saneadas y, de hecho, aparte de la financiación del monumento se acordó colocar lápidas en las iglesias parroquiales de Santa María y San Bartolomé, otra en el ayuntamiento, y la última en la jefatura de la falange local[361]. Incluso haciendo la petición a principios del mes de abril exponían que su intención era inaugurarlo en medio de las fiestas locales que estaban dedicadas a la Virgen de Nuestra Señora de la Peana y que se celebrarían a principios del mes de mayo.

El ayuntamiento de la localidad navarra de Tafalla estuvo detrás del proyecto para erigir un monumento a sus caídos y en la memoria justificativa relataba de una manera muy emotiva las razones por la que era necesario levantarlo. En el escrito se decía "No puede haber héroes anónimos ni soldados desconocidos, ya que a la hora del deber los conocimos muy bien…vuestros nombres quedarán eternamente grabados en estas piedras; no solo para que nunca caigan en el olvido del pasado vuestro valor y heroísmo…"[362]. De hecho, el objetivo del ayuntamiento en este caso buscaba ensalzar la memoria de sus fallecidos y que éstos sirvieran de ejemplo perpetuo para sus habitantes y sobre todo para las generaciones futuras.

Desde la localidad de Gallur[363] su alcalde mandó un escrito para conseguir los permisos necesarios el 5 de junio de 1944[364]. El proyecto que se quería erigir en esta localidad se compondría de tres cuerpos y serviría como muro de contención de la explanada de la iglesia. En la parte central iría adosada la cruz de mármol y una lápida con el nombre de los caídos siendo colocada en ambas partes unas columnas y unos paneles laterales.

---

[360] AGA, Cultura, Delegación Nacional de Prensa y Propaganda, escrito de la alcaldía de Borja el 9 de abril de 1954, Monumento a los caídos de Borja, 21/05374.

[361] AGA, Cultura, Delegación Nacional de Prensa y Propaganda, memoria del proyecto de cruz a los caídos, Monumento a los caídos de Borja, 21/05374.

[362] AGA, Cultura, Delegación Nacional de Prensa y Propaganda, memoria del ayuntamiento de Tafalla, Monumento a los caídos de Tafalla, 21/05373.

[363] Municipio situado en la Ribera Alta del Ebro y se encuentra en la provincia de Zaragoza.

[364] AGA, Cultura, Delegación Nacional de Prensa y Propaganda, escrito del alcalde, Monumento a los caídos de Gallur, 21/05374.

En la localidad de Fabara[365] el alcalde, que era Isidro Millán Bielsa, manda un escrito para pedir permiso para erigir una cruz que perpetue la memoria de los "vecinos que fueron sacrificados por consecuencia de su catolicismo y patriotismo, como ejemplo a seguir por los supervivientes de la tragedia vivida por nuestra querida España"[366].

Desde el ayuntamiento de Pamplona hubo una petición en 1942 para erigir un obelisco en la Plaza del Castillo, que se había convertido en un lugar de un especial simbolismo porque se habían realizado grandes concentraciones cuando se produjo el levantamiento militar y durante la guerra civil.[367] El obelisco sería de piedra de Tafalla, tendría los escudos de España, Navarra y Pamplona y, por último, quedaría reflejada la fecha del 18 de julio de 1936. Como se sabe finalmente el proyecto de la ciudad a los caídos fue el imponente mausoleo que se empezó a construir en 1942 y que tiene la frase "Navarra a sus muertos en la Cruzada". Este edificio contenía en su interior los nombres de los navarros fallecidos en la guerra civil y hoy en día se usa como sala de exposiciones.

Desde la localidad de Manises[368] el ayuntamiento también estaría detrás del proyecto para erigir un monumento a los fallecidos en el conflicto. De esta manera, José María Borras Sancho, que era el secretario, certificó en el libro de actas del ayuntamiento que en la sesión celebrada el 16 de febrero de 1942 se llegó a un acuerdo "para perpetuar la memoria de los Mártires de esta población que ofrendaron su vida por Dios y por España, siendo vilmente asesinados por la barbarie roja durante la reciente revolución marxista"[369]. Como vemos, en esta ocasión había una importante carga política en el escrito que mandaban las autoridades locales para la justificación de la futura cruz a los caídos.

En Sollana,[370] el ayuntamiento también estaría detrás de la erección del monumento a los caídos de la localidad y que tendrían que repetir el proyecto puesto que la propia vicesecretaría de educación de la provincia les tiraría el proyecto por querer presentar un obelisco[371].

---

[365] Municipio ubicado en la comarca denominada Bajo Aragón y cerca de la localidad de Caspe.

[366] AGA, Cultura, Delegación Nacional de Prensa y Propaganda, escrito del alcalde el 30 de octubre de 1945, Monumento a los caídos de Fabara, 21/05374.

[367] AGA, Cultura, Delegación Nacional de Prensa y Propaganda, memoria del alcalde de Pamplona el 15 de marzo de 1942, Monumento a los caídos de Pamplona, 21/05373.

[368] Municipio de la provincia de Valencia que en la década de los años cuarenta tendría alrededor de 7.000 habitantes.

[369] AGA, Cultura, Delegación Nacional de Prensa y Propaganda, certificado de la sesión del ayuntamiento el 16 de febrero de 1942, Monumento a los caídos en Manises, 21/05374.

[370] Municipio perteneciente a la provincia de Valencia y que en la actualidad tiene alrededor de 5.000 vecinos.

[371] AGA, Cultura, Delegación Nacional de Prensa y Propaganda, memoria del arquitecto municipal, Monumento a los caídos de Sollana, 21/05374.

El alcalde de la localidad de Navahermosa[372] envió un escrito en febrero de 1944 pidiendo los permisos para erigir "en esta población un monumento que perpetúe el recuerdo de aquellos que generosamente dieron su vida por Dios y por la Patria inmolados por la orda roja durante la dominación marxista"[373]. Como se puede ver, se mandaba con una importante falta de ortografía y esto no era casual ya que hay otros documentos donde desde instancias superiores se corregían sobre el papel este tipo de errores. Hay casos que pueden llamar la atención como es el de Valverde del Majano[374] en el que Melchor Ayuso Llorente, en calidad de alcalde, escribe una petición para proceder a realizar una suscripción para erigir un monumento a los caídos de la localidad. En este caso el informe fue corregido con los signos de puntuación que habían sido olvidados[375].

Los últimos ejemplos los encontramos en Figueras, localidad situada en Gerona, donde el ayuntamiento solicita el permiso[376]; así comopeticiones para erigir el monumento en las localidades de Espinosa de los Monteros[377] y de Almazán[378] donde las autoridades locales estaban detrás.

A veces había instituciones que pretendían construir monumentos donde habían fallecido muchos de sus vecinos, como fue el caso del monumento que se quería construir en lo que hoy en día se conoce como el Alto del León. Este puerto, de 1511 metros de altitud, atraviesa la Sierra de Guadarrama y conecta por la nacional 6 las provincias de Segovia y Madrid; fue lugar de un duro enfrentamiento durante la guerra civil y por tanto, era un terreno ideal para erigir un monumento, por la gran cantidad de fallecidos que se habían producido. De esta manera, la Diputación de Valladolid intentaría erigir un proyecto para rendir homenaje "no a Valladolid, no a los supervivientes, sino a los caídos, a los que con sus vidas supieron transformar el tradicional Alto del León, por el del Alto de los Leones de Castilla"[379]. Como se sabe el nombre del lugar, pasaría de ser el Alto del León que llevaba así desde 1749, por el de los Leones de Castilla en recuerdo a los fallecidos, por una orden firmada por

---

[372] Localidad situada en la provincia de Toledo y que en la década de los años cuarenta tendría alrededor de 5.000 vecinos.

[373] AGA, Cultura, Delegación Nacional de Prensa y Propaganda, escrito del alcalde, Monumento a los caídos en Navahermosa, 1944, 21/05373.

[374] Localidad situada en la provincia de Segovia y que tendría en 1940 una población aproximada de unos 1000 habitantes.

[375] AGA, Cultura, Delegación Nacional de Prensa y Propaganda, informe del alcalde de Valverde de Majano,1939, 21/02387

[376] AGA, Cultura, Delegación Nacional de Prensa y Propaganda, Monumento a los Caídos en Figueras Gerona, 1940, 21/05371.

[377] Localidad situada en la provincia de Burgos que en los años cuarenta tendría alrededor de 3.600 vecinos.

[378] Localidad de Soria que en la actualidad tiene alrededor de 5.000 vecinos censados.

[379] AGA, Cultura, Delegación Nacional de Prensa y Propaganda, escrito del presidente de la Diputación Provincial, Monumento a los caídos en el Alto del León, 21/05374.

Serrano Suñer en 1939 tras la guerra. Finalmente volvería a su nombre anterior en el año 2000 y pasaría a denominarse otra vez el Alto del León. De esta manera la Diputación Provincial de Valladolid junto con otras autoridades de la provincia abriría una suscripción popular para honrar a los vallisoletanos que habían muerto en la batalla de Guadarrama.

Finalmente, como se puede ver, las autoridades locales de los ayuntamientos fueron pieza clave a la hora de erigir las cruces a los caídos incluso ya cuando la guerra había sucedido hace bastante tiempo y los sentimientos de pérdida ya iban quedando lejos. Tenemos un ejemplo de la localidad de La Garriga[380] que en la tardía fecha de 1952 decide hacer un monumento a los caídos. El ayuntamiento, en sesión celebrada el 2 de octubre, acordaría erigir una cruz que se situaría en el paseo de José Antonio[381], y esto tuvo que ser tramitado por el delegado provincial del Ministerio de Información y Turismo, puesto que la Vicesecretaría de Educación Popular había desaparecido ya hacía casi siete años.

2.2.5 Falange

Sin embargo, no sólo los alcaldes estaban detrás de estas iniciativas; en muchos lugares la Falange era pieza clave a la hora de erigir los monumentos y gestionar todo lo que hiciera falta para que los proyectos se llevaran a cabo. Por ejemplo, en Melilla hay constancia de que se hizo una cruz en recuerdo a los caídos antes de 1938 puesto que no contaba el monumento con el escudo Nacional y el emblema del Movimiento. Tras la petición por parte de Madrid de la necesidad de que tuviera el monumento los requisitos arriba mencionados se puso a trabajar la Falange para que el proyecto se llevara a cabo. Primero con el ingeniero que se había hecho cargo de la erección del monumento y, tras no obtener resultados, se acudió al arquitecto del ayuntamiento para que se encargase de la obra. Esto muestra la autoridad que tenía Falange en los ayuntamientos y el uso que podía hacer de los recursos de éstos. Asimismo, en el informe de Falange vemos la importancia que había en los contactos de los miembros de la propia institución puesto que "interesa aprovechar la estancia en Alicante de persona allegada a la Jefatura, que se ha ofrecido a adquirir la piedra y cuidar de su embarque y de ausentarse esta persona de Alicante se dificultaría mucho la adquisición del material, lo que retrasaría y dificultaría la ejecución de la obra"[382]. Esto nos muestra que en algunos lugares se observa cómo no había ningún tipo de

---

[380] Localidad del interior de la provincia de Barcelona que en los años cincuenta tendría alrededor de 3700 habitantes.

[381] AGA, Cultura, Delegación Nacional de Prensa y Propaganda, memoria del ayuntamiento de la Garriga, monumento a los caídos de La Garriga 21/05370.

[382] AGA, Cultura, Delegación Nacional de Prensa y Propaganda, informe del jefe local de Melilla el 18 de febrero de 1941, monumento a los caídos de Melilla, 21/02386.

control por parte de ayuntamientos y todo quedaba en manos de Falange que decidía y escogía a las personas que se encargaban de la realización de la gestión de los monumentos. Sin embargo, en el mismo informe se señalaba que el coste a la hora de modificar el monumento sería de 7.000 pesetas por poner el cemento con los escudos y a lo que habría que añadir 17.000 pesetas, que era lo que costaba traer la piedra de tipo monumental desde Alicante. Otro ejemplo que muestra la importancia de Falange a la hora de decidir las cuestiones que tenían que ver con los monumentos es la relativa al tema económico. En el informe se afirmaba que "el importe de la obra será sufragada por el Ayuntamiento y la Jefatura local del Movimiento"[383].

En Arriondas[384] el 17 de enero de 1939, cuando todavía no había acabado el conflicto, el jefe local mandaba un escrito diciendo "Una necesidad altamente sentida en esta villa es la de perpetuar debidamente la memoria de cuantos camaradas de un modo u otro han ofrendado a la Patria el sacrificio de su vida..."[385]. En el escrito también se solicitaba autorización para que la Falange de Arriondas pudiera pedir dinero a los vecinos para sufragar el coste del monumento, y éstos dieran el donativo necesario. En Ávila directamente la Jefatura Provincial de FET y de las JONS escribió al gobernador civil en 1939 pidiendo autorización para poder instalar una enorme cruz en concordancia con el notable carácter simbólico de la ciudad[386].

Otro caso es el de Algeciras, donde el jefe local de Falange insta la petición para erigir un monumento en 1942[387].

En la localidad de Tardelcuende[388], Ramiro de la Llana Hernández, que en el escrito remarcaba que tenía 62 años y que ejercía como alcalde y jefe local de Falange del municipio, explicaba que se había decidido levantar un sencillo monumento en honor a los caídos. De hecho, el proyecto había sido diseñado por un arquitecto de la ciudad de Soria y la cruz se situaría entre la iglesia y el cementerio con una sencilla lápida con los nombres de los caídos en la guerra. Lo que se debe remarcar del escrito es que la cruz tenía dos lápidas: una con los nombres de los fallecidos, y otra en blanco pues estaba reservada por si "algún héroe tiene el honor de inscribirse, puesto que dos del pueblo son voluntarios de la División Azul que combate en los campos

---

[383] AGA, Cultura, Delegación Nacional de Prensa y Propaganda, informe del jefe local del Servicio Nacional de Propaganda de Melilla 18 de febrero de 1941, monumento a los caídos de Melilla, 21/02386.

[384] Localidad Asturiana que es capital del concejo de Parres y que se encuentra a 65 km de Oviedo.

[385] AGA, Cultura, Delegación Nacional de Prensa y Propaganda, escrito del jefe local de Arriondas al Gobierno Civil, 21/02382.

[386] AGA, Cultura, Delegación Nacional de Prensa y Propaganda, escrito del ministerio de gobernación a la subsecretaría de Prensa y propaganda el 25 de marzo de 1939, monumento a los caídos en Ávila, 21/02382.

[387] AGA, Cultura, Delegación Nacional de Prensa y Propaganda, Monumento a los Caídos en Algeciras, 1942, 21/05371.

[388] Municipio de la provincia de Soria que en la actualidad tiene alrededor de 400 vecinos censados.

de Rusia"[389]. Es interesante remarcar cómo incluso en los pequeños pueblos de la Castilla profunda había esa relación para los falangistas entre la guerra civil y la campaña de Rusia y que esto quedaba reflejado en algunas lápidas de los caídos.

Desde la localidad de Carcagente[390] el jefe local de Falange, que ostentaba el cargo de alcalde, remitiría el proyecto de monumento a los caídos que se quería erigir en el municipio la tardía fecha del cinco de abril de 1944. En la memoria justificativa tenemos uno de los pocos ejemplos donde se nombre el número de fallecidos de la localidad, ya que habían muerto ciento veinte víctimas, estando representadas todas las actividades y clases sociales sobre una población de dieciséis mil habitantes, y se recordaba que no había sido una de las poblaciones más castigadas[391]. También, en Almorox[392] la jefatura local de Falange apoyado por el ayuntamiento sería la encargada de llevar a cabo el proyecto de erigir un monumento a sus caídos, y presentaría un informe en noviembre de 1942 para cumplir con los deseos del vecindario[393].

Por medio de la prensa[394] podemos conocer que una ciudad tan importante como Albacete tuvo como promotores del monumento a los caídos a la Jefatura provincial del Movimiento, y el día 25 de febrero de 1942 se procedería a la inauguración del proyecto que estaría ubicado estratégicamente en el recién nombrado Paseo de los Mártires[395].

Adolfo Rincón de Arellano, como jefe provincial de FET y de las JONS en Valencia, escribía el 8 de febrero de 1943 para solicitar la erección de una gran cruz "para llenar la necesidad que se siente de honrar la memoria de los que se sacrificaron por Dios y por la Patria en forma análoga de como se hace en otras capitales y ciudades de España"[396]. Este proyecto llevaba años tratando de materializarse puesto que, ya dos años antes, en 1941, el jefe provincial de Falange había pedido permiso para "poder iniciar una suscripción con destino a la Cruz de los Caídos, que habrá de erigirse en dicha capital, así como para hacer propaganda de la misma por la Prensa

---

[389] AGA, Cultura, Delegación Nacional de Prensa y Propaganda, memoria del emplazamiento del monumento, Monumento a los caídos de Tardelcuende, 21/05374.

[390] Localidad de la provincia de Valencia que tendría en los años cuarenta, alrededor de 18.000 habitantes.

[391] AGA, Cultura, Delegación Nacional de Prensa y Propaganda, memoria del 21 de febrero de 1944, monumento a los caídos de Carcagente, 21/02387.

[392] Municipio de la provincia de Toledo que actualmente tiene alrededor de 2.000 vecinos censados.

[393] AGA, Cultura, Delegación Nacional de Prensa y Propaganda, escrito del 23 de noviembre de 1942, Monumento a los caídos de Almorox, 21/05374.

[394] La noticia fue recogida por lo menos en cuatro periódicos diferentes: *Imperio, Heraldo de Zamora, Labor y Libertad.*

[395] Imperio: Diario de Zamora de Falange Española y de las JONS, 26 de febrero de 1942, p.6.

[396] AGA, Cultura, Delegación Nacional de Prensa y Propaganda, escrito del jefe provincial de FET y de las JONS al gobierno civil, monumento a los caídos de Valencia, 1941-1946, 21/05374.

y por la Radio, anunciando el oportuno concurso"[397]. Aquí se tiene un ejemplo de cómo un proyecto de una de las ciudades más importantes de España sufría importantes retrasos incluso habiendo recurrido a los medios de comunicación para mover de una manera más rápida el proyecto y recurriendo a la suscripción popular en una ciudad de gran población.

Miguel Rodríguez Fernández, como alcalde de la ciudad de Astorga que además ocupaba el cargo de jefe comarcal de Falange, pediría permiso para poder levantar un monumento puesto que estaba "recogiendo el general sentir del pueblo astorgano y el unánime de su FET y de las JONS..."[398].

Falange estuvo también detrás de la cruz que se levantará en la localidad cántabra de Vega de Pas[399] en 1943, y que estaría localizada en la plaza del pueblo. Desde la provincia de Palencia, en la localidad de Buenavista de Valdavia[400] será el jefe local de FET y de las JONS que se llamaba Herminio Franco Fraile y que era también el farmacéutico del pueblo, el que proponga hacer un monumento a los caídos. En esta localidad Falange tendrá un gran peso como posteriormente se verá, y se encargará de desarrollar una comisión que estará integrada por el alcalde que actuaría como presidente, el jefe comarcal de FET y de las JONS que sería el tesorero, el secretario comarcal que sería el contable y, por último, el párroco de la localidad. Esta comisión, como se ha visto con anterioridad en otras ocasiones, sería la encargada de recoger las limosnas y dirigir los trabajos de administración para erigir la futura cruz de los caídos.

En este caso el peso de FET y de las JONS se puede entender, puesto que parte de la organización hacer el monumento en recuerdo a los caídos y porque vemos que la mayor parte de los fallecidos eran falangistas. Este proyecto es realmente interesante, pues presenta una lista de caídos con la orientación política de cada fallecido, algo poco usual, y que no se repite en los escritos que se mandaban. Por tanto, estamos ante algo único y que hay que señalar para que se pueda tener una visión completa, y por eso se desarrolla la siguiente tabla.

---

[397] AGA, Cultura, Delegación Nacional de Prensa y Propaganda, informe de Pedro Gamero el 2 de enero de 1941 al subsecretario del ministerio de gobernación, monumento a los caídos de Valencia, 21/05374.

[398] AGA, Cultura, Delegación Nacional de Prensa y Propaganda, escrito del alcalde el 25 de noviembre de 1939, monumento a los caídos en Astorga, 21/05372.

[399] Localidad que tendría alrededor de 2.000 habitantes.

[400] Municipio que en la década de los años cuarenta tendría unos 500 habitantes.

LISTA DE CAÍDOS PROPUESTOS PARA QUE APAREZCAN EN LA LÁPIDA DEL MONUMENTO DE BUENAVISTA DE VALDAVIA	
R.P. Anselmo Polanco Fontecha, Obispo de Teruel.	E. Miguel Cabezón, teniente de Artillería
R.P. Mariano Revilla Rico, Agustino.	Victoriano Fontecha Valle, cabo de artillería
R.P. Luciano Moreno Barrio, Escolapio.	Fernando Marcos Franco, falangista.
R.P. Gervasio Marcos Manrique, Agustino.	Antonio Marcos Manrique, falangista.
R.P. Román Martín Mata, Agustino.	Fidel Aparicio Rubio, falangista.
R.P. Francisco Fuentes Puebla, Agustino.	Santiago de la Escalera Herrero, Requeté.
R.P. José Noriega González, Agustino.	Juan Treceño Casado, soldado de infantería.
R.P. Ángel García Gutiérrez, Agustino.	Narciso Martínez Herrero, falangista.
R.P. Ubaldo Revilla García, Agustino.	Samuel Fontecha Rico, soldado de artillería.
R.P. Juan Herrero Arroyo, Dominico.	Daniel Mota Agüero, flechas negras.
	Jesús Revilla Sampedro, flechas negras.

[401]

Como se puede observar el número de religiosos era importante destacando la figura de Anselmo Polanco que fue obispo de Teruel y sería asesinado durante la guerra. Lo que hay que remarcar es que del lado de los laicos Falange "aporta" seis de los once fallecidos de la localidad por lo que esto nos muestra que el 54% de las víctimas eran de orientación política falangista. De esta manera se entiende por qué FET y de las JONS tenía tanto interés y peso en poder desarrollar la futura cruz en recuerdo a los asesinados.

En el pueblo de Lagartera[402] los promotores fueron dos personas: por una parte, el alcalde, que era Julián Moreno Alía, y por la otra el jefe local de Falange, que en ese momento era Julián Calatrava Ropero. En este caso la construcción del monumento comenzó en la temprana fecha de 1937 en pleno conflicto y presupuesto sin una legislación sobre cómo debían ser los monumentos. El proceso de construcción del mismo fue tremendamente complejo puesto que, aunque empezaron

---

[401] Tabla de elaboración propia en base a la documentación del informe del proyecto de Monumento a los caídos de Buenavista de Valdavia. AGA, Cultura, Delegación Nacional de Prensa y Propaganda, monumento a los caídos de Buenavista de Valdavia, 1942, 21/05373.

[402] Municipio que se encuentra situado en la provincia de Toledo y que actualmente tiene alrededor de 1.300 habitantes.

en 1937, a fecha de 1943 todavía no había podido inaugurarse, y se le pidieron las explicaciones pertinentes desde la Dirección General de Propaganda. El alcalde y el jefe local de Falange dijeron que se construyó durante la guerra y por tanto no había un procedimiento sobre el curso a seguir de los proyectos. Aun así, se hizo un informe por parte de la Vicesecretaría de Educación Popular de Toledo que nos muestra información muy interesante para entender mejor el proceso de los monumentos a los caídos. Los promotores tenían pensando inaugurar el monumento el 28 de noviembre de 1943, por lo que vemos que fue un proceso penoso por las dificultades económicas y extremadamente largo puesto que duró casi seis años. A 16 de noviembre todavía no estaban grabados en la piedra la lista de los caídos que deberían aparecer en el monumento, pero en el informe se explicaba que ya había una lápida en la fachada de la iglesia[403] con una relación nominal de los caídos de la localidad, por lo que se puede ver un ejemplo de que en varias localidades había un recuerdo múltiple, puesto que había monumento y lápida a los caídos.

Por último, en lo que se refiere al proyecto de inauguración, estaba todo dispuesto en noviembre de 1943 para los actos a los que se había invitado a diversas autoridades, jerarquías provinciales y "las Falanges locales, con sus jerarquías, de los pueblos comarcanos, para cuyo transporte tenían contratados los servicios necesarios"[404]. Como se puede ver, Falange hacía un verdadero esfuerzo en montar este tipo de actos y se contaba con los falangistas de los pueblos de alrededor en ocasiones por la falta de miembros que tenían en estos pequeños pueblos y en otras para dar una espléndida imagen como organización y así animar a la gente a afiliarse.

En la localidad de Nava[405], tanto el ayuntamiento como la jefatura local de Falange deciden levantar una cruz en recuerdo a sus caídos, pero ya en una fecha tardía, puesto que se solicitan los permisos en el año 1947. En la memoria[406] del proyecto se plantea erigir una cruz que estuviera adosada a la fachada de la iglesia de San Bartolomé, que tuviera una altura de casi cuatro metros, que saliera de la fachada quince centímetros y que estaría adornada con una corona de laurel.

También, en la localidad de Portillo de Toledo[407], los promotores fueron el ayuntamiento y la jefatura local de Falange que, en 1942, harán un sencillo monumento en frente de la iglesia para recordar a sus caídos. Pasaría lo mismo con

---

[403] Parroquia del Salvador que todavía contiene la placa con el nombre de los caídos.

[404] AGA, Cultura, Delegación Nacional de Prensa y Propaganda, informe del delegado provincial de educación popular Tomás Rodríguez del 16 de noviembre de 1943, monumento a los caídos en Lagartera, 21/05373.

[405] Capital del concejo que se encuentra en Asturias y que cuenta con una población de alrededor de 5.000 vecinos.

[406] AGA, Cultura, Delegación Nacional de Prensa y Propaganda, memoria del proyecto del monumento a los caídos en Nava, 21/05373.

[407] Municipio situado en la provincia de Toledo y que actualmente tiene unos 2.000 habitantes aproximadamente.

el proyecto que se realizó en el pueblo de Novés[408]; los promotores también fueron el alcalde y el jefe local de Falange que hicieron los trámites necesarios para poder realizar el monumento. De esta manera, Florentino Gil de Rozas Muñoz realizaría el escrito junto con Francisco Hernández del Álamo, puesto que "era necesario en esta localidad, erigir un monumento que conmemore a los Caídos por Dios y por la Patria de este pueblo, que dieron su vida en defensa de España y en contra del marxismo, como igualmente se ha hecho ya en otras poblaciones"[409]. Como se puede ver en este caso la petición parte de las autoridades locales, pero no dicen que es un sentir del vecindario o de los familiares de los caídos y, por tanto, parece ser que en esta ocasión se hacía por un efecto contagio al ver cómo otras localidades próximas erigían sus monumentos a sus caídos. Esta idea se refuerza cuando se lee la memoria, en donde se planteaba erigir una cruz de cuatro metros de altura y que sería colocada en la denominada Plaza de los Mártires, puesto que gozaba de gran amplitud y "visualidad por ser de las más transitables, por lo tanto, donde puede ser vista por todo transeúnte y forastero"[410]. Quedaba claro que los promotores del futuro monumento no querían que su pueblo se quedara sin un recuerdo a los caídos y no quisieron permitir que los vecinos de otros pueblos vieran que Novés fuera menos en este sentido.

En la localidad de Alagón[411] una de las figuras claves en la erección del monumento que se quería levantar era el jefe local de Falange, que también había asumido la alcaldía del municipio, y en el año 1943 se inician los procesos para poder llevar a cabo las gestiones necesarias.

En la provincia de Almería, en la localidad de Gádor, también estuvo detrás FET y de las JONS. En la localidad de La Zubia[412] el jefe local se encargó de desarrollar un proyecto de cruz de los caídos, pero no contaba con un técnico que garantizase su viabilidad. El boceto que se enviaba el 18 de diciembre de 1939 era muy rudimentario y se ve que no estaba hecho por un profesional puesto que el dibujo era bastante elemental.

---

[408] Municipio perteneciente a la provincia de Toledo y que actualmente tiene alrededor de 2.700 vecinos censados.

[409] AGA, Cultura, Delegación Nacional de Prensa y Propaganda, escrito del alcalde y el jefe local de Falange a 12 de noviembre de 1943, monumento a los caídos de Nóves, 21/05373.

[410] AGA, Cultura, Delegación Nacional de Prensa y Propaganda, escrito del alcalde y el jefe local de Falange a 12 de noviembre de 1943, Monumento a los caídos de Nóves, 21/05373.

[411] Municipio de la provincia de Zaragoza y que actualmente forma parte del Área Metropolitana de la ciudad.

[412] Municipio localizado en la provincia de Granada y tendría alrededor de 4.000 habitantes en la década de los años cuarenta.

También Falange estuvo detrás del intento de erigir una cruz en Bollullos del Condado[413], en donde se envía un informe que pide permiso para erigirla el 12 de febrero de 1942.

En Huecas[414] el jefe local de Falange, que en ese momento era José Fuentes García, dirige un escrito al ministro de Gobernación con un informe completo[415] pidiendo permiso para erigir una cruz para perpetuar la memoria de los caídos puesto que "este pueblo carece del monumento "Cruz de los Caídos" ... esta jefatura tiene el proyecto de erigir dicho monumento a la mayor brevedad posible para que este pueblo no carezca de una Cruz"[416].

---

[413] Localidad situada en la provincia de Huelva y que contaría con unos 7.000 habitantes aproximadamente.

[414] Localidad al norte de la provincia de Toledo.

[415] AGA, Cultura, Delegación Nacional de Prensa y Propaganda, monumento a los caídos en Huecas, Toledo, 1943, 21/05373.

[416] AGA, Cultura, Delegación Nacional de Prensa y Propaganda, Monumento a los caídos en Huecas, Toledo, 1943, 21/05373

CAPÍTULO 3

LA DENEGACIÓN DE PROYECTOS, LA SELECCIÓN DE LOS NOMBRES Y LA LOCALIZACIÓN Y FINANCIACIÓN DE LOS MONUMENTOS

3.1 La denegación de los proyectos

Un punto muy importante a tratar es el que hace referencia a la aprobación que dio el régimen a los proyectos que se iban presentando para permitir erigir los monumentos. Esto nos muestra cómo el régimen tomó conciencia de la importancia de que hubiera una uniformidad en los monumentos y que éstos tuvieran unas características comunes. La gran cantidad de proyectos que son rechazados por no ajustarse a las normas establecidas es muy alta y tras un análisis exhaustivo se llega a contabilizar 81 expedientes que son denegados, o a los que se exigen correcciones para que el monumento pudiera llevarse a cabo. Esto representa casi el 28 % de los proyectos, una cifra nada desdeñable y que permite tener una idea del férreo marcaje que se hacía para que se tuviera una uniformidad en los proyectos.

Hay que recordar que los requisitos que se marcaban para que un proyecto fuera aceptado eran: se necesitaba una memoria justificativa del proyecto, un presupuesto que tenía que ser lo más exhaustivo posible donde se remarcara cuánto iba a costar el proyecto y, por último, se necesitaba que se realizara un estudio y lo firmara un aparejador y un arquitecto. Por lo tanto, todo lo que no cumpliera estas directrices sería rechazado.

Como se ha podido observar a lo largo del trabajo el camino de las solicitudes para levantar un monumento partía desde las esferas locales y se enviaban al gobierno civil. El gobernador civil mandaría el proyecto a la Vicesecretaría de Educación Popular de cada provincia y luego este organismo los remitiría a la Dirección General de Propaganda donde allí la Dirección General de Arquitectura intervendría para dar el visto bueno, y posteriormente Propaganda tomaría la decisión final; aunque hay que tener en cuenta que muchas veces este proceso sufriría modificaciones, puesto que algunos alcaldes remitían directamente a la Dirección General de Propaganda o muchos gobernadores civiles enviaron la documentación también a este ministerio sin pasar la documentación por los trámites establecidos.

417

Lo primero que hay que destacar es que el control no solo llegaba a las grandes localidades en los que el monumento sería visto por multitud de personas y en donde los monumentos representaban una función propagandística para el régimen. El control llegaba incluso a pequeñas localidades, como a la alejada parroquia de Soñeiro, situada a las afueras de La Coruña; o el caso de la localidad de Los Molinos, que en 1940 no llegaban a los 800 habitantes. En este caso se le exigieron modificaciones en el proyecto porque no se ajustaba a los requisitos establecidos[418] y había que adecuar diversos aspectos: en primer lugar la leyenda del monumento, para que fuera la oficial, consistía en poner "Caídos por Dios, por España y su Revolución Nacional-Sindicalista"; en segundo lugar, la colocación de la leyenda que no era apropiado en los pies del futuro monumento; y, por último, la cruz debería ser exenta y no estar combinada con un obelisco puesto que la significación era muy distinta y se desvirtuaba la función religiosa que era esencial.

Llegados a este punto es necesario saber el por qué se denegaban los proyectos y cuáles eran las causas más frecuentes por las que se mandaba a los promotores que

---

[417] Gráfica de elaboración propia en base a la documentación recogida del Archivo General de la Administración de Alcalá de Henares.

[418] AGA, Cultura, Delegación Nacional de Prensa y Propaganda, monumento a los caídos en Los Molinos, 1943, 21/05372.

hicieran rectificaciones o directamente un nuevo proyecto puesto que el que se había presentado no era válido y no se permitía su construcción.

A continuación, se presenta una gráfica donde se nos muestran los motivos por lo que los proyectos eran rechazados y devueltos para que se modificaran. En algunos proyectos era necesario modificar solo un apartado mientras que otros, había varios aspectos en los que se debía mejorar para que los proyectos pudieran salir adelante. Hay que recordar que la siguiente gráfica se ha realizado con la documentación disponible y siempre teniendo en cuenta que hay expedientes incompletos.

419

Como se puede ver, la causa principal por la que se denegaban los proyectos era cuando éstos estaban excesivamente recargados, o cuando tenían una falta de severidad y de sobriedad que se exigía a este tipo de monumentos porque hay que recordar que eran monumentos funerarios. Como se verá a continuación, incluso algún proyecto fue tildado como cómico, puesto que se le quería poner una iluminación de colores, y fue rechazado, ya que no encajaba con la función que se quería conmemorar. En segundo lugar, se puede ver cómo un alto porcentaje de proyectos fueron rechazados al querer levantar obeliscos que, como se verá posteriormente, no encajaban con la idea que tenía el nuevo régimen de que hubiera otros elementos que no fueran cruces exentas, porque la conmemoración cristiana era esencial.

---

[419] Gráfica de elaboración propia en base a la documentación recogida en el Archivo General de la Administración de Alcalá de Henares.

Otro punto muy importante que hay que resaltar es que muchos proyectos eran enviados sin estar respaldados por un arquitecto, lo que suponía que los futuros monumentos no contaban con un estudio profesional y, por tanto, podían ser inviables, o lo que se proyectaba podía caerse o directamente no ser realizable. Dentro de la documentación que había que enviar se tenía que contar con un estudio en profundidad de la futura localización del monumento para que las autoridades vieran si estaba bien ubicado y cumpliría con la función encomendada. De hecho, como se puede observar, muchos proyectos no serían aceptados, puesto que faltaba la futura ubicación, o ésta no se adecuaba bien a lo que se quería por parte del nuevo régimen. La falta de planos, bocetos o incluso maquetas también era muchas veces algo que hacía que los proyectos no fueran hacia adelante y se pidiera una rectificación a los promotores. Muchas veces se ponía de manifiesto que faltaban los planos con las respectivas escalas y con los diferentes puntos de vista.

No hay que olvidar que también un punto muy importante era el relativo a la falta de emblemas. Muchos de los proyectos iban sin el escudo nacional y el del Movimiento, por lo que el régimen tuvo la tarea ingente de uniformizar todos los monumentos para que éstos no fueran diferentes. En bastantes ocasiones también la leyenda de "Caídos por Dios y por España" tuvo que ser añadida porque, sobre todo en localidades pequeñas, la leyenda tenía un carácter muy local, donde solo se indicaba el nombre del pueblo, o en otras ocasiones directamente faltaban connotaciones nacionales. Por último, en relación a los materiales, era esencial que fueran de buena calidad y que permitieran que los monumentos no sufrieran desperfectos, que su durabilidad estuviera garantizada y que siempre que las condiciones económicas del municipio lo permitieran los monumentos se erigieran en piedra.

Para adentrarnos en los expedientes en profundidad hay que saber que el primer filtro que los proyectos debían de pasar era el de la Vicesecretaría de Educación Popular de cada provincia, que muchas veces era más estricta que la propia Dirección General de Arquitectura de Madrid. El ejemplo se puede ver en el proyecto que se manda desde la localidad toledana de Guadamur, en la memoria que envía el alcalde el 27 de septiembre de 1944 dirigida al gobernador civil y que posteriormente llegaría a la delegación provincial de la Vicesecretaría de Educación Popular de Toledo. El informe que realiza Tomás Rodríguez, que en ese momento era el delegado provincial, comienza haciendo alusión a que, tras haber estudiado en profundidad el proyecto y la memoria, solo podía alabar el documento, puesto que reunía una serie de características tales como sencillez, nobleza en sus dimensiones y una armoniosa proporcionalidad. Algo que había gustado a Falange es que el monumento fuese en piedra pues aseguraba su conservación y la adecuada permanencia en el tiempo, que era uno de los objetivos principales. Además de los materiales, el futuro monumento se situaría en el centro de la plaza principal, que había sido recientemente nombrada como Plaza del Generalísimo y estaba cerca de la iglesia parroquial. El informe parecía que iba fenomenal para las aspiraciones del ayuntamiento de Gudamur, puesto que se les felicitaba por el monumento que perpetuaba el "alto ejemplo de servicio y sacrificio de los que cayeron, y piadosa invitación a orar por sus almas"[420]. También se añadía que la futura localización era un sitio perfecto para las futuras concentraciones de masas que se tendrían que desarrollar en las fechas clave para conmemorar a los fallecidos de la localidad.

Una vez llegados a este punto, el delegado Provincial de Educación Popular emitía la segunda parte de su informe, y en esta ocasión el documento fue meticuloso y se mandaron modificar multitud de aspectos para que el proyecto fuera aprobado. Se mandaba una serie de modificaciones que tendrían que llevarse a cabo por el ayuntamiento, y se ha procedido a hacer la siguiente tabla para que se tenga una visión general de lo que debía cambiarse.

PROPUESTA DE MODIFICACIONES POR PARTE DEL DELEGADO PROVINCIAL DE EDUCACIÓN POPULAR PARA LA APROBACIÓN DEL PROYECTO DE CRUZ DE LOS CAÍDOS EN GUADAMUR.
1)Supresión del emblema del Movimiento en el centro de la Cruz
2)El emblema del Movimiento con un tamaño adecuado encabece la inscripción nominal de Caídos, iniciado con el de José Antonio- ¡Presente!, y tendrá que aparecer la cruz de Borgoña.
3)La leyenda tiene que ser: "Caídos por Dios y por España- ¡Presentes!
4)Que el monumento no se levante en el centro de la plaza sino en el extremo, el más próximo a la iglesia parroquial. De esta manera, se deja un paso ancho para el tránsito de las personas
5)El monumento debe quedar de frente en toda la plaza.
6)Estas propuestas de modificación quedan sujetas al criterio acertado que consideren las instancias superiores.

[421]

---

[420] AGA, Cultura, Delegación Nacional de Prensa y Propaganda, informe del delegado provincial de educación popular de la provincia de Toledo el 2 de noviembre de 1944, monumento a los caídos de Guadamur, 21/05373.

[421] Tabla de elaboración propia en base a la documentación del expediente del Monumento a los caídos de Guadamur. AGA, Cultura, Delegación Nacional de Prensa y Propaganda, monumento a los caídos de Guadamur, 21/05373.

Tras estas modificaciones que, como veremos posteriormente, son de pequeño calado, puesto que había proyectos donde se mandaba cambiarlo entero porque muchas veces eran irrealizables o que simplemente daban al monumento un aire cómico y no de seriedad y sobriedad que se les exigía, se procedía a que la Dirección General de Arquitectura diera su opinión, y en esta ocasión se ratificó en todo lo que se dijo en el informe anterior apoyando las consideraciones que se habían realizado y, finalmente, la Delegación Nacional de Propaganda apoyaría la resolución. Por tanto, en esta ocasión se ha podido ver cómo fue el Vicesecretario de Educación Popular de Toledo el que determinaría cómo tendría que ser el monumento.

Llegados a este punto, y con la lista de modificaciones para realizar, hay que preguntarse quién era la persona o el organismo que se tenía que asegurar que los cambios sugeridos se llevasen a cabo por las autoridades locales. En esta ocasión tenemos un documento que lo refleja y que nos demuestra que el encargado de "vigilar" que todo fuera según lo previsto sería el delegado local de Falange en el pueblo de Guadamur[422].

Tenemos muchos ejemplos de cómo los proyectos eran denegados, como en Sagunto, ya que el expediente es rechazado porque "el monumento tiene dimensiones desproporcionadas y elementos que desvirtúan la función principal"[423]. Se conservan varios expedientes -Novelda, Puertollano, Valdepeñas o Ejea de los Caballeros- en los que el proyecto directamente no fue aprobado. En otros casos son rechazados puesto que faltaban algunos informes, como en Yunquera de Henares[424]. En Mendavia directamente el proyecto fue denegado por incumplimiento de la normativa[425]. En otras ocasiones, como en la localidad asturiana de Cudillero, no se pudo llevar a cabo la construcción puesto que el director general de Propaganda consideró que la villa tenía un marcado carácter típico por lo que no iba a tener cabida ya que estropearía el tipismo del pueblo[426]. Esto es muy interesante remarcarlo puesto que nos muestra cómo en ocasiones las autoridades tenían cierta deferencia con los elementos preexistentes o nos muestra cómo se buscaba que el monumento tuviera una perfecta concordancia con el ambiente previo. Este pequeño pueblo pesquero hoy en día tiene la consideración como uno de los pueblos más bonitos de España y

---

[422] AGA, Cultura, Delegación Nacional de Prensa y Propaganda Escrito del delegado provincial de educación popular al delegado nacional de propaganda en Madrid, monumento a los caídos en Guadamur, 21/05373.

[423] AGA, Cultura, Delegación Nacional de Prensa y Propaganda, monumento a los caídos en Sagunto, 1942-1943, 21/05374.

[424] AGA, Cultura, Delegación Nacional de Prensa y Propaganda, informe sobre el proyecto monumento a los caídos en Yunquera de Henares, 1943, 21/00065.

[425] AGA, Cultura, Delegación Nacional de Prensa y Propaganda, monumento a los caídos en Mendavia, 1944, 21/05373.

[426] AGA, Cultura, Delegación Nacional de Prensa y Propaganda, monumento a los caídos en Cudillero, 1940, 21/05373.

presenta un atractivo turístico enorme en toda la zona, tanto por su paisaje como por su gastronomía. En la actualidad el municipio sigue teniendo estas características y es un destino turístico de primer orden, lo que nos muestra que las autoridades de hace sesenta años también vieron que el tipismo y las características locales de la villa debían de cuidarse.

En Melilla la cruz de los caídos se construyó durante la guerra y, por lo tanto, no seguía los criterios que se habían marcado en la orden del 7 de agosto de 1939 que hacían referencia a la unidad de estilo de monumentos y en especial a los conmemorativos de la guerra y en honor a los caídos; por lo que el jefe provincial de Marruecos hace un informe el 13 de junio de 1940 en donde dice que tras haber revisado los monumentos que dependían de su jurisdicción encuentra que la cruz de Melilla tenía graves defectos de estilo, lo que produjo que encargara que se hiciera una corrección en el monumento añadiendo los emblemas que faltaban, que eran el escudo Nacional y el emblema del Movimiento[427]. De esta manera, se envía a Madrid un informe con unas fotografías que muestran la cruz, a las que se añade un boceto de los emblemas que se harían si desde la Dirección General de Propaganda daban el visto bueno. En Ávila Falange pide construir una gran cruz, pero el proyecto será rechazado, puesto que se había pedido antes de terminar la guerra y, al ser una localidad grande, se buscaba una uniformidad junto con otras ciudades según quedó recogido en el escrito. El 28 de marzo de 1939 el secretario general de prensa y propaganda decía "existe el criterio de realizar de manera conjunta y obedeciendo a un plan general del monumento a los Caídos en toda España..."[428]. Es decir, había que esperar puesto que todavía no estaba claro los monumentos que se iban a erigir y si se iba a elaborar un proyecto nacional como luego fue el Valle de los Caídos.

En el monasterio de Montehano, perteneciente a la localidad de Escalante, a pesar de estar alejado del mundanal ruido y ser un sitio apartado, se quiso dejar constancia por parte de las autoridades que el proyecto que se planteaba erigir tenía que contar con los mejores materiales para que no sufriera desperfectos. La cruz que se quería levantar era de hormigón armado y no de piedra, por lo que de esta manera los estragos del tiempo y las inclemencias meteorológicas actuarían sobre el futuro monumento. Esto era esencial, puesto que la localidad de Escalante está muy próxima a las marismas de Santoña y al mar, por lo que la erosión sobre el monumento sería muy fuerte por el viento y el salitre marino. Por tanto, desde Madrid se envía un informe diciendo que hay que construir la cruz en piedra para que no sufriera desperfectos por el paso del tiempo y que mantenga un pedestal para que se pudiera ver desde la lejanía. Se tuvo en cuenta la localización puesto que se dijo que la futura

---

[427] AGA, Cultura, Delegación Nacional de Prensa y Propaganda, escrito del jefe Provincial de Marruecos el 13 de junio de 1940, monumento a los caídos de Melilla, 21/02386.

[428] AGA, Cultura, Delegación Nacional de Prensa y Propaganda, secretario de Prensa y Propaganda al gobernador civil de Ávila, 21/02382.

cruz debería ser "en piedra y darle en sentido de base clásica tan tradicional en la montaña, con el que se han conseguido efectos tan en armonía con el paisaje y que ha dado carácter a la región"[429]. En este caso se tomaba en cuenta el típico paisaje montañoso de la región y se buscaban elementos y materiales tradicionales para que el futuro monumento estuviera perfectamente integrado en el nuevo paisaje.

Siguiendo en tierras cántabras, en la localidad de Los Corrales de Buelna podemos ver cómo era de largo el proceso para erigir un monumento y contar con todos los permisos necesarios. La primera petición del alcalde se hace el 18 de noviembre de 1940; luego tendría que enviar otro escrito un mes más tarde, el 20 de diciembre de 1940, para informar sobre la leyenda que se pondría en recuerdo a los caídos. Tras el filtro se mandaba a la Dirección General de Arquitectura que emitiría su informe y se mandaría la respuesta desde la Subsecretaría de Prensa y Propaganda el 22 de enero de 1941 siendo el proyecto denegado y teniendo que presentar las oportunas modificaciones que se le exigía.

La Dirección General de Arquitectura exponía en el informe que solo se le enviaba una memoria, donde se decía que se pondría una cruz colocada en el centro de un atrio enfrente de la iglesia, y que estaría rodeada por un sencillo muro de mampostería. La respuesta de la institución fue dura, seguramente por la gran cantidad de peticiones que llegaban y en las que la mayoría de ocasiones adolecían de los mismos errores y que ya incluso se detectaba hasta cierto cansancio. El director general decía en su escrito "Según es costumbre en todos estos proyectos, viene incompleto: no hay un técnico autor del proyecto y futuro director de obra, que sirva de garantía;"[430]. Se hacía alusión a que en multitud de ocasiones, sobre todo los pueblos y las pequeñas localidades, mandaban memorias y dibujos de las futuras cruces, pero éstas no tenían un estudio realizado por un profesional y por lo tanto sería muy difícil que se llevaran a cabo en óptimas condiciones. Como el lector ya puede suponer el gran defecto de este proyecto es que no llevaba la firma de un arquitecto, que era requisito imprescindible. Esto último no se puede considerar como un "capricho" de la administración puesto que en el informe se decía de una manera tajante que se reclamaba "la existencia de un arquitecto que sea responsable eficaz del plan propuesto; no por prurito de imposición atributiva, si no por ser la realidad quien lo impone"[431]. El requisito del arquitecto es una constante a lo largo de los años puesto que la cruz que pretendía levantar la Falange local en Huecas pasó todos los filtros del informe que hizo el delegado provincial de educación popular de la

---

[429] AGA, Cultura, Delegación Nacional de Prensa y Propaganda, informe de la secretaría técnica de la dirección general de arquitectura, monumento a los caídos de Escalante, 21/05373.

[430] AGA, Cultura, Delegación Nacional de Prensa y Propaganda Informe del director general de propaganda el 7 de enero de 1941, monumento a los caídos de Corrales de Buelna, 21/05373.

[431] AGA, Cultura, Delegación Nacional de Prensa y Propaganda, informe del director general de propaganda el 7 de enero de 1941, monumento a los caídos de Corrales de Buelna, 21/05373.

provincia de Toledo. En el documento se afirma que la futura cruz proyectada en cemento armado le daría la robustez y severidad necesaria, y que el emplazamiento próximo a la iglesia de la localidad y en amplio espacio abierto "con capacidad sobrada para concentraciones, en solemnidades conmemorativas, del pueblo y de las organizaciones locales del Partido"[432]. Sin embargo, la Delegación Nacional de Propaganda rechazaba el proyecto a pesar de contar con el visto bueno del anterior informe porque no podía ser aceptado el proyecto por carecer de "un proyecto redactado y suscrito por un arquitecto"[433].

Aparte de ser imprescindible, para la futura construcción se buscaba que hubiera una armonía con el conjunto preexistente, y que el futuro monumento no quedara solo o como algo que no estuviera acorde con el entorno. En el informe se llegó a pedir que hubiera un estudio con los edificios de alrededor y la influencia que tendría las siluetas del contorno y todo esto solo se podía cubrir con los conocimientos de un arquitecto.Una vez realizado el informe, y cuando éste va a la Subsecretaría de Prensa y Propaganda, se hace otro incidiendo en todo lo que se había dicho y añade que se tendrían que enviar incluso fotografías del lugar donde se pretendía levantar el monumento para que desde Madrid se pudiera dar el visto bueno de que la futura cruz estuviera en el emplazamiento ideal.

Que en la Vicesecretaría de Educación Popular, que dependía de la Dirección General de Propaganda trabajaba gran cantidad de gente que eran muy profesionales en su materia está fuera de toda duda. Los informes eran firmados por arquitectos que estaban siempre pendientes hasta del más mínimo detalle para que el futuro monumento no desentonara, no rompiera el entorno y no quedara ridículo. Además, trabajaba gente especialista en propaganda, que siempre estaba pendiente de que en los informes que se mandaban a las localidades el futuro monumento tuviera el aspecto mejor posible. Un ejemplo lo tenemos en el informe que se hace para la localidad toledana de Novés ya que, aparte de indicar la conveniencia de disminuir la sección de la cruz para lograr una mayor esbeltez, también se añadía que se debería estudiar mejor el emplazamiento puesto que había que tener en cuenta la "forma que el monumento solo presente la cara anterior a la contemplación desde el espacio libre para evitar puntos de vista laterales y posteriores"[434]. Quedaba claro que aparte de materiales, ubicación y aspecto también se debería contar con los diferentes puntos de vista en los que podía observarse el futuro monumento para que éste no quedara deslucido o con la significación que se merecía.

---

[432] AGA, Cultura, Delegación Nacional de Prensa y Propaganda Informe de T. Rodríguez el 9 de marzo de 1943, Monumento a los caídos en Huecas, 21/05373.

[433] AGA, Cultura, Delegación Nacional de Prensa y Propaganda, informe del jefe de la sección OAP y plástica el 18 de mayo de 1943, monumento a los caídos en Huecas, 21/05373.

[434] AGA, Cultura, Delegación Nacional de Prensa y Propaganda, informe de Carlos Núñez como jefe de sección de actos públicos, monumento a los caídos de Novés, 21/05373.

El expediente de la localidad toledana de San Román de los Montes que llegó a la Dirección General de Arquitectura tuvo varias deficiencias que había que solventar puesto que no se presentaba el lugar donde iba a ubicarse[435]: debe desembarazarse el monumento del cerramiento proyectado, modificar los materiales y modificar la estructura y el remate final. Debido a que la situación económica era muy mala y que "el proyecto debe venir suscrito por un arquitecto, y teniendo en cuenta el esfuerzo que los vecinos de S. Román de los Montes realizan al erigir un Monumento a la memoria de sus Caídos, se ha redactado por esta Sección el proyecto que se adjunta"[436]. Por lo que se puede ver en esta ocasión, incluso el propio régimen y la Dirección General de Arquitectura redactaban los proyectos y los diseñaban para que los municipios no se quedaran sin su recuerdo a los caídos. De esta manera, los monumentos saldrían adelante, aunque no se tuvieran suficientes recursos económicos o no se contara con la ayuda profesional de un arquitecto.

En la localidad toledana de Mocejón el proceso fue muy complicado, y tuvieron que pasar muchos meses para poder contar con todos los permisos necesarios. En una primera instancia se mandó un informe el 16 de febrero de 1943 que firmaba un aparejador, cuestión por la que, como se sabe, sería rechazado el proyecto, pues no estaba firmado por un arquitecto. El monumento que quería levantar la localidad toledana constaba de un pedestal y una cruz que tendría una altura de cuatro metros. Posteriormente, se planeaba usar la cruz como si fuera un árbol, y colocar bajo sus brazos el escudo del Movimiento y el Nacional junto con las palabras Caídos por Dios y por España. Además, la inscripción de los asesinados y muertos en combate se quería colocar en las caras de la peana tanto en las laterales como en la frontal, lo que no era nada usual, y tampoco era unitario. El primer filtro lo pasó al llegar la petición al gobierno civil de Toledo que informaba "adjunto el proyecto de Monumento o Cruz de Caídos que trata de erigir el Ayuntamiento de Mocejón de esta provincia, significándole que por parte de este Gobierno no existe inconveniente alguno en que se acceda a lo solicitado"[437]. Tras este primer filtro del 4 de marzo de 1943 llegaban los problemas para el proyecto puesto que en el informe que realiza Carlos Núñez el 18 de marzo se exige que se volviera a remitir el proyecto a escala 1:25 con planta, alzado y secciones. Aparte, tenía que presentar la inscripción y los motivos ornamentales a 1:10 y, por último, el emplazamiento a escala 1:100[438]. Tras

---

[435] Al final se situó en frente de la iglesia parroquial que es la de Nuestra Señora del Buen Camino. Todavía se mantiene el monumento en recuerdo a los caídos en la guerra civil.

[436] AGA, Cultura, Delegación Nacional de Prensa y Propaganda, informe del secretario técnico de la Dirección General de Arquitectura el 4 de mayo de 1943, monumento a los caídos de San Román de Montes, 21/05373.

[437] AGA, Cultura, Delegación Nacional de Prensa y Propaganda, escrito del gobierno civil al vicesecretario de educación popular, monumento a los caídos de Mocejón, 21/05373.

[438] AGA, Cultura, Delegación Nacional de Prensa y Propaganda, informe del servicio técnico de O.A.P. y plástica el 18 de marzo de 1943, Monumento a los caídos de Mocejón, 21/05373.

este primer requerimiento el ayuntamiento no cesa en su empeño y manda de nuevo el proyecto con las modificaciones pertinentes al gobierno civil. A continuación, éste lo remite nuevamente a Propaganda el 24 de mayo de 1943, señalando que cumpliendo con los requisitos reglamentarios no hay problema por parte suya en permitir la construcción del monumento. La Dirección General de Arquitectura tampoco podría emitir ningún juicio esta vez, puesto que el proyecto que se mandaba seguía sin venir firmado por ningún arquitecto, y así lo hizo saber en el informe del 7 de junio de 1943 que mandan a la Vicesecretaría de Educación Popular. Esta vicesecretaría haría su informe el 26 de noviembre de 1943 en el que remarca que el monumento era totalmente inaceptable y rechazaba el proyecto "recomendando que al redactarse un nuevo proyecto y partiendo de la misma idea de una cruz exenta, sobre un pedestal, se compongan estos elementos guardando una mayor ponderación en las proporciones de cada uno, evitando las inscripciones sobre la cruz propiamente dicha"[439]. Esta información fue enviada el 30 de noviembre al gobierno civil de Toledo y al delegado provincial de Educación de la misma provincia para que comunicaran la resolución que se había llevado a cabo al ayuntamiento de Mocejón.

El ayuntamiento no se quiso dar por vencido y, tras unos meses de duro trabajo y siguiendo todas las directrices que había marcado la Vicesecretaría de Educación Popular en Madrid, realizó un nuevo proyecto con las sugerencias que se habían indicado. De esta manera el 25 de marzo de 1944 se presentaba un nuevo proyecto realizado por un arquitecto en donde se planteaba hacer un sencillo monumento, consistente en una cruz exenta y realizada de piedra granítica. Seguidamente, se adjuntaban los planos a escala 1:25 que indicaban sus dimensiones para que los que tuvieran que juzgar el proyecto tuvieran una clara visión de lo que se quería levantar en la localidad. Llegó al gobierno civil nuevamente que envió el informe pertinente y le siguió el análisis que hizo esta vez la Vicesecretaría de Educación Popular de Toledo que lo puso una pega y era que la inscripción de los nombres de los caídos no podía ser en las cuatro caras del paralelepípedo puesto que "daría lugar a confusiones con menoscabo de la severidad del conjunto y del decoro de esta suerte de monumentos, y a posibles disgustos de los familiares de los Caídos que, por interpretación equivocada de la diferencia de lugar, considerasen postergados en público honor a los que cuyos nombres no figurasen en la inscripción frontal, siendo todos iguales en sacrificio y gloria"[440]. Esto era algo básico y que no se entiende cómo el ayuntamiento estaba empeñado en colocar de esta manera las lápidas del monumento, puesto que no era lo común. Tras subsanar este detalle llegaría el "temido" informe de la Dirección General de Arquitectura porque era el que más

---

[439] AGA, Cultura, Delegación Nacional de Prensa y Propaganda, informe de Carlos Núñez el 26 de noviembre de 1943, Monumento a los caídos de Mocejón, 21/05373.

[440] AGA, Cultura, Delegación Nacional de Prensa y Propaganda, informe del delegado provincial de educación Tomás Rodríguez el 25 de abril de 1944, monumento a los caídos de Mocejón, 21/05373.

pegas podía poner y tirar otra vez el proyecto. El informe se haría el 13 de mayo de 1944 en donde se dejaba reflejado que "el presente proyecto se presenta como consecuencia de los informes emitidos por esta dirección con fechas 5 de junio de 1943 y 11 de noviembre de 1943 a otro proyecto relativo al mismo propósito municipal de exaltar la memoria de sus Caídos"[441]. Los arquitectos de la Dirección General sabían que este proyecto se había enviado varias veces y que la alcaldía no cesaba en su empeño de que se aprobara su proyecto. En el informe que realizan hacen una descripción del monumento y de su ubicación que sería en una zona que se denominaba el calvario que reunía las condiciones favorables para este tipo de monumentos. Se alababa que el monumento fuera una cruz exenta realizada en granito, para que el paso del tiempo no le afectara; por último, se daría la resolución final "Juzgando que el Monumento así descrito cumple satisfactoriamente la idea que persigue el ayuntamiento de Mocejón, de exaltar la memoria de sus Caídos, estima el arquitecto que suscribe que puede ser aprobado el proyecto que nos ocupa"[442]. De esta manera, el veredicto estaba dado y, finalmente, tras tantos esfuerzos y tras más de un año y tres meses, la localidad de Mocejón tenía por fin los permisos para levantar su ansiado monumento a sus caídos.

El imponente monumento que se erigiría en recuerdo a los caídos en la ciudad de Zaragoza[443] también sería aprobado, pero con unas observaciones que hacía la Dirección General de Arquitectura sobre el tamaño de los arcos, las plataformas y la Virgen del Pilar que se había puesto. Como se sabe, el monumento sería finalmente edificado en 1954 y permanecería en la Plaza del Pilar hasta el año 1990 cuando fue trasladado al cementerio de Torrero.

Una pregunta importante que hay que resolver en este apartado es: ¿cuánto era el tiempo estipulado más o menos para proceder a tener todos los permisos en regla? Como se puede suponer variaba en función de la carga de los organismos competentes, pero tenemos un ejemplo que nos muestra los tiempos que se necesitaban para conseguir los permisos necesarios.

El proyecto de la localidad de Don Benito nos muestra el enorme tiempo que tuvo que pasar para que la cruz a los caídos fuese erigida. El 15 de noviembre de 1941 empiezan los trámites para poder levantar el recuerdo a los caídos y la Dirección General de Arquitectura en su informe del año 1942, expone que tendría que ser modificado puesto que la cruz quedaba "muy ahogada dentro del inmenso arco… por emplazarse en un cruce de carreteras y tener cuatro puntos de vista, como dice la

---

[441] AGA, Cultura, Delegación Nacional de Prensa y Propaganda, informe de la dirección general de arquitectura el 13 de mayo de 1944, monumento a los caídos de Mocejón, 21/05373.

[442] AGA, Cultura, Delegación Nacional de Prensa y Propaganda, Informe de la dirección general de arquitectura el 13 de mayo de 1944, monumento a los caídos de Mocejón, 21/05373

[443] Mónica VÁZQUEZ ASTORGA, "Los monumentos a los caídos: ¿un patrimonio para la memoria o para el olvido?" *Anales de Historia del Arte,* Zaragoza, 2006.

memoria, convendría que la silueta fuera en forma de cruz"[444]. Además, recordaba que el escudo del Movimiento tendría que aparecer, y se sugería que si no había sitio se pusiera encima del de la localidad, lo que nos muestra una vez más la tarea uniformizadora del régimen con los monumentos y la importancia de la colocación de los escudos. El proyecto fue devuelto al ayuntamiento y éste mandaría de nuevo otro, pero esta vez en otra localización, ya que la anterior presentaba problemas por la gran cantidad de circulación de coches puesto que era un nudo estratégico de circulación de vehículos. El ayuntamiento elegiría esta vez un parque dentro de la localidad para que no afectara al tráfico, pero no cambió el enorme arco que iba a cobijar la cruz. La Dirección General de Arquitectura, tres años después de presentar el anterior proyecto, seguía acordándose del requerimiento que había hecho al ayuntamiento y siguió siendo inflexible "se insiste en que debe ser suprimido el arco que cobija la Cruz, pudiendo dar así a ésta una más ponderada proporción entre sus elementos junto con una mayor importancia expresiva"[445].

Es interesante señalar cómo fue de tortuoso este proceso y en donde se observa que tanto desde el ayuntamiento como desde Madrid no se cedía en sus pretensiones de erigir el monumento según consideraba cada parte. Estamos hablando de un proyecto de una localidad que no era ni siquiera capital de provincia y que por no querer ceder se habían metido en un proceso de casi cinco años.

En Gavilanes el proyecto sería rechazado puesto que tenía muchos problemas para salir adelante, entre otros porque no contaba con el respaldo de un arquitecto. La futura cruz era desproporcionada y el emblema del Movimiento parecía mutilado[446].

En Escuer el proyecto era apropiado, pero se sugirió hacer elevar algo más la cruz para que sobresaliera su silueta y se viera desde lejos. Además, se le pidió que los escudos del Movimiento y el Nacional fueran de bronce[447].

El proceso de erección del monumento a los caídos de la localidad de Villarta de San Juan fue problemático desde el principio, puesto que el ayuntamiento no cumplió con los requisitos necesarios como era, por ejemplo, contar con la firma de un arquitecto. En el informe que enviaba la Subsecretaría de Educación Popular el 30 de octubre de 1945 exponía que "Después de laboriosas gestiones con el ayuntamiento... se ha conseguido que haya sido remitido los planos del Monumento a los caídos ya inaugurado...Te ruego se dé a este asunto la resolución definitiva...El

---

[444] AGA, Cultura, Delegación Nacional de Prensa y Propaganda, informe de la dirección general de arquitectura, monumento a los caídos de Don Benito, 21/02386.

[445] AGA, Cultura, Delegación Nacional de Prensa y Propaganda Informe del director general el 7 de febrero de 1945, monumento a los caídos de Don Benito, 21/02386.

[446] AGA, Cultura, Delegación Nacional de Prensa y Propaganda Informe del 13 de febrero de 1945, monumento a los caídos en Gavilanes, 21/02386.

[447] AGA, Cultura, Delegación Nacional de Prensa y Propaganda, informe de la dirección general de arquitectura, monumento a los caídos de Escuer, 21/02386.

Monumento se encuentra erigido e inaugurado"[448]. Visto los problemas que tenían con el ayuntamiento y para evitar derribarlo y causar mala imagen entre los vecinos, finalmente, el director general de Propaganda, decía en su escrito que había que informar al ayuntamiento que el monumento había sido aprobado el 22 de enero de 1946.

En Cuart de Poblet el proyecto fue alabado desde la Dirección General de Arquitectura porque se remarcaba que el monumento hacía una invocación a Dios y a España reuniendo las cualidades de discreción y trabajo profesional, y adolecía de vaguedades expresivas. Sin embargo, la futura situación del monumento debía concretarse puesto que el lugar escogido, que era una plaza, era "imposible de juzgar sin conocer el lugar mediante fotografías que definan el contorno; pareciendo en principio que la colocación propuesta debiera ser objeto más detenido de estudio; siendo cuestión fundamental conocer el uso de la Plaza del Caudillo, porque no encajaría ciertamente el monumento como término visual de un baile o un mercado"[449]. Aquí se nos muestra cómo los monumentos, aparte de ejercer una función propagandística y estar situados en lugares estratégicos, tenían una función conmemorativa, solemne y religiosa que, en ocasiones, eran preeminentes sobre la anterior.

El proyecto de Navarredonda fue felicitado puesto que el monumento proyectado había sido un acierto por parte del pequeño consistorio por "la piedra granítica tan en consonancia con aquel paisaje y el emplazamiento, en las proximidades del templo parroquial, es el sitio más indicado para los fines que se persiguen"[450]. El informe de la Dirección General de Arquitectura llegaría casi dos meses después diciendo que solo debía modificarse "la molduración, suprimiendo los redondeamientos, de las aristas superiores de los lados del basamento y de la cruz"[451].

El proyecto de Castillo de Bayuela, que había sido felicitado por la ubicación estratégica de la futura cruz, sería denegado, puesto que faltaba la firma de un arquitecto en el proyecto[452].

---

[448] AGA, Cultura, Delegación Nacional de Prensa y Propaganda, informe de la subsecretaría de educación popular al director general de propaganda, monumento a los caídos de Villarta de San Juan, 21/02386.

[449] AGA, Cultura, Delegación Nacional de Prensa y Propaganda, informe de la dirección general de arquitectura el 15 de enero de 1941, monumento a los caídos de Cuart de Poblet, 21/05374.

[450] AGA, Cultura, Delegación Nacional de Prensa y Propaganda, informe de la vicesecretaría de educación popular de la provincia de Ávila, monumento a los caídos de Navarredonda, Ávila, 21/02386.

[451] AGA, Cultura, Delegación Nacional de Prensa y Propaganda, informe de la dirección general de arquitectura el 26 de septiembre de 1945, monumento a los caídos de Navarredonda, Ávila, 21/02386.

[452] AGA, Cultura, Delegación Nacional de Prensa y Propaganda, informe del delegado nacional de propaganda el 8 de enero de 1943, monumento a los caídos de Castillo de Bayuela, 21/05374.

Hay que resaltar que algunos proyectos llegaban sin haber terminado la guerra, como sucedió con el de la localidad de Sestao que, como ya se sabe, no sería la Vicesecretaría de Educación Popular junto con la Dirección General de Arquitectura la que decidiría sobre este proyecto del año 1938. En esos momentos tenía la potestad la denominada "Comisión de Estilo en las Conmemoraciones de la Patria", y en julio del año 1938 sería el alcalde Mario Clérigo Santamaría el que pediría permiso para poder erigir el obelisco que se planeaba en la localidad. El proyecto sería denegado sin contemplaciones, y el jefe del Servicio Nacional de Propaganda en agosto de 1938 dictaría en su informe que no podía ser aprobado de ninguna manera puesto que chocaba con los principios más elementales de cómo debía de conmemorarse a los caídos. El obelisco directamente no era aceptado puesto que "era un símbolo de la llama del fuego que todo lo consume, y por ello un símbolo puramente pagano de la muerte, que no encierra en sí ninguna idea de Redención, de Sacrificio, ni de Vida Eterna[453]. Vemos que la persona que firma el informe tenía un conocimiento histórico importante para la época, puesto que hacía referencia a que los obeliscos eran monumentos fúnebres que se habían extendido desde el siglo XVIII por el influjo de la Ilustración y chocaba con los principios del nuevo régimen. De hecho, se remarcaba ya desde esta fecha tan temprana que la mejor manera de recordar a los caídos sería con una cruz que tendría que ser el elemento principal y que conectara con las ideas del catolicismo y con la esperanza de una vida después del sacrificio que habían hecho los caídos.

De esta manera vemos que los obeliscos no eran los monumentos adecuados para el nuevo régimen para conmemorar a sus caídos, y se comprobará después de leer y analizar los proyectos que irán llegando y que contenían este tipo de monumentos. De hecho, en uno de los proyectos que se envían desde la ciudad de Pamplona, se planeaba erigir un obelisco de casi cuatro metros, y desde Madrid se remarcó una vez más que ese no era el mejor recuerdo a los caídos puesto que no se compartía "el criterio del proyectista por considerar la idea motor de la Cruzada, y por tanto su ideal, de un marcado cariz político-cristiano que no concuerda con el carácter de reminiscencias paganas de un obelisco"[454].

Otro ejemplo lo tenemos en la localidad de Borja, en donde se proyectó hacer un obelisco por parte un marmolista en el parque municipal para recordar a los fallecidos de la localidad. Este proyecto constaba de un gran obelisco de sección triangular que estaba sobre una pequeña peana y que en la parte superior tenía tres cruces, una en cada cara. Este proyecto fue directamente denegado ya que se dijo "El Monumento descrito a juicio del que suscribe, no expresa satisfactoriamente la idea

---

[453] AGA, Cultura, Delegación Nacional de Prensa y Propaganda, informe del 9 de agosto de 1938 del jefe del Servicio Nacional de Propaganda, monumento a los caídos de Sestao, 21/05374.

[454] AGA, Cultura, Delegación Nacional de Prensa y Propaganda, informe que emite la delegación nacional de propaganda el 29 de julio de 1942, monumento a los caídos de Pamplona, 21/05373.

de que se trata de exaltar ya que la Cruz única destacada y exenta, debe ser el principal elemento de la composición. Por ello se estima que el presente proyecto no debe ser aprobado"[455]. Además de que se levantaba un obelisco el proyecto no vino tampoco firmado por un arquitecto por lo que era totalmente irrealizable también desde el punto de vista constructivo, porque no tenía garantías de que se erigiera en óptimas condiciones.

Desde Sagunto se quería erigir un mausoleo que estaría situado en el cementerio de la localidad, y que consistiría en un fuste tronco piramidal de cuatro caras en las que habría una cruz en cada una de ellas. Este barniz católico con las cruces no bastó al régimen, y el proyecto sería denegado ya que no quedaba "convenientemente expresado el carácter cristiano, imprescindible en un Monumento como el que nos ocupa. La poca afortunada combinación del obelisco con las cruces da como resultado una forma expresivamente híbrida"[456]. Además, habían diseñado que el monumento estuviera con una lámpara con fuego permanentemente encendida, lo que también sería eliminado puesto que no se correspondía a la liturgia cristiana. Incluso al final del informe se decía que, olvidando todo lo anterior, el proyecto que se presentaba era tosco, pesado y no acertado desde el punto de vista constructivo, por lo que debería plantearse un nuevo proyecto. Es llamativo que la cercana localidad de Sollana, que se encuentra solo a cincuenta y cinco kilómetros de distancia, también presentó otro proyecto tronco piramidal que fue denegado, por lo que tuvieron que presentar uno nuevo con una cruz exenta como elemento principal. El informe de la Dirección General de Arquitectura sería favorable, pero indicando que la cruz debería tener un mayor valor expresivo realzando su posición.

La denegación del proyecto de Carranza nos permite ver cómo el simbolismo religioso era esencial en este tipo de monumentos, y no se permitían proyectos donde el elemento católico por excelencia que era la cruz no estuviera presente. El proyecto que había hecho el arquitecto bilbaíno Emiliano Amann era un obelisco de seis metros de altura, coronado por una copa de bronce donde ardería una llama en recuerdo a los fallecidos. Es verdad que se le había intentado dar un barniz cristiano poniendo dos cruces en las caras del obelisco, pero aun así no gustaría al nuevo régimen que rechazaría el proyecto sin contemplaciones. Fue rechazado puesto que el obelisco no tenía un valor expresivo y la cruz que debía ser el elemento fundamental a la hora de recordar a los caídos no estaba presente. En el informe se explicaba detalladamente cómo "El obelisco es un elemento poco apropiado para la

---

[455] AGA, Cultura, Delegación Nacional de Prensa y Propaganda, informe de la vicesecretaría de educación popular de la provincia de Zaragoza, monumento a los caídos de Borja, 21/05374.

[456] AGA, Cultura, Delegación Nacional de Prensa y Propaganda, informe del director general de arquitectura el 16 de febrero de 1943, monumento a los caídos de Sagunto, 21/05374.

liturgia cristiana" y los pebeteros directamente estaban prescritos[457]. Como se puede ver, no solo se estaba pendiente de los símbolos, sino que la futura liturgia católica para recordar a los muertos se tenía muy presente y no se permitiría realizar actos que pudieran parecerse a algún tipo de religión laica que pudiera recordar a actos que se habían realizado en otros países para recordar a sus muertos. Otro punto esencial que se marcaba era que el futuro monumento tendría que estar en un sitio amplio para realizar las misas de campaña pertinentes que se tendrían que hacer en recuerdo a los caídos.

El proyecto que se presentaba desde San Pedro de Ribas también sería denegado, puesto que el obelisco no era el monumento adecuado para recordar y exaltar la memoria de los caídos. La cruz debía ser el motivo único y principal, por lo que debería rehacerse el proyecto[458].

El proyecto de Carcagente sería igualmente denegado no solo porque no tenía el escudo nacional y era un obelisco, sino porque, sencillamente, no aparecía la cruz, ya que se quería erigir el citado monumento con una escultura que representaba a un ángel sosteniendo a un caído. El informe que salía de Madrid el 17 de agosto de 1944 exponía como nos imaginamos que la cruz era el elemento preferente y fundamental por lo que, teniendo en cuenta que en "numerosas ocasiones fueron rechazados los obeliscos más o menos disfrazados sobre los que se talla, graba o sitúa una cruz como elemento secundario, procede no autorizar el Monumento a los Caídos en Carcagente"[459].

Que los obeliscos no gustaban al régimen estaba claro por los numerosos ejemplos que nos muestran que los proyectos de este tipo eran rechazados sin contemplaciones. El que se quería levantar en la ciudad de Logroño constaría de una plataforma cuadrada por la que se ascendería por una serie de peldaños, y finalizaría con un obelisco de planta triangular en el que se incrustaría una cruz. Desde la Dirección General de Arquitectura se dijo que el monumento "no expresa arquitectónicamente la claridad debida al concepto que se trata de exaltar; en la composición se mezclan un obelisco y una Cruz, que … son conceptos muy diversos"[460]. En este caso el obelisco no fue aceptado incluso aunque en el proyecto se presentara con una cruz para intentar convencer a las autoridades. También, en la prensa, se recogió el interés por parte del ayuntamiento en erigir el monumento que

---

[457] AGA, Cultura, Delegación Nacional de Prensa y Propaganda, informe del arquitecto jefe de servicio a la delegación nacional de propaganda el 17 de agosto de 1944, monumento a los caídos de Carranza, 21/05374.

[458] AGA, Cultura, Delegación Nacional de Prensa y Propaganda, escrito de la Dirección General de Arquitectura el 8 de julio de 1943, monumento a los caídos en San Pedro de Ribas, 21/02386.

[459] AGA, Cultura, Delegación Nacional de Prensa y Propaganda, informe del 17 de agosto de 1944 por parte del servicio de arquitectura, monumento a los caídos de Carcagente, 21/02387.

[460] AGA, Cultura, Delegación Nacional de Prensa y Propaganda, informe de la Dirección General de Arquitectura a 9 de junio de 1943, monumento a los caídos de Logroño, 21/05372.

sería costeado por suscripción popular y que se ubicaría en el cementerio de la localidad[461].

Sin embargo, en Tolosa el monumento pasó los filtros del régimen puesto que, a pesar de que se quería levantar un obelisco, la cruz y su silueta sobresalían sobre el monumento[462].

Desde Jijona[463] llegaba una memoria justificativa, en la que se quería construir un monumento que incumplía claramente las indicaciones dadas. Constaría de "un monolito de forma de pirámide truncada de 7-30 metros de altura, las bases cuadradas tienen, la inferior 2-20 metros de lado y la superior 1-30 metros de lado"[464]. Seguidamente se explicaba que en las caras de la pirámide se pondrían una serie de cruces y se adornaría el monumento con vegetación. Como no podía ser de otra manera, la Delegación Nacional de Propaganda fue inflexible y directamente lo rechazó "la Delegación Nacional de Propaganda, ha resuelto rechazar este proyecto, indicando la conveniencia de que el autor de éste, a redactar uno nuevo procure adoptar como elemento fundamental la Cruz exenta y única, al mismo tiempo que procurará lograr en el nuevo proyecto una presentación más correcta y cuidada"[465]. Desde Manzanares[466] llegaba un proyecto muy parecido, pero de proporciones gigantescas, puesto que se planteaba hacer un obelisco con una altura de 11 metros que tendría que usar la enorme cantidad de casi 200 kilos de cemento por metro cúbico. El proyecto venía firmado por el arquitecto municipal que en ese momento era Arístides Fernández Vallespín y que sería una de las personas que se encargaría de hacer numerosos proyectos para recuperar edificios históricos. La memoria es una de las pocas donde se ha podido ver un error "importante" puesto que en las fechas del conflicto pone 1936-1936. A pesar de que se planteaba erigir un obelisco el arquitecto quería resaltar el elemento religioso que intentaba que tuviera y exponía "El doble aspecto conmemorativo y religioso se logra en estos monumentos generalmente, por la cruz en lo alto, y el altar, donde se celebra misa las fechas

---

[461] *La Rioja: diario político*, 30 de marzo de 1940, p. 4.

[462] Ver el anexo con el boceto del monumento a los caídos en Tolosa.

[463] Localidad situada en el interior de la provincia de Alicante famosa por elaborar el famoso turrón y que tendría unos 7.000 habitantes en 1940.

[464] AGA, Cultura, Delegación Nacional de Prensa y Propaganda, memoria del arquitecto de marzo de 1943 sobre el monumento a los caídos en Jijona, monumento a los caídos de Jijona, 21/05370.

[465] AGA, Cultura, Delegación Nacional de Prensa y Propaganda, informe del delegado Nacional de Propaganda el 5 de noviembre de 1943 que envía al delegado de educación popular de la provincia de Alicante, monumento a los caídos de Jijona, 21/05370.

[466] Localidad situada en la provincia de Ciudad Real y que se considera uno de los municipios más importantes de la región por su estratégica situación puesto que se la considera ubicada en un cruce de comunicaciones. En 1940 tendría aproximadamente una población de casi 19.000 habitantes.

conmemorativas del Glorioso Alzamiento Nacional."[467]. Seguidamente se hacía referencia a que el altar en el centro, al estar elevado por varios escalones, tendría una visualización espectacular durante las ceremonias. El proyecto sería contestado en marzo de 1943 desde Madrid con un informe, en donde se destacaba que faltaba el plano y se decía "no se juzga adecuada la composición del monumento..."[468].

Dejando los obeliscos atrás, el proyecto que se quería erigir en la ciudad de Valencia sería ligeramente modificado en el informe que se realiza en 1943, pues se tenía que mejorar, ya que había puntos de vista que no quedaban de una manera satisfactoria y se pedía que la cruz se situara en el eje del pórtico y se considerara la posibilidad de adosar un altar al monumento[469].

En otras ocasiones en los proyectos que se enviaban a Madrid faltaban cuestiones elementales que se habían olvidado y que el régimen no podía pasar por alto. Este era el caso del proyecto que envió la localidad tarraconense de Ulldecona cuando en el informe de fecha 22 de marzo de 1941 el director general de propaganda exponía que faltaba tanto el Escudo Nacional como el de la localidad además de "la invocación de Dios y de España como razones del heroísmo que se trata de conmemorar, así como expresar materialmente en el Monumento la relación de los Caídos, cuya memoria se exalta"[470].

Directamente aprobado fue el proyecto de la localidad valenciana de Manises, puesto que reunía todos los requisitos que se marcaban por ley y la futura cruz contó con su certificado, memoria, planos y el visto bueno de la Dirección General de Arquitectura. Por tanto, sería aprobado en el informe que manda Patricio Canales el 17 de agosto de 1943 dando el visto bueno e informando al gobernador civil de Valencia[471]. Sería ligeramente modificado el sencillo proyecto que se enviaba desde la localidad de Sobradiel, puesto que en el informe que se enviaba desde Madrid se dijo que "El monumento dentro de su sencillez es digno y adecuado al fin que se destina"[472]. Únicamente se remarcaba que había que intentar sustituir la piedra

---

[467] AGA, Cultura, Delegación Nacional de Prensa y Propaganda, memoria del arquitecto municipal sobre el proyecto de la Cruz de los caídos, monumento a los caídos de Manzanares 21/05370.

[468] AGA, Cultura, Delegación Nacional de Prensa y Propaganda, informe de la Dirección General de Arquitectura el 9 de marzo de 1943, monumento a los caídos Manzanares, 21/05370.

[469] AGA, Cultura, Delegación Nacional de Prensa y Propaganda, informe del jefe de la sección de plástica el 14 de mayo de 1943, monumento a los caídos de Valencia, 21/05374.

[470] AGA, Cultura, Delegación Nacional de Prensa y Propaganda, informe del director general de arquitectura, monumento a los caídos de Ulldecona, 21/05374.

[471] AGA, Cultura, Delegación Nacional de Prensa y Propaganda, informe de Patricio Canales, monumento a los caídos en Manises, 21/05374.

[472] AGA, Cultura, Delegación Nacional de Prensa y Propaganda Informe del 4 de octubre de 1952 por parte de la secretaría técnica, monumento a los caídos de la Villa de Sobradiel, 21/05374.

artificial pulimentada por otra natural y sustituir un cordón de algodón y seda por una cadena metálica que rodeara la sencilla cruz.

En la localidad de Fabara su proyecto fue denegado, y pasarían años hasta que se consiguió redactar otro y mandarlo. Un primer proyecto sería enviado el 17 de enero de 1940 con la intención de construir una capilla-monumento que estaría ubicado en el cementerio, donde la cruz sería un elemento central y la capilla estaría rodeado por un pequeño muro con cadenas. Sin embargo, esto no convenció a Madrid que denegó el proyecto, pues lo calificó de falta de "armonía, pesado y sin elegancia. Se da la circunstancia de no estar firmado por un arquitecto"[473]. La denegación vino muy rápida ya que se realizó el día 29 de enero y el principal problema vino por la falta de un arquitecto puesto que, según mandaban en el proyecto, éste cumplía las líneas de otros proyectos que sí que se permitieron. En esta ocasión el proyecto era de líneas rectas, severo y de piedra, por lo que se entiende que cuando Madrid aludía a falta de elegancia se dijo como complemento. El problema para la localidad y el régimen fue que el proyecto quedaría en el olvido y se tendrían que esperar casi cinco años hasta que el ayuntamiento enviara otra petición ya en 1945.

También en la localidad de Tafalla[474] el proyecto sería denegado ya que en el informe que se mandaba desde el Servicio Nacional de Propaganda se decía que tenía una "forma complicada y falta de belleza y por no cumplir la condición de estar redactado y formado por un Arquitecto"[475]. Se sugería que, para cambiar este proyecto, que también era calificado como torpe y pesado, lo mejor sería que rehicieran completamente todo y se volviera a enviar la documentación necesaria, esta vez con la firma de un arquitecto.

En la localidad catalana de Valls el proyecto no sería aceptado, puesto que no se ajustaba a las normas que se establecían. Llama la atención que no se enviara correctamente, puesto que hubo una comisión pro-monumento en donde había miembros de Falange, incluso un delegado de prensa y propaganda, que deberían conocer los procedimientos, así como las normas y requisitos que se necesitaban. De esta manera, en el informe de la Dirección General de Arquitectura se diría que no se ajustaba a las normas porque "la Cruz es tan esquemática que prácticamente no existe, y en segundo lugar que todo el resto del Monumento está excesivamente recargado"[476].

---

[473] AGA, Cultura, Delegación Nacional de Prensa y Propaganda, informe del jefe de la sección de plástica el 29 de enero de 1940, monumento a los caídos de Fabara, 21/05374.

[474] Localidad de Navarra que en los años cuarenta tenía alrededor de 6.000 habitantes.

[475] AGA, Cultura, Delegación Nacional de Prensa y Propaganda Informe del servicio nacional de propaganda el 12 de diciembre de 1939, monumento a los caídos de Tafalla 21/05373.

[476] AGA, Cultura, Delegación Nacional de Prensa y Propaganda Informe de la dirección general de arquitectura el 17 de diciembre de 1942, monumento a los caídos de Valls, 21/05374.

El proyecto que se enviaba por parte del ayuntamiento de Vendrell[477] el 26 de febrero de 1941 tendría sus respuesta casi un mes más tarde, ya que el 22 de marzo de 1941 es cuando se redactaría el informe de la Dirección General de Arquitectura exponiendo que había que simplificar la ornamentación para darle una mayor severidad y modificar el emplazamiento, que fuera en el mismo paseo denominado del Generalísimo, pero tendría que ubicarse en otro ángulo, para que tuviera mejores puntos de vista y fuera contemplado por los vecinos en unas condiciones óptimas. Como se puede observar, en este caso la Dirección General de Arquitectura tendría especial cuidado al tratarse de la capital de comarca del Bajo Panadés, para que la ubicación y los diferentes puntos de vista estuvieran en una perfecta armonía y el futuro monumento no quedara con una perspectiva poco agradable. Además, este proyecto sería corregido también por la jefatura provincial de Tarragona porque había que suprimir "los pebeteros y las figuras femeninas de las esquinas del pedestal"[478]. Como se ha podido ver a lo largo de este trabajo los pebeteros con las llamas encendidas no encajaban con lo que buscaba el régimen para conmemorar a sus caídos y las figuras femeninas rompían con el esquema que era inamovible ya que la cruz exenta tenía que ser el elemento principal.

Tendría suerte el proyecto de El Carpio de Tajo, puesto que los materiales empleados aseguraban durabilidad, era severo, armonioso y estaría situado cerca de la iglesia parroquial de la localidad. Lo único que tendrían que hacer los promotores era seguir las indicaciones de la Dirección General de Arquitectura y modificar ligeramente el proyecto con arreglo al croquis en papel trasparente que le proporcionaban[479]. En Cebolla solo se tendría que hacer una ligera modificación, puesto que la lápida donde irían los cuarenta y dos nombres de los caídos del municipio los promotores habían propuesto que se apoyara sobre el graderío del monumento. Esto tenía un gran peligro de rotura y desde la Jefatura Provincial de Propaganda se dará la solución de, al ser tantos caídos los nombres, se distribuyesen en tres lápidas pues "si no se encaja convenientemente, implica un gran peligro de fraccionarse, con lo que peligrarían también la severidad y el decoro del conjunto"[480].

El proyecto de la localidad de Aranda del Moncayo resultó un éxito, puesto que fue de los pocos que pasó todos los filtros. La Dirección General de Arquitectura, en su informe de 1941, dice que el proyecto es acertado y que estaban bien elegidos los materiales con los que se iba a construir, pero hacía una pequeña sugerencia sobre el

---

[477] Municipio de la provincia de Tarragona que actualmente cuenta con alrededor de 40.000 vecinos.

[478] AGA, Cultura, Delegación Nacional de Prensa y Propaganda, informe de M. Aragonés Virgili en marzo de 1941, monumento a los caídos del Vendrell, 21/05374.

[479] AGA, Cultura, Delegación Nacional de Prensa y Propaganda, escrito de la dirección general de arquitectura el 1 de mayo de 1941, monumento a los caídos en Carpio del Tajo, 21/05374.

[480] AGA, Cultura, Delegación Nacional de Prensa y Propaganda, informe del jefe provincial de propaganda, Monumento a los caídos de Cebolla, 21/05374.

tema económico. El presupuesto del proyecto que era de 3.000 pesetas les parecía "muy bajo, aun contando con la prestación personal del pueblo para el acarreo de materiales, agua, etc. a pie de obra"[481].

En la localidad de Aniñón también tuvieron problemas a la hora de obtener los permisos necesarios, puesto que el proyecto no estaba firmado por un arquitecto y además se le exigía que se añadieran tanto el escudo Nacional como el del Movimiento[482]. Se construyó el monumento sin la autorización correspondiente y el 9 de enero de 1940 solicitaban los permisos necesarios para poder inaugurar el proyecto con su visto bueno[483].

Es llamativo cómo desde León se planteaba levantar un proyecto que tenía un monumento al Sagrado Corazón, y el alcalde decía que tenía el visto bueno del gobernador civil e incluso del obispo de la ciudad[484], y escribía a Madrid para saber de la marcha del proyecto puesto que, según le habían informado, los documentos habían sufrido un extravío por la enorme cantidad de proyectos que llegaban a la Dirección General de Prensa y Propaganda. En esta ocasión se pidió a los promotores un mes después que el proyecto, aunque tuviera condiciones dignas y estimables, tenía que pasar por una "convocatoria de un concurso de anteproyectos..."[485]. Es decir, al ser una localidad de un tamaño considerable este tipo de construcciones tenía que pasar antes por un concurso de proyectos donde se remitiese a Madrid el que se consideraba mejor.

En ocasiones, ante el aluvión de peticiones, la Delegación Nacional de Propaganda tardaba en contestar y esto impacientaba a las personas que impulsaban la construcción de los monumentos. Había casos que incluso volvían a escribir pidiendo una contestación y aludiendo a posibles problemas en la futura construcción. Por ejemplo, el gobernador civil de Santander escribía preguntando sobre la marcha de los permisos para poder construir el monumento de Cabo Mayor: "Como hasta la fecha no se ha recibido aún respuesta y conviene aprovechar la temporada estival para hacer la obra, dado el régimen de copiosas lluvias de esta provincia..."[486]. Las copiosas lluvias de Santander a las que el gobernador hacía

---

[481] AGA, Cultura, Delegación Nacional de Prensa y Propaganda, informe de la Dirección General de Arquitectura del 28 de abril de 1941, monumento a los caídos de Aranda del Moncayo. 21/05374.

[482] AGA, Cultura, Delegación Nacional de Prensa y Propaganda, escrito de la jefatura provincial de Zaragoza, monumento a los caídos de Aniñón, 21/05374.

[483] AGA, Cultura, Delegación Nacional de Prensa y Propaganda, escrito del alcalde al gobierno civil el 9 de enero de 1940, monumento a los caídos de Aniñón, 21/05374.

[484] AGA, Cultura, Delegación Nacional de Prensa y Propaganda, escrito del alcalde de León el 15 de marzo de 1941, monumento a los caídos de León, 21/05372.

[485] AGA, Cultura, Delegación Nacional de Prensa y Propaganda, escrito del director general de propaganda el 29 de abril de 1941, monumento a los caídos de León, 21/05372.

[486] AGA, Cultura, Delegación Nacional de Prensa y Propaganda, escrito del Gobernador Civil de Santander a Madrid, monumento de Cabo Mayor 21/02387.

referencia duran normalmente desde el mes de octubre a marzo, lo que harían más complicada la construcción de dicho monumento. Finalmente, el monumento se realizó en 1941 contando con un escultor de la zona que fue José Villalobos Miñor[487], y que tuvo un gran reconocimiento por parte del nuevo régimen por el trabajo realizado por éste y otros trabajos. Por consiguiente, le encargaron que realizara más monumentos a los caídos como el de Cervera de Pisuerga en 1945, donde todavía se puede ver la gran similitud entre ambas construcciones. Tenemos otros ejemplos de escultores que realizaron varios proyectos de monumentos en diferentes localidades, como el caso del Miguel López,[488] que proyectó el de Alicante y el de la Vega Baja[489].

Otro ejemplo del ímpetu de las localidades para poder erigir monumentos lo tenemos en la localidad de Zarauz, de donde se mandan dos proyectos diferentes en dos ocasiones con el objetivo de que alguno de los dos fuera del agrado de las autoridades. La Dirección General de Arquitectura exponía en su informe que "Acompañan al expediente dos proyectos, uno fechado en Julio de 1939… el cual, por la sencillez de sus líneas, su silueta de cruz y la distribución de sus nichos, altar etc…creemos puede aprobarse."[490]. Esto nos muestra también lo largo y tedioso que muchas veces era poder tener los permisos necesarios puesto que, como se puede ver, el proyecto en ocasiones podía llevar años para que fuese aprobado. Respecto al otro proyecto que enviaba el ayuntamiento el informe dejó claramente escrito que no podía aprobarse puesto que "está incompleto por carecer de memoria, presupuesto, etc. y desconocer, por tanto, el material empleado y demás circunstancias que intervienen en él"[491]. Finalmente, quedaría reflejado que el futuro monumento sí que tendría que contar con el escudo nacional y el del Movimiento.

Si continuamos estudiando con profundidad los expedientes vemos que las causas para denegar los proyectos eran de lo más variopintas. En la localidad de Sallent, situada en la provincia de Barcelona, se pidió permiso por parte del alcalde para inaugurar el monumento, y el informe venía firmado con el visto bueno de la comandancia militar y la jefatura local de Falange. Se pedía inaugurar el monumento durante la fiesta mayor del pueblo, que duraba los días 9, 10 y 11 de septiembre. Sin embargo, la repuesta que llegaba desde el gobierno que en esos momentos estaba en Burgos, no sería la que se esperaba en el pueblo catalán. El Servicio Nacional de

---

[487] Escultor nacido en Castro Urdiales que realizó diversas exposiciones en Santander e incluso en París.

[488] Arquitecto nacido en Valencia en 1907, trabajó principalmente en la provincia de Alicante desarrollando numerosos proyectos y muere en 1976.

[489] Monumento situado en la provincia de Alicante y realizado en 1941. Conmemora a los 50 falangistas que fueron detenidos y asesinados cuando al parecer intentaban ir a liberar a José Antonio Primo de Rivera que estaba preso en la cárcel en 1936.

[490] AGA, Cultura, Delegación Nacional de Prensa y Propaganda, informe del director de general de arquitectura el 5 de agosto de 1941, monumento a los caídos de Zarauz, 21/05371.

[491] AGA, Cultura, Delegación Nacional de Prensa y Propaganda, informe del director de general de Arquitectura el 5 de agosto de 1941, Monumento a los caídos de Zarauz, 21/05371.

Propaganda remitía al gobierno civil de Barcelona "creo que no se debe autorizar su inauguración sin conocer los planos, y en caso de que esté ya construido es necesario conocer algunas fotografías del mismo"[492]. Desde 1939 quedaba claro que no se autorizaba nada que no contara con un plano o fotografías del monumento, incluso aunque contase con el visto bueno de la falange local. Otro ejemplo lo encontramos en la localidad de Bollullos del Condado, donde la petición para erigir una cruz partía desde la Falange local; y José González Duque de Heredia, que era el delegado provincial de educación popular, exponía "Salvo que la resolución recaiga, ha merecido la aprobación del jefe Provincial"[493]. Patricio González de Canales, como secretario nacional de Propaganda, actuó de manera contundente y, a pesar de que la futura cruz contaba con el visto bueno de la Falange de Huelva, dijo en el informe "es indispensable la intervención de un Arquitecto, … procurando lograr un carácter de sobriedad y severidad más acentuado. El nuevo proyecto … ha de comprender los planos necesarios, un avance del presupuesto y una memoria en la que se exprese la calidad de los materiales..."[494]. Aparte de exigir todos estos requisitos el informe no concluía con esas exigencias, y exponía que había que mandar un plano e incluso una fotografía del futuro punto donde se pusiese la cruz. Como se puede ver la exigencia era uno de los puntos esenciales y, aunque la misma Falange estuviera detrás del proyecto, a ésta se la exigía como a las otras instituciones.

En la ciudad de Palencia se planteaba levantar una cruz en la plaza de la catedral que, como se sabe, está dedicada a San Antolín, que es el patrono de la ciudad. Los promotores plantearon un proyecto que constase de una cruz de casi quince metros con motivos renacentistas, pero que tuviera un basamento con decoración de inspiración gótica para que tuviera relación con las diferentes fases de construcción del templo. Desde la Dirección General de Arquitectura se diría que, aunque el proyecto estuviera proyectado de una manera noble, la idea no era adecuada puesto que "desvaloriza la fina y elegante portada gótica inmediata"[495]. De esta manera se explica que el monumento rompería la armonía y no estaría acorde con la catedral de la ciudad por lo que se pide cambiar la decoración y el proyecto. En esta ocasión podemos apreciar otra vez cómo se procuraba que el futuro monumento casara y no rompiera o desvirtuara el entorno preexistente.

En Colmenar de Oreja se planteaba levantar una especie de monolito que constaba de cuatro cruces abrazadas que simbolizaría la unión en el sacrificio según

---

[492] AGA, Cultura, Delegación Nacional de Prensa y Propaganda, informe del jefe de plástica el día 24 de agosto de 1939, monumento a los caídos de Sallent 21/ 05370.

[493] AGA, Cultura, Delegación Nacional de Prensa y Propaganda, informe de la vicesecretaria de educación popular de Huelva, monumento a los caídos de Bollullos del Condado, 21/05371.

[494] AGA, Cultura, Delegación Nacional de Prensa y Propaganda Informe del secretario nacional de propaganda el 31 de mayo de 1943, monumento a los caídos de Bollullos del Condado, 21/05371.

[495] AGA, Cultura, Delegación Nacional de Prensa y Propaganda Informe de la dirección general de arquitectura del 5 de marzo de 1946, monumento a los caídos de Palencia, 21/05373.

los promotores, pero esta idea fue rechazada por la Dirección General de Arquitectura porque "ya que una sola cruz sobre un basamento proporciona una silueta que expresa, clara y rotundamente como símbolo de nuestras creencias, lo suficiente a llenar y cumplir totalmente, las necesidades del problema de composición"[496]. Como se puede ver una vez más en esta ocasión el nuevo régimen quería que el símbolo en recuerdo a los caídos fuera una cruz exenta y sin más tipos de adornos, puesto que no era necesario. Sin embargo, tras el análisis que se ha hecho con el trabajo de campo, vemos cómo en este caso el proyecto que presentó el ayuntamiento se llevó a cabo y finalmente fue realizado el monolito con las cuatro cruces abrazadas[497] por lo que se puede deducir que en ocasiones los ayuntamientos se saltaban las indicaciones que se hacían desde Madrid y que no cumplían siempre con las órdenes que recibían.

En Arrigorriaga se pedía permiso para construir un monumento para honrar a los caídos, pero el Servicio Nacional de Propaganda decía "Este Departamento sólo puede emitir juicio sobre un proyecto redactado..."[498]. No era un caso único, puesto que el ayuntamiento de Anteiglesia de Erandio[499] enviaba un escrito a fecha de 16 de septiembre de 1939 con el escudo todavía del régimen republicano pidiendo permiso para poder erigir un mausoleo, y éste sería realizado con fondos municipales. El Servicio Nacional de Propaganda contestaba de forma muy similar "no puede informar este Departamento, por no existir proyecto sobre el que pueda omitir juicio..."[500].

El proyecto que se quería levantar en Irún era impresionante puesto que se pretendía construir una enorme cruz de ocho metros en la colina de San Marcial y, que según sus promotores se vería desde otras poblaciones como Fuenterrabía y Hendaya. El proyecto pretendía hacer en la cruz una hendidura en la que se pondrían lámparas para que se iluminara por la noche. El jefe del departamento de plástica en su informe del 18 de septiembre de 1939 dejaba claramente que la iluminación que proponían no era factible y así lo reflejó "no es aceptable la idea de iluminar con bombillas y cristal opal las aristas de la Cruz, no solamente porque no resistiría bien los agentes atmosféricos y en caso de un pequeño descuido en su conservación daría fácilmente la sensación de objeto deteriorado...[501]". Como se puede ver, el proyecto que se quería presentar no daba la seriedad que se le exigía, pero el tema de la

---

[496] AGA, Cultura, Delegación Nacional de Prensa y Propaganda Informe de la dirección general de arquitectura el 16 de mayo de 1942, monumento a los caídos de Colmenar de Oreja, 21/05372.

[497] Ver anexo con la fotografía del monumento de Colmenar de Oreja.

[498] AGA, Cultura, Delegación Nacional de Prensa y Propaganda, informe del Servicio Nacional de Propaganda y Plástica, monumento en Arrigorriaga, 21/02387.

[499] Localidad situada en el margen derecho de la ría del Nervión muy próximo a Bilbao.

[500] AGA, Cultura, Delegación Nacional de Prensa y Propaganda, informe del departamento ceremonial y plástica a 13 de diciembre de 1939, monumento a los caídos en Erandio 21/02387.

[501] AGA, Cultura, Delegación Nacional de Prensa y Propaganda, informe del jefe de departamento de plástica a 18 de septiembre de 1939, monumento a los caídos de Irún 21/05371.

iluminación debió gustar en propaganda y lo que le proponen es que en vez de bombillas adosadas a la cruz usaran unos reflectores que estuvieran en la base apuntando a la cruz para conseguir el ansiado efecto que los promotores buscaban iluminando la cruz por las noches.

En ocasiones se utilizaban incluso justificaciones de índole falangista para rechazar proyectos, como fue el caso de la localidad de Alcantarilla en donde el proyecto sería denegado puesto que se recordaba la sobriedad y la sencillez que caracterizaba todo lo relacionado con el nacionalsindicalismo. Este estilo quedó reflejado en el escrito donde se aludía al "laconismo militar... que ha inspirado... todos los aspectos de la Falange"[502]. Siguiendo este laconismo militar al que aludía José Antonio, y que se puso de ejemplo en el escrito, se debería de proceder con un tono más severo y en donde hubiera menos motivos decorativos, ya que el monumento quedaba con un exceso de barroquismo. Incluso el jefe de la sección en el informe que emitió el 11 de octubre de 1941 se permitió dar un comentario de índole personal, puesto que calificó el proyecto de forma severa con las siguientes palabras: "Asimismo carece de buenas proporciones y en conjunto recuerda un mausoleo de nuevo rico en un cementerio rural"[503].

Es decir, se exigía al ayuntamiento que tuviera un decoro y que pusiera un monumento acorde con su situación económica y social. El proyecto, a pesar de estos informes, parece ser que fue hacia delante y el ayuntamiento indicó que tenía intención de inaugurarlo el 29 de octubre y al reclamar Falange los planos vieron cómo incluso se habían comenzado a levantar los cimientos del futuro proyecto.

En Mocejón[504] el proyecto fue rechazado por la Dirección General de Arquitectura por motivos arquitectónicos que indicaron en el escrito que presentaba el arquitecto José Luengo. En el documento quedaba reflejado que la cruz de los caídos tenía el Escudo Nacional sobre el brazo corto de la cruz. Esto sirvió para que el proyecto fuera rechazado porque "debe ser tratado de manera más arquitectónica en sus detalles, así como en lo que respecta a la ponderación de las proporciones entre los tres elementos fundamentales de que consta: Cruz, plinto y basamento. No se estima admisible el dedicar el frente de la Cruz a la inscripción y colocación de emblemas"[505]. Posteriormente Carlos Núñez, jefe de la Sección de Actos Públicos, comunicaba al ayuntamiento que había rechazado el proyecto, pero les pedía que enviaran uno nuevo con unas indicaciones precisas: tenía que ser a escala 1:25 con la

---

[502] AGA, Cultura, Delegación Nacional de Prensa y Propaganda, informe de denegación del proyecto, monumento a los caídos de Alcantarilla 21/05372

[503] AGA, Cultura, Delegación Nacional de Prensa y Propaganda, informe del jefe de la sección el 11 de octubre de 1941, monumento a los caídos en Alcantarilla, 21/05372.

[504] Localidad situada a las afueras de la ciudad de Toledo que tendría unos 2800 habitantes en 1940.

[505] AGA, Cultura, Delegación Nacional de Prensa y Propaganda, escrito de la Dirección General de Arquitectura de Madrid, monumento a los caídos de Mocejón, 21/00065.

planta, alzado y secciones a los que habría que sumar el emplazamiento a escala 1:100. Es decir, se tenía que redactar un "nuevo proyecto y partiendo de la misma idea de una cruz exenta, se compongan estos elementos guardando una mayor ponderación en las proporciones de cada uno, evitando las inscripciones sobre la cruz propiamente dicha"[506]. Es decir, no se vetaba o impedía que no se hiciera el monumento, sino que se tiene el ejemplo de cómo se exigía una mayor uniformización y unificación de criterios.

El proyecto de la localidad de La Unión también sería denegado, puesto que "presentaba una notable desproporción entre la base y la Cruz. La rotulación es minúscula y mal emplazada. Será necesario que se envíe un nuevo proyecto..."[507].

El proyecto de Carcastillo requería algunas ligeras modificaciones para dar un carácter más definido desde el punto de vista arquitectónico, por lo que había que suprimir un arco que se encontraba cerca de la cruz y que le daba un toque de frivolidad[508].

El proyecto de la localidad cántabra de Castro Urdiales fue denegado por tener también un informe plástico desfavorable el 6 de junio de 1940[509].

Desde el ayuntamiento de Sabadell llegaba un proyecto que parecía muy bien estructurado, pues mandaba la petición con el informe del arquitecto firmado, el oportuno presupuesto y el plano compuesto de alzado a escala 1/20, planta a escala 1/20, perspectiva del conjunto y emplazamiento a escala 1/100. Se había hecho el planteamiento de que el futuro monumento tendría que estar en la plaza de la casa consistorial y ocuparía un espacio central. Todo parecía ir bien, dando la impresión de que el proyecto tendría éxito y que pasaría todos los filtros que se hacían desde Madrid. Además, el elemento central del monumento sería una cruz, que era el requisito fundamental como ya hemos visto en numerosas ocasiones. Después de todo esto el proyecto quedó pendiente de rectificaciones que tendrían que hacer, puesto que todavía quedaban asuntos que resolver como eran la colocación de los emblemas tanto el del Movimiento como el nacional para que estuvieran en el eje principal y mejorar el emplazamiento. A Madrid no le bastaba con que la localización fuera en la plaza principal, enfrente de la casa consistorial, sino que tenía que cumplir con otro requisito que era esencial. La futura ubicación acusaba un defecto fundamental que era necesario tenerlo en cuenta: "No es apropiado para celebrar una

---

[506]AGA, Cultura, Delegación Nacional de Prensa y Propaganda, informe de la Delegación Nacional de Propaganda, monumento a los caídos de Mocejón, 21/00065.

[507] AGA, Cultura, Delegación Nacional de Prensa y Propaganda, informe de Carlos Núñez como jefe de sección de plástica el 18 de marzo de 1943, monumento a los caídos de la Unión, 21/05372.

[508] AGA, Cultura, Delegación Nacional de Prensa y Propaganda, informe de la Dirección General de Arquitectura del 6 de noviembre de 1941, monumento a los caídos de Carcastillo 21/05373.

[509] AGA, Cultura, Delegación Nacional de Prensa y Propaganda, informe del jefe de plástica al jefe de la sección de negociado, monumento a los caídos de Castro Urdiales, 21/05373.

gran concentración o Misa de campaña"[510]. Después del informe el secretario Nacional de Propaganda, Patricio González de Canales, remitía el informe final donde señalaba que el proyecto podía ser aprobado ya que "el conjunto del Monumento expresa satisfactoriamente la idea que trata de exaltar, si bien ha de tener en cuenta el emplazamiento..."[511]. Es decir, la futura ubicación tenía que mejorarse para que durante las concentraciones o misas se tuviera por parte de las instituciones que organizaran los actos un espacio funcional, donde se pudieran reunir las multitudes que se esperaban.

En otras ocasiones el proyecto era denegado puesto que se modificaría profundamente el lugar y lo que había representado. Por ejemplo, en Carrión de Calatrava el lugar escogido era una noria en donde había un pozo al que habían sido arrojados las personas que habían sido consideradas desafectas con el anterior régimen. De este modo, se pide construir el monumento sobre el pozo tirando la noria y haciendo una edificación que recordara a los asesinados. La Dirección General de Propaganda creyó conveniente que esa no era la opción mejor para recordar a los que ya no estaban y en su informe deja claro que el monumento que se quería proyectar "carece de las líneas sobrias y severas que deber tener esta clase de construcciones. Respecto al sitio en que se proyecte emplazarlos, consideramos más acertado conservar la noria en que se arrojaron tantos cadáveres y perpetuar esos terribles asesinatos con una simple lápida colocada en sus proximidades o adosada en la misma noria"[512]. Como se puede ver el régimen quería cuidar y proteger los lugares considerados de memoria para que ésta no se perdiera y quedara constancia de los terribles sucesos que habían sucedido en muchas de las localidades de España.

En otras ocasiones, desde Madrid se daban cuenta que había pequeñas localidades que hacían verdaderos esfuerzos a la hora de levantar una cruz "juzgando acertada la sobriedad con que está concebido el monumento en relación con el paisaje y con los medios económicos de que dispone"[513], aunque se pedía al arquitecto que rectificara el proyecto, pues había dibujado una cruz griega y se le comunica que tiene que "resolver la cruz con una composición más normal y tranquila evitando en los brazos de la cruz la desproporción entre los brazos del frente y las de profundidad, por ser ilógico y anti constructivo..."[514].

---

[510] AGA, Cultura, Delegación Nacional de Prensa y Propaganda, informe sobre censura de monumento a 21 de junio de 1943, monumento a los caídos de Sabadell 21/05370.

[511] AGA, Cultura, Delegación Nacional de Prensa y Propaganda, informe final del secretario nacional de propaganda el 7 de julio de 1943, monumento a los caídos de Sabadell 21/05370.

[512] AGA, Cultura, Delegación Nacional de Prensa y Propaganda, informe del jefe de ceremonial y plástica del 15 de enero de 1940, monumento a los caídos de Carrión de Calatrava, 21/05371.

[513] AGA, Cultura, Delegación Nacional de Prensa y Propaganda Informe de la Dirección General de Arquitectura de Madrid, monumento a los caídos en Vega de Pas, 21/02387.

[514] AGA, Cultura, Delegación Nacional de Prensa y Propaganda, informe de la Delegación Nacional de Propaganda, monumento a los caídos en Vega de Pas, 21/02387.

Desde Castuera, en la provincia de Badajoz, llegaba un proyecto que fue señalado en varias ocasiones porque no se ajustaba a lo predispuesto y la cruz no quedaba como elemento principal. En primer lugar, se decía que la cruz de los caídos debía ser exenta y en el proyecto se planteaba que hubiera cuatro cruces unidas. Además, se señalaba que "la repetición de la Cruz en la forma proyectada contribuye a que ésta pierda valor expresivo como elemento principal"[515].

En otras ocasiones, solo se hacían pequeñas correcciones técnicas realizadas incluso dibujando sobre el mismo plano que había llegado, como pasó con la cruz de Guareña[516]. El proyecto quedaba autorizado, pero recomendaba las siguientes modificaciones: hacer más amplia la base, suprimir las molduras y sustituir los escalones que señalaban en el plano[517]. Una vez estudiado el plano, si se comprueba el monumento de la localidad, se puede ver cómo todas las modificaciones se llevaron a cabo por parte de los promotores.

Muchas veces los monumentos se inauguraban y no contaban con los permisos necesarios, lo que nos demuestra que a pesar de los esfuerzos que se hacían desde la Vicesecretaría de Educación Popular en muchas ocasiones no podían llegar a todo. Un ejemplo lo encontramos en la localidad de Quero[518] en donde hay un telegrama que se envía desde propaganda para que le mandasen información de Toledo puesto que se habían enterado de que se iba a proceder a la inauguración de un monumento.

Otro caso interesante que nos muestra el ímpetu por las nuevas autoridades a la hora de levantar monumentos es el que hace referencia a la localidad de Portillo de Toledo donde el ayuntamiento y el jefe local de Falange serían los promotores para que en 1942 se levantara un sencillo monumento a los caídos. Mandaron el proyecto redactado por un arquitecto que consistía en una serie de elementos geométricos superpuestos en disminución que sería coronado por una pequeña cruz. El monumento sería de casi cinco metros de altura, pero la cruz sería de un metro aproximadamente, lo que producía que la cruz quedara deslucida y en cierta manera ridícula[519]. Como es evidente esto no gustó nada a la Dirección General de Arquitectura ya que, como se sabe, la idea predominante era la de una cruz exenta y que fuera de un tamaño considerable.

En el informe que se realiza se destacaba una "falta de tranquilidad del conjunto, idea que debe perseguir toda composición arquitectónica de este tipo, el que se pierda en gran parte la silueta de la Cruz, no destacando ésta, con toda la fuerza que requiere

---

[515] AGA, Cultura, Delegación Nacional de Prensa y Propaganda, informe de la Dirección General de Arquitectura de Madrid el 25 de febrero de 1943, monumento a los caídos de Castuera, 21/05370.

[516] Localidad de la provincia de Badajoz que contaría en 1940 con unos 8.800 habitantes aproximadamente.

[517] AGA, Cultura, Delegación Nacional de Prensa y Propaganda, informe del servicio de plástica el 20 de febrero de 1939, monumento a los caídos de Guareña, 215370.

[518] Municipio de la provincia de Toledo y que cuenta con alrededor de 1.000 habitantes en la actualidad.

[519] Ver anexo con el boceto de la cruz a los caídos en Portillo.

el monumento en cuestión"[520]. Como se puede observar, la idea no había gustado en Madrid, a lo que habría que añadir que los materiales que se querían emplear era un material de construcción que imitaba a la piedra pero que era mucho más barato y que se degradaba con mucha más facilidad. Esto produjo también un rechazo por parte de las autoridades y dijeron en el informe que esos materiales no eran aptos para hacer el monumento y se mandó rehacer el proyecto para que se suplieran las deficiencias que se habían detectado. Así que las autoridades de Portillo debían de redactar "un nuevo proyecto en que las líneas generales de su composición estén basadas en una severa sencillez, y sacrificando, si preciso fuese, las dimensiones del conjunto, para mejorar en todo posible la calidad de los materiales, evitando siempre la imitación de los naturales"[521].

Tras este informe quedaba claro que el proyecto no se autorizaba y se debía rehacer, por lo que el gobierno civil se lo comunicó al alcalde para que tomara nota. Sin embargo, el mensaje no fue escuchado por las autoridades locales, o debió llegar tarde, puesto que hicieron el monumento que habían proyectado sin esperar a la autorización pertinente. Esto, como se ha visto en este trabajo, había pasado en más localidades, porque los promotores de los monumentos muchas veces no hacían caso de las modificaciones que se sugerían desde Madrid y erigían los mismos según los habían diseñado. Parecía que este caso sería uno más, pero en esta ocasión se pidieron explicaciones al alcalde de Portillo de Toledo desde el gobierno civil y éste tuvo que intentar justificar las acciones realizadas. En su escrito se intentaba excusar diciendo que el único objetivo del monumento había sido el deseo de honrar y recordar a los caídos del pueblo a lo que añadía que desconocía "los trámites y requisitos necesarios que debía seguir la construcción de este monumento"[522]. Para intentar tranquilizar a la Dirección General de Propaganda por las indicaciones que se habían recibido, en su escrito defendió que los materiales que se habían utilizado para construir el monumento eran de buena construcción y le daban una solidez suficiente para resistir el paso del tiempo. Además, defendía que la cruz, aunque fuese algo pequeña, quedaba en un lugar preeminente, puesto que tenía una plataforma de más de dos metros de altura, lo que permitía que su silueta prevaleciese en toda la plaza.

El último argumento que presentaba el alcalde era en cierta manera demoledor y parece ser que no dejaba opción para que el monumento se derribara y se erigiera uno más acorde a las indicaciones que se hicieran desde la Dirección General de Propaganda. El regidor había explicado que el pueblo carecía de grandes recursos

---

[520] AGA, Cultura, Delegación Nacional de Prensa y Propaganda, informe de la Dirección General de Arquitectura el 24 de febrero de 1943, monumento a los caídos de Portillo, 21/05373.

[521] AGA, Cultura, Delegación Nacional de Prensa y Propaganda, informe de la Dirección General de Arquitectura el 24 de febrero de 1943, monumento a los caídos de Portillo, 21/05373.

[522] AGA, Cultura, Delegación Nacional de Prensa y Propaganda, escrito del alcalde de Portillo al delegado nacional de propaganda, monumento a los caídos de Portillo 21/05373.

económicos y que el proyecto se había costeado gracias a una suscripción popular entre los vecinos. Además, éstos eran poco pudientes y en muchos casos habían realizado un gran esfuerzo económico para poder costear el monumento y, por tanto, si éste se derribaba se verían privados de "poder erigir otro que honrara a nuestros Caídos"[523]. De esta manera, quedaba muy claro que si se mandaba derribar el monumento el pueblo de Portillo de Toledo no podría construir otro y, por lo tanto, no habría monumento en honor a los caídos en esta localidad. Como se sabe, si se tomaba la decisión de derribarlo los caídos se quedarían sin su homenaje, los familiares estarían muy molestos y el propio régimen perdería la función propagandística que le daban este tipo de proyectos. Aun así, se intentó explorar la vía del derribo del monumento y se encargó un informe un mes después a la Vicesecretaría de Educación Popular de Toledo. En el informe que realizó el falangista Tomás Rodríguez lo dejó de una manera clara y explicó claramente que el derribo del monumento dañaría mucho la imagen del régimen y no sería en nada beneficioso para ninguna de las partes.

El informe comenzaba exponiendo que, aunque el alcalde aducía que no conocía los trámites y los requisitos necesarios para poder erigir los monumentos se recordaba que el gobierno civil había mandado una circular a fecha de 9 de noviembre de 1940 a todos los alcaldes de la provincia en donde se les explicaba las normas, la tramitación y los requisitos necesarios para erigir monumentos en recuerdo a los caídos. Esto nos permite ver cómo el nuevo régimen desde los inicios mandó unas directrices claras que llegaron a todos los municipios y, por tanto, todos tendrían conocimiento de los requisitos necesarios para poder erigir este tipo de monumentos; a lo que se podría añadir que se mostraba a los ayuntamientos la manera de que éstos tuvieran la posibilidad de hacer un homenaje a sus vecinos muertos en la guerra.

En otro apartado se indica cómo Portillo de Toledo era una localidad con unas posibilidades económicas muy escasas por lo que, si se derruía el monumento, era verdad lo que exponía el alcalde: que se dejaría al municipio sin monumento y, por tanto, sin el recuerdo a los caídos. Aquí se tiene un ejemplo de cómo en muchas ocasiones a pesar de la pobreza de la localidad los habitantes de los pequeños municipios hacían un verdadero esfuerzo económico para poder erigir un recuerdo a sus muertos. Por último, el siguiente argumento nos muestra cómo los monumentos cumplían un importante papel propagandístico y aglutinador de la población en torno al nuevo régimen. La destrucción del monumento haría que el régimen tuviera una mala imagen "en el vecindario, con disgusto para los familiares de los Caídos, especialmente, y en general para todos los verdaderamente adictos a nuestro movimiento y daría ocasión para que los desafectos propagasen falsas e insidiosas interpretaciones que originarían confusionismo y desorientación en las gentes menos

---

[523] AGA, Cultura, Delegación Nacional de Prensa y Propaganda, escrito del alcalde de Portillo al delegado nacional de propaganda, Monumento a los caídos de Portillo, 21/05373.

cultas o más ingenuas"[524]. En esta ocasión se nos muestra el importante papel aglutinador que hacían los monumentos y lo sensible que era este tema para los familiares de los fallecidos. Además, Falange era consciente de que una vez terminada la guerra había desafectos hacia el nuevo régimen y cómo en muchas ocasiones la doctrina falangista no calaba bien muchas veces entre la gente de los pueblos.

En ocasiones los promotores tenían que modificar incluso el plano del monumento, como fue el caso del municipio de Alagón, donde la Dirección General de Arquitectura no aceptaba el proyecto tal cual estaba formulado y decidió hacer ella misma el plano indicando que era el que tenía que seguirse. Esto quedó reflejado en el informe que emitió el 8 de octubre de 1943 cuando expuso "Procede la aprobación del proyecto debiendo ajustarse la realización del mismo al plano redactado por la Dirección Gral. de Arquitectura, en lugar del que se adjuntaba al iniciarse este expediente"[525]. De manera parecida el proyecto que presentó el alcalde de la localidad de Noblejas pasaría todos los trámites salvo con una pequeña modificación que la Dirección General de Arquitectura adjuntó en papel transparente cuando envía el informe final[526].

En Albalate del Arzobispo será desfavorable el informe que emita el jefe de sección de plástica el 6 de febrero de 1940, puesto que "este monumento es demasiado ingenuo, es sobrio, pero debe estar dentro de una línea de severidad, sin adornos que lo recarguen y rompan con ello su sencillez, convendría redactar un nuevo proyecto, proyectado y firmado por un arquitecto"[527]. Esto era muy importante puesto que en el informe del presupuesto que se había mandado desde la localidad había una partida dedicada al "decorado" del monumento con 675 pesetas y otra partida importante de 1.450 pesetas para unos faroles que tenían que adornarlo. Si se tiene en cuenta que el monumento tenía proyectado costar un total de 6.750 pesetas, podemos observar que el dinero dedicado a adornar la futura cruz era exagerado, pues representaba casi el 30% del coste total. Esto no convencía a las autoridades, puesto que la seriedad e incluso la dignidad del monumento quedaba en entredicho.

En otras ocasiones el problema del que adolecía el proyecto era que en vez de un arquitecto lo diseñaba un marmolista, y esto incumplía uno de los requisitos más importantes para las autoridades. En la localidad de Santa Cruz de la Zarza el

---

[524] AGA, Cultura, Delegación Nacional de Prensa y Propaganda, informe de Tomás Rodríguez el 9 de agosto de 1943, monumento a los caídos de Portillo, 21/05373.

[525] AGA, Cultura, Delegación Nacional de Prensa y Propaganda, informe de Carlos Núñez el 8 de octubre de 1943, monumento a los caídos de Alagón, 21/05374.

[526] AGA, Cultura, Delegación Nacional de Prensa y Propaganda, informe de la dirección general de arquitectura el 7 de mayo de 1941, monumento a los caídos de Noblejas, 21/05373.

[527] AGA, Cultura, Delegación Nacional de Prensa y Propaganda, informe del jefe de la sección de censura el 6 de febrero de 1940, monumento a los caídos de Albalate del Arzobispo, 21/05374.

proyecto venía diseñado por una casa de escultores marmolistas "Martínez hermanos de Cuenca", que serían los encargados de realizarlo. Aparte de este problema era que se quería levantar un obelisco que, como ya se sabe, no le gustaba al régimen, y al que se le había añadido una cruz en una de las caras del monumento. Por esto se emite un informe[528] el 25 de febrero de 1944 firmado por David Jato[529], en donde se explica que el proyecto con un obelisco no expresa con claridad lo que se debe conmemorar; en el proyecto debe destacar de manera noble la cruz; y que ésta debía de ser exenta. Por otra parte, siguiendo las disposiciones vigentes, debería ser suscrito por un arquitecto y no por unos marmolistas. Lo realmente interesante de este proyecto, y lo que conviene remarcar en este trabajo, es que, a pesar de las indicaciones que se dieron por parte del delegado nacional de Propaganda y que además se enviaron al gobierno civil de Toledo, no se seguirían las modificaciones que se exigieron de Madrid para que el proyecto tuviera el visto bueno. De esta manera el monumento no se levantaría como una cruz exenta tal y como le indicaron desde Madrid, sino que se erigió un obelisco y se le añadió una cruz en una de sus caras. Si los promotores locales no hicieron caso de las indicaciones sobre el monumento que habían proyectado es perfectamente plausible que los constructores fueran los escultores marmolistas, puesto que su proyecto es el que se realizó. De aquí podemos sacar interesantes conclusiones que nos muestran, una vez más, que las autoridades intentaban tener un control absoluto de todo lo que se pretendía erigir, pero no siempre se conseguía puesto que, como hemos visto, las nuevas autoridades no siempre hacían caso. Por otra parte, en este trabajo se comprueba que en ocasiones eran los falangistas locales los que tenían que "vigilar" que siguieran las indicaciones que se marcaban, pero en este caso se demuestran que, o no existían en esa localidad o que a la persona indicada no le llegó el informe. Al final este monumento estaría en la localidad 79 años, porque en 2022 saltó a la prensa la noticia de que Santa Cruz de la Zarza retirará la cruz de los caídos[530] y lo llevará al cementerio municipal junto a un monolito que hay en recuerdo de los pilotos soviéticos que combatieron en la guerra civil.

Otro punto interesante que resaltar es el que nos encontramos en la localidad toledana de Parrillas, donde se emite un informe por parte del ayuntamiento para pedir los permisos necesarios para erigir un monumento en recuerdo a los caídos. El

---

[528] AGA, Cultura, Delegación Nacional de Prensa y Propaganda, informe del delegado nacional de propaganda el 25 de febrero de 1944, monumento a los caídos de Santa Cruz de la Zarza, 21/05373.

[529] David Jato Miranda nació en Campomanes en 1915 y moriría en 1978 en Madrid. Sería considerado uno de los Camisas Viejas y lucharía en la guerra civil y en la campaña de Rusia junto con la División Azul. Posteriormente ocuparía cargos de gran importancia como: delegado nacional de propaganda, delegado nacional del servicio de información e investigación. Finalmente, se alejaría del régimen puesto que no estaría de acuerdo de como Franco se fue despegando de los principios falangistas de los que era un acérrimo defensor.

[530] La Tribuna de Toledo, Santa Cruz de la Zarza retirará la cruz de los caídos, 29-1-2022.

informe que luego se hace en Madrid indica que muchas veces los monumentos de localidades cercanas eran muy parecidos y seguramente utilizaban al mismo arquitecto o constructor. El 22 de marzo de 1941 la Dirección General de Arquitectura, en el informe relativo a la localidad de Parrillas, decía "Este proyecto parece ser una copia con ligeras variantes del monumento de Valdeverdeja"[531]. La localidad de Valdeverdeja es un municipio de la provincia de Toledo que se encuentra a 50 kilómetros de distancia de Parrillas, lo que hace suponer que las personas que diseñaron e intentaron proyectar el monumento fueron las mismas. El proyecto sería denegado, porque se trataba según el informe de una serie de letreros, banderitas y escudos, y era necesario buscar otra solución parar honrar a los caídos de esa localidad. Finalmente, la propuesta sería hacer una sencilla cruz junto a un muro de mampostería al lado de una reja que fuera hecha por el herrero de la localidad, puesto que el otro proyecto no sería aceptado[532].

Desde Puertollano se envía un proyecto que será denegado por no tener la firma de un arquitecto (requisito legal que era esencial como se ha señalado anteriormente)[533] y porque les sugieren que el emplazamiento es mejorable. La cruz estaba propuesta en una rotonda que dificultaría el tráfico y los accesos a una ermita por lo que en la recomendación "se propone como lugar más apropiado para construir la cruz la zona inmediata a la ermita, a la izquierda de su acceso y de forma que su fachada sirva de fondo al monumento"[534]; por lo que vemos una vez más como se buscaba una completa armonización del monumento en el lugar elegido. Lo mismo pasaría con el monumento que se quería erigir en Antequera cuando en una primera instancia no mandan el proyecto firmado por un arquitecto y éste será denegado por no contar con este requisito esencial[535]. Sin embargo, en este caso, tras el rechazo del proyecto, entró en juego un importante cargo político que fue Ignacio Muñoz Rojas que en ese momento ostentaba el cargo de subsecretario de industria. La mediación que hace Ignacio Muñoz se explica muy bien en el escrito que hizo presentándose como natural de la localidad y sobre todo porque era familiar directo de varias personas que habían perdido la vida y que estarían representadas en el futuro monumento. Con este importante apoyo, era cuestión de tiempo que se autorizara

---

[531] AGA, Cultura, Delegación Nacional de Prensa y Propaganda, informe de la Dirección General de Arquitectura, monumento a los caídos de Parrillas, 21/05373.

[532] AGA, Cultura, Delegación Nacional de Prensa y Propaganda Informe de la dirección general de arquitectura, monumento a los caídos de Parrillas, 21/05373.

[533] Pasaría lo mismo con el proyecto que se manda desde la localidad de Caravaca donde es denegado puesto que el proyecto no había sido desarrollado por un arquitecto. AGA, Cultura, Delegación Nacional de Prensa y Propaganda, monumento a los caídos de Caravaca, 21/05372.

[534] AGA, Cultura, Delegación Nacional de Prensa y Propaganda, corrección de emplazamiento de la localidad de Puertollano, monumento a los caídos de Puertollano, 21/00065.

[535] AGA, Cultura, Delegación Nacional de Prensa y Propaganda, informe del 12 de diciembre de 1939 del jefe del departamento de ceremonial y plástica, monumento a los caídos de Antequera, 21/05372.

desde Madrid el futuro monumento; la carta llegó a José Lorente Sanz[536], que en ese momento ocupaba el cargo de subsecretario de la gobernación, y éste remitiría directamente a Dionisio Ridruejo que en ese momento era el director general de Propaganda. Como vemos la mediación fue directa a la cúpula de Propaganda para conseguir tener el visto bueno, puesto que en el escrito se dijo " El Subsecretario de Industria me encomienda con verdadero interés el asunto relacionado con la erección de un monumento a los caídos en Antequera…se ha diseñado uno nuevo bajo la dirección del arquitecto Don Fernando Guerrero, y me interesa que antes de dar curso oficial a la solicitud, se indiquen por esa dependencia las observaciones que considere pertinentes.."[537]. En este caso se saltaban la vía ordinaria y se pedía a una persona muy influyente en el ministerio que mediara y dijera exactamente qué debía tener el futuro monumento. Tras las indicaciones del falangista Dionisio Ridruejo el futuro proyecto no tendría ningún tipo de problema y, de hecho, así fue reflejado el 4 de junio de 1940, exactamente una semana después, con el siguiente escrito que decía "Mi querido amigo: te remito la hoja de censura autorizando la erección de un monumento a los caídos en Antequera, asunto que interesabas en tu carta el día 28"[538]. De este modo las importantes influencias de un familiar de los caídos de Antequera hicieron que esta localidad contara con todos los permisos necesarios para poder desarrollar y levantar su futuro monumento.

Viajando a tierras manchegas encontramos otro proyecto que llegaba desde la localidad de Villarrubia de los Ojos y que, por la precaria situación económica, sería un monumento sencillo, pero que debía tener las siguientes sugerencias para que el proyecto fuese viable: en primer lugar, el emblema de Falange debería estar grabado en la piedra para que no quedara con un deplorable aspecto según decía el delegado provincial; en segundo término, debían aparecer las aspas tradicionalistas; y por último, en lo que se refería al entorno, el monumento debería contar con unos jardines alrededor y con un cercado para que se imposibilitase acceder si no era a actos oficiales[539].

En Soñeiro el proyecto que pedía el párroco era totalmente irrealizable y así se lo hicieron saber en un informe que le mandaron desde Madrid: "El proyecto de Monumento, es rechazable artísticamente porque están faltos en absoluto de proporciones las figuras y los diversos elementos arquitectónicos y así mismo hay

---

[536] Abogado del Estado que ocupó importantes cargos nada más terminar la guerra civil puesto que desempeñó un papel destacado en el ministerio de la gobernación. Sin embargo, tras 1941 fue perdiendo importancia en el gobierno y dejaría de tener cargos de relevancia.

[537] AGA, Cultura, Delegación Nacional de Prensa y Propaganda, escrito del subsecretario de gobernación al director general de propaganda el 28 de mayo de 1940, monumento a los caídos de Antequera, 21/05372.

[538] AGA, Cultura, Delegación Nacional de Prensa y Propaganda, escrito desde la Dirección General de Propaganda al subsecretario de la gobernación, monumento a los caídos de Antequera, 21/05372.

[539] AGA, Cultura, Delegación Nacional de Prensa y Propaganda, informe de M. Naharro a 12 de febrero de 1944 sobre la cruz de los caídos. Monumento a los caídos de Villarrubia de los Ojos, 21/05370.

falta en la armonía de la combinación de dichos elementos"[540]. Se añadía en el informe que el Cristo y la cruz que se querían desarrollar tenían unas proporciones que no eran adecuadas y que incluso si se realizaba el proyecto con hormigón no se podría sostener.

El proyecto que se mandaba desde Astorga, y que partía del jefe comarcal de Falange, no fue aceptado puesto que el monumento carecía de calidades artísticas y se debía buscar la sencillez y sobriedad[541] que no contenía la futura cruz.

Muchas peticiones estaban fechadas en plena guerra como el caso que llega desde Villagarcía de Arosa que es denegado[542] puesto que según indicaban desde Madrid había que esperar.

En otras situaciones los promotores del monumento hacían todo de una manera correcta tal y como sucedió en la localidad de Torre de Esteban Hambrán[543]. En esta ocasión se pueden poner con exactitud los tiempos que se tardaban en pedir todos los permisos y así nos podemos hacer una idea clara de lo que podía durar todo el proceso. Tras la decisión de la localidad de erigir una sencilla cruz, el arquitecto, el 7 de abril de 1943, redactaba una breve memoria de menos de un folio de extensión en donde relataba los materiales que tendría la futura cruz y donde estaría ubicada dentro del municipio. Tras el visto bueno de la Vicesecretaría de Educación Popular de Toledo, que emitiría su informe el 13 de abril, explicaba que el proyecto podía aprobarse, puesto que tocaba todas las líneas maestras que todo monumento debería tener. El conjunto que se presentaba era austero, armonioso y con líneas proporcionadas, tal y como siempre indicaban desde las instancias superiores. Además, tenía un sentido religioso y severo, puesto que la función de éste era la de que los caídos tuvieran un recuerdo piadoso, perenne y un lugar al que todas las personas que quisieran pudieran ir a rezar. El material empleado era la piedra granítica, algo que les gustaba a las autoridades, puesto que daría al monumento una durabilidad enorme y le haría resistir mucho mejor el paso del tiempo y las inclemencias atmosféricas. También, el emplazamiento era idóneo, porque se había escogido el centro de la plaza frente a la iglesia parroquial, y esto contaba con el visto bueno de Falange, puesto que este espacio era "el más indicado a sus fines, y permite, en las solemnidades conmemorativas, por la amplitud de espacio, fáciles

---

[540] AGA, Cultura, Delegación Nacional de Prensa y Propaganda, corrección al párroco de Soñeiro por parte del jefe del Departamento de Plástica, 21/02382.

[541] AGA, Cultura, Delegación Nacional de Prensa y Propaganda, informe del jefe de ceremonial y plástica el 15 de enero de 1940, monumento a los caídos de Astorga, 21/05372.

[542] AGA, Cultura, Delegación Nacional de Prensa y Propaganda, escrito del Servicio Nacional de Propaganda el 6 de mayo de 1938 al gobernador de Pontevedra, 21/02382.

[543] Localidad que pertenece a la provincia de Toledo. Parece ser que el nombre del municipio podría derivarse de una antigua torre musulmana que durante la edad media formaba parte de un sistema defensivo que constaba de una serie de torres que usaban señales de fuego para comunicarse.

concentraciones y desfiles de masas"[544]. Esto nos muestra, una vez más, el importante componente propagandístico que tenían los monumentos, y cómo su ubicación se hacía pensando en los desfiles y actos que desarrollaría Falange.

Como se sabe, otro paso necesario era notificarlo al gobierno civil de cada provincia, y la solicitud llegaría a Toledo, donde el gobernador civil lo enviaría al vicesecretario de educación popular el 21 de abril de 1943 con las palabras de "significándote que, por este Gobierno, no existe inconveniente en que se acceda a lo solicitado"[545]. Finalmente llegaba el informe que se realizaba desde Madrid, y que normalmente era el más duro, y en donde se estudiaba el proyecto en profundidad para que éste no desentonara de los demás y que no diera una imagen que no fuera la adecuada. Se puede pensar que, una vez que el proyecto contaba con el visto bueno del gobierno civil y de la Vicesecretaría de Educación Popular de la provincia que había emitido un informe positivo, la respuesta que llegaría desde la Dirección General de Arquitectura sería también positiva. Sin embargo, esta dirección hace una serie de indicaciones, lo que demuestra, una vez más, el detalle con el que se miraban todos los proyectos, incluso los más pequeños, y que serían vistos casi solo por los habitantes de La Torre Esteban Hambrán, que en esa época tenía alrededor de 1.800 vecinos. El informe empezaba de una manera positiva alabando lo que se había hecho correctamente, puesto que el proyecto presentaba unas líneas severas, era una cruz exenta, era proporcionado y de piedra granítica, pero en cuanto a la ubicación de éste harían otra propuesta. Se remarcaba que no se mandaba ningún tipo de plano, por tanto "no puede formarse idea cabal sobre la situación del mismo en ella, … no parece el centro de la plaza lugar adecuado para colocarlo. Creemos más indicado el colocarlo con el fondo de un muro muerto, que tal vez bien pudiera ser uno de los paños de la Iglesia Parroquial"[546]. Como se puede ver, en este último informe se notaba que había arquitectos profesionales que trabajaban para que los monumentos estuvieran en la mejor ubicación y quedaran de la manera más armónica posible. Como se aprecia en esta ocasión, viendo cómo el informe de la Dirección General de Arquitectura se fechaba el 8 de junio, hasta que llegase la respuesta a la localidad, se tardaba casi tres meses en conseguir tener todos los vistos buenos necesarios para poder empezar a realizar las gestiones necesarias para levantar el futuro monumento.

Que muchas veces la Dirección General de Propaganda, que estaba en manos de Falange, intentaba dar un barniz falangista y unificador se sabe por las sugerencias que se hacían desde este organismo. En la localidad navarra de Lumbier las

---

[544] AGA, Cultura, Delegación Nacional de Prensa y Propaganda, informe del delegado provincial de educación popular el 13 de abril de 1943, monumento a los caídos de Torre Esteban de Hambrán, 21/05373.

[545] AGA, Cultura, Delegación Nacional de Prensa y Propaganda, escrito del gobierno civil el 21 de abril de 1943, monumento a los caídos de Torre Esteban de Hambrán, 21/05373.

[546] AGA, Cultura, Delegación Nacional de Prensa y Propaganda, informe del secretario técnico el 8 de junio de 1943, monumento a los caídos de Torre Esteban de Hambrán, 21/05373.

modificaciones al proyecto que llega a la Dirección General de Arquitectura se hacen en el mismo boceto[547] que luego envían de vuelta al ayuntamiento y, en este caso, se añaden los emblemas del Movimiento y el Escudo Nacional[548]. Además, se exigía a la localidad que se mandara plano sobre la futura ubicación del monumento, ya que no se tenía constancia, pero parecía que los promotores lo querían ubicar en el cementerio de la localidad.

En Llodio (Álava) solo hubo que hacer una pequeña corrección relativa a la frase que tenía que inscribirse en un sitio destacado con la leyenda "Caídos por Dios y por España, Presentes"[549]. El proyecto de la localidad de Burriana tendría que hacer ligeras modificaciones que estaban relacionadas con el tamaño de los emblemas. De esta manera, la sugerencia era "debemos indicar que convendría reducir algo el tamaño del escudo central"[550].

En otras ocasiones el proyecto era aceptado, pero la Dirección General de Arquitectura se permitía dar una serie de consejos que los reflejaba como sugerencias para los arquitectos que habían diseñado los futuros monumentos. Por ejemplo, Carlos Núñez, que era el jefe de la sección de actos públicos, dirigía un informe al ayuntamiento cordobés de Doña Mencía, "Se juzga aconsejable el disminuir la altura del motivo central de la columna y basa con la cruz y los faroles, aumentando con ello proporcionalmente su desarrollo horizontal para conseguir una mayor relación de su volumen y silueta con la disposición general del Monumento"[551]. Hay que resaltar que en este caso las sugerencias se dejaban en manos del arquitecto, y él era finalmente el que decidiría sobre si lo llevaba a cabo o no.

Otras veces la manera en que llegaban los proyectos sorprendía al Servicio Nacional de Propaganda, como cuando recibe uno basado en unas fotografías y que obviamente fue denegado porque le faltaron multitud de requisitos, entre otros que el escultor no era español. El Departamento de Plástica decía "Aunque no es posible emitir un juicio exacto sobre el valor de una obra contemplada a través de una fotografía, … la obra que nos ocupa no tiene calidad artística con que debe ser realizado un tema de tanta importancia y además cuando se trate de obras que por su contenido y emplazamiento tengan un carácter nacional…"[552]. Este proyecto había

---

[547] Ver anexo sobre el boceto de Lumbier.

[548] AGA, Cultura, Delegación Nacional de Prensa y Propaganda, informe de la Dirección General de Arquitectura el 24 de marzo de 1941, monumento a los caídos de Lumbier, 21/05373.

[549] AGA, Cultura, Delegación Nacional de Prensa y Propaganda, corrección por parte de la Jefatura Provincial de Álava, monumento a los caídos de Llodio, 21/02386.

[550] AGA, Cultura, Delegación Nacional de Prensa y Propaganda, escrito de la Dirección General de Arquitectura el 7 de agosto de 1942, monumento a los caídos de Burriana, 21/05371.

[551] AGA, Cultura, Delegación Nacional de Prensa y Propaganda, informe de la Delegación Nacional de Propaganda el 12 de febrero de 1944, monumento a los caídos de Doña Mencía 21/05370.

[552] AGA, Cultura, Delegación Nacional de Prensa y Propaganda, Jefatura Nacional de Propaganda, 21/02382.

sido presentado por el escultor francés Maxime Real del Sarte[553] que tenía gran fama por haber ganado diversos premios en Francia y, sobre todo, por su experiencia a la hora de haber diseñado varios monumentos conmemorativos después de la Primera Guerra Mundial en Francia[554].

Es muy interesante señalar que realizó casi 50 monumentos, muchos de ellos con una composición que tuvo mucho éxito en Europa y que se denominó "Je t´air cherché", que significaría "te encontré". La representación del monumento constaba de una mujer que envolvía el cuerpo de un hombre muerto en una sábana. Había un doble significado para recordar a los muertos en la guerra: por un lado, un significado que se puede entender de una manera laica, en la que la mujer era la representación de las mujeres viudas que habían perdido a sus maridos, las madres que habían perdido a sus hijos o incluso las hermanas que lloraban por la pérdida de sus hermanos; por otra parte, la significación religiosa era evidente, puesto que se había inspirado en María que cubrió el cuerpo de Jesús con un sudario. Esta teoría tiene un importante respaldo puesto que el escultor era un ferviente católico y tenía ideas conservadoras.

Estos monumentos, como se ha dicho, se realizaron en varias localidades francesas como Sare[555], Le Tréport[556], Cerisy-la-Salle[557] o Saint-Chély-d'Apcher[558]. En España esta temática religiosa sería realizada por el escultor Juan de Ávalos en el diseño del Valle de los Caídos, pero no se incluiría en los diversos monumentos que se elaboran, puesto que la temática que se había escogido como se sabe era la de una cruz y no cabían otro tipo de monumentos.

Sin embargo, hay que resaltar que esta temática de monumentos que se ha llevado a cabo tantes veces en países europeos sí que tuvo cierto arraigo en España a pesar de las trabas que se pusieron desde Madrid, y tenemos algunos ejemplos de ello: en la localidad palentina de Cervera de Pisuerga se pretendía desarrollar el futuro monumento en recuerdo a los caídos mediante un "monumental hito de piedra tosca que sustenta una gran Cruz de concepción plástica y a cuyo frente a sus pies, una matrona sostiene al soldado que ha dado su vida por la patria rediviva"[559]. Este proyecto sería realizado por el mismo arquitecto -Lavín de Noval- que había ganado

---

[553] Nació el 2 de mayo de 1888 en París y falleció el 15 de febrero de 1954.

[554] Anette BECKER, *Les Monuments Aux Morts: Mémoire De La Grande Guerre*, Errance, París, 1990.

[555] Localidad francesa situada en el departamento de Pirineos Atlánticos cerca de San Juan de Luz.

[556] Localidad francesa situada en la región de Alta Normandía y actualmente cuenta con alrededor de 6.000 vecinos.

[557] Localidad situada en la Baja Normandía y que tiene alrededor de 700 vecinos.

[558] Localidad francesa situada en la región de Languedoc-Rosellón.

[559] AGA, Cultura, Delegación Nacional de Prensa y Propaganda, memoria del arquitecto el 18 de septiembre de 1944, monumento a los caídos en Cervera de Pisuerga, 21/05373.

el concurso del ayuntamiento de Santander, puesto que diseñaría el monumento que aún se conserva en Cabo Mayor.

El 30 de octubre de 1944, es decir, casi un mes después, la Dirección General de Arquitectura emitía su informe y como no podía ser de otra manera dijo "la disposición dada a la Cruz por su colocación y arbitrario tratamiento, hace que resulte desfigurada, perdiendo su valor expresivo. A juicio... la Cruz con su forma propia, debiera destacarse en forma exenta, siendo el principal valor expresivo del conjunto"[560]. Se ve una vez más que actuaba en consecuencia con la postura que había escogido para recordar a los caídos y, aunque valorara que el monumento tenía cierta importancia por el volumen y por el grupo escultórico que estaba representando, no era aceptado. Además, recalcarían que el nombre de los fallecidos debía estar presidido por el de José Antonio Primo de Rivera.

Tras las indicaciones no sabemos exactamente cómo se sucedieron los hechos, pero lo que se puede comprobar es que el monumento al final sería erigido como quisieron los promotores y salió adelante con el grupo escultórico que fue proyectado por lo que no sería un monumento con una cruz exenta tal y como indicaron por escrito al municipio. Esto nos muestra, una vez más, que en ocasiones los ayuntamientos no recogían las indicaciones del ministerio y no hacían caso de todas las sugerencias que se marcaban.

Llegaba desde Orbó[561] una petición de erección de una sencilla cruz a los caídos por parte de Luis Gutiérrez González, presidente de la junta vecinal. Sería desestimada, puesto que con los pocos recursos que podían destinar al futuro monumento éste sería inadecuado para el proyecto que se quería exaltar. Incluso en el escrito que hacía el director general de Propaganda hacía referencia a los materiales: "El material elegido para su construcción debería ser noble aun cuando el monumento fuese más sencillo y de menos escala. El hormigón en masa, y más tratado sin goterones ni elementos que lo preserven, pronto presentaría un aspecto deplorable"[562].

Una cuestión que era importante y en donde no se admitían modificaciones era la de que en los monumentos alguna persona tuviera algún tipo de peso o protagonismo mayor que otras. El único caído que podía sobresalir por encima de los demás era José Antonio Primo de Rivera y, si se intentaba que alguien más sobresaliera, se denegaba. Por ejemplo, en la localidad de Saldaña[563] había un personaje que había sido asesinado en Madrid por las Juventudes Socialistas

---

[560] AGA, Cultura, Delegación Nacional de Prensa y Propaganda, informe de la Dirección General de Arquitectura el 30 de octubre de 1944, monumento a los caídos de Cervera de Pisuerga, 21/05373.

[561] Localidad del municipio de Brañosera en Palencia.

[562] AGA, Cultura, Delegación Nacional de Prensa y Propaganda, informe negativo del director general de Propaganda el 26 de febrero de 1946, monumento a los caídos en Orbó, 21/02386.

[563] Localidad palentina situada en la comarca de Vega-Valdavia y ubicada a la orilla del río Carrión.

Unificadas y que gozaba de gran popularidad en la comarca. Se trataba de Ricardo Cortés Villasana que había sido el presidente del Sindicato Agrícola "Vega de Saldaña" y que gozaba de gran popularidad en toda la zona. Esta persona había jugado un importante papel en la región, puesto que había sido diputado por Palencia por la CEDA, ya que pertenecía a la Unión Castellana Agraria. En Palencia el jefe provincial de Propaganda escribe al gobierno civil defendiendo la enorme labor que había hecho Ricardo Cortés entre labradores y religiosos incluso en la época de la revolución de octubre.

Sin embargo, desde Madrid dejaban claro que no se podía mezclar en un mismo monumento a los caídos de la zona y a Ricardo Cortés. El documento que salía de la Delegación Nacional de Propaganda, que iba firmado por José Gómez Collado, decía "la erección de este monumento en lugar público, debe ser solicitada particular u oficialmente como monumento a Ricardo Cortés o como monumento a todos los Caídos de Saldaña separadamente, en cuyo caso podría escribirse la lista de ellos tras el nombre de José Antonio"[564]. En el escrito dejaba muy claro que en ningún caso se podía permitir que en el monumento se rotulase con una dedicatoria a Ricardo Cortés y demás Caídos de Saldaña. Como se comprueba, el puesto preeminente estaba solamente reservado a José Antonio y nadie podía sustituirlo. Además, en el informe se señalaba que sería recomendable que en el monumento se pusiera algún símbolo de la Revolución Nacional- Sindicalista por lo que se ve el interés de Falange de colocar sus símbolos en una zona donde el peso agrícola y católico era mucho más importante.

El control era tan exhaustivo por parte de la administración que incluso después de la construcción de los monumentos, si no habían tenido los permisos necesarios, se pedían explicaciones a los responsables de la construcción. En Almorox el monumento se construyó antes de estar autorizado y de reunir los requisitos necesarios; por esta razón se pedía cuentas desde la administración[565].

La localidad de Herreruela de Oropesa[566] presentaba un problema parecido, puesto que había construido una cruz en recuerdo a los caídos enfrente de la iglesia que estaba dedicada al patrón que es San Ildefonso. Esto causó cierto enfado en la Vicesecretaría de Educación Popular de la provincia de Toledo, y su delegado provincial emitiría un informe el 22 de diciembre de 1942 en el que avisaba a Madrid diciendo que el monumento había sido inaugurado sin su permiso. En el escrito se

---

[564] AGA, Cultura, Delegación Nacional de Prensa y Propaganda, escrito del jefe del Servicio Técnico de la Sección de Organización de Actos públicos y plástica a la Delegación Nacional de Propaganda, monumento a los caídos de Saldaña, 21/02386.

[565] AGA, Cultura, Delegación Nacional de Prensa y Propaganda, Monumento a los caídos en Almorox, Toledo, 1942, 21/05374.

[566] Municipio que pertenece a la provincia de Toledo y que el término de herreruela proviene de "pequeña herrería". En la actualidad tiene alrededor de 300 habitantes censados.

requería al jefe local de Falange la información del monumento, "gestiones previas para su construcción, sus características etc. acompañando al informe un plano o diseño con sus oportunas acotaciones"[567].

La información que se poseía era por medio de una publicación que iba a salir en El Alcázar y que se prohibiría, ya que iba a hacer un reportaje de la inauguración de la cruz cuando ésta no contaba con ningún tipo de permiso.

En la provincia de Almería tenían un problema parecido, puesto que el delegado provincial tuvo que hacer un informe sobre la pequeña localidad de Gádor[568] que, al parecer, había realizado un monumento sin contar con los permisos correspondientes. Como contaba el delegado provincial de educación de la provincia F. Ochotorena la cruz de los caídos se había erigido puesto que la jefatura local de Falange así lo había dispuesto. En el presente informe que se mandaba a la Dirección General de Propaganda se exponía cómo la jefatura local falangista había actuado por su cuenta totalmente sin contar con los permisos necesarios y sin consultar siquiera con la delegación provincial de educación. Se puede ver que, desde la Falange local, se había actuado de manera autónoma e incluso habían decidido poner diferentes placas en recuerdo a los caídos que normalmente no aparecían reflejados. De esta manera, tras la cruz habían puesto tres placas de mármol en donde en la central se había inscrito el nombre de José Antonio Primo de Rivera, en la de la derecha aparecían reflejados los muertos en la guerra y, a la izquierda, habían puesto otra placa donde aparecerían los nombres de los caídos en la campaña de Rusia. Incluso una vez concluido el proyecto se exponía que la inauguración del monumento se produciría el domingo dentro de los días de la feria local y con un concurso de ganado de por medio. Cuando se vio esto por parte de la Delegación Nacional de Propaganda se mandó parar totalmente el acto de inauguración y se exigió que no se podía inaugurar la cruz dentro de esos días pues quitaba toda la seriedad e importancia que tenían el conjunto. Como ya se sabe los monumentos eran inaugurados en fechas simbólicas, preferentemente el día de los caídos, que era el 29 de octubre o el 20 de noviembre. También se podía contar con fechas simbólicas como el día del patrón de la localidad o la fecha de conquista por parte de las tropas franquistas.

Finalmente se pedía permiso a Madrid para que, "una vez conocidos estos datos y por haberse hecho con anterioridad a las últimas instrucciones recibidas me indiques si hay que efectuar alguna variación, a fin de proceder a la inauguración de

---

[567] AGA, Cultura, Delegación Nacional de Prensa y Propaganda, informe del 22 de diciembre de 1942 del delegado provincial de educación de Toledo al jefe local de falange, monumento a los caídos Herreruela de Oropesa, 21/05373.

[568] Localizada en el interior de la provincia de Almería y que en la actualidad posee unos 3.000 habitantes aproximadamente.

la misma"[569]. Esta información nos lleva a pensar, que en ocasiones, no había ni siquiera una correcta cooperación entre las propias instituciones falangistas y que éstas funcionaban de manera autónoma, siendo la Dirección General de Propaganda quien finalmente tenía que decir si estaba todo correcto.

Los problemas de comunicación con la Falange eran más comunes de lo que podemos imaginar, y los jefes locales muchas veces actuaban por su cuenta. Otro caso que encontramos de falta de comunicación es el relativo a Algeciras, en donde la Vicesecretaría de Educación Popular manda información a la delegación de propaganda en Madrid relativo al monumento de la ciudad de Algeciras. En este caso, el jefe local de Falange había pedido permiso para erigir el monumento al jefe provincial del Movimiento y éste le había dado la autorización[570]. Como se ve, se había actuado sin el visto bueno de la Vicesecretaria de Educación Popular, y sin la aprobación de la Dirección General de Propaganda. Los problemas de comunicación en esta ocasión eran evidentes, puesto que estamos hablando de una ciudad que tenía un peso importante en la provincia de Cádiz y no de un pequeño pueblo perdido de pocos habitantes.

En otras ocasiones el proyecto que se presentaba cumplía todos los requisitos y no tenían que hacer ningún tipo de corrección. Fue el caso del municipio de La Calzada de Oropesa[571], en donde se le felicitó por la esbeltez y la gran cruz de casi nueve metros que iban a erigir en honor a los caídos de la localidad. El proyecto estaba realizado con materiales nobles, puesto que usaban piedra granítica lo que permitiría que la cruz soportase el paso de los años y las inclemencias climáticas, y que ésta perdurase para que la evocación a los caídos no cayera en el olvido. La severidad, la monumentalidad y la situación estratégica, así como la significación religiosa del proyecto, hacía que el futuro monumento tuviera un gran valor "espiritual que garantiza su fácil vigilancia y la general veneración"[572]. Otro ejemplo lo encontramos en la localidad navarra de Lesaca[573], donde se habían seguido perfectamente todos los trámites, puesto que habían enviado la memoria, los planos de planta, frente y costado a escala 1/25, además de las inscripciones y los modelos de los escudos que se iban a utilizar en el futuro monumento. De esta manera, la

---

[569] AGA, Cultura, Delegación Nacional de Prensa y Propaganda, informe a la Dirección General de Propaganda por parte del delegado de educación popular a 12 de enero de 1943, monumento a los caídos de Gádor, 21/05370.

[570] AGA, Cultura, Delegación Nacional de Prensa y Propaganda, informe del delegado de la vicesecretaría de educación popular de Algeciras, monumento a los caídos en Algeciras, 21/05371.

[571] Localidad perteneciente a la provincia de Toledo y que en la actualidad posee alrededor de 500 habitantes censados.

[572] AGA, Cultura, Delegación Nacional de Prensa y Propaganda, informe del delegado provincial el 7 de septiembre de 1949, monumento a los caídos en Calzada de Oropesa, 21/05373.

[573] Municipio situado al norte de la Comunidad Autónoma de Navarra y que cuenta con alrededor de 2.500 habitantes en la actualidad.

Dirección General de Arquitectura dijo "Por su sencillez, el acierto en la elección de los materiales, lo agradable de sus proporciones y, en fin, por lo bien compuesto y realizado que está todo el proyecto, juzgamos que debe aprobarse este en la forma que está redactado"[574]. En Cervera[575] el proyecto pasaría todos los trámites con rapidez, puesto que entraría el expediente el dos de febrero del año 1940 en la Dirección General de Propaganda y el veinte de marzo salía el expediente p.393 firmado por el jefe de censura autorizando el monumento para que fuese informado el ayuntamiento[576].

Sin embargo, en ocasiones sí se permitía la Dirección General de Arquitectura dar algún tipo de sugerencia para mejorar el proyecto y que éste quedara en excelentes condiciones. En su escrito fechado el 11 de junio de 1942 se puede observar cómo había sido el profundo análisis realizado sobre el proyecto que se había presentado: "Examinado el proyecto de referencia, lo encontramos bastante completo... memoria que describe perfectamente el emplazamiento y expone las razones que han presidido su elección...obras a ejecutar…materiales...mediciones... precios unitarios de jornales y transportes..."[577].

El proyecto por tanto tenía el visto bueno de la Dirección General de Arquitectura, pero había que tener en cuenta una pequeña recomendación que decía que para que la cruz quedara mejorada se modificarán sus proporciones para darle mayor esbeltez y tamaño. El informe finalizaba exponiendo que "el Proyecto estudiado debe aprobarse con la recomendación de atender la modificación que dejamos apuntada"[578]. Es decir, la sugerencia que se hacía tenía que llevarse a cabo puesto que el futuro monumento a los caídos tendría un mejor aspecto. Por último, cabe saber que desde Don Benito[579] se remitiría un proyecto por parte de la alcaldía que, por no seguir las indicaciones de la localización entre otras que se mandaban desde Madrid, se tardaría más de cinco años en conseguir levantar la cruz a los caídos.

---

[574] AGA, Cultura, Delegación Nacional de Prensa y Propaganda, escrito del 15 de diciembre de 1941 por parte del director general de arquitectura con dirección a la Dirección General de Propaganda, monumento a los caídos de Lesaca, 21/05373.

[575] Municipio situado en la provincia de Lérida y que es capital de la comarca de la Segarra. Actualmente la población censada es de 9.440 aproximadamente.

[576] Archivo Histórico Lérida, fondo del Gobierno Civil. Administración Local, autorización del proyecto de monumento a los caídos en Cervera, 1940, signatura 2.124.

[577] AGA, Cultura, Delegación Nacional de Prensa y Propaganda, escrito del director general de arquitectura dirigido al delegado nacional de propaganda el 11 de junio de 1942, monumento a los caídos de Sigüenza, 21/05371.

[578] AGA, Cultura, Delegación Nacional de Prensa y Propaganda, escrito del director general de arquitectura dirigido al delegado nacional de propaganda el 11 de junio de 1942, monumento a los caídos de Sigüenza, 21/05371.

[579] Municipio de la provincia de Badajoz que en la actualidad tiene una población de alrededor de 38.000 vecinos.

El proyecto que llega de Navahermosa sería felicitado puesto que tenía unas nobles dimensiones, era severo, el material empleado era granito lo que le daría durabilidad necesaria en estos casos y el lugar escogido era cerca de la iglesia parroquial de la localidad. La Dirección General de Arquitectura proseguía con su informe, explicando que era una gran idea la colocación de una mesa de altar, pero que la cruz debería ser exenta y libre de toda clase de aditamentos. Estas pequeñas cuestiones se podían solventar, pero lo grave era que el proyecto tenía que "ser redactado por un arquitecto, como técnico capacitado legalmente para ello"[580].

El proyecto de Nava sería directamente aprobado por la Dirección General de Arquitectura en su informe del 14 de julio de 1947 puesto que, tanto el emplazamiento como el monumento, cumplían "dignamente con el fin de exaltar la memoria de sus caídos perseguida por el ayuntamiento de Nava"[581].

Tras solventar las cuestiones que se señalaban desde Madrid se procedía a informar a los interesados. Un ejemplo de los pasos legales que se daban cuando se aprobaba el monumento y a las instituciones a las que se informaban lo tenemos con la localidad toledana de Navahermosa donde el informe que manda la secretaría técnica de la Delegación Nacional de Propaganda era muy claro. Una vez que esta institución había visto el informe del delegado provincial de educación de la provincia, que se había visto el dictamen de la Dirección General de Arquitectura y le había llegado la comunicación por parte del gobierno civil, la Delegación Nacional de Propaganda resolvía el expediente. Si resultaba aprobado, como el de la localidad de Navahermosa, los pasos que se daban eran los de informar al gobernador civil, al delegado provincial de educación popular de la provincia, que en este caso era Toledo, y finalmente al alcalde del municipio que solicitaba los permisos necesarios para erigir el recuerdo a sus caídos[582].

3.2. Los nombres que debían aparecer en las lápidas y los monumentos a los caídos

Un tema esencial era el saber qué nombres tendrían que aparecer en las lápidas que recordarían a los caídos y qué organismos verificarían que todos los datos eran los correctos. Los nombres que quedaban grabados en el mármol o la piedra estarían presentes en la vida de las diferentes localidades y su recuerdo quedaría grabado para

---

[580] AGA, Cultura, Delegación Nacional de Prensa y Propaganda, informe del 18 de abril de 1944, monumento a los caídos de Navahermosa, 21/05373.

[581] AGA, Cultura, Delegación Nacional de Prensa y Propaganda, informe de la dirección general de arquitectura, monumento a los caídos de Nava, 21/05373.

[582] AGA, Cultura, Delegación Nacional de Prensa y Propaganda, resolución de la secretaría nacional de la delegación nacional de propaganda, monumento a los caídos de Navahermosa, 21/05373.

la posteridad. La presencia de los nombres era un tributo que se hacía, un reconocimiento a los muertos y a los familiares de éstos que habían sufrido la dolorosa pérdida. En ocasiones era difícil colocar el recuerdo a las víctimas, puesto que no todos los lugares eran adecuados, ya que muchas veces eran edificios religiosos con cientos de años o en otras ocasiones las fachadas directamente no eran las más adecuadas por los materiales de los edificios. En Marruecos las iglesias no tenían fachadas de piedra, por lo que era complicado inscribir los nombres de los caídos. Desde Madrid se les propone que instalen placas de mármol y que, al ser económicamente más costoso, lo tendrían que sufragar los diferentes municipios[583].

No hay que olvidar que los lugares donde estaban reflejados los nombres eran lugares donde las familias iban a rezar y muchas veces a estar en un momento de soledad y reflexión. Esto era esencial; en las memorias se remarcaba que se debían escoger emplazamientos tranquilos y en donde se invitara al recogimiento a los ciudadanos. En lugares donde había habido una persecución brutal y el número de víctimas era enorme podía haber problemas a la hora de que todos los nombres quedaran reflejados. Este problema pasó en el monumento de la ciudad de Vic, en donde el número de nombres que había que poner era tan ingente que se pensó en una alternativa, puesto que obligaba a emplear una letra muy pequeña para que cupiesen todos. La solución que daban era la de "hacer constar esta relación en un pergamino, el cual resguardado en un vaso de cristal, el día de su inauguración, después de procederse a la lectura de todos los Caídos por Dios y por España de esta ciudad, a quienes se dedica este Monumento, alojarlo en un hueco dejado exprofeso en su interior y cerrarlo con el sillar que se haya escogido para este fin"[584]. Como se puede ver, el simbolismo no podía ser mayor puesto que los nombres estarían en el corazón del monumento hasta el final de los tiempos.

Pero llegados a este punto nos surgen preguntas que hay que responder y que hacen referencia a los nombres que debían de aparecer. Las preguntas que nos surgen son: ¿qué nombres aparecerían en las lápidas?, ¿serían los relativos a los caídos en el conflicto o estarían las víctimas de la represión y ajustes de cuentas durante la guerra?

Como se ha podido comprobar, los nombres que aparecen en las lápidas hacen referencia a las personas de la localidad que caían en combate, los asesinados en la retaguardia, y, en alguna ocasión, se añadieron a posteriori los caídos de la División Azul que murieron en la campaña de Rusia. De esta manera, los nombres de los que habían muerto en el frente o habían sido asesinados quedarían grabados en las futuras lápidas sin ningún tipo de distinción.

---

[583] AGA, Cultura, Delegación Nacional de Prensa y Propaganda, escrito del director general de Propaganda al jefe Provincial de Propaganda en Marruecos, 21/02382.

[584] AGA, Cultura, Delegación Nacional de Prensa y Propaganda, memoria del arquitecto municipal el 30 de abril de 1943, monumento a los caídos de la ciudad de Vich, 21/05370.

Miguel Ángel Blanco en su último libro remarca que, "No se incluyeron mujeres en las listas de caídos de los monumentos. Como buenas madres, esposas o hermanas, se les reservaba un papel pasivo en el duelo por la pérdida de sus seres queridos"[585]. Esto es erróneo y en muchas lápidas sí aparecen nombres femeninos que normalmente eran monjas que habían sido ejecutadas y que aparecen en diversos edificios religiosos. También encontramos nombres femeninos en diversas lápidas como por ejemplo en de la localidad de El Campillo de la Jara[586]. En la lápida del municipio, de los siete nombres que aparecen reflejados, cinco son de mujeres: Amparo G. Oliva, Julias Reyes García, Segunda Gómez Palomo, Melitona Gómez Ballestero y Eladia Quiroga Oliva.

Esto no es algo único de esta localidad y, tras llevar cabo un estudio en profundidad, podemos encontrar diversos municipios en donde en las lápidas de los caídos aparecen nombres de mujeres. A continuación, se hace una pequeña tabla para demostrar que las mujeres también tuvieron su espacio de recuerdo y no es un hecho aislado de algunas iglesias o de la localidad de El Campillo de la Jara.

RELACIÓN DE LOCALIDADES DONDE SE INCLUYEN NOMBRES DE MUJERES EN LAS LÁPIDAS DE LOS CAÍDOS

Localidad	Provincia	Población
Alcalá de Henares	Madrid	200.000 habitantes
Alcaudete	Jaén	10.300 habitantes
Aldeaseca de la Frontera	Salamanca	250 habitantes
Almonacid del Marquesado	Cuenca	424 habitantes
Aranjuez	Madrid	65.000 habitantes
Caspe	Zaragoza	9.500 habitantes
Castillo de Bayuela	Toledo	900 habitantes
Cuart de Poblet	Valencia	26.000 habitantes
El Álamo	Madrid	10.000 habitantes
El Puente del Arzobispo	Toledo	1.100 habitantes
Figaredo	Asturias	1.400 habitantes
Fuentidueña de Tajo	Madrid	1.900 habitantes

---

[585] Miguel Ángel DEL ARCO BLANCO, *Cruces de Memoria y olvido Los monumentos a los caídos de la guerra civil española (1936-2021)*, Crítica, Barcelona, 2021. p. 147.

[586] Municipio de la provincia de Toledo teniendo una población aproximada de 1.400 habitantes en la década de los años cuarenta.

Gamonal	Toledo	900 habitantes
Los Corrales de Buelna	Cantabria	11.000 habitantes
Martos	Jaén	25.000 habitantes
Millanes	Cáceres	250 habitantes
Morata de Tajuña	Madrid	7.500 habitantes
Pareja	Guadalajara	380 habitantes
Santa Cruz de la Zarza	Toledo	4.000 habitantes
Valdestillas	Valladolid	1.650 habitantes
Villalba de Rioja	La Rioja	150 habitantes
Villanueva de Alcardete	Toledo	3.062 habitantes
Torredonjimeno	Jaén	13.700 habitantes
Turleque	Toledo	721 habitantes
Villanueva de Bogas	Toledo	699 habitantes
Villapresente	Cantabria	1.200 habitantes
Villagordo del Cabriel	Valencia	580 habitantes
Villasandino	Burgos	180 habitantes
Villasequilla	Toledo	2450 habitantes

[587]

Como se puede comprobar, la tabla anterior representa una relación de localidades que son de diversos lugares de España y que reflejan que la aparición de nombres de mujeres no es un hecho aislado de una provincia o de un área en concreto. También es interesante señalar que tenemos localidades con muy pocos habitantes como Villalba de Rioja o Pareja que pueden considerarse pequeños pueblos y localidades muy grandes como son Alcalá de Henares o Aranjuez. Este último dato nos demuestra que el hecho de que aparezcan mujeres no obedecía solo al hecho de que quedaran sus nombres reflejados en pequeños municipios donde se podían conocer todos los habitantes, sino que indistintamente también aparecerían en localidades grandes con miles de vecinos.

Otro punto interesante para remarcar es el relacionado con los nombres que debían aparecer en las lápidas. Sabemos que normalmente los fallecidos de cada localidad luego estarían reflejados en sus localidades de origen, pero hay noticias de que incluso podía haber nombres de personas fallecidas que no eran del municipio, como el caso de Vitoria, donde se verá posteriormente cómo se recogieron los nombres de todas las personas fallecidas en la provincia de Álava. En el caso de Marruecos el jefe Provincial José Aragón escribe el 6 de noviembre de 1940 a Madrid para pedir permiso porque quería que en las placas de determinadas localidades se

---

[587] Tabla de elaboración propia en base al archivo fotográfico realizado durante los últimos quince años.

pudieran poner nombres de personas que no eran de la misma, pero la plana mayor era de la localidad en cuestión[588]. Posteriormente recibiría de Madrid la contestación autorizando la solicitud, puesto que había voluntarios a los que era difícil asignar parroquia en un territorio como Marruecos, y a ésto había que sumar que los registros en esa época eran escasos.

En las grandes localidades en las que había que poner cientos de nombres se llegaron incluso a solicitar el envío de datos mediante la prensa. En el caso de la provincia de Álava, en el monumento de la ciudad de Vitoria, donde se iban a labrar 1.200 nombres en las lápidas, el periódico recogía la noticia de que la Diputación Foral que era una de las impulsoras, había enviado una circular a los alcaldes de la provincia para que ningún muerto se quedara sin aparecer en la lápida. La circular explicaba de este modo:

> "El monumento acordado erigir por la Diputación de Álava y por el ayuntamiento de Vitoria para honrar a los mártires y caídos de nuestra Provincia en la Gloriosa Cruzada Nacional, llevará en sus lápidas de mármol los nombres de los mismos para su perpetua recordación y nuestro ejemplo. En el afán de que ninguno de ellos quede olvidado y omitido en esta relación, lo que habría de ser de gran dolor para las familias de los muertos, así como para ambas Corporaciones organizadoras del Homenaje, obliga a no dejar nada por hacer para completar las listas que ya se poseen de las unidades de las Milicias y del Ejército que en nuestra provincia había, pero que no pueden alcanzar a otros muchos alaveses que formaron en otras Provincias y murieron por Dios y por España en el Ejército, milicias o cárceles. A este fin y para evitar dolorosas omisiones, es obligado proceder a completar las listas mencionadas disponiendo lo siguiente:
>
> Primero. Los señores presidentes de las Juntas Administrativas o alcaldes, tan pronto como reciban esta circular, se pondrán de acuerdo con los señores curas párrocos y maestros para proceder a su inmediato cumplimiento.
>
> Segundo. Formarán una relación comprensiva de los Caídos del pueblo (muertos en campaña, cárceles u otro lugar) con expresión de nombre y apellidos, unidades del Ejército o Milicias en que formaban cuando hallaron la gloriosa muerte, o cárceles o lugares en que dieron su vida por Dios y por España.
>
> Tercero. Firmada y sellada dicha relación por los señores alcaldes, Cura Párroco y Maestro la remitirán al señor presidente de la Excma. Diputación Foral de Álava para antes del próximo treinta de junio.
>
> Vitoria, 15 de junio de 1944. El Presidente, Lorenzo de Cura"[589].

---

[588] AGA, Cultura, Delegación Nacional de Prensa y Propaganda, escrito del jefe provincial de la falange de Marruecos, 21/02382.

[589] *El Pensamiento Alavés*, 17 de junio de 1944, p. 4.

De esta manera se hizo una recogida de datos exhaustiva en todos los lugares para que no faltara nunca ningún nombre. Inicialmente desde el ámbito local -los ayuntamientos- y, así, los propios familiares eran los encargados de trasmitir la pérdida, ya que muchas veces a las instituciones grandes, como podía ser el Ejército y Falange, les faltaba información. Al tratarse de una guerra civil muchos de los fallecidos eran voluntarios y no pertenecían a ninguna institución. En las lápidas y monumentos también aparecerían los datos de las personas fallecidas en la retaguardia o en la represión que hubo en los pueblos, y esa información solo se podría tener de primera mano, es decir, desde los ayuntamientos y los familiares.

3.2.1 Los problemas para la elección de los nombres en las lápidas de los caídos

Una cuestión interesante sería saber si había problemas a la hora de escoger los nombres que estarían en los monumentos, o si había discrepancias a la hora de elaborar las listas de los fallecidos de las diferentes localidades de España. Tenemos un excelente ejemplo en la localidad de Oliete[590] que en la década de los años cuarenta tenía unos dos mil habitantes. Al parecer hubo un tremendo problema para la elección de los nombres que tenían que aparecer en la lápida de los caídos al finalizar la guerra. Esto generó una serie de escritos dirigidos a las diferentes autoridades para que ejercieran de árbitro y decidieran sobre el espinoso asunto que tanto afectaba a las sensibilidades de los vecinos de la localidad. La información que se obtiene es muy valiosa puesto que nos habla del procedimiento y sobre la institución que tendría la última palabra en este tema tan complejo, pero a la vez tan interesante y esencial.

La pequeña localidad, situada en la comarca aragonesa de Andorra-Sierra de Arcos, tuvo una serie problemas graves a la hora de la elección de los nombres. La problemática según quedó reflejada por el alcalde José Bespin Munieses en su escrito del 24 de septiembre de 1941 nos indica que no todos los nombres que había indicado el ayuntamiento habían sido aceptados por FET y de las JONS. Esto nos muestra lo que ya se ha explicado: la recogida de nombres había sido realizada por las esferas locales, en este caso por el ayuntamiento, y luego se debía tener el visto bueno de Falange local.

El problema, explicaba el alcalde, era que "han sido omitidos en la lápida de referencia nombres de personas que fueron sacadas de sus casas por las hordas rojas para maltratarlas y más tarde fusilarlas"[591]. En el documento alertaba el alcalde que no se podía actuar tan arbitrariamente y esta actuación iba a producir que en la

---

[590] Localidad situada en la provincia de Teruel y que en la actualidad tiene unos 300 habitantes.

[591] AGA, Cultura, Delegación Nacional de Prensa y Propaganda, escrito del alcalde del municipio, monumento a los caídos de Oliete, 21/02382

localidad se pudiera caer en discordias y problemas entre los vecinos y los familiares de los caídos que no habían sido incluidos. El escrito terminaba pidiendo "sean incluidos en la lápida de los Caídos por Dios y por España que ha de colocarse en la pared de la Iglesia de este pueblo a los fusilados siguientes, Joaquín Royo Andreu, Alfredo Royo Oliete, Agustín Burillo, José Carod Royo, Ángel Oliete Alfonso, Salvador Albero Simón, Emilio Santiago Quiles, José Burillo Pastor, José Andreu Trállero, Francisco Mañas Quilez, José Martín Valle, Gregorio Herrero Soler, Agustín Royo Royo, Ramón Valle Royo"[592].

Estamos, por tanto, ante un número importante de personas que no habían quedado reflejadas en la lápida de un pequeño pueblo en el que el número total de nombres no sería muy alto.

Tras el escrito del alcalde al Gobierno Civil de Teruel, éste tuvo que encargar una investigación para tratar de buscar una solución al enorme problema que se planteaba. Según quedó reflejado en el documento el problema había venido por las diferencias a la hora de verificar los nombres entre el ayuntamiento y el jefe local de FET y de las JONS. Esto nos da una idea del peso y la fuerza que tenía la Falange local a la hora de dar el visto bueno a las personas que tenían que aparecer reflejadas en las diferentes placas. Falange defendía que los nombres anteriormente citados no podían aparecer junto con los demás, puestos que se les "achacaba que anteriormente militaron en partidos de izquierda"[593]. El Gobierno Civil, alertado por el alcalde de los problemas que podían ocurrir, y por la imprecisión del concepto de izquierdas o derechas, máxime en un pequeño pueblo en donde el analfabetismo era grande y las discusiones que pudieran producirse, encarga a la Guardia Civil y a un Alférez instructor que investigasen los hechos.

Como se puede observar, los diferentes actores -ayuntamiento y Falange local- escriben al Gobierno Civil para que éste medie y busque una solución. Tras la investigación en la villa de Oliete, en la que se habla con la gente del pueblo, la Guardia Civil llega a la conclusión de que las personas fusiladas durante la guerra y que no habían sido puestas en la placa habían simpatizado con los elementos de izquierdas. Esto nos muestra la delgada línea que suponía aparecer o no aparecer en las lápidas de los caídos, ya que bastaba con haber simpatizado en el periodo anterior con partidos de izquierda para estar marcado y no aparecer en una lápida, aunque hubieran sido asesinados otros militantes de la misma ideología. De esta manera vemos el caso de unas personas acusadas de simpatizar con la izquierda, que habían sido fusilados y sus familias despojadas de sus bienes y obligadas a trabajar en las faenas del campo por los comités republicanos según se explicaba en la

---

[592] AGA, Cultura, Delegación Nacional de Prensa y Propaganda, escrito con el nombre de los caídos del municipio, monumento a los caídos de Oliete, 21/02382.

[593] AGA, Cultura, Delegación Nacional de Prensa y Propaganda, Escrito del Gobierno Civil, monumento a los caídos de Oliete, 21/02382.

documentación. Además, los fallecidos habían sufrido la violencia que había campado a sus anchas durante la guerra, que les había perjudicado, puesto que parece ser que se encontraban en tierra de nadie, y que fueron acusados por uno y otro bando de ser cercanos al enemigo al que había que exterminar.

Esta misma opinión partió desde el Gobierno civil de Teruel en donde el gobernador José María Sánchez el 13 de octubre de 1941, en resolución del caso, decía "que abierta una investigación para determinar el grado de adhesión de los asesinados y conducta político-social con respecto al Glorioso Movimiento Nacional, concuerdan los declarantes en que los vecinos asesinados del citado pueblo de Oliete, aun cuando habían participado en partidos políticos del Frente Popular eran personas moderadas y de buena conducta privada, habiendo pertenecido en tiempos al partido liberal.. Sean incluidos los nombres de los vecinos de dicha localidad en la lápida de la cruz de los Caídos, lo, que pongo en su conocimiento para su cumplimiento"[594].

Como se puede ver, el Gobierno Civil de cada provincia parecía que era la suprema autoridad y quien tenía que dar el visto bueno final si había algún tipo de malentendido o problema a la hora de señalar qué nombres de los fallecidos debían aparecer en las famosas lápidas. En el escrito el gobernador hacía referencia a la importancia de no generar más problemas en un país asolado por la guerra y evitar tanto rencores como pugnas en el pueblo.

Parecía que el asunto quedaba zanjado, que los problemas habían desaparecido y que el Gobierno Civil había hablado, pero el empeño de los cargos falangistas no iba a cesar. El jefe local de Falange no se da por vencido, y pone en conocimiento de la Jefatura Provincial la problemática que había en el pueblo y que se corría peligro de que se pusieran nombres en la placa que ellos consideraban incorrectos, y no solo eso sino que hubiera nombres de personas que habían simpatizado con los elementos de izquierdas en el periodo anterior.

El 24 de octubre de 1941el jefe Provincial de Falange Joaquín Foz escribía al gobernador civil aclarándole lo que pasaba en Oliete. Según Falange los nombres que se querían añadir eran personas de izquierdas que habían sido asesinados debido a rencillas personales entre los diferentes grupos de izquierda. Se explicaba que tanto como desde Propaganda como desde la jefatura provincial se había pedido al jefe local que no admitiera dichos nombres puesto que no habían simpatizado con lo que se denominaba el Movimiento Nacional y por tanto no se podía admitir que los nombres aparecieran en la lápida junto con los demás caídos.

La disparidad de criterios aumentó cuando le indicaron al gobernador civil que "todo lo referente a esta materia, depende exclusivamente de propaganda en la actualidad afecta a la organización por disposición del Caudillo y es la única que

---

[594] AGA, Cultura, Delegación Nacional de Prensa y Propaganda, Escrito del Gobierno Civil, monumento a los caídos de Oliete, 21/02382.

puede, en cumplimento de órdenes recibidas de la Vicesecretaría de Educación Popular y de esta Jefatura Provincial dictar normas en este sentido"[595].

Esta frase es esencial, puesto que nos arroja luz sobre cuál era la institución final que decidía los nombres que quedarían grabados en las placas y en la piedra de los diferentes monumentos y que posteriormente se colocarían en la mayoría de las localidades españolas. No cabía duda con el escrito de Falange en el que incluso se hacía alusión al mismísimo Franco, que no podía haber discusión y que la competencia de los nombres pertenecía a Falange y no se admitía ninguna contraorden. Hay que resaltar la importancia que nos muestra este hecho puesto que vemos que hay una "lucha" totalmente desequilibrada entre un jefe local de Falange de un pequeño pueblo frente a un todo poderoso gobernador civil de una provincia.

Incluso desde Falange se fue un paso más allá y se expuso que había unos criterios para aparecer en las placas y que los asesinados de Oliete no los cumplían y por tanto no podían estar ahí, por lo que las razones que daba el gobierno civil no tenían peso. Joaquín Foz explicaba "Las razones que expone V.E. carecen de fundamento, pues la sola razón de pertenecer al Frente Popular era motivo más que suficiente, para su no inclusión, ya que …En cuanto a los que pertenecieron al partido liberal, lo menos que eran unos equivocados cuando no algo peor..."[596]. Como se puede ver, las personas con un pasado político tenían complicado aparecer posteriormente en las lápidas e imposible si habían militado en partidos de izquierda. Estamos ante un complejo proceso de investigación por parte de las falanges locales, donde se encargaban de ver los antecedentes políticos y en donde había un filtro muy importante.

El escrito finalizaba haciendo hincapié en que los argumentos que daba el Gobierno Civil de Teruel alegando problemas y rencillas personales entre los vecinos serían peores si éstos vieran que sus familiares que habían caído por defender una serie de ideas y valores estuvieran junto con personas que no se habían distinguido por su patriotismo y que incluso habían simpatizado o militado en partidos de izquierdas.

Parecía que el tema había quedado zanjado y que los problemas iban a desaparecer. Sin embargo, desde el Gobierno Civil no se admitieron los argumentos de Falange y no se aceptaron sus peticiones. José María Sánchez respondió el 28 de octubre de 1941de una manera directa y sin contemplaciones "plantea esa Jefatura una cuestión de competencia apoyándose en ordenes de la Vicesecretaría de Educación Popular que no me han sido notificadas..."[597]. El gobernador dejaba claro que si no le indicaban sus superiores que tenía que rectificar todos los nombres

---

[595] AGA, Cultura, Delegación Nacional de Prensa y Propaganda, escrito del jefe Provincial de Falange, monumento a los caídos de Oliete, 21/02382.

[596] AGA, Cultura, Delegación Nacional de Prensa y Propaganda, escrito del jefe Provincial de Falange, monumento a los caídos de Oliete, 21/02382.

[597] AGA, Cultura, Delegación Nacional de Prensa y Propaganda, escrito del gobernador civil de Teruel, monumento a los caídos de Oliete, 21/02382.

tendrían que aparecer en dicha placa. Esto nos muestra que, en esta ocasión, hubo una auténtica "guerra" entre el gobierno civil y la Falange de Teruel en la que ninguno de los dos iba a ceder. Con el siguiente escrito se puede ver la lucha de poder que había en la provincia cuando la Jefatura Provincial de Falange escribe a Madrid para que mediara y solucionara el conflicto de una vez por todas.

Joaquín Foz escribe el 3 de noviembre de 1941 a la Jefatura Nacional de Propaganda, informando de que hay un problema con el Gobierno Civil que ya solo Madrid lo podría solucionar. Desde Falange, por primera vez, se hace referencia a la ideología política de los nombres de los caídos que querían añadir a la lista y que no podían aparecer. En el escrito se quería justificar la decisión que habían tomado y, sobre todo, la lucha que había contra el gobierno civil, y por lo tanto se explicaba que, "los elementos de la C.N.T. por diferencias políticas con los de la U.G.T. fusilaron algunos vecinos pertenecientes desde antes del Movimiento a este último partido"[598]. Como se puede ver, la Falange provincial no iba a desistir y no iba a permitir que el Gobierno Civil se saltara las normas y pusiera nombres de personas de un sindicato de izquierda en la famosa lápida.

En el documento se decía que había una diferencia total de criterios: por un parte estaba la Falange de Teruel frente al alcalde y el Gobierno Civil que no reconocía la autoridad sobre la institución que decidía los nombres que debían aparecer. El conflicto que se había generado era muy importante e incluso se hacían referencias personales sobre el pasado político del gobernador civil y su forma de proceder "contesta con una serie de vaguedades, en las que se manifiesta muy conforme con lo que él llama partido, que desconoce en absoluto, tanto por su procedencia política (furibundo cedista) como por su actuación en el tiempo que lleva de Gobernador..."[599]. José María Sánchez quedaba totalmente desacreditado por los falangistas, tanto por sus decisiones, que eran calificadas de forma negativa, como por su pasado político, que no tenía que ver nada con Falange y al que se veía como alguien externo a la construcción del nuevo régimen.

Este conflicto que se ha visto entre un antiguo miembro de la Ceda y Falange también es señalado por Ángela Cenarro en su estudio sobre el Régimen Franquista en Aragón, en donde se hace referencia a los fuertes conflictos que había terminada la guerra entre las diferentes facciones por conseguir espacios de poder. La autora defiende cómo tras la guerra, y hasta 1942, los gobiernos civiles de Aragón recayeron sobre personalidades de la derecha agraria tradicional y esto dio lugar a "numerosas protestas de los jefes falangistas, para quienes la reposición de viejos derechistas al

---

[598]AGA, Cultura, Delegación Nacional de Prensa y Propaganda, escrito de Joaquín Foz a la Dirección Nacional de Propaganda, monumento a los caídos de Oliete, 21/02382.

[599] AGA, Cultura, Delegación Nacional de Prensa y Propaganda, escrito de Joaquín Foz a la Dirección Nacional de Propaganda, monumento a los caídos de Oliete, 21/02382.

frente del poderío local era una traición a la revolución nacionalsindicalista y al Nuevo Estado"[600].

El final del problema llegó el 13 de noviembre de 1941, cuando el Gobierno Civil recibió un escrito desde la Vicesecretaría de Educación Popular firmado por el vicesecretario Pajares en donde se indicaba que los nombres que se querían añadir no se admitían, puesto que en las placas solo podían aparecer "los nombres de aquellas personas asesinadas por su reconocida afección al Movimiento Nacional"[601]. De esta manera, el asunto quedaba zanjado.

En esta ocasión sería de gran interés poder comprobar los nombres que se pusieron finalmente en la placa de los caídos de Oliete. No consta más información en el archivo que haga referencia a la solución que finalmente se tomó por parte de las autoridades y cabe suponer que al final Falange saldría victoriosa de esta pugna de poder, que se había producido en un pequeño pueblo de la provincia de Teruel.

A lo largo de esta investigación se viajó a esta localidad para proceder a comprobar qué nombres finalmente estaban reflejados y, al llegar, a la Iglesia del siglo XVII de estilo barroco llamada Nuestra Señora de la Asunción, se seguía conservando una pequeña placa de mármol en su fachada con los siguientes nombres.

RELACIÓN DE CAÍDOS QUE APARECE EN LA LÁPIDA DE OLIETE	
José Luis Peña Royo	José Lázaro Giménez
Francisco Giménez Calvo	Celestino Candeal Cotaina
Valentín Novella Trallero	Pedro José Royo Calzada
Francisco Alcaine Ayora	Dionisio Mesas Alfonso
Ricardo Romance Gracia	Antonio Burillo León
Jesús Oliete Albero	Agustín Alfonso Valle
Francisco Royo Blasco	José Royo Santiago
Nicanor Aliento Nou	Antolín Santiago Quílez
	José Santiago Villendas

[602]

---

[600] Ángela CENARRO LAGUNAS, Elites, Partido, Iglesia. El Régimen Franquista en Aragón, 1936-1945, *Studia historica. Historia contemporánea*, N.º 13-14, 1995-1996, p.89.

[601] AGA, Cultura, Delegación Nacional de Prensa y Propaganda, escrito del vicesecretario de Educación Popular Pajares el 13 de noviembre, monumento a los caídos de Oliete, 21/02382.

[602] Tabla de elaboración propia en base a la fotografía tomada en el pueblo de Oliete el 3 de abril de 2013.

Estos nombres nos indican que Falange venció en la lucha y logró doblegar al Gobernador Civil de Teruel. Hay que destacar que la placa que se conserva no contiene ninguna referencia falangista como sucede en otras ocasiones cuando se hace referencia a términos puramente falangistas, por lo que pudo ser una venganza del alcalde sobre la Falange local.

Llegados a este punto, una de las informaciones más valiosas que se puede extraer tras analizar el problema que sucedió en el pueblo de Oliete, es mostrar a la institución suprema que decidía los nombres que se debían poner en los diversos monumentos y lápidas. De esta manera, hemos comprobado que la Vicesecretaría de Educación Popular era la institución que tenía la última palabra y que cedía las competencias a las Jefaturas Provinciales del Movimiento de cada provincia como órganos gestores encargados de filtrar y autorizar los nombres[603].

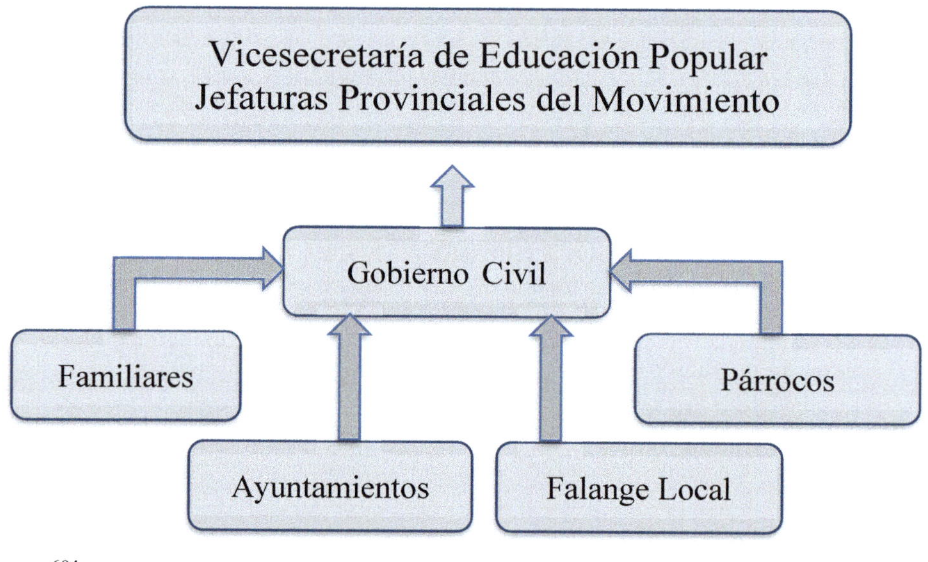

604

De esta manera, en el gráfico superior se ve el proceso de recogida de nombres que se producía por parte de familiares, entidades locales e incluso párrocos para que se elaboraran listas y se enviaran al gobierno civil, que luego pasaría a las jefaturas provinciales para que dieran su visto bueno. Se observa que había recogida minuciosa que se hacía desde todos los frentes con la publicidad necesaria para que ningún nombre se quedara sin grabar. Hay que remarcar que hay muy pocas listas

---

[603] AGA, Cultura, Delegación Nacional de Prensa y Propaganda, escrito del jefe Provincial de Propaganda el 3 de noviembre de 1941, monumento a los caídos de Oliete, 21/02382.

[604] Tabla de elaboración propia en base a la documentación recogida en los diferentes expedientes del Archivo General de la Administración en Alcalá de Henares.

conservadas con los nombres que se proponían y que luego enviaban a los organismos superiores lo que hace más valiosa la información que aquí se desarrolla.

Se ha comprobado que había un control absoluto y muy importante puesto que había varias listas de nombres que se enviaban y luego sufrían modificaciones que se hacían por parte de los organismos superiores. Esto sucedió en San Sebastián, donde las modifican y tachan nombres[605], que luego posteriormente no aparecerían reflejados en el monumento.

Es decir, nos queda que al final FET y de las JONS era la que controlaba el proceso final y escogía los nombres con una importancia enorme de las jefaturas locales que conocían a los vecinos, por lo menos en las localidades pequeñas y que sabían del pasado político de los mismos.

3.2.2 Errores y repeticiones en los nombres

El tema de la elección de nombres era un asunto delicado puesto que los muertos habían hecho posible la victoria en la guerra, y sus nombres eran los que debían quedar en un lugar preeminente para que fueran vistos y admirados. Hay que tener presente que una vez grabados los nombres en los monumentos o las lápidas, resultaría muy complicado poder corregir errores. Las lápidas estaban hechas a medida para que no sobrara espacio; como se ha podido ver en todos los proyectos se realizaba un estudio para que todo quedara con la mayor perfección posible y, en el caso de que la lápida no estuviera perfectamente centrada, la Dirección General de Arquitectura mandaba modificar su posición para que no quedaran espacios.

En otro sentido, cuando se grababan los nombres en las diferentes iglesias o catedrales, no podía haber espacio para el error puesto que una corrección sería muy complicada o imposible de llevar a cabo. Muchas iglesias y catedrales vieron cómo en sus muros se grabaron los nombres, y se ha observado que no hubo errores puesto, que no había modificaciones en sus fachadas.

No hay constancia en los documentos consultado de que hubiera muchos errores a la hora de grabar los nombres puesto que, como se puede ver a lo largo del capítulo, se hacía un estudio pormenorizado y se pasaban varios filtros de varias personas para que no hubiera nombres incorrectos o que se pusieran nombres que no debían estar.

Sin embargo, ¿qué pasaba si se olvidaba un nombre de algún caído una vez puesta la lápida? Se sabe que había rivalidades entre personas, rencillas familiares que luego tendrían su reflejo en este tema tan delicado.

---

[605] Archivo Municipal de San Sebastián, Fondo Histórico, Signatura H-03477-05, Clasificación E-05-03-Relaciones con las autoridades militares. Guerras, Erección de una cruz a la memoria de los caídos en la meseta de la plaza San Telmo, diferentes listas de caídos.

Tenemos conocimiento de que hubo alguna omisión, como por ejemplo en Ejea de los Caballeros[606], o con un nombre en la lista de los caídos de un pequeño pueblo de Castilla que veremos a continuación, y la familia tuvo que realizar varios escritos pidiendo subsanar el error. Como se puede observar a continuación, los elementos clave a la hora de la elección de los nombres son los que se han podido ver a lo largo de este trabajo. La recogida de nombres partía de las familias, la Falange local y los ayuntamientos que, por último, contarían con el visto bueno de Vicesecretaría de Educación Popular.

En la localidad de Íscar[607] la familia de Mariano Boal Mate[608], que era carpintero y había muerto en el frente madrileño, concretamente en Ciudad Universitaria en 1936, realizaría varios escritos para intentar subsanar el error que se había cometido en la lápida de los caídos del pueblo puesto que su nombre no se había grabado en tiempo y forma. De esta manera, llegaban quejas de que su nombre no había sido puesto en el monumento que se había levantado en Íscar y se procedió a enviar un escrito al gobernador civil de Valladolid para que tuviera constancia del problema que se había generado. El 8 de agosto de 1940 el gobernador civil de Valladolid escribe al jefe local de Falange de Íscar pidiéndole explicaciones "Llega a conocimiento de este Gobierno Civil...se ha omitido el nombre de D. Mariano Boal Mate, muerto en el frente de...esta lamentable omisión obedece a venganza personal del alcalde con los familiares de aquel..."[609]. Seguidamente se exigía que le informase del caso para poder solucionarlo todo a la mayor brevedad posible.

Es interesante remarcar que, aunque se pide un informe al jefe local de Falange, también se fue por otra vía y se pidió un informe a la Guardia Civil para que diera su versión de los hechos y pudiera arrojar más luz sobre este episodio que como se puede ver, sería terrible para la familia del fallecido, ya que su nombre no estaba junto con los demás caídos de la localidad.

De esta manera se produce un informe de un teniente coronel en donde se informa al gobierno civil de la situación tras la investigación pertinente. En el documento se detalla cómo el alcalde, que era a su vez el jefe local de Falange, había actuado correctamente. En el informe se explicaba que la problemática era que los familiares trasladaron el cadáver de Mariano Boal al pueblo de al lado, que era

---

[606] Boletín Oficial de la Provincia de Zaragoza, número 39, 16 de febrero de 1940 p.378. Ejea de los Caballeros, número 498, poner el nombre de José Antonio Primo de Rivera y uno de los caídos de la villa, omitidos involuntariamente en el monumento a los caídos.

[607] Localidad de la provincia de Valladolid situada en la comarca de Tierra de Pinares y que en 1940 tendría una población de unos 3000 habitantes aproximadamente.

[608] El nombre de esta persona salió hace poco en prensa puesto que es uno de los pocos vallisoletanos que están enterrados en el Valle de los Caídos. La noticia venía recogida como "Los 26 vallisoletanos que reposan junto a Franco" *El Norte de Castilla*, 25 de agosto de 2018.

[609] Archivo Histórico Provincial de Valladolid, Gobierno Civil, correspondencia de Íscar, 77/20, escrito del gobernador civil al jefe local de falange.

Pedrajas de San Esteban[610]. Esta decisión se había llevado a cabo puesto que sus hermanas eran de esa localidad y prefirieron enterrarlo allí, aunque era originario de Íscar. Sin embargo, el informe remarca cómo cuando la madre se pone en contacto con el alcalde éste le atendió con corrección y le incluyó posteriormente junto con los demás caídos en la inscripción del monumento.

Además, el gobierno civil recibió el informe que remitió el alcalde de Íscar, en donde podemos comprobar una vez más la enorme importancia que tuvieron las autoridades locales a la hora de levantar monumentos a los caídos. En dicho informe el acalde escribía como alcalde, como jefe local de Falange y como presidente de la Junta de Cruz de los Caídos por lo que se puede comprobar que este señor había sido pieza clave a la hora de levantar el monumento. En el informe defendía su actuación y explicaba detalladamente que "cuando falleció Mariano Boal en el Frente de Batalla, le incluí en mi lista de caídos en segundo lugar..."[611]. Es decir, él había cumplido sus funciones de recogida de nombres y de elaboración de la lista para luego inscribir los nombres en el monumento, puesto que el muerto era natural de la localidad de Íscar. Sin embargo, el problema radicaba en que había sido enterrado en Pedrajas, y la Falange de este pueblo le había pedido que no pusiese su nombre en la lista de los caídos de Íscar puesto que lo querían poner como caído de Pedrajas. Como señala en el informe, el alcalde accedió y lo eliminó de su lista de caídos erigiendo el monumento de Íscar sin el nombre de Mariano.

Es decir, estamos ante un conflicto entre las dos falanges locales de pueblos muy cercanos por "apropiarse" del nombre de un caído que había muerto en condiciones muy heroicas según se relataba en los informes. Esto posiblemente sería una buena propaganda en estos pequeños pueblos de la provincia de Valladolid, donde no habían tenido muchas bajas y estarían necesitados de ejemplos de heroísmo.

En el informe se detallaba que tras la petición de la madre el alcalde de Íscar finalmente lo inscribió en el monumento de la localidad. Tras realizar un análisis del nombre de los caídos del monumento de Íscar, se encuentra un sencillo monumento de piedra con una cruz y con la frase de Caídos por Dios y por la Patria. Como se observa, hay pequeñas variaciones puesto que inscriben patria en vez de España; ésto nos indica que como proyectaron levantar el monumento rápidamente y, al ser un pequeño pueblo, no se debieron seguir los pasos pertinentes como sucedería en otras localidades.

Tras la lectura de los nombres que aparecen en el monumento podemos leer los siguientes: en primer lugar, José Antonio Primo de Rivera puesto que había que ponerlo por normativa; en segundo lugar aparecía Onésimo Redondo, que era un

---

[610] Localidad situada a 5 km de Íscar y que contaría con unos 2000 habitantes aproximadamente en 1940.

[611] Archivo Histórico Provincial de Valladolid, Gobierno Civil, correspondencia de Íscar, 77/20, escrito del jefe local de Falange.

personaje de enorme importancia para el mundo del falangismo, sobre todo en la parte de la provincia de Valladolid y Segovia[612]. Posteriormente aparecía la lista de caídos con los siguientes nombres: Felipe Carpintero, Teodoro Alcalde, Félix Martín, Braulio Martín, Fausto Herrero, Críspulo Hernasanz, Julio Ortiz, Ricardo Sanz, Crescencio Alderete, Dionisio Álvarez, Rufino Caviades y Jenaro Martín[613]. Después del último nombre el monumento tenía inscrito la palabra presentes y se cerraba el espacio para poder añadir más palabras.

Es decir, como se ha indicado anteriormente, una vez puestos los nombres era enormemente complicado poder añadir más puesto que los espacios estaban medidos y era casi imposible corregir errores. Como se puede ver en el año 2018 en la lista de caídos no aparecía el nombre que había sido objeto de discusiones y problemas entre las diferentes esferas de la administración en 1940. Tras el estudio de la documentación y, viendo cómo el alcalde dejaba por escrito al gobernador civil que el nombre había quedado inscrito, se realiza un análisis exhaustivo del monumento y revisando los nombres se ve como casi imperceptible, debajo de la frase de presentes, y casi en la base de piedra del monumento, el siguiente nombre: Mariano Boal[614].

Es decir, encontramos el nombre de Mariano Boal repetido en dos lápidas diferentes de dos pueblos distintitos. Por tanto, en esta investigación se comprueba cómo podía haber errores en las placas y repeticiones de nombres. Siguiendo este caso se puede observar que en ocasiones podía haber errores en la transcripción de los nombres o en el orden de los apellidos[615], puesto que en Pedrajas de San Esteban el nombre de esta persona venía como Martín en vez de Mariano.

Tenemos en la localidad toledana de Ocaña otro ejemplo tras un estudio en profundidad del monumento del municipio. De esta manera, se contabilizan que hay reflejados en un perfecto orden los 204 nombres que recuerdan a los fallecidos que pertenecían a la localidad y que quedaron reflejados en las seis enormes lápidas del monumento. Pero hay que señalar que se ha detectado la repetición de todos los nombres de los religiosos asesinados que tienen otras lápidas en el Convento de San José y el de Santo Domingo. Esto nos muestra cómo la iglesia recordó a sus mártires con la colocación de unas lápidas en los conventos y cómo, paralelamente, el monumento que se erigió en Ocaña también dejó reflejado los nombres de los religiosos que fueron asesinados por su fe.

---

[612] Matteo TOMASONI, *El caudillo olvidado: vida, obra y pensamiento de Onésimo Redondo (1905-1936)*, Editorial Comares, 2017.

[613] Listado con el nombre de los caídos recogido en una fotografía realizada por el autor el 24 de mayo de 2018.

[614] Reflejado en la fotografía realizado por el autor en la localidad de Íscar el 24 de mayo de 2018.

[615] En Pedrajas de San Esteban los apellidos de un caído están mal ordenados. En la lápida aparece como Pedro Sanz Domínguez y realmente era Pedro Domínguez Sanz.

Otro ejemplo que se ha encontrado de nombres de caídos repetidos lo tenemos entre Pedrajas y la ciudad de Segovia. En esta ocasión, en la lápida de Pedrajas aparecían los nombres de los hermanos Francisco y Alfonso de Castro Bocos por haber fallecido en la guerra y ser originarios de esta localidad, pero si se presta atención se encuentran estos mismos nombres en la iglesia de San Esteban[616] en Segovia pues al parecer la familia de los fallecidos era de esta ciudad.

3.3 Localización de los monumentos

El espacio público juega un papel de enorme importancia por las posibilidades que ofrece a los diferentes gobernantes para poder lanzar los mensajes que querían que llegara a los ciudadanos. Los mensajes podían ser propagandísticos, educativos o, directamente, exaltando una doctrina política como en algunos casos fue la falangista.

Dentro del recuerdo a los caídos que hace el nuevo régimen la ubicación de los monumentos era esencial. Sabemos que siempre se intentaban situar en lugares estratégicos y la ubicación era estudiada y discutida por las comisiones o los promotores valiéndose de los informes de los arquitectos y de las diferentes personas que trataban sobre estos temas. Una parte esencial de las memorias que se presentaban a la Delegación Nacional de Propaganda era el lugar que se escogía y los argumentos que daban los arquitectos de la futura ubicación.

La memoria que se presentaba desde la localidad de Sigüenza no dejaba lugar a dudas de lo que se buscaba desde los ayuntamientos para la futura ubicación de los proyectos que se querían erigir. En esta ocasión la memoria reflejaba que se quería que el futuro proyecto que se iba a construir en la localidad "no podía ser uno más en la interminable serie de los monumentos y lápidas más o menos artísticos que comúnmente llenan nuestras plazas y jardines"[617]. Esta afirmación nos muestra lo que en otros informes también se refleja y es que, entre las localidades, se sabía que se levantaban múltiples monumentos en recuerdo a los caídos y muchas veces se buscaba tener la cruz más monumental. Hay proyectos en donde se intentaba ser original y por supuesto siempre se intentaba que el futuro monumento estuviera acorde con la importancia del municipio.

Por tanto, sabiendo que la localización era esencial, los promotores hacían grandes esfuerzos a la hora de buscar la mejor ubicación. En Colmenar de Oreja la propuesta era situar el futuro monumento en la plaza de la Solana, que era la más

---

[616] Iglesia románica erigida en el siglo XII en la que destaca su torre que junto con la iglesia de la Antigua en Valladolid son los mejores ejemplos de torres románicas en Castilla y León.

[617] AGA, Cultura, Delegación Nacional de Prensa y Propaganda, memoria del arquitecto de diciembre de 1941, Monumento a los caídos de Sigüenza en 1942, 21/05371.

importante de la localidad y al lado de un monasterio de clausura que se llamaba la Encarnación del Divino Verbo y estaba dirigido por monjas Agustinas Recoletas. Se requirió desde Madrid un informe profundo sobre el emplazamiento para, "tener en cuenta el ambiente del emplazamiento, tamaño, estilo y escala de los edificios circundantes, especialmente el Monasterio de clausura"[618]. Aquí podemos observar el estudio preciso que se hacía antes de situar el futuro monumento y la preparación de las personas que decidían el mejor lugar para su localización. En este caso se pretendía que el monumento no quedase como algo pequeño e incluso ridículo en comparación con los edificios circundantes o con el propio monasterio que es un edificio muy grande.

En la localidad de Castillo de Bayuela el monumento que se quería erigir estaría situado en un lugar céntrico que se denominaba Fuente de la Plaza. En este lugar había una confluencia de varias calles llamadas Laurel, Botica y Reguero siendo un lugar estratégico dentro de la localidad. Además, se plantearía que la lápida del monumento contara con los nombres de los caídos en orden cronológico de defunción. La elección de la ubicación sería felicitada por Falange puesto que en su informe decía que el lugar céntrico y próximo a la iglesia parroquial "facilita la concentración de las masas en la celebración de actos conmemorativos"[619].

Otro ejemplo lo tenemos en la ciudad de Vitoria, donde se escogió un lugar céntrico, que sería la terminación de la calle Marqués de Estella que contaba con una anchura enorme, puesto que tenía veinte metros, y con un ligero desnivel de cuatro metros desde que comenzaba la calle hasta que terminaba con el futuro monumento. Esto daba espacio suficiente para las concentraciones y daría una imagen majestuosa del monumento, puesto que quedaría en lo alto de la calle por la diferencia de altura[620].

En otras ocasiones se cambiaba la localización de los monumentos que se habían erigido de forma temporal a un emplazamiento que era considerado un lugar mejor por las autoridades. Un ejemplo lo encontramos en la ciudad de Vic, donde ya hemos visto que se hizo un obelisco a los pocos meses de la conquista de la ciudad pero que se empezó a agrietar y tuvo que levantarse un nuevo monumento. La primera localización era en la Plaza Mayor, puesto que era un espacio donde se podía concentrar gran cantidad de gente ya que era una plaza muy grande y era un lugar

---

[618] AGA, Cultura, Delegación Nacional de Prensa y Propaganda, informe del secretario técnico de la dirección general de arquitectura el 16 de mayo de 1942, Monumento a los caídos en Colmenar de Oreja en 1942, 21/05372.

[619] AGA, Cultura, Delegación Nacional de Prensa y Propaganda, informe del 28 de diciembre de la vicesecretaría de educación popular de Toledo, monumento a los caídos de Castillo de Bayuela en 1942-1943, 21/05374.

[620] AGA, Cultura, Delegación Nacional de Prensa y Propaganda, memoria de los arquitectos a 10 de marzo de 1944, monumento a los caídos de Vitoria en 1943, 21/05370.

estratégico porque se celebraba cada semana el mercado. Como se puede comprobar, estaba en un lugar ideal por el enorme trasiego de gente que había cada día, por ser un gran espacio que como decía el informe había servido para oficiar "misas en sufragio a los Caídos, se han detenido procesiones para elevar sentidas oraciones al Altísimo, o presenciar el paso de los desfiles militares y de la Falange"[621].

La segunda localización se lleva a cabo por varios motivos: en primer lugar, por el mal estado del monumento que amenazaba con derruirse. En segundo término, la corporación municipal se da cuenta de que el emplazamiento en la Plaza Mayor no era el indicado, puesto que no se compaginaba bien "la idea de eterno recuerdo de los ausentes, con la vida corriente que se vive en esta plaza y con el mercado semanal, lleno de animación y bullicio"[622]. En esta primera ocasión se había primado la localización céntrica sin tener en cuenta que el espacio que tenía que erigirse era un espacio de recuerdo, respeto y para rezar por los que ya no estaban.

El emplazamiento final sería enfrente de la catedral de la ciudad y tendría una carga religiosa importantísima. La catedral había sido incendiada el 22 de julio de 1936 y casi fue destruida: "De haberles sido posible, a los incendiarios y a sus secuaces, no hubieran dejado piedra sobre piedra de este espacioso templo, como se hizo más tarde al demoler tres iglesias -todas de magnífico estilo- de tres comunidades religiosas, de las cuales no más ha quedado el solar"[623]. La destrucción de edificios religiosas en esta ciudad fue especialmente dura y según refleja el informe también se perdieron multitud de imágenes religiosas, entre ellas la de la Virgen del Pilar que se encontraba en la plaza. El futuro monumento sería construido enfrente de la catedral y se volvería a colocar una imagen de la Virgen lo que simbolizaría el triunfo de la religión, y el futuro espacio sería íntimo y silencioso, puesto que estaría alejado del bullicio del mercado de la Plaza Mayor, y contaría con una fuerte carga simbólica y religiosa.

En la localidad de Cercedilla tenían muy claro el emplazamiento de la futura cruz. Este lugar sería la plaza principal del pueblo que había pasado a llamarse Plaza de los Mártires y, además, era el lugar donde desembocaba la avenida del Generalísimo[624]. Como se puede ver, se había procedido a realizar un cambio en la nomenclatura de los espacios públicos, y el futuro monumento no podía estar en mejor lugar puesto que el nombre de la plaza suponía una importante carga simbólica

---

[621] AGA, Cultura, Delegación Nacional de Prensa y Propaganda, memoria del arquitecto municipal, monumento a los caídos de la ciudad de Vich en 1943, 21/05370.

[622] AGA, Cultura, Delegación Nacional de Prensa y Propaganda, memoria del arquitecto municipal, monumento a los caídos de la ciudad de Vich en 1943, 21/05370.

[623] I AGA, Cultura, Delegación Nacional de Prensa y Propaganda, informe del arquitecto municipal el 30 de abril de 1943, monumento a los caídos de Vich en 1943, 21/05370.

[624] AGA, Cultura, Delegación Nacional de Prensa y Propaganda, Memoria del arquitecto el 21 de junio e 1941, Monumento a los caídos de Cercedilla en 1941, 21/05372.

con gran relación con el monumento que se pretendía erigir y, además, estaría relacionado con el nuevo Jefe del Estado. Es muy interesante la información que se consigue a través de la prensa, y que nos muestra los verdaderos esfuerzos que hacía Falange a la hora de movilizar el personal para las inauguraciones de los actos. En la celebración del acto de inauguración del monumento de la localidad de Cercedilla, en el resumen escrito se nos indica que se había logrado movilizar del Frente de Juventudes a 1.000 cadetes y a 500 Flechas Femeninas[625]. Esto nos muestra la enorme importancia que le daba Falange a este tipo de actos donde debían estar presentes los más jóvenes, y que era un escaparate ideal de la organización.

Por lo que hemos podido ver los monumentos se intentaban situar en puntos estratégicos, y serían un punto de referencia para los ciudadanos de los diferentes municipios. De esta manera, siempre estarían situados en plazas importantes, en avenidas, y, a poder ser, siempre cercanos a edificios religiosos. Por ejemplo, en la localidad de Castuera[626] se pedía permiso para erigir un monumento, y desde Madrid se contestaba explicando la importancia de que hubiera una localización precisa: "El monumento proyectado es aislado para colocarlo en el centro de una plaza o paseo, pero sin indicación alguna del lugar concreto para el que se proyecta… tan importante o más que el Monumento en sí mismo, es la relación de su composición, volumen y tratamiento, con respecto a las condiciones del emplazamiento que se elija"[627].

En el caso del municipio de Miguel Esteban[628] el futuro monumento estaría a la entrada de la localidad situado en una glorieta cercana al cementerio. La ubicación tuvo el visto bueno de la Jefatura Provincial de Propaganda, puesto que el lugar elegido era de "tradicional veneración para el vecindario, y fuera e inmediato a la población, es garantía de público respeto, propicio a la oración ante el monumento, adecuado a la celebración de actos conmemorativos y facilita su vigilancia en evitación de no probables actos de profanación"[629]. Esta última información es relevante puesto que en ningún otro expediente hacen referencia a posibles destrozos o desperfectos en los monumentos que se erigían a los caídos aún en territorios donde podía haber más hostilidad hacia el régimen. En la localidad toledana de San Román de los Montes el informe dice que el cerramiento que querían poner los promotores para proteger el monumento no tenía sentido puesto que "no tiene utilidad práctica alguna y que hace perder silueta práctica al conjunto: bastando la índole del

---

[625] La Prensa: diario de la tarde de información mundial, 25 de julio de 1941, p.3.

[626] Localidad situada en la provincia de Badajoz.

[627] AGA, Cultura, Delegación Nacional de Prensa y Propaganda, Informe de la Dirección General de Arquitectura el 25 de febrero de 1943, monumento a los caídos de Castuera en 1943, 21/05370.

[628] Municipio de la provincia de Toledo que en la actualidad tiene alrededor de 4.000 habitantes.

[629] AGA, Cultura, Delegación Nacional de Prensa y Propaganda, informe del jefe provincial de propaganda de Toledo el 12 de abril de 1941, monumento a los caídos de Miguel Esteban en 1943, 21/05373.

Monumento para que éste sea respetado sin más protección que la propia cultura del vecindario"[630].

Lo que sí que se sabe es que, durante los últimos años de la dictadura, los monumentos y las placas a los caídos fueran uno de los objetivos de los opositores al régimen como pasó en el País Vasco, donde muchos fueron destruidos o dañados.

Uno de los mejores ejemplos del estudio en profundidad que tenían que hacer las autoridades responsables a la hora de elegir la mejor ubicación posible para el monumento lo encontramos en la localidad de Ávila. En el detallado informe que mandan a Madrid se explica cómo la comisión había tenido muchas dudas a la hora de elegir el mejor sitio para la futura cruz. El informe decía "diversos emplazamientos se proyectaron para este Monumento. Desde los de apartada soledad, en sitios de retiro, hasta el lugar de concurrencia pública como es el que se decide la instalación en forma a la vez propicia de recogimiento espiritual"[631]. Se puede ver una vez más como la localización era un lugar muy estudiado pero que tenían que cumplir dos requisitos muy importantes; uno era el de la función propagandística y otro era la de la función religiosa[632] por ser un lugar funerario para que rezasen[633] los familiares o los ciudadanos que quisieran. Seguidamente el informe señalaba que la situación escogida era ideal puesto que se trataba del "Paseo público más popular de Ávila en todas las épocas del año"[634]. Hay que recordar que el lugar se encuentra en un punto estratégico puesto que la futura cruz se vería desde la lejanía por el importante mirador que tiene el paseo sobre el valle de Amblés y estaría paralela a la impresionante e icónica muralla medieval de la ciudad que según se decía en el informe serviría para crear un espacio monumental único. Al mismo tiempo el espacio tenía una serie de pequeñas zonas verdes donde se pondrían flores para hacerlo un lugar bonito y atractivo para pasear.

---

[630] AGA, Cultura, Delegación Nacional de Prensa y Propaganda, informe de la delegación provincial de propaganda el 5 de julio de 1943, monumento a los caídos de San Román de Montes en 1943, 21/05373.

[631] AGA, Cultura, Delegación Nacional de Prensa y Propaganda, memoria del proyecto de la Cruz de los caídos en Ávila, monumento a los caídos Ávila en 1943-1945, 21/05370.

[632] En muchos monumentos la cruz disponía de un altar para las celebraciones religiosas que eran imprescindibles. En el caso de Ávila en la memoria se decía "La Cruz, en la cara de sus brazos y la unión de ambos ostentando los emblemas Nacional y del Movimiento, tendrá en su basamento, en forma de altar, para permitir el oficio religioso". AGA, Cultura, Delegación Nacional de Prensa y Propaganda, memoria del proyecto de la Cruz de los caídos en Ávila, monumento a los caídos Ávila en 1943-1945, 21/05370.

[633] "Erigida la Cruz en la Alameda de Calderón, en alto como es el remate de la oración del creyente, parecerá dirigir hacia el cielo todo el fervor por los Gloriosos Caídos cuyo recuerdo perpetuo. Y así ostensible, será la continua evocación de ellos...". AGA, Cultura, Delegación Nacional de Prensa y Propaganda, memoria del proyecto de la Cruz de los caídos en Ávila, monumento a los caídos Ávila en 1943-1945, 21/05370.

[634] AGA, Cultura, Delegación Nacional de Prensa y Propaganda, memoria del proyecto de la Cruz de los caídos en Ávila, monumento a los caídos de Ávila en 1943-1945, 21/05370.

El informe proseguía para que se viera lo acertado de la localización del futuro monumento, y se ponía a describir cómo era un paraje ideal puesto que era espectacular porque tenía "amplitud para grandes desfiles... se disponen espacios a derecha e izquierda suficientes para acomodar autoridades, jerarquías y representaciones oficiales, reservando para el público el de fuera en forma de explanada"[635]. Como no podía ser de otra manera después de haber desarrollado este trabajo tan intenso, llegaba la respuesta de Madrid en la que se felicitaba a la corporación municipal por haber obrado con gran acierto, puesto que el "lugar del emplazamiento situado en punto tan estratégico como el elegido en el citado paseo, hará que la magnífica cruz se divise desde varios Km. en todo el Valle Amblés, recordando constantemente el glorioso sacrificio de nuestros Camaradas"[636].

Otro ejemplo del profundo análisis que se hacía a la hora de erigir el recuerdo a los fallecidos lo tenemos en la localidad de Pozoblanco[637]. En el informe que el ayuntamiento encarga a los arquitectos éstos elegirán un sitio que como se puede suponer era estratégico, pero que también tenía un elemento que enlazaba con los terribles sucesos del conflicto que acababa de suceder. El sitio escogido sería la plaza que estaba enfrente de la iglesia de Santa Catalina, en el lugar donde había unas casas que habían sido destrozadas durante la guerra y el ayuntamiento había adquirido para erigir el monumento. Lo que se buscaba era un espacio que fuera de gran interés dentro del casco urbano y el sitio que presentaban los promotores era inmejorable puesto que la iglesia había sufrido graves desperfecto durante la guerra, pues ésta había sido usada como mercado público.

En el informe se relataba que la "plaza elevada, que sirve de enlace y evita el paso brusco entre el movimiento diario de las calles adyacentes y la tranquilidad y reposo que debe presidir en un Monumento de esta naturaleza, además de proporcionar la necesaria perspectiva a la composición.... la misión de servir de enlace entre la Parroquia y el Monumento haciendo todo ello un conjunto que dará a la plaza la necesaria unidad de composición"[638]. Como se puede ver estamos ante un detallado estudio en donde se tenían en cuenta el simbolismo religioso, unido a referencias a la guerra[639] puesto que se usaba un espacio destruido por ella y en donde, posteriormente, se hacía un estudio en donde se tenía en cuenta el paso de la gente en el día a día y la función que debía tener el futuro monumento. El estudio seguía

---

[635] AGA, Cultura, Delegación Nacional de Prensa y Propaganda, memoria del proyecto de la Cruz de los caídos en Ávila, monumento a los caídos de Ávila en 1943-1945, 21/05370.

[636] AGA, Cultura, Delegación Nacional de Prensa y Propaganda, informe del 2 de marzo de 1943 del delegado provincial de educación popular de Ávila, monumento a los caídos de Ávila en 1943-1945, 21/05370.

[637] Localidad de la provincia de Córdoba que tendría unos 16.000 habitantes en 1940.

[638] AGA, Cultura, Delegación Nacional de Prensa y Propaganda, informe de los arquitectos del proyecto de Pozoblanco, monumento a los caídos de Pozoblanco en 1942-1943, 21/05370.

[639] De hecho, la plaza había pasado a denominarse plaza de los caídos.

teniendo en cuenta diversos aspectos para que el entorno quedara lo mejor posible, y se habla de que se urbanizará completamente el lugar, y desarrollará unos jardines que sirvan como "lugar de estacionamiento a la salida del templo. Con ello se logrará un grato conjunto de sabor fuertemente emotivo y religioso"[640]. El futuro monumento quedaba como un lugar en donde los ciudadanos después de ir a la iglesia a rezar o a misa a pedir por los difuntos tendrían a la salida del templo los nombres grabados de los que ya no estaban. El elemento religioso y la guerra quedaba fuertemente sellado. Como se ve, en esta ocasión se conjugó el elemento propagandístico con el elemento religioso, que fue fundamental a la hora de elegir el futuro emplazamiento.

En ocasiones las autoridades locales eran directamente felicitadas por su buen hacer y por la elección de la localización del futuro monumento. La Dirección General de Arquitectura de Madrid decía en su escrito al ayuntamiento de Vic "El emplazamiento elegido es, el de la plaza situada ante la Catedral, lugar cuya elección se razona acertadamente en la memoria que acompaña. El proyecto así cumple dos fines pues al mismo tiempo de servir como homenaje a los caídos de la ciudad, con su erección se restablece el monumento a la Virgen que existía hasta la pasada guerra..."[641]. Otro ejemplo se encuentra en Vega de Pas donde la cruz se levantaría en la plaza principal y sería felicitada por Madrid por ser un lugar céntrico y ventajoso[642].

Según avanzaban los años y se iban levantando monumentos por toda la península los diferentes promotores iban teniendo meridianamente claro los requisitos que se pedían y dónde tenían que estar ubicados los futuros proyectos. Por ejemplo, desde el ayuntamiento de La Garriga, en una fecha tan tardía como en 1952, se empezaban a tramitar los permisos para poder levantar el futuro monumento. En estos años en la memoria en la que se justificaba el proyecto, el arquitecto municipal explicaba muy bien la futura ubicación " de emplazarlo en el paseo José Antonio como remate de su arranque o sea la parte más cercana al casco de la población; debe indicarse que el lugar del emplazamiento es ideal pues el Paseo tiene 18 metros de anchura y 1.000 de longitud, poblado de árboles (plátanos) que con el Paseo central forma túnel, calzadas laterales, casi la totalidad con torres y chalets colindantes..."[643].

---

[640] AGA, Cultura, Delegación Nacional de Prensa y Propaganda, Informe de los arquitectos del proyecto de Pozoblanco, monumento a los caídos de Pozoblanco en 1942-1943, 21/05370.

[641] AGA, Cultura, Delegación Nacional de Prensa y Propaganda, escrito de la Dirección General de Arquitectura de Madrid, monumento a los caídos en Vich en 1943, 21/00065.

[642] AGA, Cultura, Delegación Nacional de Prensa y Propaganda, Escrito de la Dirección General de Arquitectura. Monumento de Vega de Pas en 1942-1944, 21/02387.

[643] AGA, Cultura, Delegación Nacional de Prensa y Propaganda, informe del delegado provincial del ministerio de información y turismo el 10 de diciembre de 1952, monumento a los caídos de la Garriga en 1952-1953, 21/05370.

Lo que se puede dilucidar del escrito es que las autoridades municipales tenían muy interiorizado en la década de los cincuenta lo que había que resaltar en los informes. Desde La Garriga se daba a entender que el espacio era céntrico, que la gente lo usaba y que, por las medidas, sería perfecto para concentraciones multitudinarias cuando la ocasión lo requiriese. Como no podía ser de otra manera, la respuesta sería afirmativa y le comunican al ayuntamiento el 4 de abril de 1953 que el proyecto era aprobado.

En la localidad de Carcagente se pretendía erigir el monumento a los caídos en un sitio totalmente privilegiado y céntrico, pues en este caso se haría en la nueva Plaza del Caudillo y contando con el fondo de la iglesia parroquial y enfrente del ayuntamiento. Además, esta plaza tenía un tamaño considerable, lo que hacía del lugar un sitio magnifico para realizar concentraciones e incluso desfiles las fechas señaladas.

En Escuer[644] el proyecto que se quería erigir era para perpetuar "la memoria de los gloriosos caídos por Dios y por España, en la defensa de la posición de Escuer... se ha procurado dar la mayor sencillez posible.... con objeto de que encuadre con el paisaje montañoso en que está enclavado"[645]. De hecho, se recogía en la memoria que, dado el carácter patriótico del monumento, el arquitecto rechazaba cobrar sus honorarios.

En Tolosa se escogería un lugar céntrico de gran paso de personas "uno de los puntos más pintorescos de sus vías públicas, ... la oportunidad de esta construcción trata a la vez de embellecer ese lugar con la instalación de un jardín público"[646].

Finalmente, hay que resaltar la cuestión educativa que tenían los monumentos y que era algo de una enorme importancia para las nuevas autoridades Desde la localidad cántabra de Los Corrales de Buelna,se decide levantar la futura cruz a los caídos después de un gran estudio puesto que "Examinados todos los lugares en los que se podría erigir la Cruz de los Caídos, se ha pensado que el que reunía mejores condiciones para ello era..."[647]. Aquí se puede ver otro ejemplo de lo mucho que se pensaban las autoridades locales, cuál sería el mejor sitio para el futuro monumento, y cómo el ayuntamiento valoraba y estudiaba las diversas opciones que se le podían presentar. Finalmente, se escogería un terreno que era propiedad del ayuntamiento y que quedaba cerca de la iglesia de San Vicente Mártir que estaba situada en el centro

---

[644] Localidad perteneciente al municipio de Biescas en la provincia de Huesca.

[645] AGA, Cultura, Delegación Nacional de Prensa y Propaganda, memoria del monumento, monumento a los caídos en Escuer en 1942, 21/02386.

[646] AGA, Cultura, Delegación Nacional de Prensa y Propaganda, memoria del alcalde a 1 de septiembre de 1941, monumento a los caídos de Tolosa en 1941, 21/05371.

[647] AGA, Cultura, Delegación Nacional de Prensa y Propaganda, Memoria del alcalde el 18 de noviembre de 1940, Monumento a los caídos de Corrales de Buelna en 1940-1941, 21/05373.

del pueblo y que además hacía esquina con la recién renombrada plaza de José Antonio.

Esta localización contaba con el visto bueno de la alcaldía, pues eran muy importantes las fiestas religiosas y se producía mucho movimiento de gente alrededor de la parroquia y, por lo tanto, siempre podrían ver la cruz en recuerdo a los caídos. El futuro monumento que se iba a levantar en la localidad también estaría junto a la casa consistorial y la denominada casa de España. Hay que remarcar que, en esta ocasión, las autoridades también pensaron en el componente educativo del monumento para los más jóvenes, y así quedó reflejado en la memoria que se envió por el alcalde de Los Corrales de Buelna. La cruz que se proyectaba estaría colocada "cerca de los edificios escolares con lo que los niños que acuden a los mismos tendrán que pasar por frente a la Cruz que les recuerde el que hubo españoles que sacrificaron su vida porque la de ellos fuese mejor y más justa"[648]. Con este mensaje quedaba claro que el monumento en esta ocasión también tendría una función educativa importante y más tras haber visto cómo muchas veces en las inauguraciones iban los niños de las escuelas a los diferentes actos y a las conmemoraciones que se hacían. El pueblo de Los Corrales de Buelna en esta época era un referente educativo de la zona pues estaba en funcionamiento un colegio de los Hermanos de la Salle desde el 17 de noviembre de 1890 y al que acudían los alumnos de alrededor, pues era el centro de referencia. Hoy en día el colegio sigue en funcionamiento y está especializado en ciclos formativos de grado medio y superior.

3.3.1 Los cementerios

Otro lugar que era muy escogido para levantar monumentos a los caídos eran los cementerios de cada localidad. Este espacio era el emplazamiento ideal por la importante carga simbólica que tenía a la hora de recordar a los muertos y que éstos pudieran descansar en paz. Además, normalmente, había espacio libre y no perjudicaría el posible tránsito de personas o de vehículos.

Un ejemplo de localización es el proyecto que se quería hacer en la ciudad de Sagunto, donde se pretendía ubicar un mausoleo en recuerdo de los asesinados durante la contienda en el cementerio

Desde la localidad de El Espinar[649] el alcalde, que era en ese momento Pablo Fernández Pacheco y Carbayo, manda un escrito a las autoridades diciendo que en el pueblo habían tenido que ampliar el cementerio, puesto que se había quedado pequeño por la gran cantidad de muertos que habían tenido que asumir. Esto era

---

[648] AGA, Cultura, Delegación Nacional de Prensa y Propaganda, memoria del alcalde el 18 de noviembre de 1940, monumento a los caídos de Corrales de Buelna en 1940-1941, 21/05373.

[649] Municipio de la provincia de Segovia que tiene en la actualidad unos 9.500 vecinos.

totalmente cierto, pues sabemos que la localidad segoviana fue testigo de los duros enfrentamientos que habían sucedido durante la guerra en el frente del Alto del León. Dentro del proyecto de ampliación del cementerio el ayuntamiento había propuesto "reservar un lugar en el que, con el tiempo, y una vez ejecutadas las obras, pudiera elevarse un monumento que perpetuara la gesta heroica de los caídos, al propio tiempo que recogía los deseos de las autoridades Militares y Civiles y del propio Ayuntamiento"[650]. En el archivo municipal también hay documentación relativa al monumento a los caídos del Alto de los Leones y se nos muestra el importante peso que tuvieron los militares de Segovia en estos monumentos. Sin embargo, el expediente se encuentra incompleto y, cuando se consultó, el archivo estaba en una remodelación y nueva clasificación de la documentación[651].

Tenemos varios ejemplos de cómo los ayuntamientos pedían directamente permisos para levantar los monumentos en estos lugares. Uno de ellos en Zarauz, localidad situada en la costa de la provincia de Guipúzcoa, y en donde el ayuntamiento en 1941 pide permiso para poder erigir la "construcción de un monumento, en memoria de los Caídos de esta villa durante la Cruzada que ha de ser enclavado en el centro del campo del cementerio municipal"[652].

Otro ejemplo lo encontramos en Sevilla, donde, con fecha de 16 de febrero, por acuerdo de la Comisión Municipal, se acuerda construir "en el cementerio de San Fernando de esta capital, un mausoleo que, de un modo sobrio y austero sirva para el reposo eterno de los que dieron su vida por Dios y por la Patria"[653].

Desde la localidad leridana de Seo de Urgell se plantea que el monumento por su carácter funerario en recuerdo a los muertos debe estar en el cementerio del municipio. No se pondría ninguna pega y el proyecto saldría adelante solo con una sugerencia que era la de modificar "el paso del pedestal a la base, disponiendo ésta de modo que pueda servir de mesa de altar"[654]. De esta manera también quedaba remarcada una vez más la importante función religiosa que debían tener los futuros monumentos.

La localidad de Carcastillo había escogido el cementerio para construir un panteón en el centro de éste. La localización era muy buena, puesto que el futuro monumento quedaría en el punto medio, ya que el cementerio tenía dos calles que lo

---

[650] AGA, Cultura, Delegación Nacional de Prensa y Propaganda, Escrito del alcalde del Espinar el 16 de noviembre de 1943, monumento a los caídos del Espinar en 1943, 21/05374.

[651] Archivo municipal del Espinar, Monumento a los caídos en la localidad y en el Alto de los Leones.

[652] AGA, Cultura, Delegación Nacional de Prensa y Propaganda, escrito del alcalde de Zarautz al Gobierno Civil de Guipúzcoa, 21/02382

[653] AGA, Cultura, Delegación Nacional de Prensa y Propaganda, escrito del ayuntamiento de Sevilla para el proyecto del cementerio de San Fernando, 21/02387.

[654] AGA, Cultura, Delegación Nacional de Prensa y Propaganda, informe del secretario técnico del 27 de noviembre de 1941, monumento a los caídos de Seo de Urgell en 1941, 21/05372.

dividía en cuatro partes. Además, se iban a plantar una serie de cipreses cerca del futuro monumento para que tuviera un ambiente más solemne. El panteón constaría de 32 nichos bajo el nivel del suelo donde descansarían los caídos de la localidad, y se completaría con una serie de pequeñas columnas que estarían enlazadas con cadenas.

Sabemos gracias a la prensa que en la localidad de Aranjuez se inauguraría un monumento a los caídos en el cementerio por ser este lugar donde reposaban 130 fallecidos y acudirían las jerarquías para realizar la inauguración junto la preceptiva misa[655].

3.3.2 Lugares donde habían sido asesinados o caído en combate los fallecidos

En otras ocasiones, se buscaba lugares que tuvieran un gran simbolismo como podía ser el sitio donde habían sido asesinados los caídos por el bando republicano. Por ejemplo, desde la localidad asturiana de Arriondas se escoge el cementerio puesto que se "considera necesario construir en el campo del cementerio de Santianes, donde varios camaradas fueron vilmente asesinados"[656].

Otro ejemplo se encuentra en la localidad de Santander, en su faro situado en Cabo Mayor, en funcionamiento desde 1839, que fue testigo del espeluznante final que les esperaba a los sospechosos de pertenecer al bando sublevado. En ese lugar, se les tiraba por el barranco atados de pies y manos para que sus cuerpos dieran contra las rocas y el mar. Por este motivo, Falange propondrá hacer la cruz de los caídos, que actualmente se conserva, pero sin ningún tipo de referencia a estos sucesos.

Desde la localidad de Vic nos llega una memoria donde el alcalde hace referencia a las calamidades que pasaron los ciudadanos de la ciudad durante la guerra. Una de las informaciones más valiosas del documento es cómo hace referencia a la multitud de lugares donde habían sido asesinados vecinos y a donde los familiares iban a rezar. A las afueras de la población "Las carreteras parten en todas direcciones, testigos fueron de los asesinatos perpetrados... en donde se ejecutaban a las indefensas víctimas, son un recuerdo constante de la tragedia que sufrieron. Las familias, en estos lugares escogidos por el dolor, piadosamente han levantado Cruces de piedra que perpetúen el vil asesinato de sus seres queridos"[657].

Estos lugares como podemos ver tenían un enorme simbolismo para el recuerdo de las víctimas; tenemos un ejemplo en la localidad de Carrión de Calatrava en donde

---

[655] La Prensa: diario de la tarde de la información mundial, 20 de octubre de 1941, p.3.

[656] AGA, Cultura, Delegación Nacional de Prensa y Propaganda, escrito del jefe de la Falange local de Arriondas, 21/02382.

[657] AGA, Cultura, Delegación Nacional de Prensa y Propaganda, Memoria del arquitecto municipal a 30 de abril de 1943, Monumento a los caídos de Vich en 1943, 21/05370.

se pide erigir el monumento en el cementerio donde fueron arrojados a un pozo al que se le echaba cal viva para que los cuerpos fueran descomponiéndose. Tras estos terribles sucesos las nuevas autoridades vieron que era imposible recuperar los cadáveres y por eso se pide la construcción, "sobre dicha noria o pozo de un monumento que perpetue la memoria de los sacrificados en dicho lugar"[658].

Además de los lugares marcados por la muerte también se erigían los monumentos en otro tipo de espacios como eran las localizaciones donde habían sucedido fuertes combates. Sabemos que la cruz de los caídos de Irún fue erigida en el monte de San Marcial puesto que allí se habían librado el último combate y donde la resistencia republicana se había rendido tras duros combates. Según decía el ayuntamiento[659] la conquista de ese lugar había constituido el principio de la liberación de Irún y del resto norte de España.

También había lugares con un gran simbolismo para con los asesinados, como fue el caso del monumento que se levanta en la isla de San Bartolomé situada en el distrito marítimo de Villagarcía de Arosa en memoria de los marinos de la Armada. Según se recogía en el documento se recordaría todos los años a los marineros el día de la Virgen del Carmen ya que es su la patrona, así como también lo es de la Armada Española. Es interesante observar cómo antes de que se marcaran las fechas oficiales en recuerdo a los caídos, las iniciativas iban surgiendo y se quería conmemorar en cada lugar de acuerdo con las tradiciones locales de la zona como en este caso por el importante peso marinero que tenía la región.

3.3.3 La función religiosa de los monumentos

Aparte de la localización estratégica los monumentos tenían una importante función religiosa que es evidente después de leer las memorias y estudiar los diferentes proyectos que iban llegando a Madrid a la espera de ser aprobados. Un ejemplo lo tenemos con la localidad de Sigüenza, que nos proporciona magistralmente lo que se buscaba con la ubicación, "Dos conceptos fundamentales se han tenido en cuenta en la elección del emplazamiento: Oración y Conmemoración"[660]. Con este ejemplo queda claro la doble función que debían tener el futuro monumento a los caídos. La función religiosa de las cruces, los monumentos o las lápidas de los fallecidos tenían que ser lugares donde se pudiera rezar, pedir por

---

[658] AGA, Cultura, Delegación Nacional de Prensa y Propaganda, escrito del comandante en jefe de orden público el 5 de diciembre de 1939, monumento a los caídos en Carrión de Calatrava en 1940, 21/05371.

[659] AGA, Cultura, Delegación Nacional de Prensa y Propaganda, Memoria del ayuntamiento el 26 de agosto de 1939, Monumento a los caídos de Irún en 1939, 21/05371.

[660] AGA, Cultura, Delegación Nacional de Prensa y Propaganda, Memoria del arquitecto de diciembre de 1941, monumento a los caídos de Sigüenza en 1942, 21/05371.

los fallecidos, un lugar donde se les pudiera recordar y que fuese un sitio donde hubiera un ambiente tranquilo, sosegado, de reposo o incluso de cierto aislamiento de las cuestiones mundanas.

En la función de la conmemoración había que hacer un homenaje a los que habían dado sus vidas para conseguir la victoria contra el enemigo y esto queda reflejado en las palabras que se decían en el informe "El nuevo Estado, nacido de las cenizas de nuestros muertos..."[661]. Los caídos tenían la categoría de héroes, a los que el resto de la población les debían un respeto, una veneración y por supuesto, una enorme consideración por el sacrificio que habían hecho. La función propagandística también era esencial puesto que el nuevo régimen nacía de una cruenta guerra civil que había durado varios años. Además, en el informe se reflejaba lo importante que serían las conmemoraciones con concentraciones y desfiles en las fechas señaladas en el calendario. El monumento en cuestión que se plantearía desde Sigüenza constaría de un monolito que estaría coronado por una cruz y además tendría adosada la mesa de Altar donde quedarían reflejados los nombres de los caídos de la localidad. El futuro monumento estaría ubicado en el paseo de Alfonso VI entre dos puentes y contaría con un fondo arbolado que serviría para crear un bello paraje.

La significación religiosa muchas veces tenía tanta importancia que desde algunos ayuntamientos se erigieron monumentos a los caídos con una estatua del Sagrado Corazón de Jesús[662]. En León, el alcalde Fernando de Regueral plantea en 1940 la construcción de un monumento a los caídos con una fortísima simbología religiosa. Por una parte, se quería levantar uno en su recuerdo, y paralelamente el ayuntamiento de la ciudad quería levantar otro dedicado al Sagrado Corazón de Jesús pues se recogía "el sentimiento cristiano y devoto del católico pueblo leonés exteriorizado con más anhelo y fervor al sentirse libertado de las sañudas persecuciones contra él emprendidas por un estado laico,"[663]. De esta manera, se pretendía hacer una unión del monumento religioso y del recuerdo a los caídos para que estos quedaran protegidos por la efigie de Cristo cuya conducta habían emulado, al entregar sus vidas por la causa de la religión y que concordaba también con la frase que se ponía en todos los monumentos de Caídos por Dios y por España. El futuro proyecto pretendía ser construido en piedra para que desafiara según sus promotores al tiempo y al olvido de las futuras generaciones, y sería erigido en la Plaza de Calvo Sotelo, que era una de las más céntricas de la ciudad de León.

El sentido del proyecto recogía las características que debían tener este tipo de construcciones, puesto que el espacio sería un remanso de paz y un lugar que

---

[661] AGA, Cultura, Delegación Nacional de Prensa y Propaganda, memoria del arquitecto de diciembre de 1941, monumento a los caídos de Sigüenza en 1942, 21/05371.

[662] Ver anexo que se demuestren la importante función religiosa de los monumentos.

[663] AGA, Cultura, Delegación Nacional de Prensa y Propaganda, escrito del alcalde de León el 21 de junio de 1940, monumento a los caídos de León en 1941, 21/05372.

facilitara rezar al ciudadano o a los familiares de las víctimas que "hallará remanso y cobijo la piedad y caridad cristiana deteniéndose en los venideros siglos a rogar y elevar sus preces a Dios por los que cayeron por El y por su Patria"[664]. El proyecto tendría en los costados las lápidas de mármol donde se grabarían los nombres de los caídos de la ciudad de León y constaría del escudo de España, el emblema de FET y de las JONS y el del Requeté. Finalmente, sabemos que este proyecto no saldría adelante, y que se construiría otro monumento a los caídos en otro lugar de la ciudad. En la Plaza de Calvo Sotelo[665] lo que se levantaría es un monumento que todavía perdura a la Virgen Blanca que se inauguró el 3 de junio de 1956, y que sería obra del escultor Marino Amaya.

La importancia del elemento religioso era esencial y siempre se valoraba a la hora de escoger la mejor localización posible. El informe del delegado provincial de FET y de las JONS de Castuera lo remarcaba cuando hablaba del futuro monumento, "el altar pedestal y jardineras contribuyen a la elocuencia ascética y cristiana que su significado de recuerdo a nuestros Caídos y lugar de Oración por los mismos, deben tener estos Monumentos"[666]. Desde Madrigalejo se enviaba un informe en donde se situaría el futuro monumento enfrente de la iglesia, por lo que se conseguiría un futuro lugar de belleza y espiritualidad. Además, en el informe del alcalde se observa que tenía conocimientos artísticos, puesto que explicaba que se buscaba en el futuro monumento una conexión con la iglesia renacentista y, por eso, alrededor del monumento se pondría una balaustrada de hierro que entonase artísticamente con el templo y con la sencillez del sabor de la misma.

Parecida era la petición que se mandaba desde la localidad riojana de Haro, en donde la futura ubicación sería un cerro, puesto que estaría situada en una posición dominante en la ciudad y, junto con la Parroquia de Santo Tomás, que se empezó a construir en el siglo XVI y que sería declarada monumento Histórico- Artístico en 1931. Con la elección de esta importante iglesia, quedaba cumplida la esencial función religiosa que debía tener el monumento.

Como hemos visto en ejemplos anteriores la función religiosa de los monumentos era evidente, pero en ocasiones el monumento formaría parte de un "todo" para ser el centro de las posteriores ceremonias religiosas. En el caso de la localidad valenciana de Manises tenemos un claro ejemplo puesto que la cruz a los caídos estaría ubicada dentro del calvario de la localidad. El monumento fue

---

[664] AGA, Cultura, Delegación Nacional de Prensa y Propaganda, escrito del alcalde de León el 21 de junio de 1940, monumento a los caídos de León en 1941, 21/05372.

[665] La plaza Calvo Sotelo es actualmente la plaza de la Inmaculada puesto que hace honor a la estatua de la Virgen.

[666] AGA, Cultura, Delegación Nacional de Prensa y Propaganda, informe del delegado provincial de educación popular de la provincia de Badajoz el 16 de enero de 1943. Monumento a los caídos de Castuera en 1943, 21/05370.

encargado a un gran ceramista de la zona que se llamaba José Gimeno Martínez[667], que diseñaría una gran cruz encima de un basamento y estaría situada en un antiguo cementerio que había sido clausurado. El lugar permitía que la cruz se viera y tuviera un lugar privilegiado, puesto que se situaba "al entrar en la población y en cambio no es lugar de paso donde la presencia de gente indiferente, momentáneamente o por la fuerza del uso, pueda parecer irreverente"[668]. En esta ocasión la función religiosa era mucho más evidente que la propagandística; no se buscaba un lugar que fuese céntrico en la localidad y que estuviese cerca de un centro educativo como en otras ocasiones.

El monumento estaría en el centro de un calvario que se compondría alrededor de la cruz y dejaría a ésta en el centro de todo el proyecto. Hay que recordar en esta ocasión que el calvario era un camino de catorce cruces que recordaría los pasos de la Pasión de Jesucristo, y la cruz de los caídos se situaría en el centro. El significado religioso era enorme, puesto que había un paralelismo que se quería conseguir por parte de los promotores del proyecto con Jesucristo que había muerto en la cruz por los hombres y los caídos que habían muerto por defender el catolicismo y conseguir una España nueva. Todo este conjunto estaría rodeado de jardines a su alrededor, que en este caso se eligió que tuviera una connotación local y la vegetación escogida "tendría estilo mediterráneo delimitando el contorno del solar con una aparente superficie continua formada por *Cupressus fastigiata* de un color verde profundo con ramas de crecimiento vertical"[669]. Esto nos muestra, una vez más, el profundo cuidado y estudio con el que se hacían los proyectos, cómo se preocupaban de que todos los elementos del conjunto estuvieran en una perfecta armonía, y que contaran con elementos locales para que los ciudadanos vieran estos proyectos como algo suyo.

Como hemos podido comprobar la simbología religiosa era muy fuerte, pero en esta ocasión no terminaba con la construcción de la cruz en medio de un calvario para que los familiares y los ciudadanos tuvieran un recorrido marcado por donde tenían que ir rezando. El proyecto tenía más connotaciones religiosas y contaba con un "sencillo altar para que en él pueda oficiarse y sirva para oír las misas el mayor número posible de personas de cara al altar"[670]. En esta ocasión se puede ver que en

---

[667] Maestro ceramista muy reconocido en la Valencia, considerado un verdadero experto en la cerámica consiguió una beca para estudiar en Francia y haría obras muy representativas como el zócalo de la capilla de la Universidad de Valencia, la restauración de los azulejos en el actual Palacio de la Generalidad Valenciana o un vía crucis en el Monte Sinaí. Actualmente, su fábrica es un museo y se puede visitar.

[668] AGA, Cultura, Delegación Nacional de Prensa y Propaganda, memoria del arquitecto en abril de 1943, Monumento a los caídos de Manises en 1943, 21/05374.

[669] AGA, Cultura, Delegación Nacional de Prensa y Propaganda, memoria del arquitecto en abril de 1943, Monumento a los caídos de Manises en 1943, 21/05374.

[670] AGA, Cultura, Delegación Nacional de Prensa y Propaganda, memoria del arquitecto en abril de 1943, Monumento a los caídos de Manises en 1943, 21/05374.

este proyecto el elemento religioso llenaba todo el monumento, y no había sitio para una función propagandística de carácter político que ensalzara a un nuevo régimen.

En la localidad de Benavente se tuvieron grandes dudas a la hora de situar el futuro monumento, puesto que querían combinar la función religiosa con la ubicación en un lugar céntrico para que todos los vecinos pudieran contemplarlo.

En un primer lugar se pensaba en los importantes paseos que poseía el municipio, o el parque céntrico como era el de Ramón y Cajal ya que, de esta manera, con su ubicación estratégica, el monumento siempre estaría a la vista de todos. Sin embargo, al ser un monumento religioso y que cumplía también según sus promotores una función funeraria, mística y espiritual debía ubicarse en un espacio que "recogido y separado de centros de esparcimiento que invitaran a la meditación, por otra parte, y teniendo en cuenta, que ante él tendrían que congregarse grandes muchedumbres con motivo de la celebración de actos patrióticos, se requería amplia superficie en la que pudieran tener lugar desfiles..."[671]. La importancia religiosa del monumento no quedaba relegada a un segundo lugar, puesto que el monumento tendría "la simbólica cruz del cristianismo enlazada con una composición arquitectónica de líneas clásicas modernas en forma de semicírculo... como si pretendiera cobijar en él aquellos que perecieron en aras de un ideal ...mesa de altar, en la que poder celebrar el santo sacrificio de la misa..."[672].

Finalmente, tras numerosos estudios de dónde estaría ubicado el futuro monumento, se decidió por parte del ayuntamiento que fuera en el paseo central de la llamada Mota Vieja y al que se accedería desde la Plaza del Generalísimo Franco[673]. Aquí tenemos un buen ejemplo de cómo las autoridades locales del nuevo régimen habían procedido a copar el espacio público, y cómo se había nombrado un espacio nuevo en donde todo tenía relación entre sí y los vecinos podían relacionar una vez más a los caídos con la figura de Franco. Hay que destacar que, en la elección final, el secretario del ayuntamiento hizo constar en la sesión que se decidió finalmente por un emplazamiento céntrico, aunque también apartado del tráfico urbano, "para reunir los requisitos de recogimiento, que exigen las normas establecidas sobre el particular"[674]. Respecto a esta última información, hay que señalar que no se ha encontrado ningún tipo de normas o indicaciones que hicieran las autoridades sobre dónde tenían que ubicarse los monumentos. Por último, es

---

[671] AGA, Cultura, Delegación Nacional de Prensa y Propaganda, memoria del monumento en Benavente, monumento a los caídos en Benavente en 1941, 21/05374.

[672] AGA, Cultura, Delegación Nacional de Prensa y Propaganda, memoria del monumento en Benavente, monumento a los caídos en Benavente en 1941, 21/05374.

[673] AGA, Cultura, Delegación Nacional de Prensa y Propaganda, acuerdo del ayuntamiento de Benavente el 12 de mayo de 1941, monumento a los caídos en Benavente en 1941, 21/05374.

[674] AGA, Cultura, Delegación Nacional de Prensa y Propaganda, acuerdo del ayuntamiento de Benavente el 12 de mayo de 1941, monumento a los caídos en Benavente en 1941, 21/05374.

interesante señalar que en este caso las autoridades se preocuparon por la integridad del monumento, y en el acuerdo señalaron que la ubicación escogida suponía tener una "constante vigilancia para evitar los actos irrespetuosos, que se pudieran cometer por la chiquillería, o por los desafectos al régimen, amparados en la impunidad del apartamiento y la oscuridad"[675].

Es llamativo ver cómo las autoridades locales se preocupaban de los posibles actos irrespetuosos en esta localidad, que estaba situada en una zona de mentalidad conservadora y tradicional y donde, teóricamente, no había un gran rechazo al nuevo régimen como en otros lugares con un fuerte componente nacionalista o de izquierdas como podían ser Cataluña, Asturias o el País Vasco.

En la localidad de Portillo de Toledo, puesto que el monumento según sus promotores tenía la función de desarrollar un recuerdo perenne a los caídos y, sobre todo, un profundo sentido y evocación religiosa, se escogería un lugar acorde a estas características. De esta manera el lugar elegido sería cerca de la iglesia parroquial, que era la de Nuestra Señora de la Paz, y que contaba con una plaza alejada del bullicio y con árboles, lo que hacía que el lugar fuera el mejor espacio posible en la localidad. Además, el sitio donde se iba a erigir el monumento inspiraba un respeto especial puesto que antes había sido un camposanto. Por último, como gustaba al régimen, los promotores explicaban que la plaza permitía concentraciones, desfiles, actos religiosos multitudinarios y el monumento dispondría de "mesa de altar, puede, cuando así convenga, celebrarse el santo sacrificio de la misa"[676].

Otro ejemplo de la carga religiosa que tenían los monumentos es lo que se refleja en el proyecto de Villarrubia de los Ojos puesto que, "Sobre esta meseta se alzará la cruz, en cuya base irá una capilla tal y como se indica en los planos… sobre los tableros se pondrán con letras de metal los nombres de los mártires... se colocará el monumento al lado de la Iglesia"[677]. Como se puede ver, el monumento tendría un recuerdo especial a los que habían sido asesinados por su fe. Hay que resaltar que en la provincia de Ciudad Real la persecución hacia la Iglesia Católica había sido brutal y en algunos casos se había llegado a exterminar en torno al 50 % de religiosos de la zona[678].

El elemento religioso de los monumentos era evidente, puesto que en muchas ocasiones se buscaba que hubiera un altar para las celebraciones religiosas; es el caso

---

[675] AGA, Cultura, Delegación Nacional de Prensa y Propaganda, acuerdo del ayuntamiento de Benavente el 12 de mayo de 1941, monumento a los caídos en Benavente en 1941, 21/05374.

[676] AGA, Cultura, Delegación Nacional de Prensa y Propaganda, informe de la vicesecretaría de educación popular de Toledo, monumento a los caídos en Portillo en 1942-1943, 21/05373.

[677] AGA, Cultura, Delegación Nacional de Prensa y Propaganda, memoria del arquitecto a fecha 1 de diciembre 1943, monumento a los caídos de Villarrubia de los Ojos 1943-1944, 21/05370.

[678] Fernando DEL REY REGUILLO, *Retaguardia roja. Violencia y revolución en la guerra civil española*, Barcelona: Galaxia Gutenberg, 2019. p. 444.

de la cruz que se proyecta en Irún, donde el monumento contaría con una "mesa de las dimensiones y formas que marcan los planos, la cual servirá de altar para las ceremonias religiosas que se celebren el Monumento"[679]. A esto había que sumar la frase que "Por la honra por la vida y pon las dos, honra y vida por tu Dios". Como se puede observar esta frase se plantea a los pocos meses de acabar la guerra puesto que la única frase admitida era Caídos por Dios y por España, pero nos da una idea de la carga religiosa que daban los promotores a los monumentos.

Otro ejemplo lo encontramos en la localidad de Puertollano[680], en donde se escogió un lugar con una carga religiosa muy importante. El emplazamiento escogido fue la glorieta de la Virgen Nuestra Señora de Gracia, que era la patrona de la ciudad[681]. El elemento religioso no quedaba ya allí puesto que en el documento se explicaba que, el lugar elegido había contado "desde final de siglo pasado una hermosa Cruz de hierro fundido, venerada por toda la población...Esta Cruz fue arrancada y destrozada por la horda roja. Posteriormente se instaló en ese mismo sitio y provisionalmente hasta la construcción de la presente una sencilla Cruz de madera en memoria de los Mártires Caídos en la ciudad"[682]. Con esta elección el mensaje del nuevo régimen a la población quedaba perfectamente conformado y realizado en el espacio público de Puertollano. Se mostraba la idea de una lucha en defensa de la religión, donde ésta había sido atacada e incluso borrada de la calle. Sin embargo, se volvía a colocar la cruz en la plaza de la patrona y se mostraba a los puertollanenses cómo la religión finalmente había triunfado. Aparte del elemento religioso, el aparejador destacaba que el paseo tenía una anchura considerable y la longitud era de más de 500 metros lo que, sin duda, era ideal para las futuras concentraciones y desfiles que se desarrollarían las fechas indicadas.

En otras ocasiones estaban al lado de ermitas, como fue el caso del proyecto de Hinojosa del Duque,[683]. Según se explicaba en el informe la futura cruz se situaría a las afueras de la ciudad por ser un punto "de paso obligado y casi constante de fieles y deudos de caídos que suben en cumplimento de promesas hasta la Ermita del Cristo

---

[679] AGA, Cultura, Delegación Nacional de Prensa y Propaganda, memoria del 26 de agosto de 1939, Monumento a los caídos de Irún, 21/05371.

[680] Localidad de la provincia de Ciudad Real y que contaría con unos 25.000 habitantes en la década de los años cuarenta.

[681] Se crea la cofradía en 1920 y actualmente la Virgen sigue gozando de gran popularidad siendo su día festivo el 8 de septiembre.

[682] AGA, Cultura, Delegación Nacional de Prensa y Propaganda, memoria del monumento a los caídos en Puertollano, monumento a los caídos de Puertollano en 1943, 21/05370.

[683] Localidad perteneciente a la provincia de Córdoba y que en 1940 tendría aproximadamente 15.000 habitantes.

de las Injurias"[684]. Esta ermita es uno de los emblemas religiosos más importantes de la ciudad y un referente devocional de la zona, puesto que apareció un crucifijo en la puerta de la ermita en 1734. Aprovechando la construcción del monumento, se mejoraría el camino para que incluso pudiera ser accesible para vehículos que fueran desde la localidad al templo. Los arquitectos en el informe remarcaban este lugar como ideal puesto que sería un espacio de reposo y meditación para los fieles de Hinojosa.

Otro ejemplo lo podemos encontrar en la localidad de Aranda del Moncayo, donde la ubicación del monumento sería en una plazuela cercana a la iglesia.

En Almorox la futura cruz se planteaba construir cerca de la iglesia de San Cristóbal y contaría con una mesa de altar para celebrar el sacrificio de la misa en recuerdo a los caídos según relataban sus promotores.

3.4 La cuestión económica

Una cuestión esencial es conocer información sobre el apartado económico de los proyectos de los monumentos a los caídos que se harían por toda la geografía española. No hay que olvidar que estamos en unos años de dura crisis para el país puesto que éste estaba destrozado por la terrible guerra que había durado varios años. De esta manera, en los primeros años la dictadura se centrará en lo que podemos denominar una política económica autárquica, es decir, que el país intentase ser autosuficiente, se autoabasteciese y pudiera producir todo lo que fuese necesario. De esta manera no sería necesario acudir al mercado internacional que en esos años se consideraba, de una cierta manera, hostil.

Este contexto es importante para resaltar que el modelo económico no nace a partir de 1939, sino que seguiría el iniciado a mediados de los años setenta del siglo XIX basado en el proteccionismo y en un nacionalismo económico[685]. Como señala Donato Fernández se prosigue en cierta medida con un proteccionismo que venía afectando a España y al mundo desde la década de los treinta como consecuencia de la enorme crisis económica generada a partir de 1929.

Por tanto, estamos en un periodo donde el desarrollo económico sería impulsado por el Estado mediante su rígida intervención, pero tendría unos enormes problemas, que se podrían simplificar como falta de recursos financieros, de alta tecnología y de un mercado que estaba totalmente destruido por la pérdida de población, el

---

[684] AGA, Cultura, Delegación Nacional de Prensa y Propaganda, memoria del proyecto de monumento a los caídos en Hinojosa del Duque en febrero de 1942, monumento a los caídos de Hinojosa del Duque en 1942, 21/05370.

[685] Donato FERNÁNDEZ NAVARRETE, La política económica exterior del franquismo: del aislamiento a la apertura, *Historia Contemporánea* N.º 30, 2005, pp. 49-79.

autoconsumo y el enorme mercado negro que había. La apuesta por la llamada tercera vía o la economía autárquica fue defendida por la dictadura mediante discursos políticos que aducían que había una conspiración internacional para intentar derribar al naciente régimen[686].

De esta manera era esencial mantener el aislamiento tanto político como económico para que no entraran perniciosas influencias sobre el país que tanto había sufrido. El comercio con el exterior sería muy escaso, estaría en manos de empresarios cercanos al régimen que contarían con una serie de licencias para operar. Hay que destacar que también se limitan las inversiones extranjeras que podían tener las empresas a la cuarta parte[687].

Estas medidas lo que suponen es un auténtico estrangulamiento del comercio exterior que durante la década de los años cuarenta fue casi mínimo no llegando a superar los 500 millones de dólares muchos años.

El nuevo régimen sigue con unas políticas en el que el Estado jugaba un papel asistencialista, donde los empresarios no podían admitir que hubiera riesgo y competencia. Esto provoca que haya una muy baja productividad y que la modernización de las empresas sea nula. El franquismo en sus primeros años está alejado de todo lo que se refiere a progreso y en el campo económico se verá con claridad la apuesta que hay por parte del régimen en lo que se refiere a la economía. La dejaba en manos de políticos con escasos conocimientos económicos y que se dejaban llevar por una mezcla de políticas autárquicas y de economía de guerra. Hay un "menosprecio hacia el mundo de los negocios en amplios sectores sociales"[688], no solo desde las capas más humildes de la población que querían un estado asistencialista, sino también desde altos miembros del gobierno. De hecho, será muy importante cómo en la década de los sesenta se intente dar una visión mejor del empresario y del mundo de los negocios desde los nuevos ambientes tecnócratas que se instalarán en el gobierno. Se intentará hacer un lavado completo de imagen para que la figura del empresario en "cuanto agente creador de riqueza, distinta por lo tanto a la del mero capitalista"[689].

---

[686] Ángel VIÑAS, Autarquía y política exterior en el primer Franquismo 1939-1959, *Revista de estudios internacionales*, N°1, Enero/ Marzo1980, pp. 61-92.

[687] Donato FERNÁNDEZ NAVARRETE, La política económica exterior del franquismo: del aislamiento a la apertura, *Historia Contemporánea* N.º 30, 2005, pp. 49-79.

[688] Ángeles GONZÁLEZ FERNÁNDEZ, La otra modernización: tecnocracia y mentalidad de desarrollo en la península ibérica (1959-1974), *Historia y política: Ideas, procesos y movimientos sociales*, N.º 35, 2016, p. 321.

[689] GONZÁLEZ FERNÁNDEZ Ángeles, La otra modernización: tecnocracia y mentalidad de desarrollo en la península ibérica (1959-1974), *Historia y política: Ideas, procesos y movimientos sociales*, N.º 35, 2016, p. 323.

Una de las partes esenciales de las políticas económicas hace referencia a las políticas agrícolas que hará el nuevo régimen a partir de 1939. Se fortaleció el control y las regulaciones por parte del estado en lo que se refiere a los mercados agrícolas; todo quedará subordinado a los llamados intereses nacionales. Lo más importante es que se desarrollan una serie organismos para establecer un férreo control por parte del estado: aparece la Organización Sindical, aparecen Sindicatos Nacionales (de cereales, vid, fruta), que luego bajaría a un nivel más cercano con las hermandades de labradores y ganaderos[690].

Como destaca Juan Pan-Montojo estas instituciones fueron esenciales para regular la producción, la información y las relaciones sociales. Es esencial remarcar que las políticas basadas en la nacionalización partieron de una profunda represión sobre las asociaciones y sindicatos anteriores. El mercado negro entró en un apogeo sin parangón, y refleja que casi el 60% de la producción se comercializaba de esta manera. Hay que recordar que eran los años del hambre, de la escasez, por la enorme corrupción que había en este momento y que servía a mucha gente para hacer negocio. La asignación de precios, la distribución de recursos y el estraperlo hacen que se formara un control social muy potente sobre todo con las familias de los perdedores de la guerra que en las pequeñas poblaciones estaban señaladas y eran conocidas por todos.

Uno de los puntos más interesantes para comprender cómo se construye esta nueva política agraria tras la guerra civil es el vacío que habrá en los pueblos por los miles de asesinatos que se producen en ambas retaguardias sobre propietarios de tierras, campesinos y líderes sindicales. Tras el conflicto se procede a un cierre de cooperativas, sindicatos y de asociaciones en las que muchas veces había ingenieros agrónomos que habían desempeñado un papel importante en la introducción de innovaciones como fertilizantes.

De esta manera, el campo queda en manos de Falange que veía al mundo rural como bárbaro y que en los primeros años no tendría grandes avances. Posteriormente la Iglesia Católica ejercería una gran influencia sobre el mundo rural que incluso se vería en el gran número de vocaciones que saldrán de los pueblos.

La política económica autárquica seguida durante los años cuarenta supone que España siga en una brutal crisis de la que no podría salir hasta que llegara una cierta liberalización económica que permitiera un mayor grado de crecimiento. Las políticas autárquicas fueron muchas veces un freno para el crecimiento económico y un enorme foco de corrupción que favorecía a unas pocas personas siempre cercanas al régimen.

---

[690] Juan PAN-MONTOJO, «Spanish Agriculture, 1931-1955. Crisis, Wars and New Policies in the Reshaping of Rural Society», en Paul Brassley, Yves Segers and Leen Van Molle (eds.), *War, Agriculture and Food. Rural Europe from the 1930s to the 1950s*, Nueva York, Routledge, 2011, pp. 75-95.

La carestía se impuso en España y la falta de productos básicos fue un drama para mucha gente. Los alimentos escaseaban, y esto hace que el régimen tenga que imponer la cartilla de racionamiento, que tendría una duración desde 1939 a 1952, casi lo que duran las políticas autárquicas. Esto suponía que el gobierno intentaba controlar la distribución de mercancías y asignaba a cada persona los productos básicos que podía consumir tales como arroz, pan o garbanzos; todo intentaba estar medido y controlado para que cada persona tuviera lo indispensable para poder sobrevivir.

El resultado es que se crea un enorme mercado negro, donde se negociaba o se podían comprar productos que eran un verdadero lujo en esos tiempos, como la carne o la leche. Lo que se producía era una compraventa clandestina, un acaparamiento de productos que hacía que los precios se disparasen aún más. Estos años el hambre recorre España sin ningún tipo de control afectando a amplias capas de la población y causando verdaderos estragos. Las políticas económicas de racionamiento fueron un verdadero fracaso que abocaban a la población al mercado negro de una manera continua. La gestión de la distribución era muchas veces pasto de la corrupción o directamente de la mala gestión. Miguel Ángel del Arco señala que el abastecimiento y distribución era un fracaso ya que en 1940 tuvieron que lanzarse al mar en Málaga casi 50.000 toneladas de arroz y una considerable cantidad de bacalao por su elevado estado de descomposición[691].

Otro ejemplo nos viene de Cantabria ya que, en la localidad de Santillana del Mar, pese a tener más de 5000 vacas, era imposible comprar un vaso de leche en ninguna tienda porque no se permitía[692]. Esto nos da una imagen de cómo las políticas intervencionistas en la economía eran letales tanto para la población como para los productores a los que tenían asignado a dónde tenía que ir su producción y a qué precio tendrían que venderla. El mercado negro en muchos casos dejaba a las capas más populares sin poder acceder, ya que los precios eran altos y la devaluación de salarios había producido un empobrecimiento muy importante. El hambre y la pobreza se expandían sin ningún control y producían la muerte en muchos casos por inanición.

Visto este análisis económico de la época nos adentramos en el aspecto económico de los proyectos que, a pesar de los duros momentos que hemos visto, había que financiar los costes de los actos y proyectos que se iban levantado por la geografía española.

---

[691] Miguel Ángel DEL ARCO BLANCO, "Morir de hambre": autarquía, escasez y enfermedad en la España del primer franquismo". *Pasado y memoria: Revista de historia contemporánea*, N.º 5 (2006), pp. 241-258.

[692] Miguel Ángel DEL ARCO BLANCO, "Morir de hambre": autarquía, escasez y enfermedad en la España del primer franquismo: *Pasado y memoria*: Revista de historia contemporánea, N.º 5 (2006), pp. 241-258.

Como se sabe, era necesario pedir permiso al Gobierno Civil para que cualquier institución, incluida la todopoderosa Falange de la posguerra, pidiera dinero. La mayoría de los gastos corrían muchas veces por suscriciones populares o por donativos que eran dados por familiares, vecinos o instituciones que quisieran aportar el dinero[693].

La petición de dinero a la población de las diferentes localidades de España para construir monumentos no tardaría en llegar una vez acabada la guerra. Falange sería una de las instituciones encargadas a partir de 1939 de pedir permisos para empezar a recolectar la financiación necesaria para costear los monumentos. Un ejemplo lo tenemos en la localidad de Guriezo[694] ya que el 18 de octubre, a los pocos meses de haber terminado la guerra, Juan Sainz de las Barreas, que era el jefe local de FET y de las JONS, escribe al gobierno civil "que de acuerdo con todos los afiliados se propone abrir una suscripción popular en esta localidad, cuyos ingresos irán destinados para levantar una cruz en este término municipal que perpetue la memoria de los caídos durante el Glorioso Movimiento Salvador por Dios y por España.."[695]. El gobierno civil de la provincia de Santander remitió la petición al Servicio Nacional de Propaganda, pero éste les dijo que los únicos que podían autorizar las suscripciones de dinero eran los gobiernos civiles.

En Arriondas la Falange local pide también permiso al gobierno civil para hacer una colecta entre los vecinos. Se especificaban incluso los donativos que se iban a pedir "propongo invitar a todos los habitantes del territorio municipal mayores de 18 años, a contribuir con la cuota general y mínima de una peseta. De esta forma todos los riosellanos aportarían su óbolo para llevar a cabo la iniciativa"[696]. El dinero que se pedía era totalmente aleatorio y variaba en función de los municipios y de la riqueza de estos mismos. Como se observa, al hablar de una pequeña localidad enclavada en Asturias se pide a los vecinos una cantidad simbólica, pero en la que todos participaran. Hay que destacar que no tenemos noticias en los informes que reflejen que hubiera muchos problemas con las personas a la hora de recolectar el dinero.

---

[693] AGA, Cultura, Delegación Nacional de Prensa y Propaganda, escrito el 18 de enero de 1941 del gobernador civil de Santander en donde explica que FET y de las JONS pide "autorización para iniciar una suscripción entre cuantas entidades Oficiales, particulares y vecinos en general deseen voluntariamente contribuir con su aportación a erigir en los lugares...". Monumento a los Caídos de Cabo Mayor en 1940-1941, 21/02387.

[694] Localidad situada en Cantabria cerca de Castro Urdiales y que en 1939 tendría una población aproximada de unos 2.000 habitantes.

[695] AGA, Cultura, Delegación Nacional de Prensa y Propaganda, escrito del jefe local de falange de Guriezo al Gobierno Civil, Monumento a los caídos de Guriezo en 1939, 21/02387.

[696] AGA, Cultura, Delegación Nacional de Prensa y Propaganda, escrito del jefe local de la falange de Arriondas, 21/02382.

En otras ocasiones el papel de recolectar el dinero entre los vecinos era por parte de los ayuntamientos, como el caso de Arrigorriaga, que pidió permiso para poder abrir una suscripción pública "en el término municipal y en cuanto a la entrega de donativos e importancia de los mismos será voluntaria y con ella se pretende tan solo recoger y encaminar el vivo interés del vecindario en que se realice la obra pretendida"[697]. El informe decía que el ayuntamiento si hiciera falta haría una donación extraordinaria de 500 pesetas.

Otro ejemplo se encuentra en el ayuntamiento de Robleda[698] en la que pide permiso el alcalde, que era Domingo Mateos Sánchez, para proceder a realizar una suscripción para pagar el monumento que ya se había realizado. El alcalde, en su informe fechado el 6 de diciembre de 1939, indica que la situación económica del ayuntamiento era muy delicada y que no tenía otra opción. Esto nos muestra la complicada gestión económica que tenían que hacer las autoridades locales una vez terminada la guerra por tener un país totalmente devastado. Desde la Dirección de Propaganda decían la conocida respuesta de que ellos no tenían esa función y que la tenían que pedir al gobernador civil de Salamanca. Sin embargo, hacían un requerimiento al ayuntamiento "la observación de que en la citada instancia se refiere a una Cruz que ha sido ya erigida y cuyo proyecto no se encuentran antecedentes en estos registros, y que si dicha Cruz ha sido erigida con posterioridad al 22 de agosto de 1939 ha infringido en la orden de Excmo. Sr. Ministro de la Gobernación de 7 de agosto"[699].

Esto nos indica el exhaustivo control que había por parte de la Dirección General de Propaganda, en donde se iban archivando y catalogando los centenares de informes que iban recibiendo para erigir monumentos. Incluso remarcaban a un pequeño ayuntamiento que, si habían construido la cruz después de la orden, habían infringido la ley. Actualmente si uno viaja a Robleda aún puede ver una sencilla cruz de piedra, en frente de la iglesia de Nuestra Señora de la Asunción con una inscripción que ha modificado a la original y dice "Por todos los muertos en la Guerra Civil Española 1936-1939".

Como hemos visto la mayoría de las veces se hacían peticiones y el Gobierno Civil daba permisos para que se hicieran suscripciones públicas para poder erigir los monumentos. En otras ocasiones, el gobernador civil llegaba a animar a que las suscripciones públicas no solo se hicieran entre poblaciones importantes, sino que se

---

[697] AGA, Cultura, Delegación Nacional de Prensa y Propaganda, petición del ayuntamiento de Arrigorriaga el 9 de septiembre de 1939 dirigida al gobierno civil de Vizcaya, monumento a los caídos en Arrigorriaga en 1939, 21/02387.

[698] Localidad situada al sur de la provincia de Salamanca y que se encuentra situada en la comarca de Ciudad Rodrigo. En 1940 tendría una población aproximada de 1500 habitantes y en la actualidad posee 470.

[699] AGA, Cultura, Delegación Nacional de Prensa y Propaganda, informe del jefe de Ceremonial y Plástica a 25 de enero de 1940, monumento a los caídos de Robleda en 1939, 21/02387.

intentara que alcanzase todas las poblaciones de manera indiferente de su población[700]. En este cometido era imprescindible la labor de la Jefatura Provincial de Falange de cada provincia, que se dedicaba al apoyo de labores para conseguir el dinero necesario. Hay casos en los que incluso se hacía una previsión del dinero que se esperaba conseguir "los ingresos que se obtengan por las expresadas aportaciones se calculan en unas 75.000 pesetas suponiendo de gastos unas quinientas pesetas próximamente, cuyos gastos abonará la Jefatura Provincial del Movimiento"[701]. Es decir, estamos ante posibles estudios económicos por parte de Falange en donde se esperaba conseguir notables cantidades de dinero que sirvieran para poder costear los monumentos.

Se hizo un estudio parecido en la ciudad de Tarrasa antes de erigir el monumento, puesto que en el informe que envían el ayuntamiento explica que "la apertura de una suscripción pública para recaudar los fondos con destino a la construcción del expresado Monumento a los Caídos, suscripción patrocinada por este Ayuntamiento y por la Delegación Local de FET y de las JONS con la cooperación de todas las entidades culturales, económicas y sociales de la localidad..."[702]. Como vemos en esta ocasión, el ayuntamiento, junto con la falange local y diversas entidades, colaboraban a la hora de recaudar el dinero necesario para poder levantar el monumento. En esta ocasión se había hecho un estudio donde se quedaba reflejado que se podía recoger fácilmente la generosa cantidad de 150.000 pesetas.

A veces, llegaba a Madrid todo el trabajo económico realizado como sucedió con la cruz de Guareña en donde, sin haber finalizado la guerra, decía en su informe que tenían ya todo el dinero que costaría el futuro monumento. Eduardo Miranda, como presidente de la comisión local, decía en su escrito el 4 de enero de 1939 "la cantidad de 16.835 importe de la misma ya está recaudada por suscripción popular y voluntaria, entre este vecindario, que así ha querido honrar a sus mártires"[703].

En ocasiones la situación económica de la posguerra era complicada, y se intentaba poner todos los recursos necesarios para levantar el monumento a los caídos. En el Monasterio de Montehano la cruz que se pretendía levantar era imponente, pues mediría más de doce metros de altura, y se erigiría sobre un pedestal al que se accedería por una escalinata, y tendría la pertinente mesa de altar para desarrollar las frecuentes

---

[700] AGA, Cultura, Delegación Nacional de Prensa y Propaganda, escrito del Gobernador Civil de La Coruña animando a que se hagan suscripciones por toda la provincia, 21/02382.

[701] AGA, Cultura, Delegación Nacional de Prensa y Propaganda, escrito del Gobierno Civil de Santander a fecha de 18 de enero de 1941, monumento a los caídos de Cabo Mayor en 1940-1941, 21/02387.

[702] AGA, Cultura, Delegación Nacional de Prensa y Propaganda, informe del alcalde presidente de la comisión gestora del ayuntamiento, monumento a los caídos de Tarrasa en 1940-1941, 21/05370.

[703] AGA, Cultura, Delegación Nacional de Prensa y Propaganda, informe del presidente de la comisión de la cruz de los caídos de Guareña, monumento a los caídos de Guareña en 1938, 21/05370.

celebraciones religiosas que se produjeran. Esta estructura llamada ciclópea por sus autores contaría con hormigón, más de 250 kilos de cemento, cientos de kilos de arena y de otros materiales. En este caso el problema era poder llevar los materiales hasta la ubicación escogida, que tenía muy difícil acceso al que hubo, según los escritos, que limpiar el camino que daba acceso al monasterio. En este caso hubo que incluso "organizar cuadrillas de cinco burros dirigidos por un guía-peón, cuyos acarreos extraordinarios se prevén especialmente en los presupuestos"[704].

Llegados a este punto es muy interesante señalar cuáles eran las cantidades que se gastaban los municipios en desarrollar los proyectos que se iban erigiendo. Como podemos suponer, las cantidades variaban enormemente entre los municipios puesto que los recursos económicos y la capacidad de financiar los futuros monumentos era totalmente diferente entre una gran ciudad o una pequeña aldea. A continuación, se ha realizado una tabla donde están ordenados los diferentes proyectos que se conservan en el AGA y que nos muestra la gran disparidad de dinero que costaron las cruces a los caídos.

RELACIÓN DE MUNICIPIOS CON EL PRESUPUESTO QUE CONTABAN PARA ERIGIR SUS MONUMENTOS A LOS CAÍDOS

Localidad	Provincia	Presupuesto
Vitoria	Álava	193.983,70 pesetas
Carrión de Calatrava, Proyecto de la mina de Camuñas	Ciudad Real	100.000 pesetas, y posteriormente sería de 38.344,92 pesetas
Jerez de la Frontera	Cádiz	83.434,57 pesetas.
Tolosa	Guipúzcoa	60.000 pesetas
Vic	Barcelona	59.685, 44 pesetas
Valls	Tarragona	57.149,07 pesetas
Cervera de Pisuerga	Palencia	56.923 pesetas
Carcagente	Valencia	53.286 pesetas
Llodio	Álava	31.399,68 pesetas
Sigüenza	Guadalajara	30.572,68 pesetas
Puzol	Valencia	30.000 pesetas
Navahermosa	Toledo	21.201 pesetas
Pamplona	Navarra	21.362,52 pesetas

---

[704] AGA, Cultura, Delegación Nacional de Prensa y Propaganda, memoria del arquitecto del 17 de diciembre de 1941, monumento a los caídos de Escalante en 1941-1942, 21/05373.

Sollana	Valencia	18.354, 25 pesetas, más 2.318, 96 de honorarios del arquitecto
Guareña	Badajoz	16.835 pesetas
Los Corrales de Buelna	Cantabria	15.000 pesetas
Huércal Overa	Almería	14.750 pesetas
Carcastillo	Navarra	13.992,22 pesetas
Vega de Pas	Cantabria	12.000 pesetas
Cruz de Montehano en Escalante	Cantabria	11.977,53 pesetas
Guadamur	Toledo	11.700 pesetas.
Béjar	Salamanca	11.668,04 pesetas
Gallur	Zaragoza	11.322 pesetas
Lumbier	Navarra	10.890 pesetas
Sestao	Vizcaya	10.020,50 pesetas
Buenavista de Valdavia	Palencia	10.000 pesetas
Madrigalejo	Cáceres	9.906 pesetas
Portillo	Toledo	9.002 pesetas
Lagartera	Toledo	9.000 pesetas
San Pedro de Ribas	Barcelona	7.589,60 pesetas
Albalate del Arzobispo	Teruel	6.750 pesetas
Villa de Sobradiel	Zaragoza	6.679,60 pesetas
Almorox	Toledo	5.000 pesetas
Escuer	Huesca	5.000 pesetas
La Unión	Murcia	4.000 pesetas
Peramola	Lérida	4.000 pesetas
Nava	Asturias	4.000 pesetas
Noblejas	Toledo	3.500 pesetas
Aranda de Moncayo	Zaragoza	3.000 pesetas

[705]

Como vemos en la anterior tabla realizada en base a la documentación que se encuentra disponible, y recordando al lector que no están todos los proyectos reflejados, puesto que en varios falta información y otros están incompletos, todo ello no obstante nos proporciona una idea de lo que se llegaron a gastar las diferentes

---

[705] Tabla de elaboración propia en base a la documentación recogida en el AGA revisando los presupuestos de los diferentes ayuntamientos.

localidades en los distintos proyectos que levantaron por la geografía española en recuerdo a sus caídos.

La localidad que gastaría más dinero en recordad a sus fallecidos sería la ciudad de Vitoria, pero hay que tener en cuenta que en el enorme monumento estarían reflejadas todas las personas que habían fallecido de la provincia de Álava. Seguidamente otras localidades contaron con un gran presupuesto para honrar a sus caídos como fueron las localidades de Jerez de la Frontera[706], Tolosa, Vic, Valls, Cervera de Pisuerga y Carcagente. Estas tenían un presupuesto parecido, que oscilaba en torno a las 50.000 pesetas de la época, que se puede considerar una cantidad considerable si hablamos de un período de posguerra y carestía.

En Tolosa se contaría con una suscripción pública, pero también habría una financiación del futuro monumento de "las innumerables empresas industriales como las entidades bancarias de la población y, con ellas, emulando el entusiasmo, a tenor cada una de sus disponibilidades económicas, todo el vecindario tolosano que tantas y tantas pruebas tiene dadas de su fervoroso patriotismo"[707].

Llama la atención el enorme presupuesto con el que se contó en la pequeña localidad de Cervera de Pisuerga, que se encuentra localizada en la montaña palentina; el proyecto tendría disponible casi 60.000 pesetas, lo que era una cantidad muy notable para la época y las características de la población.

Las peticiones para conseguir dinero para poder erigir un recuerdo a los caídos eran muchas veces muy complicadas, puesto que no se conseguía el dinero proyectado y, por tanto, la construcción del futuro monumento se hacía inviable. En la localidad de Herencia, donde los familiares de los caídos decían que habían muerto casi 3.000 personas que habían sido arrojadas a la famosa fosa de Camuñas, hacen un escrito pidiendo permiso para abrir una suscripción pública al gobierno civil. Es llamativo cómo en una zona donde la represión republicana había sido importante y se estaba en plena posguerra los familiares no conseguían recaudar el dinero que tenían previsto, y por eso volvieron a escribir al gobierno civil. En el escrito que mandan el 15 de enero de 1941 los familiares exponen lo complicado que está siendo conseguir la financiación para poder erigir el monumento y explican que se abrió una suscripción popular "cuyo resultado da vergüenza confesar"[708]. No ponían en el documento el dinero que se había conseguido reunir, pero debería ser muy poco puesto que el objetivo de los promotores era hacer un monumento que rondase las

---

[706] Archivo Municipal de Jerez de la Frontera, proyecto de Cruz de los caídos en Alameda Fortún de Torres, planos y dibujo 1958, legajo 5382.

[707] AGA, Cultura, Delegación Nacional de Prensa y Propaganda, memoria del alcalde de Tolosa, monumento a los caídos de Tolosa, 1941, 21/05371.

[708] AGA, Cultura, Delegación Nacional de Prensa y Propaganda, escrito de los familiares de los caídos el 15 de enero de 1941, monumento a los caídos en Herencia, 1940-1942, 21/05373.

100.000 pesetas, y este presupuesto solo estaba al alcance de algunas ciudades que contaban con grandes recursos económicos.

Los familiares no querían darse por vencidos, y en el escrito narran cómo harían el proyecto con sus propios medios, pero el problema era que los familiares de los caídos en su mayoría eran de posición muy humilde y no contaban con recursos para poder levantar el monumento. Se sabe que la mayoría de asesinados fueron religiosos de las localidades vecinas, como fue el caso del párroco de la localidad de Herencia, que en ese momento era Emiliano Encinas y López -Ortiz, que fue asesinado en el verano de 1936. Esta gente humilde tenía complicado que sus familiares pudieran hacer grandes esfuerzos económicos en plena posguerra.

Para superar el problema de la falta de financiación lo que los familiares idearon fue proponer al gobierno civil que les ayudara económicamente con una subvención que, como se puede ver en este tipo de peticiones, no eran hechos aislados, puesto que los familiares decían "teniendo noticias que por el Ministerio de Gobernación han sido concedidas subvenciones por casos análogos, es por lo que, de rodillas, pedimos a V.E. concedernos una subvención tan amplia como sea posible, ya que el costo del proyecto se eleva a más de cien mil pesetas"[709].

Esta petición venía firmada por muchas mujeres, y en algunos casos se podía ver la relación que tenían con las víctimas como cuando nos encontramos en el documento con firmas que ponen: "por orden de la madre de, o por orden de la viuda de Ignacio Gómez".

Como se puede deducir en caso de falta de financiación los gobiernos civiles podían ayudar a costear los proyectos en los que ésta tuviera dificultades y, esto no sería algo aislado, ya que pequeñas poblaciones estaban muy enteradas de las cuestiones económicas de otras localidades.

Los problemas económicos en la zona fueron constantes, y parece ser que no se llegó a construir el proyecto de capilla-monumento que se quería hacer en dicha mina donde habían sido asesinados los familiares de los vecinos de la zona manchega. De esta manera, llegados a 1942, seguía sin materializarse un proyecto concreto, y se entiende que el gobierno civil no daría esa enorme cantidad de dinero que pedían los promotores de la localidad de Herencia. Lo que sí se tiene constancia es que los familiares no se daban por vencidos, y llegaría un nuevo escrito realizado por Amador Rodríguez Mendaño que actuaba en "representación de los familiares de los Mártires inmolados en la boca de la mina Las Cabezuelas situada en el término municipal de Camuñas"[710]. En el escrito se intentaban pedir los permisos necesarios para, esta vez,

---

[709] AGA, Cultura, Delegación Nacional de Prensa y Propaganda, escrito de los familiares de los caídos el 15 de enero de 1941, monumento a los caídos en Herencia,1940-1942, 21/05373.

[710] AGA, Cultura, Delegación Nacional de Prensa y Propaganda, escrito del familiar de las víctimas el 2 de diciembre de 1942 al vicesecretario de educación popular, monumento a los caídos en Herencia, 1940-1942, 21/05373.

poder levantar una ermita, puesto que el lugar se encontraba en un total estado de abandono "a pesar de haberse intentado varias veces por medio de suscripciones a tal efecto abiertas… y viendo fracasadas cuantas tentativas en este sentido se han venido realizando"[711].

Para intentar solucionar el problema definitivamente los promotores proponían que no se hicieran las suscripciones que hemos visto que no conseguían reunir el dinero necesario y que no se pidieran las subvenciones, que tampoco parece que llegaron. La solución propuesta era sufragar la pequeña ermita mediante los familiares y contando con la ayuda del dueño del terreno que lo cedería para la construcción del futuro edificio. Esto nos muestra que en ocasiones era muy complicado poder financiar y reunir el dinero necesario para hacer el monumento a los caídos y que, incluso recurriendo a subvenciones y suscripciones populares, a veces no salía el proyecto deseado.

A continuación, tenemos un segundo grupo de localidades en las que el presupuesto se situaba en torno a las 25.000 pesetas, y que eran municipios de un tamaño medio de población. Municipios como Llodio, Sigüenza o Puzol contaban con 30.000 pesetas para llevar a cabo sus proyectos. En el caso de la localidad valenciana la financiación provenía, por una parte, de los familiares de los caídos que habían conseguido recaudar 15.000 pesetas entre sus aportaciones y la de los ciudadanos, mientras que el ayuntamiento había puesto las otras 15.000 pesetas para completar la financiación[712]. Los municipios de Navahermosa, Sollana, Guareña y Pamplona contaban con casi el mismo presupuesto, aunque no hay que olvidar que al final el proyecto de la ciudad de Pamplona fue un gran mausoleo, por lo que esta capital de provincia gastaría mucho más dinero que las 21.000 pesetas que aparecen reflejadas en la tabla.

Posteriormente, tenemos pequeños municipios que levantaron sus proyectos con un presupuesto mucho más escaso, como eran Carcastillo, Vega del Pas, Guadamur, Béjar o Lumbier entre otras, que contaron con alrededor de 10.000 pesetas para poder erigir un monumento en recuerdo a sus caídos. Las localidades eran conscientes de que en muchos casos el presupuesto era bajo y en algún caso, como en el de la localidad de Gallur, se comprometían las autoridades a mejorarlo si se daban las condiciones económicas para ello y se podía contar con más dinero. En Lumbier se presentaban por parte de los constructores varias opciones con diversos precios, y luego el ayuntamiento, en función de los recursos que lograra reunir mediante la suscripción popular que quería realizar, podía escoger.

---

[711] AGA, Cultura, Delegación Nacional de Prensa y Propaganda, escrito del familiar de las víctimas el 2 de diciembre de 1942 al vicesecretario de educación popular, monumento a los caídos en Herencia, 1940-1942, 21/05373.

[712] AGA, Cultura, Delegación Nacional de Prensa y Propaganda, Presupuesto de Puzol, Monumento a los caídos en Puzol, 1939-1940, 21/05374.

En la localidad palentina de Buenavista de Valdavia el precio del futuro monumento oscilaría en torno a las 10.000 pesetas, que sería financiado mediante una suscripción popular, explicando que ya se habían recibido más de 2.000 pesetas "de religiosos que viven fuera y dentro de España y de personas civiles que están fuera del pueblo"[713]. Esto se puede entender puesto que de esta localidad eran numerosos los religiosos que habían sido asesinados, incluyendo el obispo de Teruel, lo que daba un gran simbolismo al futuro proyecto. De todos modos, FET y de las JONS, que fue la promotora del proyecto, desarrollaría una hábil campaña de promoción puesto que crearon un panfleto para repartir entre los habitantes del pueblo en donde pedían "ayuda moral y económica en la magna obra que pensamos desarrollar ya que esta empresa ha de estar en relación directa con la cantidad que podamos reunir antes de hacer el presupuesto definitivo"[714]. En esta ocasión se animaba a los vecinos a que cuanto más contribuyesen mejor sería el homenaje que harían a los caídos, y recordaban que los fallecidos habían derramado su sangre por los que estaban vivos. Es interesante remarcar que desde Falange aceptaban todo tipo de donativos, e incluso animaban a hacer pequeñas ayudas puesto que nada se podía considerar despreciable en la contribución a los que habían muerto por la patria.

Incluso se llegó a ofrecer a los donantes de dinero la posibilidad de que sus nombres fueran guardados en las gradas que se pensaban hacer en el monumento; de esta manera todo el mundo vería a las personas que habían contribuido en financiar el recuerdo a los fallecidos. Esto último era una cuestión muy importante, y seguramente animaría a muchos ciudadanos a donar dinero para que sus nombres quedasen reflejados, o para que no quedasen marcados por no haber puesto dinero. Hay que recordar que estamos hablando de una pequeña localidad que en los años cuarenta tenía una población aproximada de unas 600 personas y, por tanto, todos los vecinos se conocerían entre sí.

Desde la localidad de Portillo de Toledo el presupuesto de 9.000 pesetas se recaudó por parte de Falange mediante una suscripción que se hizo en la pequeña localidad, que en esa época solo tenía 450 vecinos, y en su mayoría eran muy poco pudientes según relataba el alcalde[715]. Pero a pesar de lo escaso que podía parecer el presupuesto, desde el ayuntamiento se mostraban orgullosos por el esfuerzo económico que habían realizados sus vecinos que tenían unas condiciones económicas precarias, pero que habían puesto su grano de arena para conseguir levantar su monumento.

---

[713] AGA, Cultura, Delegación Nacional de Prensa y Propaganda, informe del jefe local de falange el 17 de junio de 1942, monumento a los caídos de Buenavista de Valdavia, 1942, 21/05373.

[714] AGA, Cultura, Delegación Nacional de Prensa y Propaganda, panfleto dirigido a los habitantes del pueblo, monumento a los caídos de Buenavista de Valdavia,1942, 21/05373.

[715] AGA, Cultura, Delegación Nacional de Prensa y Propaganda, presupuesto de Portillo, monumento a los caídos en Portillo en 1942-1943, 21/05373.

En la localidad toledana de Lagartera también fueron los vecinos mediante suscripción popular los que financiaron el monumento, pero esto fue muy complicado, puesto que el pueblo carecía de recursos económicos suficientes y las obras se tuvieron que parar en varias ocasiones por falta de presupuesto. Tal era la situación económica del pueblo que incluso el acarreo del material lo hicieron voluntariamente los propios vecinos[716], no siendo pagados por este trabajo para que el monumento pudiera salir adelante.

Desde la provincia de Zaragoza, en la localidad de Aranda del Moncayo, tenemos otro ejemplo de cómo los propios vecinos hicieron el enorme esfuerzo de ser ellos mismos los que sacarían el proyecto adelante puesto que, aunque las 3.000 pesetas que habían costado los materiales las había pagado el ayuntamiento con el presupuesto ordinario del año de 1941, los vecinos habían sido pieza clave, puesto que habían ayudado a construir el monumento mediante el acarreo de materiales, agua a pie de obra… por parte de los vecinos de una forma totalmente voluntaria[717]. Hay que destacar también otras localidades que hicieron todo lo posible, muchas veces de forma muy humilde, para que sus proyectos salieran adelante a pesar de no contar con una gran financiación, como sería el caso de Noblejas, Peramola, La Unión o la localidad asturiana de Nava, donde simplemente se adosaría una sencilla cruz a la iglesia puesto que el presupuesto no daba para otra cosa[718].

Una vez comparados y analizados los diferentes presupuestos que se han conseguido recopilar se puede ver que pertenecen a municipios de toda la geografía y que no se gastaron de más por pertenecer a una región u a otra. Las localidades que emplearon un mayor dinero lo hicieron porque tenían unos recursos económicos mayores y por lo tanto pudieron destinar más dinero a sus proyectos.

En la siguiente tabla podemos observar un ejemplo de cómo se presentaba un presupuesto, donde se detallaba con exactitud cuánto dinero se iba a gastar el ayuntamiento en el monumento a los caídos de la localidad.

---

[716] AGA, Cultura, Delegación Nacional de Prensa y Propaganda, memoria del proyecto a los caídos en el municipio de Lagartera, monumento a los caídos de Lagartera en 1943, 21/05373.

[717] AGA, Cultura, Delegación Nacional de Prensa y Propaganda, memoria del arquitecto en mayo de 1941, monumento a los caídos de Aranda de Moncayo en 1941, 21/05374.

[718] AGA, Cultura, Delegación Nacional de Prensa y Propaganda, memoria del proyecto del monumento a los caídos en Nava, 21/05373.

PRESUPUESTO DEL PROYECTO A LOS CAÍDOS DE LA LOCALIDAD DE MADRIGALEJO	
8 metros cúbicos de excavación para cimientos y transporte	56 pesetas
8 metros cúbicos de relleno de cemento semi hidráulico a 50,00	400 pesetas
21 piezas de cantería labrada	5.250 pesetas
Transporte de las piezas de Trujillo a Madrigalejo	1.000 pesetas
Colocación de las 21 piezas	1.500 pesetas
Verja	1.200 pesetas
Remates, letras y el escudo	500 pesetas
TOTAL	9.906 pesetas

[719]

Este municipio, que hay que recordar que en la década de los años cuarenta tendría alrededor de 4.200 vecinos, presentaba un proyecto acorde a las características del mismo. Es decir, el presupuesto era pequeño y el mayor importe del mismo serían las veintiún piezas de cantería que compondrían el futuro monumento, donde se especificaba que costaría 5.250 pesetas. El transporte del material se haría desde la localidad de Trujillo y costaría la nada desdeñable cantidad de 1.000 pesetas, siendo este importe junto con la colocación de las piedras y la futura verja un total de 3.700 pesetas. Las cantidades de dinero que costaría mover el terreno y el cemento que se emplearía sería mucho menor y por 456 pesetas estaría hecho. Por último, se reservaban 500 pesetas que se dedicarían a las letras que se emplearían para los nombres de los caídos, las leyendas pertinentes que se debían poner y para el escudo que se los promotores querían colocar.

En la localidad de Béjar, situada en la provincia de Salamanca, se muestra un presupuesto en donde quedaron reflejados los diferentes honorarios de las personas que trabajaron en él y que veremos en la tabla que se desarrolla a continuación.

---

[719] AGA, Cultura, Delegación Nacional de Prensa y Propaganda, tabla de elaboración propia en base a la documentación del monumento a los caídos de Madrigalejo,1941-1945, 21/05371.

<table>
<tr><td colspan="2">TABLA RESUMEN DEL PRESUPUESTO DEL MONUMENTO A LOS CAÍDOS EN BÉJAR</td></tr>
<tr><td>Presupuesto de ejecución de materiales.</td><td>Presupuesto de Contrata.</td></tr>
<tr><td>Movimiento de tierras: 100,05 pesetas.</td><td>Ejecución material: 9.455,47</td></tr>
<tr><td>Hormigón: 636,72 pesetas.</td><td>Beneficio industrial, seguro: 1.418,32</td></tr>
<tr><td>Cantería: 7.448,70 pesetas.</td><td>Honorarios arquitecto por la dirección de obras: 496,41 pesetas.</td></tr>
<tr><td>Varios: 1.270 pesetas.</td><td>Honorarios del aparejador: 297,84 pesetas.</td></tr>
<tr><td>TOTAL, materiales:</td><td>TOTAL, obra: 11.668,04 pesetas.</td></tr>
</table>

[720]

En la tabla que se ha desarrollado se nos muestra el presupuesto con el que se contaba por parte de la localidad de Béjar para erigir el monumento a sus caídos. Hay que señalar que este municipio, en la década de los años cuarenta, tendría alrededor de 13.000 vecinos, lo que nos muestra que no se aportaría ni casi una peseta por vecino. Esto se señala puesto que la localidad, como se sabe, había sido un importantísimo núcleo textil, que se había venido desarrollando en el siglo anterior, y que en el siglo XX contaba con varias fábricas y miles de obreros dedicados a la producción de tejidos, lo que demuestra que era una ciudad con un dinamismo económico importante.

Lo que comprobamos entonces es que estamos con una localidad que no haría un esfuerzo económico grande para erigir el recuerdo a sus caídos a pesar de que estaba viviendo en esa época un impulso económico muy importante, puesto que esta localidad se había convertido en un referente a la hora de elaborar uniformes para el ejército. Lo que nos permite ver este presupuesto es que casi la totalidad de lo que se iba a gastar se iría en pagar los materiales, que iban a costar 9.455, 47 pesetas, con el gasto en la piedra a la cabeza. También había un dinero reservado para el movimiento de tierras, y otro concepto denominado varios de 1.270 pesetas, en donde entrarían los gastos de la colocación de las letras, la leyenda y la decoración del futuro monumento. Aparte de los gastos que se han explicado en esta ocasión tenemos un ejemplo de los honorarios del arquitecto, que sería de casi 500 pesetas, y los del aparejador, que era casi 300, e incluso había concepto de beneficio industrial de casi 1.500 pesetas.

---

[720] AGA, Cultura, Delegación Nacional de Prensa y Propaganda, tabla de elaboración propia en base a la documentación del monumento a los caídos de Béjar, 1939-1940, 21/05373.

Es importante resaltar cómo los honorarios de las personas que hacían este tipo de trabajos se pagaban, puesto que para la construcción de los monumentos la casi totalidad de los proyectos que se han estudiado estaban profesionalizados y se abonaban las correspondientes tasas a las personas que los diseñaban. Pero también había casos en donde los arquitectos se negaban a cobrar sus honorarios, puesto que para algunos de ellos este tipo de trabajos muchas veces tenía un significado importante.

3.4.1 Condiciones para los constructores, pliegos de contratos y bases para la construcción de los monumentos a los caídos

Una vez analizados los presupuestos que se elaboraban por parte de las autoridades locales es conveniente remarcar que la erección de los monumentos estaba muy profesionalizada y controlada. Hemos visto ejemplos de localidades en donde las autoridades locales hacían los proyectos y se conseguían sacarlos adelante gracias al trabajo de los vecinos del pueblo que desinteresadamente ayudaban en el acarreo de los materiales y en la construcción del monumento.

Sin embargo, es necesario resaltar que en la mayoría de los proyectos estos se hicieron siguiendo todas las normas de la época en lo que se refiere a la construcción de edificios o monumentos. En la documentación se puede leer como se exigía que la empresa adjudicataria estuviera al tanto de sus obligaciones fiscales y que no tuviera ningún problema económico. Además, se hacía hincapié en las condiciones de los obreros para que tuvieran unos salarios mínimos y que el futuro constructor no estuviera tentado de pagar menos a los trabajadores si la obra salía más cara de lo que se había presupuestado. Una vez que la empresa constructora demostraba que estaba al día en sus pagos y que las condiciones de los obreros iban a ser buenas el ayuntamiento adjudicaba el proyecto a una empresa de construcción que sería la que se encargaría de llevar a cabo el ansiado proyecto.

Contamos con el ejemplo del pliego de condiciones que se hacía entre el ayuntamiento y la empresa adjudicataria y podemos ver cómo había contratos muy estrictos con multitud de condiciones que debían seguirse a rajatabla. A continuación, se ha procedido a desarrollar la siguiente tabla para conocer las condiciones que se exigían.

PLIEGO DE CONDICIONES DEL MONUMENTO A LOS CAÍDOS DE CARCASTILLO

1° El presente contrato tiene por objeto la realización de cuantos trabajos sean necesarios para levantar el monumento que la localidad dedica a sus Mártires. Se desarrollará con arreglo a los planos y documentos desarrollados por el arquitecto Casimiro Díaz Gorriz.

2° Una vez realizada la adjudicación el contratista depositará en un plazo de cinco días el 5% del total de la subasta. Si esto no sucediera así perderá la fianza y la adjudicación de la obra

3° El contratista es responsable de las obligaciones que imponen las leyes y los reglamentos vigentes. El contratista queda obligado al exacto cumplimento de las leyes de carácter social, los accidentes de trabajo, el salario familiar y el retiro obrero.

4° Queda prohibido el trabajo en los días declarados festivos en la localidad.

5° El contratista será responsable de los accidentes que ocurran por descuido o deficiencia de medios y estará a su cargo la reparación de los daños causados.

6° El contratista se hará cargo de los materiales y las condiciones de estos durante toda la obra.

7° Si las obras no se ajustasen exactamente a los documentos del proyecto el contratista se verá obligado a demolerlo y rehacerlo en arreglo a las condiciones estipuladas

8° Si se viera que existen vicios en la construcción del monumento, incluso cuando éste estuviera terminado, el contratista correría con los gastos necesarios para demoler las partes necesarias y rehacerlo.

9° En lo que se refiere a los materiales éstos debían ser de buena calidad. La grava debía ser exenta de materias orgánicas y con dimensiones entre 10 y 40 milímetros. El hierro sin defectos y las cadenas sin hojas ni escorias para que no tuvieran futuros problemas

10° Si durante la obra se necesitaran más materiales el contratista se compromete a facilitarlos de acuerdo con el ayuntamiento.

11° Los muros de cerramiento serán de hormigón en masa y el exterior de hormigón armado.

12° El contratista efectuará por su cuenta todas las instalaciones necesarias para llegar con comodidad a los lugares de la obra. Respetando siempre todas las normas de seguridad en lo que se refiere a la construcción y siendo el responsable de la seguridad de los obreros.

13º La obra solo podrá ser modificada con el acuerdo del ayuntamiento.
14º El contratista no podrá cobrar ninguna liquidación si antes no presenta un informe donde demuestre que está al corriente de todas las cuotas que exigen las leyes vigentes.
15º La obra se liquidará en dos plazos.
16º La obra contará con una garantía de seis meses. Durante este periodo el contratista responderá de la reparación de los defectos de construcción. Si se negara correría a cargo de la fianza depositada.
17º Terminado el plazo de los seis meses se devolverá al contratista la fianza y éste quedará exento de responsabilidades.

[721]

Uno de los puntos esenciales era que el constructor se tenía que comprometer a erigir el monumento exactamente igual al proyecto que se había diseñado y que contaba con el visto bueno de las autoridades. Por tanto, éste no se podía modificar y no se podían poner excusas de que fuera irrealizable o muy complicado puesto que, como sabemos, se había diseñado por un arquitecto y por tanto era totalmente posible llevarlo a cabo. El constructor debía tener especial atención en lo que se refería a cumplir la legislación laboral vigente y, por tanto, a que los obreros tuvieran unas condiciones de trabajo dignas con un sueldo acorde a lo que se debía pagar en la época y respetar el descanso, los días festivos, y estar muy pendiente de que no hubiera accidentes en la obra por falta de medios.

Tras las cuestiones relativas a los trabajadores hay que señalar que el constructor se debía hacer con los materiales, custodiarlos, que estuvieran en buen estado y que el monumento quedara tal y como se había diseñado. El transporte de los materiales y que éstos fueran de buenas condiciones era requisito imprescindible llegando incluso a especificarse qué características debían de tener para luego evitar posibles desperfectos o que la obra quedara con un mal aspecto. Como se puede comprobar el ayuntamiento contaba con personas expertas que redactaban las condiciones para que el consistorio no tuviera ningún tipo de problema, llegando incluso a señalar que habría un periodo de seis meses donde el constructor tenía que dar una garantía de que el proyecto se mantendría en condiciones óptimas y, si no, se haría cargo de los posibles desperfectos que aparecieran.

Para tener una visión más completa y contar con el ejemplo de otro municipio se ha conseguido plasmar el contrato que hizo la localidad de Albalate del Arzobispo que se encuentra en la provincia de Teruel. Como se podría ver, en este caso el

---

[721] AGA, Cultura, Delegación Nacional de Prensa y Propaganda, tabla de elaboración propia en base a la información del Monumento a los caídos de Carcastillo,1941, 21/05373.

ayuntamiento asume muchas funciones, puesto que éste jugaría un papel muy importante para conseguir que el proyecto saliera adelante.

En la siguiente tabla se puede ver cuáles eran las condiciones del contrato que exigía la localidad anteriormente citada.

CONTRATO DEL AYUNTAMIENTO DE ALBALATE DEL ARZOBISPO PARA LA CONSTRUCCIÓN DEL MONUMENTO A LOS CAÍDOS
1º El monumento se ajustará al boceto y las medidas que entrega el boceto del ayuntamiento y éstas no pueden variar.
2º Los contratistas tienen la obligación de arrancar, labrar y trasladar la piedra. Siendo de su cuenta todos los riesgos que corran las piedras, así como su arrastre, colocación y labrado.
3º La piedra ha de ser de la cantera del Batán sin solear.
4º El ayuntamiento se compromete a poner los arrastres de las piedras desde el cargadero hasta la plaza del pueblo.
5º Por cuenta del ayuntamiento corren los jornales de la colocación de la piedra, así como los materiales adicionales que se necesiten.
6º El remate, la cruz de hierro y las inscripciones de los nombres de los caídos correrán por cuenta del ayuntamiento.
7º Los accidentes de trabajo serán de cuenta del municipio, pero no de los contratistas, sino que solo serían de los obreros.
8º Los contratistas se comprometen a entregar la obra en un plazo de dos meses, solo teniendo una prórroga si las condiciones lo requieren.
9º Los contratistas responden con todos sus bienes del buen cumplimento de todas las condiciones del contrato y solo se puede rescindir si los contratistas mueren.

[722]

En este caso era muy importante que los materiales estuvieran en buen estado y los contratistas se debían asegurar del arrastre, la colocación y el labrado, y que fueran de una cantera específica. Como el ayuntamiento contaba con los vecinos y con los

---

[722] AGA, Cultura, Delegación Nacional de Prensa y Propaganda, tabla elaboración propia en base a la documentación de Albalate del Arzobispo, monumento a los caídos de Albalate del Arzobispo en 1939-1940, 21/05374.

trabajadores éste se haría cargo de sus jornales, liberando así de esta carga económica a los contratistas. Además, se haría cargo de materiales adicionales que se necesitaran, de la inscripción de los nombres de los caídos, que ya hemos visto anteriormente que era una cantidad de dinero considerable, así como del remate del proyecto. Sin embargo, tras estas ayudas y facilidades dadas por el consistorio, los contratistas debían de tener listo el proyecto en dos meses y se marcaba una cláusula donde éstos responderían con todos sus bienes por el buen cumplimento del contrato, lo que dejaba claro la seriedad del proyecto que se estaba llevando a cabo.

En otras ocasiones las localidades, sobre todo las más importantes, tenían que sacar a concurso público las obras para levantar el futuro monumento. Hay que tener en cuenta que a veces era mucho dinero el que se iba a invertir, y se buscaba que el proyecto contase con un constructor que fuera beneficioso para el ayuntamiento. No hay que olvidarse que como ha quedado reflejado en las líneas anteriores la guerra había hecho estragos en el país y la situación económica de los ayuntamientos era muy complicada. Las continuas suscripciones populares que tenían que autorizar los gobiernos civiles así nos lo demuestran, y a lo que hay que añadir que había que seguir con los procedimientos de sacar a concurso público las grandes obras que para otro tipo de proyectos también se harían.

Con los concursos públicos nos podemos preguntar: ¿qué se pedía a los futuros constructores?; o bien si los proyectos futuros debían de contar con alguna intervención de Falange o de los familiares de los caídos. Como se podrá ver a continuación, no siempre los encargados de redactar los proyectos serían los arquitectos municipales puesto que los mismos se podían abrir a otros especialistas.

Hay que destacar que contamos con poca información, ya que en la mayoría de los expedientes que se conservan el AGA no hay constancia de bases de concursos. Pero tenemos la suerte de que el de la ciudad de Tarrasa se ha conservado y se ha podido realizar la siguiente tabla donde nos muestra las bases necesarias para poder optar a construir el monumento. [723]

Según quedaba reflejado por la documentación se abría un concurso público dirigido a todos los arquitectos y escultores de España siempre que contaran con una serie de requisitos, y el primero era ser español por lo que, aunque hubiera escultores muy afamados pero extranjeros, éstos no podrían optar a diseñar el citado monumento. Seguidamente, se marcaba muy detalladamente cómo debía ser el proyecto y dónde se situaría, siendo necesario tener en cuenta que había que urbanizar el entorno de la plaza y presentar unos planos a escala muy detallados, en sobre cerrado, con los nombres de los autores para que el ayuntamiento pudiera valorarlos.

---

[723] AGA, Cultura, Delegación Nacional de Prensa y Propaganda, tabla de elaboración propia en base a la información del Monumento a los caídos de Tarrasa, 21/05370.

BASES PARA EL CONCURSO PARA EL FUTURO MONUMENTO A LOS CAÍDOS DE LA CIUDAD DE TARRASA

1º Los concursantes autores del proyecto deberán ser conjuntamente un arquitecto y un escultor de nacionalidad española.

2º El monumento deberá estar emplazado en la plaza circular de 37 metros de diámetro resultante de la nueva urbanización del paseo del Conde de Egara de la ciudad de Tarrasa. El proyecto tiene que comprender la urbanización de la plaza circular y el monumento central.

3º Los concursantes deberán presentar los siguientes planos del proyecto: un plano a escala 1-100 de la plaza circular y la urbanización de esta.

Un plano a escala 1-50 del monumento a los caídos.

Un plano a escala 1-10 de los detalles que se crean convenientes.

Una perspectiva sin colores de la plaza y el monumento central

4º Los planos se presentarán en papel vegetal no permitiéndose otra tinta que la negra.

5º Los trabajos se presentarán bajo sobre cerrado y con un lema, acompañados con otro sobre con los nombres de los autores

6º El monumento será forzosamente de piedra en su totalidad, pudiendo tener aplicaciones de metales.

7º El precio de coste de fija, como orientación para los concursantes, es entre 100.000 y 125.00 pesetas, añadiendo otras 30.000 pesetas para la urbanización de la plaza.

8º El estilo será de libre elección del concursante, pero debiendo cumplir los fines de seriedad y emotividad que tiene que caracterizarse.

9º El monumento deberá contar obligatoriamente con los siguientes motivos: una cruz, el escudo imperial de España, el escudo de la ciudad de Tarrasa, el emblema de FET y de las JONS y la inscripción de Caídos de Tarrasa por Dios y por España. ¡Presentes!

10º El proyecto deberá acompañar con detalle el presupuesto del monumento central y los accesos.

11º Memoria descriptiva del simbolismo, sus fines y materiales para su construcción

12º El Jurado se reserva el derecho de introducir al proyecto premiado ligeras modificaciones que no cambien la idea general

Los materiales también estaban señalados y los futuros autores deberían ajustarse a la piedra como elemento principal, aunque se podía contar con otro metal si los autores lo consideraban necesario. El precio también estaba marcado, y sería de alrededor de 125.000 pesetas, teniendo los autores un margen de 30.000 pesetas más para urbanizar la plaza donde se situaría el futuro monumento. El estilo sería de libre elección, pero no se contaba con mucha libertad, puesto que se debían ceñir a que el elemento principal fuera una cruz, que tuviera los escudos de FET y de las JONS, de España y de la ciudad. Por último, hay que señalar que el jurado si lo consideraba necesario se reservaba el derecho de modificar lo que consideraran pertinente, lo que nos muestra que en realidad había poco margen de maniobra para el diseño de éste. Es muy interesante señalar qué miembros eran los encargados de señalar cuál sería el proyecto premiado y como miembros del jurado estarían el alcalde, los concejales y el jefe local de Falange, que tendrían que decidir finalmente el proyecto que sería ganador.

CAPÍTULO 4

LAS INAUGURACIÓNES DE LOS MONUMENTOS: ARENAS DE IGUÑA Y VALLS

4.1 La inauguración del monumento a los caídos de Arenas de Iguña

Hay muy poca información en los expedientes de los monumentos sobre el proceso final, que era el de la inauguración de éstos. Dicha inauguración nos puede dar información sobre los contenidos que llegaban y cuáles eran los elementos que se consideraban más valiosos para resaltar por parte de las autoridades locales, y la información que era más relevante para enviar a la Dirección General de Propaganda. Gracias al ejemplo que tenemos en la localidad cántabra de Arenas de Iguña[724], que actualmente posee alrededor de 1.700 habitantes, podemos hacernos una idea de qué información se enviaba.

A continuación, se hace una tabla sobre el resumen de los contenidos que se enviaron en el informe por parte de la Vicesecretaría de Educación Popular de la Delegación Provincial de Santander. Por tanto, la primera información que nos dan es que el informe no fue realizado ni por el ayuntamiento ni por la Falange local, sino que se hizo con personas que vinieron de Santander y que pertenecían a la vicesecretaría provincial antes citada.

Como vemos en la tabla se puede observar que las actividades se preparaban con tiempo de antelación, fijando un horario preciso, y viendo qué personas participarían, tanto dentro de los actos que serían llevados a cabo por Falange como por las personas del pueblo que lo hacían pasivamente viendo los desfiles y escuchando los discursos.

---

[724] Localidad perteneciente a la comunidad de Cantabria y que en 1940 tenía alrededor de unos 2.700 habitantes.

SUMARIO DE LAS ACTIVIDADES EN LA INAUGURACIÓN DEL MONUMENTO A LOS CAÍDOS DEL VALLE DE ARENAS DE IGUÑA
1º) Actividades preparatorias para la inauguración
2º) Ejecución de las actividades
3º) Sumario de actividades de prensa
4º) Sumario de las actividades de radio
5º) Información gráfica de los actos (Fotografías)
6º) Información de los recortes de prensa

[725]

El uso de la propaganda era muy importante, y se puede observar cómo el empleo de los medios de comunicación era esencial a la hora de las inauguraciones. En este caso, a pesar de estar hablando de una pequeña localidad situada en la montaña cántabra, se había producido un importante despliegue de medios y, como veremos con posterioridad, incluso de autoridades que asistirían al acto de inauguración que se llevaría a cabo el 22 de noviembre de 1942.

El expediente se redactó al cabo de unos días y el acto se llevaría a cabo el 25 de noviembre, puesto que, como veremos, aparte de un detallado informe, se pondrían las fotografías que se tomaron aquel día y se añadirían los recortes de prensa que se consideraron oportunos.

En lo que se refiere a los actos preparatorios se observa cómo el desarrollo de las actividades estaba fijado por la Vicesecretaría de Educación de la provincia, que tenía sede en Santander. Es cierto que había una coordinación con la jefatura local de la localidad y se contaba con ella, puesto que hay que entender que es la que mejor conocía el terreno y podía hablar con las autoridades locales o encargarse de organizar la infraestructura que se considerara pertinente. En este caso, como se verá en las fotografías que están en el anexo, se construyó una tarima de manera puntual que sirvió para que las autoridades pronunciaran sus discursos. Además, la jefatura local podía ponerse en contacto con el ayuntamiento para que colaborase en la colocación de crespones o con las banderas de España.

La fecha escogida, como se sabe, fue el día 22 de noviembre de 1942, que ese año cayó en domingo. Uno de los elementos que se tuvo más en cuenta sería el relacionado con las inclemencias climáticas pues, como se sabe, el mes de noviembre es uno de los meses más lluviosos del año en Cantabria. Una vez escogida la fecha en donde se veía que el tiempo respetaría la celebración de los actos se seguiría con

---

[725] AGA, Cultura, Delegación Nacional de Prensa y Propaganda, tabla de elaboración propia en base a la documentación del monumento a los caídos de Arenas de Iguña, 1942, 21/05373.

un esquema de actividades que se desarrollarían durante toda la jornada. El día comenzaría temprano y los falangistas tendrían que ir de uniforme y estar listos y formados a las 11.30 de la mañana, puesto que las autoridades pasarían revista. Seguidamente, se desarrollaría una misa de campaña y, a las 12.00, sería la bendición del monumento por parte de un sacerdote.

Posteriormente, se desarrollarían los discursos de las autoridades que tendrían el orden siguiente: en primer lugar, actuaría el jefe local del Movimiento que era Manuel González- Mesones[726] quién además era diputado provincial; en segundo lugar, sería el delegado provincial de educación popular; y, por último, el jefe provincial del Movimiento. Como se puede ver, estos acontecimientos tenían un marcado carácter político y los actos estaban copados por los miembros de Falange, que eran las únicas personas que pronunciaban los discursos. Se hubiera podido esperar que, al ser un pueblo pequeño, el acto tuviera un carácter más familiar o local en el sentido de que participara algún familiar de las víctimas, en especial alguna viuda o madre que hubiera perdido a un ser querido, pero no fue así. Tampoco estaba previsto que dijeran palabras ningún miembro de la corporación local; tampoco que excombatientes o compañeros de los caídos participaran recordando hazañas bélicas o alguno de los últimos momentos de los fallecidos.

Paralelamente a la preparación de los actos y a la elección de las personas que pronunciaran los discursos ante los vecinos, se planeaba el despliegue de medios de comunicación, que tendrían que recoger la información para luego trasladarla a la población. Así que días antes se daban instrucciones para que cursen "órdenes a los periódicos locales para que envíen al acto redactores gráficos y literarios"[727]. Se ve cómo todo se planeaba con semanas de antelación y que se quería contar con los máximos recursos disponibles, incluso en la inauguración de un monumento en una pequeña localidad.

Haciendo un estudio en profundidad, y consultando la prensa, vemos que los periódicos locales a los que se avisaba eran medios de comunicación importantes en la región. Está claro que en este caso no se usaban medios de alcance nacional como podía ser el periódico ABC, pero se contaba con importantes periódicos que superaban con creces lo que se podía denominar prensa local, puesto que su tirada abarcaba toda la región.

La prensa en la región de Santander en esa época contaba con varios periódicos que habían ido apareciendo como *La Atalaya, El Cantábrico y El Boletín de*

---

[726] Nacido en Arenas de Iguña sería un personaje clave en la Falange cántabra siendo nombrado vicepresidente de la Diputación Provincial de Santander. Posteriormente sería el alcalde de la ciudad de Santander desde 1946 a 1967.

[727] AGA, Cultura, Delegación Nacional de Prensa y Propaganda, informe de las actividades preparatorios sobre los actos de inauguración, monumento a los caídos de Arenas de Iguña, 1942, 21/05373.

Comercio[728]. En estas fechas otro periódico de gran importancia en la zona era *El Diario Montañés*[729] que sería fundado en 1902 y sustituiría a *La Atalaya*. El 1 de agosto de este mismo año nacería el periódico, que tendría un carácter conservador y católico. Este sería uno de los medios de comunicación que enviaría un redactor a Arenas de Iguña para cubrir los actos de inauguración del monumento. Además, se contaría con otro periodista que sería enviado a cubrir los hechos, para hacer una crónica a una persona que pertenecía al periódico *Alerta*[730]. Este diario sería fundando en 1937 y vendría a sustituir al periódico *El Cantábrico*[731] y tendría una dirección que contaría con importantes personajes del falangismo como fue uno de sus primeros directores, Patricio Canales, que ya se ha dicho que tenía un importante papel en el Dirección General de Propaganda.

Tras esta rápida visión de la prensa de la época en Cantabria vemos cómo se trasladan redactores de dos importantes medios regionales a recoger la información y a poder ver los actos que se iban a desarrollar en la localidad.

A pesar de toda la preparación de los actos que hemos visto, desde FET y de las JONS se quería tener todo perfectamente controlado, y se tiene noticia de que el sábado 21 de noviembre de 1942 iría el mismo secretario provincial de la delegación con objeto de supervisar personalmente y "preparar la distribución de fuerza, ordenación y ornamentación de los locales donde habían de celebrarse los actos, elevándose a tal efecto una modesta tribuna en la plaza donde está situado el Monumento a los Caídos"[732].

Lo que se demuestra es un control absoluto en la preparación de los actos para que nada quedara al azar; de esta manera, los actos no quedaban deslucidos por la posible falta de asistentes o de material.

Tras la minuciosa preparación que se hacía con antelación llegaba el gran día para Arenas de Iguña puesto que, por fin, se procedía a realizar la inauguración del

---

[728] Periódico que estuvo en funcionamiento en el S XIX y que se ocuparía sobre el estado de las mareas, cotizaciones de las diferentes mercancías y todo tipo de cuestiones relacionadas con fletes y seguros de las embarcaciones.

[729] Este diario sigue en funcionamiento y hoy en día ocupa un lugar hegemónico en Cantabria puesto que acapara más del 60% del mercado y tiene aproximadamente 150.000 lectores diarios. Aparte de la comunidad de Cantabria su ámbito de acción llega al norte de la comunidad autónoma de Castilla y León y a parte del País Vasco.

[730] Periódico que actualmente tiene una tirada de unos 15.000 ejemplares y que llega a alrededor de unos 100.000 lectores. Su ámbito de difusión alcanza solo la comunidad autónoma de Cantabria.

[731] Periódico editado en Santander y que estuvo en funcionamiento entre 1895 y 1937. Tendría una tendencia de liberal republicana y sería uno de los más influyentes de la región hasta que en 1937 la Delegación Nacional de Prensa y Propaganda decide clausurar el periódico y en sus instalaciones se pondrá en funcionamiento *el Diario Alerta*.

[732] AGA, Cultura, Delegación Nacional de Prensa y Propaganda, informe de las actividades preparatorios sobre los actos de inauguración, monumento a los caídos de Arenas de Iguña, 1942, 21/05373.

monumento en recuerdo a sus caídos. Hay que recordar que en el mejor de los casos el proyecto tardaba varios meses en llevarse a cabo teniendo en cuenta la cantidad de trámites: la justificación del proyecto, el presupuesto, el boceto del arquitecto, la memoria económica detallada y la espera de la aprobación que llegaba desde la Dirección General de Propaganda. El domingo 22 de noviembre se procedería a la realización de los actos que se habían preparado los días anteriores y lo primero que hay que destacar es que no solo participaría la Falange local en los actos, puesto que se concentraron a las 11 de la mañana en la localidad "todas las falanges de las Jefaturas locales del Valle de Iguña, formando en la plaza donde está situado el Monumento a los Caídos"[733].

Se puede comprender que Arenas de Iguña es una pequeña localidad donde el número de falangistas no sería muy elevado, y con la importancia que tenían este tipo de actos para la Falange se procedió a movilizar a todos los falangistas de la zona para que los actos no quedaran deslucidos. En este caso, cuando nos referimos al Valle de Iguña, estamos hablando de un territorio que engloba casi 250 km cuadrados en la zona central de Cantabria y que está compuesto por los municipios de Arenas de Iguña, Molledo y Bárcena de Pie de Concha, por lo que comprendería una población mucho mayor y permitiría dar a Falange una mayor visibilidad en esta zona durante la celebración de los actos.

Tras realizar un estudio sobre las diversas localidades se puede ver que entre ellas no hay gran distancia y que se podía recorrer a pie la distancia entre los municipios puesto que se tardaba unos 40 minutos aproximadamente entre Molledo y Arenas de Iguña.

Asimismo, la distancia entre Bárcena de Pie de Concha y Arenas de Iguña, que es de 7,7 kilómetros, supondría aproximadamente dos horas andando, puesto que hay un desnivel de casi 100 metros. Sería perfectamente posible que las falanges locales se hubieran organizado y hubieran ido andando entre las localidades el domingo pronto para estar listas para formar a las 11.00 de la mañana.

Tras la concentración de las Falanges del Valle de Iguña, llegaron las autoridades, estando en este caso el grupo compuesto por el jefe provincial del Movimiento, el secretario provincial, el inspector provincial, el gestor provincial y el delegado de transportes. Como vemos, en esta ocasión, al ser una pequeña localidad enclavada en las montañas, no se pudo contar con autoridades importantes como pudiera ser algún cargo relevante religioso, militar o de la guardia civil como sucedía en otras ocasiones.

Las autoridades partirían de Santander por la mañana, pronto, puesto que el viaje en coche en esa época, aunque fuese una distancia de 50 kilómetros duraría por lo

---

[733] AGA, Cultura, Delegación Nacional de Prensa y Propaganda, informe de las actividades preparatorios sobre los actos de inauguración, monumento a los caídos de Arenas de Iguña, 1942, 21/05373.

menos 2 horas al tener que circular los vehículos por la N- 623. Pasaron revista junto con el jefe local a las 11.30 a las Falanges concentradas que se encontraban en la localidad. El tiempo "traicionó" los preparativos de los organizadores y al final la misa de campaña tuvo que suspenderse y se celebró en el templo de la localidad puesto que la lluvia no permitió que se celebrara al aire libre.

Tras la misa, Joaquín Reguera Sevilla[734], que era el gobernador civil y el jefe provincial del Movimiento[735], sería el encargado de descubrir el monolito y se procedería a la bendición de éste por al párroco de la localidad. A continuación, se procedería a nombrar a todos los caídos que estaban reflejados en el monolito y que fueron contestados con los gritos de ¡Presentes!

Con posterioridad las autoridades se subieron a la tribuna que se había levantado para el acto y dijeron unas palabras el jefe local del Movimiento, que en ese momento era Lesasola, el diputado provincial Manuel González- Mesones Díaz, y, por último, el jefe provincial del Movimiento que era el antes nombrado Joaquín Reguera Sevilla. El que no haría uso de la palabra era el delegado provincial de educación que en ese momento estaba indispuesto y no pudo venir.

Es muy interesante poder analizar los discursos que se dijeron en la inauguración del monumento en Arenas de Iguña, puesto que se podría ver si tenían una importante carga política, como sucedía en los grandes núcleos urbanos, o, al hablar de una localidad pequeña, el mensaje tendría un carácter más local. El jefe local de Falange sería el primero en lanzar unas palabras a los concentrados, y hay que resaltar que su discurso no tuvo un carácter local, emotivo o que hiciera referencia con nombres y apellidos a los caídos de la zona. Podría haberlo hecho puesto que, seguramente, podría conocer a los que habían muerto en la guerra o a sus familiares para poder darles un consuelo. Su discurso sería muy político haciendo constantes referencias a Falange y explicando que era un partido que estaba del lado de los humildes y para los humildes. Según relataba los caídos de la zona habían sido víctimas de la indiferencia, de la cobardía, del escepticismo y de un pueblo que según Lesasola había renunciado a su propia dignidad y existencia.

El discurso continuaba haciendo referencia al pueblo español y, en especial, a los caídos falangistas, que habían fallecido por conseguir una patria de soñadores habiendo luchado contra el egoísmo y el materialismo que tanto azotaba a España en los años anteriores.

En el discurso no se hacían referencias políticas al enemigo, no se hablaba en esta ocasión del régimen republicano como pasaba en otras ocasiones, no se buscaba

---

[734] Falangista que fue gobernador civil de Santander desde 1942 a 1952.

[735] Para comprender la unión entre los cargos de gobernador civil y jefe provincial del Movimiento. Julián SANZ HOYA, El asalto falangista a los gobiernos civiles. La política de unión de los cargos de gobernador y jefe provincial de FET-JONS (1938-1945). *Alcores: revista de historia contemporánea*, Nº18, 2014, pp. 193-212.

una justificación de la guerra; lo que se hacía por parte del jefe local era dar un discurso casi filosófico.

A continuación, alentaba a los ciudadanos a seguir el ejemplo que habían dado los fallecidos y a valorar el sacrificio que habían realizado. Valores como la disciplina, la hermandad y el honor eran de obligado cumplimiento por los habitantes del valle, puesto que los muertos habían plantado una semilla que no podía perderse.

Este discurso que se esperaba que pudiera conectar más con los habitantes de la localidad seguramente no sería casi seguido por las personas del pueblo. Como se puede ver en las fotografías del acto había muchos ancianos, gente muy humilde, y muchos niños a los que estas palabras, los términos y las ideas no les calaran o incluso no les interesasen lo suficiente por lo distraídos que se muestran.

Posteriormente, hablaría Manuel González-Mesones, que había nacido en Arenas de Iguña, y su discurso fue mucho más emotivo y de recuerdo a las víctimas. En primer lugar fue emotivo porque había perdido dos hermanos que habían sido asesinados durante la guerra, y pudo conectar con el público de una manera completamente distinta que el resto de los oradores. Se mimetizaría hábilmente con las personas que se habían congregado y hablaría como si fuera uno más del público "tenemos los iguñeses la satisfacción de ver convertida en realidad la inauguración de este sencillo monumento de homenaje y recuerdo a nuestros caídos"[736]. La conexión no pudo ser mejor puesto que en el pueblo sería conocido, al igual que su familia y sobre todo sus hermanos fallecidos, y la conexión con las otras familias de los caídos sería muy grande.

Hay que tener en cuenta que cuando hablaba del concepto del sacrificio de los caídos podía decir abiertamente que su familia también habría sufrido la pérdida de los seres queridos. Su discurso continuaba haciendo referencia a los fallecidos y animando al pueblo a recordarlos y, sobre todo, a seguir el ejemplo que habían dado con su muerte en defensa de la fe y del patriotismo.

El último discurso corría a cargo del gobernador civil que cerraría el acto, y pronunciaría las últimas palabras para la población. Su discurso estuvo mejor articulado que el primero, puesto que lo centró en dos aspectos que quería dejar claro a los habitantes del valle de Iguña. Los caídos habían dado dos lecciones que los vivos tenían que aprender, que eran el sacrificio y la esperanza[737]. Los fallecidos se habían sacrificado por conseguir una España nueva y por el Movimiento, muriendo por conseguir una verdadera revolución nacionalsindicalista. A continuación, hablaba de los conceptos de la revolución que los habitantes de Arenas debían de comprender como eran religión, patria, familia y propiedad, que debían de servir de eje para la construcción de esta nueva revolución. Se hacía una crítica al antiguo

---

[736] *Alerta*, 24 de noviembre de 1942, p.5.

[737] *El Diario Montañés*, 24 de noviembre de 1942, última página.

régimen liberal y democrático, remarcando que a partir de ese momento el trabajador estaría en una mejor posición. Terminaba su alocución haciendo referencia a los enemigos de la patria que en ese momento estaban invisibles y dispersos, pero que había que estar atentos, ya que no les perdonaban su triunfo en la guerra. Como se puede ver, fue un discurso muy político y centrado en intentar extender la ideología falangista en la zona de la montaña cántabra.

Tras la lectura de los discursos se comprueba que había grandes diferencias tanto en las personas como en el mensaje que se decía. El primer discurso que hace el jefe local de Falange es un mensaje al que le falta un hilo conductor, que no supo conectar con la población y que se basó en doctrinas políticas. Se puede suponer que era un personaje que no estaría acostumbrado a dar muchos discursos y que carecía de experiencia política para este tipo de actos. En el segundo caso el discurso se basó en conectar con el público y en remarcar que Mesones tenía un carácter más político y tenía otras habilidades, ya que luego sería el alcalde que más tiempo ha estado en el cargo en la ciudad de Santander. Finalmente, el discurso de Joaquín Reguera Sevilla, como se ha dicho anteriormente, estaba más articulado y con un mensaje político más claro en donde se tenía como objetivo extender los postulados de Falange entre la población. Su experiencia como gobernador civil y como jefe provincial del Movimiento demostraba que tenía más habilidades en pronunciar un discurso, pues estaba mucho más acostumbrado por la gran cantidad de actos políticos que tenía.

Tras estos discursos se puede comprobar cómo la influencia falangista era grande en Cantabria, y los discursos habían sido todos copados por cargos del Movimiento. No habría cargos religiosos ni familiares que dijeran unas palabras en recuerdo a los muertos. En esta ocasión en la provincia de Santander el peso político de FET y de las JONS era muy importante y esto se puede explicar porque desde 1937 los falangistas cántabros habían llevado a cabo una frenética actividad que permitiría una vasta red de servicios, jefaturas locales y de diferentes delegaciones[738].

Finalmente, el informe recoge información sobre el papel que hicieron los medios de comunicación, en especial la prensa. Como ya hemos visto, se mandaron órdenes para que redactores de importantes periódicos de carácter regional acudiesen a cubrir el acto y posteriormente hacer una crónica de la jornada. Se puede ver que esos medios hacían un gasto en gasolina y dietas que sería importante para ese momento por la carestía y por encontrarse un país en plena posguerra. Lo interesante es que los periodistas desplazados recibieron instrucciones de cómo deberían reflejar los actos, puesto que el día 24 deberían reflejar en sus respectivos medios de comunicación los actos celebrados.

---

[738] Julián SANZ HOYA, FET-JONS en Cantabria y el papel del partido único en la dictadura franquista, *Ayer*, N.º 54, 2004, pp. 281-303.

La noticia[739] aparecería en el diario *Alerta* en la primera página con fotografías donde se inauguraba el monumento, y en la página cinco se desarrollaba la crónica de la jornada. En lo que se refiere a *El Diario Montañés* la noticia aparecería en la última página[740], en donde quedaba reflejado que fue inaugurado el domingo el monumento a los caídos en Arenas de Iguña.

El papel de la prensa estaba controlado y marcado, puesto que en el informe hace referencia a que los periódicos arriba citados publicaron la información "conforme a las instrucciones que previamente habían recibido de esta Delegación con los títulos "El domingo, fue inaugurado el Monumento a los caídos de Iguña" y "Un nuevo monumento a los Caídos fue inaugurado el domingo en Arenas de Iguña"[741]. Desde otros periódicos también se recogió la noticia, como fue el caso del periódico la Hoja del Lunes[742] donde pudo leerse "Ayer se inauguró en Arenas de Iguña el monumento a sus Caídos"[743] y en la que se hacía una breve crónica y se adjuntaba el discurso del gobernador civil.

Tras la lectura de la prensa se puede afirmar que se siguieron las directrices al pie de la letra por los respectivos periódicos. Hay que destacar que, tras un análisis detallado, vemos cómo se cometieron errores en la prensa, puesto que el jefe local de la Falange de Arenas de Iguña en el diario *Alerta* se le llama como Lesasola y en *El Diario Montañés* se le nombra José Losada. Además, el diario *Alerta* recogió todos los discursos, mientras que *El Diario Montañés* se limitó a transcribir solamente el discurso de Joaquín Reguera Sevilla, puesto que era el cargo más importante, ya que ejercía de gobernador civil.

También hay que remarcar que se hizo una importante campaña propagandística desde la radio, esta vez desde un ámbito mucho más local, como era el Valle de Iguña. La radio en la comunidad autónoma de Cantabria está ligada a Radio Santander, que fue fundada en 1933, y sería uno de los medios de comunicación más usados en la región. En esta ocasión, se prepararía desde la Delegación Provincial de Educación de Santander la campaña en radio desde días anteriores, y se encargaría a la radio local que en su programación hiciera referencia a los actos de inauguración del monumento. Así que el día 21 de noviembre la radio empezaría a informar a los oyentes de que el día 22 sería la fecha escogida para los actos de inauguración. Posteriormente, el domingo se radiarían las notas de prensa que habían llegado desde la Delegación Provincial de Educación en Santander.

---

[739] *Alerta*, 24-11-1942, p.1.

[740] *El Diario Montañés*, última página, 24-11-1942.

[741] AGA, Cultura, Delegación Nacional de Prensa y Propaganda, informe de las actividades preparatorios sobre los actos de inauguración p.4, monumento a los caídos de Arenas de Iguña, 1942, 21/05373.

[742] Se encontraba dentro del conjunto de periódicos editados por las asociaciones de prensa provinciales de España desde 1925 a 1982 y solamente estaba autorizado a publicarse el lunes.

[743] *Hoja del Lunes*, Santander, 23 de noviembre de 1942.

Otro tema importante que hay que resaltar es que las fotografía que aparecen en prensa son exactamente iguales que las del informe que manda la Vicesecretaria de Educación Popular de la provincia de Santander. Es decir, que se puede ver con claridad cómo esta institución, aparte de marcar las directrices a los medios de comunicación, también proporcionaba los documentos gráficos que éstos debían poner en sus portadas.

Llegados a este punto cabe preguntarse en quién recaía la responsabilidad de desarrollar el reportaje fotográfico de la jornada. Como hemos visto no eran los periodistas que, aunque pudieran hacer fotos, luego no fueron usadas; tampoco serían miembros de la Falange local ni de la propia vicesecretaría de Santander que se entiende que era una institución que podría tener recursos tanto materiales como humanos para desarrollar este tipo de reportajes.

Tras el análisis pormenorizado del reportaje fotográfico se advierte de una firma que iba en todas las fotografías del informe, ya que que aparece la palabra Samot. Tras las oportunas averiguaciones se averigua que era un fotógrafo de Santander el que realizó el reportaje fotográfico y luego las pasó a la prensa. Por lo que se ve, se buscó a un verdadero y reconocido profesional para el reportaje y no se usó la cámara de la delegación de Falange o de algún falangista que pudiera tener las habilidades necesarias en esta gestión. El fotógrafo tenía prestigio, puesto que se trataba de Severiano Quintana, que abrió el estudio junto con sus hijos que eran Tomás y Alejandro en la ciudad de Santander en 1911 y que se encontraba situado en la avenida Alfonso XIII. Este estudio sería muy importante, ya que fue uno de los primeros en abrir en la ciudad, y gozaría de gran prestigio retratando la vida de la ciudad durante el siglo XX[744].

Otro punto muy interesante para resaltar es la cantidad de personas que asistieron a los actos para poder valorar el impacto que éstos tuvieron en el Valle. A continuación se hace una tabla para que se pueda tener una idea más certera del número de personas presentes el día de la inauguración y que se puede apreciar por las fotografías que se tomaron y que se añadieron posteriormente en el informe.

---

[744] Raúl HEVIA GARCÍA, Riqueza y variedad estereoscópica en el Archivo Alejandro Quintana en Santander, III Jornadas sobre Investigación en Historia de la Fotografía: *La fotografía estereoscopia o en 3D, siglos XIX y XX*. Coord. José Antonio HERNÁNDEZ LATAS, 2022. pp. 319-326.

<table>
<tr><td colspan="1">ANÁLISIS DEL NÚMERO PERSONAS QUE ASISTIERON A LA INAUGURACIÓN DEL MONUMENTO EN ARENAS DE IGUÑA</td></tr>
<tr><td>Autoridades: 11 personas que se encontraban en la tribuna.</td></tr>
<tr><td>Falangistas: alrededor de 30 personas.</td></tr>
<tr><td>Público: alrededor de 250 asistentes.</td></tr>
<tr><td>Población total de la localidad: alrededor de 2.700 habitantes en 1942.</td></tr>
</table>

[745]

Es interesante esta información, puesto que nos da una idea de la cantidad de gente que se podía movilizar en este tipo de actos. Hay que recordar que la localidad de Arenas de Iguña en 1942 tenía una población estimada de unas 2.700 personas. Según se reflejaba en el informe había una multitud de personas, y en los periódicos consultados se dijo que la iglesia estaba totalmente abarrotada. La realidad se muestra en las fotografías; no hay que olvidar que normalmente el espectador ve lo que quiere mostrarnos el fotógrafo, y más en este caso, donde el autor de la foto tenía unas indicaciones dadas para cubrir el acto. Tanto el informe como las fotografías nos muestran que en el acto se contaba con la presencia de diferentes autoridades que eran el gobernador civil, el secretario provincial, el inspector provincial del partido, el delegado de transportes, y la jefa de la Sección Femenina. Esto son cinco personas que se encontraban junto a las autoridades en las fotografías, pero hay que señalar que el total de personas en la tribuna eran 11 y se puede suponer que los acompañarían el jefe local de Falange, el alcalde o también el párroco de la localidad.

En lo que se refiere al número de falangistas, que las crónicas nos hablan de que habían acudido en masa de todo el Valle de Iguña, lo que se puede ver en las fotografías es que no se aprecia un gran número de ellos. En las fotografías se observa cómo había siete falangistas con banderas alrededor del monolito y, cuando entra el gobernador civil al acto, había formados once en un lateral lo que puede darnos una idea de que por lo menos habría otros once en el otro extremo; por lo que podemos comprobar que la movilización de Falange era de unas 30 personas aproximadamente. Hay que añadir que según recoge la prensa al final del acto el gobernador civil fue "despedido a la salida del pueblo por las autoridades y falangistas con el brazo en alto"[746].

Por último, es interesante ver cómo había sido la movilización de los vecinos de la localidad y si realmente habían acudido en masa al acto en recuerdo a sus vecinos

---

[745] AGA, Cultura, Delegación Nacional de Prensa y Propaganda, tabla de elaboración propia en base a las fotografías que se encuentran en el informe de la Inauguración del monumento a los caídos en Arenas de Iguña.

[746] Hoja del Lunes, Santander 23 de noviembre de 1942.

caídos en el conflicto. Tras el estudio de las fotografías, que reflejan un día gris y lluvioso, se ha podido contar que había un público de alrededor de 250 personas aproximadamente. Tras hacer un cálculo se puede decir que asistió como público alrededor del 10 por ciento de la población de la localidad. Los asistentes en su mayoría eran hombres, aunque también había algunas pocas mujeres, lo cual resulta curioso, puesto que las madres, las hermanas y las viudas eran siempre un colectivo muy importante a la hora de poder recordar y añorar a los muertos.

Lo que llama realmente la atención es la gran cantidad de niños que aparecen en las fotografías y que se encuentran mirando el acto absortos, seguramente por lo que les pudiera suponer ver tal cantidad de gente y escuchar unos discursos políticos, cuando no era lo habitual en ese pequeño pueblo en la España de posguerra.

4.2 La Inauguración del monumento a los caídos de Valls

De la localidad catalana de Valls tenemos otro ejemplo de inauguración del monumento a los caídos, ya que contamos con el informe que se remitió a Madrid donde se explican los actos que se habían desarrollado. Esto nos muestra cómo se desarrollaban este tipo de actos en municipios con más habitantes ya que esta localidad era capital de comarca y tendría alrededor de 11.000 vecinos en el año 1942. Como ya se sabe la institución encargada de realizar el informe y de velar que se enviara todo el expediente junto con el reportaje fotográfico y los recortes de prensa fue la Vicesecretaría de Educación popular de la provincia de Tarragona.

Enrique Olivé firmaría el 27 de noviembre de 1942 el informe que se remitiría a Madrid dando toda la información de la inauguración que se había producido unos días antes, puesto que la fecha escogida había sido el simbólico día 20 de noviembre. Los datos que se pueden extraer del informe son muy valiosos, puesto que nos muestra quiénes eran las personas e instituciones que se encargaban de decidir sobre la fecha en la que debía inaugurarse el monumento. En esta ocasión, en esta localidad se había constituido una importante comisión pro-monumento que contaba con cargos locales de Falange, con jerarquías civiles, con familiares de los caídos, con excombatientes e incluso con excautivos. Como se sabe esta comisión había sido la encargada de realizar las gestiones para erigir el monumento y conseguir la financiación de éste mediante una suscripción popular, pero su labor terminaría con estas gestiones. Es decir, no se encargaría de la elección de la fecha para la inauguración del proyecto por el que tanto había trabajado, y tampoco tendría el ayuntamiento esa potestad, puesto que la fecha la elegiría única y exclusivamente el jefe provincial del Movimiento junto con la Delegación Provincial de Falange.

De esta manera, se había considerado que la fecha más indicada para conmemorar a los caídos de Valls debía coincidir con la del asesinato de José Antonio, por lo que se desarrollaría el 20 de noviembre para poder unir ambas celebraciones.

Esta elección, como se puede suponer no era aleatoria, pues el objetivo era unir la conmemoración de los fallecidos del municipio con la del fundador de Falange y para ello días antes se cursarían órdenes a todos los jefes locales de la comarca para que se concentraran el día 20 en Valls para asistir a los actos de inauguración. Esto nos muestra que FET y de las JONS quizás no debía tener el peso e importancia suficientes de afiliados en la ciudad, y por eso, se decidía contar con todos los efectivos posibles para que los actos no quedaran deslucidos, puesto que hay que recordar que este tipo de ceremonias eran utilizados como un buen escaparate por FET y de las JONS. En el informe queda reflejado que se invitó a las diferentes autoridades provinciales y que se cursaron órdenes estrictas de que el 20 de noviembre el comercio de la ciudad debía cerrar y se tenían que colgar crespones negros en los balcones como señar de duelo y luto.

La delegación provincial confeccionaría un programa de actos días antes para tener todo bajo control y que no se escapara ningún detalle el día de la inauguración. A continuación, se desarrolla una tabla de los actos que se sucedieron aquel día para que se pueda tener una clara idea de los que se llevaron a cabo.

PROGRAMA DE ACTOS EN LA INAUGURACIÓN DEL MONUMENTO A LOS CAÍDOS EN LA LOCALIDAD DE VALLS EL 20 DE NOVIEMBRE DE 1942	
8.00 horas	Llegada de autoridades a la localidad para ultimar los detalles de la jornada
9.30 horas	Misa Réquiem en la iglesia de San Juan Bautista y posterior colocación de la corona de laurel.
10.30 horas	Descubrimiento de las placas que dan nombre a diferentes calles.
11.00	Bendición e inauguración del monumento a los caídos construido en el retiro de José Antonio
12.00	Inauguración de la escuela elemental del trabajo
Con posterioridad	La comitiva oficial se traslada al ayuntamiento para finalizar los actos.

[747]

---

[747] AGA, Cultura, Delegación Nacional de Prensa y Propaganda, tabla de elaboración propia en base a la documentación del expediente, monumento a los caídos de Valls,1942, 21/05374.

Como era habitual en estos programas la misa era requisito imprescindible, y siempre se escogía el templo más representativo e importante de la ciudad. En este caso sería la iglesia de San Juan Bautista, de estilo gótico, que se encontraba en el centro de la localidad, y que había sido objeto de saqueos e incendios durante la guerra civil por parte de miembros de la CNT y UGT. Terminada la guerra este templo sería restaurado y escogido para celebrar la misa funeral por José Antonio y los caídos de la localidad a la que asistirían las jerarquías y diversas autoridades. Hay que hacer referencia que en este caso no se especificaba la totalidad de cargos y autoridades que habían asistido al acto; solo se hace referencia a José María Fontana como jefe provincial del Movimiento, a Serafín Sánchez Fuensanta como gobernador militar, y a Juan Selva Margelina, militar de filiación carlista, que había estado preso durante la guerra y que era en ese momento el gobernador civil de la provincia.

Como se recogía en la prensa[748] el oficio religioso había contado con el arcipreste reverendo Roig y se había cantado por parte de la capilla arciprestal la misa de Perossi, que era un eclesiástico y compositor italiano muy famoso especializado en música sacra. En esta celebración se había montado un gran túmulo en el centro del templo con las banderas nacional y del Movimiento.

En el informe se hace referencia posteriormente a que las autoridades colocarían la corona de laurel a la salida del templo donde ya estaba inscrito el nombre del José Antonio, lo que nos muestra, una vez más, que los familiares o los excombatientes en este tipo de actos tenían un papel secundario.

La jornada continuaba imparable y, tras la misa de réquiem que duró cerca de una hora, se pasaba a unos actos con una carga más propagandística, puesto que comenzaba el descubrimiento de las placas de los nuevos nombres que tendrían las calles en Valls. De esta manera, los vencedores procedían a hacer una política de memoria en el municipio porque, aparte del monumento a los caídos, se inauguraba una calle a Tomás Caylá, líder regional del Carlismo Catalán. Este caído tuvo una gran proyección regional, puesto que había llevado a cabo una gran carrera política empezando como concejal en Valls en 1922, hasta conseguir en 1936, convertirse en el jefe tradicionalista de toda Cataluña. Sin embargo, tras la sublevación militar el 18 de julio, se trasladó a Barcelona donde se sería capturado y asesinado el 14 de agosto de 1936[749]. Es muy interesante observar que las calles para inaugurar se "repartían" entre las jerarquías en función de su filiación política; en el caso del importante carlista Tomás Caylá sería descubierta por Juan Selva Margelina que era de filiación carlista; a José María Fontana, que era falangista desde antes de la guerra y que actuaba como jefe del Movimiento, le tocaría descubrir la Plaza del Retiro de José Antonio antes llamada Plaza del Cuartel, y que es donde se ubicaría el monumento a los caídos en la localidad. Finalmente, el gobernador militar Serafín Sánchez

---

[748] *Diario Español de Falange Tradicionalista y de las JONS*, 21-11-1942.

[749] J. GUINOVART ESCARRÉ, *Tomàs Caylà. Un home de la terra*, Valls (Tarragona), Cossetània, 1997.

Fuensanta sería el encargado de sustituir el nombre del paseo de la Estación como nuevo Paseo del Generalísimo. Como podemos ver, la conexión y relación de José Antonio quedaba patente con los caídos de la localidad y se puede comprobar, una vez más, cómo era el caído por excelencia y el que ocupaba el espacio más importante en la localidad junto con Franco, al que, en vez de una calle, se le dedicaba un importante paseo.

Tras el descubrimiento de los rótulos con los nuevos nombres de las calles se pasaba al punto principal del día, que era la inauguración y bendición del monumento a los fallecidos de la localidad. En esta ocasión el informe recogía que a las 11 horas, siguiendo el horario previsto y en presencia de "las Autoridades y Jerarquías, familiares de los Caídos, representaciones del Partido y pueblo en general se procederá a la bendición..."[750]. En este caso, vemos cómo junto con los miembros de Falange que habían asistido de la comarca, se contaba con los familiares de los fallecidos y con la gente de la localidad que había asistido al acto. No se hace referencia a que pronunciaran discursos algún familiar, o a que se dedicara algún momento a consolar a las viudas o a las madres de los caídos.

Terminada la ceremonia anterior, las nuevas autoridades, haciendo una clara función propagandística, se dirigieron a la escuela elemental de trabajo, que sería objeto también de la inauguración del nuevo edificio que se había levantado. De esta manera, los ciudadanos de Valls podían ver cómo el régimen no solo se preocupaba de sus caídos, sino que también se dedicaba a mejorar las condiciones y la formación de los ciudadanos y que era Falange la institución que se ocupaba de ello. Este acto estaba totalmente medido y estudiado con anterioridad, puesto que en el informe que se mandaba el día 27 Enrique Olivé exponía que los actos tenían "un sabor netamente falangista y popular, como son el acto de afirmación Nacional- Sindicalista y la inauguración de la Escuela de Trabajo"[751]. Como se señalaba en el informe ésto se llevaba planteando desde hace mucho tiempo, pero debido a los problemas locales propios de la posguerra, a la falta de personal, y al no haber tenido una fecha propicia, se retrasó este proyecto, por lo que hubo que esperar a proceder a la inauguración uniendo el acto a la conmemoración del recuerdo de José Antonio. Se cortaron las cintas pertinentes y las autoridades pasearon por las enormes instalaciones con las que contaba el nuevo edificio, ya que disponía de diferentes clases, laboratorios de química, talleres y salas de dibujo. En las palabras que dijeron en la inauguración se resaltó la importancia que tenía la formación en los trabajadores para que ciudad se preparase para "la tarea de engrandecer España aumentando y mejorando la

---

[750] AGA, Cultura, Delegación Nacional de Prensa y Propaganda, informe de la vicesecretaría de educación popular de Tarragona, monumento a los caídos de Valls, 1942, 21/05374.

[751] AGA, Cultura, Delegación Nacional de Prensa y Propaganda, informe de la vicesecretaría de educación popular de Tarragona, monumento a los caídos de Valls, 1942, 21/05374.

producción por medio de la preparación de buenos técnicos, artesanos y productores"[752].

En este tipo de actos sabemos que los medios de comunicación actuaban muy activamente para intentar congregar a la mayor parte de personas en los mismos y, sobre todo, para que el mensaje y la doctrina falangista llegara al mayor número de ciudadanos posible.

De esta manera se desplegaría también una importante campaña propagandística días antes, donde se indicaba a periódicos y radio lo que tenían que retrasmitir y cómo se debía hacerlo. Por parte de la radio participaría el servicio radiofónico de Valls y Radio Tarragona, que empezó a funcionar en 1933, pero que a partir de 1939 sería uno de los medios de comunicación donde Falange tendría un mayor peso. De hecho, con la llegada del régimen franquista sería renombrada como Radio Tarragona de Falange Española Tradicionalista y de las JONS, con la dirección de Martí Marías.

Aparte de la radio, que jugaba un papel esencial, cabe destacar que la función de los periódicos no se quedaba atrás y de hecho había varios que reflejaban los hechos que habían sucedido en Valls el 20 de noviembre de 1942. Por una parte, el Diario Español[753], que había cubierto la noticia, y del que incluso la vicesecretaría mandaría recortes del periódico en su informe para que desde Madrid vieran el alcance y la importancia que habían puesto los diferentes medios de comunicación a la hora de cubrir esta noticia. Este periódico era muy importante en la provincia, ya que durante muchos años sería el único que se editaba y actuó en una posición de monopolio.

La noticia reflejada por parte del Diario Español hacía referencia a la enorme multitud de personas que habían acudido a los diferentes actos que se habían desarrollado durante la jornada. Lo más interesante es que el periódico recoge alguno de los discursos que se habían pronunciado ese día y nos muestra el mensaje que se lanzaba a los ciudadanos de Valls. El discurso del jefe local de Falange y alcalde de la ciudad, camarada Fábregas, tendría lugar a las 12.30, después de la inauguración del monumento, en la escuela de trabajo, y sería retransmitido en directo por Radio Tarragona. El mensaje se centraba en lo que debían los vivos a los caídos y que el cometido más importante era honrarles, puesto que habían hecho el sacrificio más grande para que la victoria sobre el enemigo fuese posible. A continuación, se producía un discurso más político centrado en el enemigo en lo que denominaba el alcalde el periodo del "dominio rojo", y atacaba a todas las personas que se consideraban de derechas o tradicionalistas y que no habían ayudado lo suficiente a

---

[752] *Diario Español de Falange Tradicionalista y de las JONS*, 21-11-1942.

[753] Fue fundado el 1939 sacando su primer número el 17 de enero y sería puesto en marcha por FET y de las JONS a partir de las instalaciones del antiguo Diario de Tarragona.

la hora de construir el nuevo Estado. Como se puede ver, hay un ataque de Falange a un duro competidor político en la zona, el Carlismo, que había demostrado que tenía mucha fuerza en Cataluña y que había contado con importantes líderes y seguimiento de la población. También, como no podía ser de otra manera, había duras palabras para las izquierdas ya que eran extranjeras, no habían conseguido nada según el alcalde, y solo habían producido asesinatos, crímenes y la desnaturalización de la nación. El liberalismo y las personas que podían representar una derecha democrática tampoco cabían según el alcalde en el nuevo proyecto que se empezaba a configurar ya que, "ninguno de nuestros caídos ha muerto en aras de la democracia, sino a consecuencias y errores de esa doctrina"[754]. Este era un ataque a lo que representaba el conservadurismo o la derecha que había participado en el periodo democrático anterior; demostraba que tampoco tenían lugar en el nuevo espacio político que se configuraba en Valls; y nos muestra, una vez más, cómo Falange monopolizaría el discurso político a todos los caídos de la localidad, incluso, como hemos visto antes, aun cuando hubiera importantes líderes carlistas, y en donde se dejaba claro que no había espacio en la derecha a ningún sector más que no fuera FET y de las JONS.

El discurso seguía, y eran muy elocuentes las palabras que utilizaba ya que, sin ningún reparo, exponía que, "A unos y a otros les impondremos la realidad de la Falange, Nacional y revolucionaria. Porque es preciso recordar, quizás que sin descartar la posición antidemocrática que sustentamos el nuestro es un Movimiento Nacional que hemos decidido llevar hasta el límite de su desarrollo"[755]. Por lo que vemos se puede comprobar perfectamente que se transmitía un discurso en el que se puede decir que el alcalde y jefe local de Falange iba a por todas para poder imponer la doctrina falangista en un territorio que era hostil para ellos y en donde el falangismo contaba con un escaso peso en la zona. Por último, se intentaba atraer al mundo católico de Valls, que tenía un gran peso en la localidad, y explicaba que Falange tenía también una posición católica muy importante y que no podía olvidarla para la tarea de construir el nuevo Estado.

También la jornada quedaría reflejada en el diario *La Prensa*[756] puesto que el día 20 de noviembre la noticia aparecía en su página diez diciendo que en Valls se había producido la "Conmemoración del sexto aniversario del asesinato de José Antonio, Valls ha celebrado diversos actos religiosos y patrióticos en recuerdo y homenaje al Fundador, …la inauguración del monumento a los Caídos"[757]. En la misma página se hacía referencia a otras localidades donde se había conmemorado la fecha de la

---

[754] *Diario Español de Falange Tradicionalista y de las JONS*, 21-11-1942.

[755] *Diario Español de Falange Tradicionalista y de las JONS*, 21-11-1942.

[756] Diario fundado en Barcelona en 1941 y que formaría parte de la red de periódicos del Movimiento Nacional. Su último número saldría publicado el 16 de junio de 1979.

[757] *La Prensa Diario de la Tarde de Información Mundial*, 20-11-1942, p.10.

muerte de José Antonio como eran Valladolid, Murcia, Cádiz, Huelva, Ciudad Real, Linares, Sevilla, Algeciras, Bilbao o Zaragoza.

En esta ocasión las fotografías parece que fueron realizadas por alguien de la Vicesecretaría de Educación Popular de Tarragona, ya que no hay registros ni información en la que se hiciera constar que no se dispusiera de material fotográfico disponible para realizar este tipo de tareas. Como se vio en el caso de Arenas de Iguña no se disponía de cámaras fotográficas, y nadie estaba formado para desarrollar la función de hacer un reportaje el día de la inauguración y, por tanto, tuvieron que recurrir a un estudio profesional de la ciudad de Santander que tuvo que desplazarse a la localidad el día de los actos.

En su informe final Enrique Olivé enviaría un total de seis pequeñas fotografías pegadas en una carpeta, en donde se mostraba la realización de los actos que habían tenido lugar, centrándose en la inauguración del monumento, el descubrimiento de una placa de una calle y la llegada de las autoridades. Es complicado hacer una valoración objetiva de los actos, puesto que estamos sujetos a lo que el fotógrafo quería mostrar a las autoridades de Madrid en su caso, pero lo que se aprecia es que hay una falta de efectivos falangistas[758]. En otras situaciones se habla de desfiles, marchas y, en este caso, parece ser que no sucedió nada parecido, y que incluso tuvieron que venir falangistas de toda la comarca para la inauguración del monumento. Lo que sí nos muestran las fotografías es mucho personal del ayuntamiento vestido de gala, que formó alrededor del monumento y de la comitiva cuando iba andando por las calles, lo que demuestra que Falange andaba escasa de personal en aquella localidad. En lo que se refiere al público se pueden ver gran cantidad de mujeres arregladas y sonrientes, pero no uniformadas, lo que también es indicativo de que la Sección Femenina de allí no tenía gran tirón puesto que en otras ocasiones se las enviaba uniformadas a todas al acto y se hablaba de cómo esta institución, tanto en los informes como en la prensa, realizaban diferentes actividades tales como poner flores en el monumento a los caídos, organizar actividades o rezar el rosario antes de la misa en honor a los caídos.

En las fotografías se observan también niños que, como ya se ha visto a lo largo de este trabajo, siempre estaban presentes en este tipo de actos, pues se quería dar un componente educativo y formativo para los más jóvenes. Para terminar, lo más complicado es intentar dilucidar si en esta jornada se consiguió que participara la mayor parte de la ciudadanía de Valls en los actos que se han descrito. Si hacemos caso al informe y a la prensa, la asistencia fue calificada como masiva, haciendo

---

[758] Francesc FORTUÑO BONET, La FET y de las JONS y el monopolio de la sociabilidad formal en el mundo rural durante el primer franquismo: la comarca del Priorat en *Las huellas del franquismo: pasado y presente*. Coord. por Xavier RAMOS DÍEZ-ASTRAIN, Itziar REGUERO SANZ, Marta REQUEJO FRAILE, Sofía RDRÍGUEZ SERRADOR, Lucía, SALVADOR ESTEBAN, Jara CUADRADO, 2019, pp. 123-140.

referencia a que el templo estaba lleno y en la inauguración al monumento no había espacios. Sin embargo, si nos fijamos en las fotografías, no se puede comprobar que la asistencia fuera masiva, puesto que las fotografías están tomadas muy de cerca y no nos permiten tener una amplia visión. Haciendo un cálculo aproximado de lo que se puede contar y ver en la fotografía sale que en la plaza podía haber alrededor de 1.000 personas y si tenemos en cuenta que la población total de la localidad en 1942 era alrededor de 11.000 personas concluiríamos que la participación participaba era de alrededor del 9% de la población. Si tenemos en cuenta la capacidad de la iglesia donde se celebró la misa también nos muestra que debía de ser en torno a 1.000 personas las que cabían en el templo. Esto nos muestra que los actos no eran tan masivos como quería mostrar el régimen y que este tipo inauguraciones muchas veces causaban la indiferencia de la mayor parte de los vecinos.

CAPÍTULO 5

LOS ACTOS DE CELEBRACIÓN DURANTE EL DÍA DE LOS CAÍDOS Y EL DÍA DE JOSÉ ANTONIO PRIMO DE RIVERA

Aparte de la construcción de centenares de monumentos y lápidas a los caídos, el franquismo recordará a sus muertos en unas fechas simbólicas para que se hicieran diferentes actos en recuerdo a los fallecidos que, como veremos, se sucederán durante los meses de octubre y noviembre. De este modo, en determinados días se celebrarían misas, desfiles y discursos para intentar que toda la población participara en estos actos que intentarían servir como elemento aglutinador de la población en torno al nuevo régimen.

5.1 La celebración del día de los caídos

Una vez terminada la guerra, FET y de las JONS conseguirá monopolizar y controlar la celebración del Día de los Caídos, siendo ésta la única institución que tendría el control de los actos que se llevaran a cabo. Como no podía ser de otra manera, la fecha señalada para conmemorar a los que habían fallecido durante la guerra sería el mismo día que el de la fundación de Falange Española, que se había producido el 29 de octubre de 1933 en el teatro de la Comedia en Madrid[759]. Con esta decisión quedaba marcada la estrecha unión que habría entre FET y de las JONS y los caídos en el conflicto que había devastado España durante tres años. Este monopolio con los muertos no quedaba aquí, ya que en muchas ocasiones en los propios monumentos y en los actos en recuerdo se harían con el lema "Caídos por Dios, por España y por su Revolución Nacionalsindicalista", lo que muestra el poderoso vínculo que se estaba creando entre Falange y los que ya no estaban.

Otro ejemplo que nos muestra la enorme carga falangista que tenían algunos monumentos lo encontramos en la localidad toledana de Ocaña[760] en donde el

---

[759] Stanley PAYNE, *Falange. Historia del Fascismo español*, Madrid, Sarpe, 1985.

[760] Municipio de la provincia de Toledo que en la actualidad cuenta con alrededor de 12.000 habitantes aproximadamente.

monumento que se había erigido en recuerdo a los caídos consta de un monolito con una cruz y luego seis enormes lápidas donde estaban reflejados las decenas de fallecidos del municipio. La importante carga falangista en este caso era que, en medio del monumento y encima de las lápidas, se había colocado un enorme busto que representaba a José Antonio Primo de Rivera, y cuya cara estaría presente junto con el recuerdo a los fallecidos[761].

En los actos que se desarrollarían las fechas señaladas se recordaría a los caídos, pero también se harían desfiles de Falange; se entregarían banderines, y se pronunciarían discursos con un mensaje falangista, por lo que la muerte queda politizada y los fallecidos serán usados como altavoz para revindicar los postulados del falangismo.

Para intentar obtener un estudio profundo sobre las conmemoraciones que se producían por toda España terminada la guerra, hay que intentar obtener una serie de respuestas a las preguntas que previamente nos surgen: ¿Quiénes eran los caídos a los que había que conmemorar el día 29?; llevando Falange el peso de la organización de los actos, ¿eran los caídos falangistas o todos los que habían muerto en combate fueran o no fueran miembros de Falange? Otra cuestión que hay que tener en cuenta era: ¿se recordaría a los caídos en combate, o también a las víctimas de la represión republicana?; todo esto es importante para entender la lógica de los actos que se desarrollarían posteriormente.

En las conmemoraciones que se producen en España cada 29 de octubre en el denominado Día de los Caídos se recordaría a todos los muertos en la guerra del bando franquista. Esto quiere decir que en los monumentos que se construyen por toda España se recordaba a todos los caídos en la conmemoración del día 29 de octubre, fueran o no fueran falangistas.

Es muy interesante la recopilación en la tabla que se elabora a continuación, porque nos muestra quiénes eran los caídos a los que se conmemoraba en esta localidad y qué adscripción política tenían. Los nombres se han podido recopilar gracias a la información extraída del Archivo Histórico de Lérida y pertenecen a la localidad de Tárrega. Hay que tener en cuenta que estamos ante un ejemplo único puesto que en ningún informe se nos muestra el número exacto de fallecidos y su adscripción política.

---

[761] Ver Anexo de la foto del monumento a los caídos en Ocaña.

Lista de Caídos de Tárrega (1940)	
Caídos de la Reverenda Comunidad de Tárrega	
José Llobet Manós	Beneficiado Sochantré, 47 años.
Luis Sarret Pons	Organista, 55 años.
José Rubiol Falip	Agregado a la iglesia de Sta. María del Alba, 60 años.
Pedro Anglarill Villa	Coadjutor, 29 años.
Ramón Jové Gassó	Beneficiado de la Comunidad de Carmelitas Terciarias Descalzas, 62 años
Juan Flaquer Capdevila	Organista de la Parroquia de Ager, 68 años.
Gil Castells Rovira	Cura Párroco de Taladell pero natural de Tárrega, 63 años.
Reverendos Padres Escolapios	
Pablo Roca Borrás	Vice-rector del colegio de la Merced, 60 años.
Vicente Roca Borrás	Ecónomo del colegio, 56 años.
Isaac Salvet Cabot	Procurador y sacristán, 55 años.
Pedro Font Vilardell	Director del colegio, 28 años.
Martín Sitjá Campanyá	70 años.
Hermanos Escolapios	
Filemón Marqués Muñoz	Ayudante del director del colegio, 42 años
Ramón Bertrán Noguera	Sacristán del colegio, 57 años.
Andrés Camats Domingo	65 años.
Joaquín Flaquer Capdevila	Rector del Colegio de las Escuelas Pías de Tarrasa pero natural de Tárrega, 62 años.
Reverendos Padres Carmelitas	
Ángel María Prat Hostench	Prior de la comunidad, 43 años.
Eliseo Maneus Besalduch	Maestro de novicios, 40 años.
Anastasio Dorca Coromina	De la comunidad de Olot y que se encontraba predicando en Tárrega, 28 años.
Eduardo Serrano Buj	Profesor de filosofía, 24 años.
Hermanos Carmelita	
Pedro Ferrer Marín	Profesor clérigo, 27 años.
José María Solé Rovira	Profesor clérigo, 19 años.
Miguel María Soler Sala	Profesor clérigo, 18 años.
Juan Puignitjá Rubió	Profesor clérigo, 18 años.
Pedro Tomás Prat Coldecarrera	Profesor clérigo, 17 años.
Eliseo Fontdecava Quiroga	Hermano de obediencia, 42 años.

José María Escoto	Novicio Lego, 63 años.
Juan de la Cruz Garre	Novicio Lego, 23 años.
Señores	
José Prats Busquets	Concejal y alcalde durante 1936, 50 años.
Baldomero Trepat Galcerán	Alcalde entre 1934-1936, 60 años.
Francisco Fité Pons	Alcalde entre 1931-1934, 62 años.
Ramón Cunillera Corbella	Jefe material móvil depósito de máquinas, 49 años.
José Cases Pujol	Transportista, 52 años.
Ramón Vila Lamich	Comerciante, 63 años.
Ramón Gomá Massot	Ingeniero industrial, 36 años.
Combatientes	
Francisco Escolá Pastor	Requeté, 17 años.
Pablo Castelló Balagueró	Falangista y agricultor de 29 años.
Ramón Torres Sanmiquel	Batallón de San Marcial y sastre, 20 años.
José Morros Felip	Panadero, 27 años.
José Castells Pinós	Requeté y agricultor, 24 años.
José Ros Monfá	Requeté y sastre, 21 años.
José Masons Ramón	Batallón de Cazadores de Ceuta, aunque natural de Tárrega, 20 años.
Juan Utgés Mill	Cuerpo de Intendencia, mecánico, 24 años.
Otras personas	
Mateo Calzada Farré	Industrial, 25 años.
Francisco Carrasco Gómez	Empleado de Banca, 25 años.
Rafael Farrán Dalmases	Botero, 29 años.
Ramón de Pedrolo Sánchez de Molina	Estudiante y desertor del bando republicano, 18 años.
Jaime Miret Castells	Mecánico y desertor del bando republicano, 19 años
José Vivé Bonet	Ebanista y desertor del bando republicano, 33 años.
Ignacio Farré Bada	Tornero y desertor del bando republicano, 28 años.
Juan Guitart Carbonell	Empleado de banca y desertor del bando republicano, 25 años.

762

---

[762] Tabla de elaboración propia en base a la documentación del Archivo Histórico de Lérida, Fondo del Gobierno Civil, administración local, programa de actos en motivo de la fiesta homenaje a los caídos en Tárrega, 1940, signatura 2.178.

Tras el valiosísimo ejemplo de la tabla anterior nos podemos hacer una imagen de quiénes eran los caídos, y los años que tuvieron cuando murieron en combate o fueron asesinados.

A continuación, se realiza una gráfica para poder tener una visión más completa de los porcentajes que representaron los caídos en esta localidad. Como se puede ver los religiosos fueron el sector más duramente golpeado en esta localidad, y los muertos que tuvieron representan el 55 % de los fallecidos. De esta manera, se tiene constancia de la brutal persecución que sufrieron los religiosos en esta parte de Cataluña. Seguidamente, como es normal en una guerra, los combatientes y desertores ocupan el segundo porcentaje más alto, con un 25 % de los fallecidos. Por último, tenemos el grupo de políticos, incluidos alcaldes de épocas anteriores, que fueron eliminados con el objetivo muy estudiado de descabezar a las organizaciones adversarias.

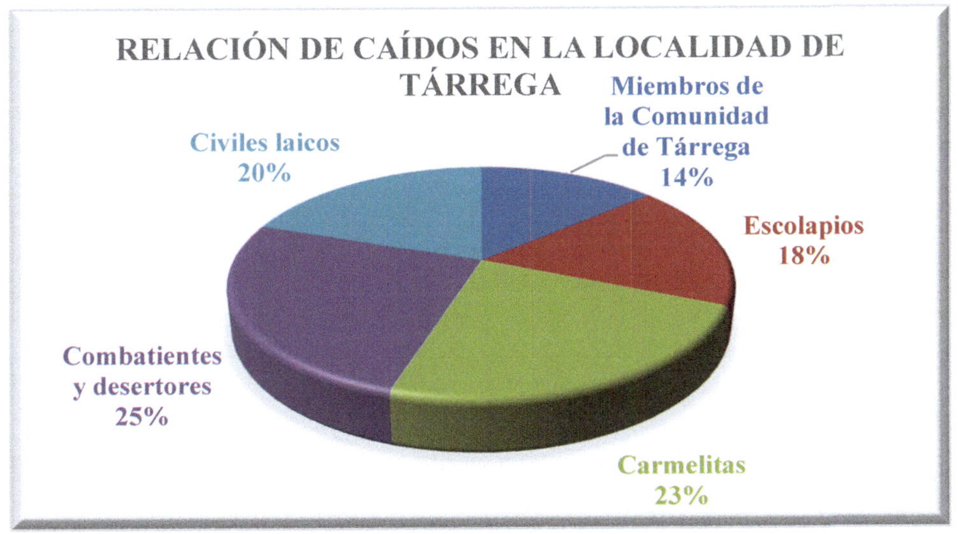

763

Como se ha visto, los caídos en el frente representaban un amplio espectro político debido a la amalgama de grupos que se sublevan contra la república, así como los asesinados y los perseguidos en la retaguardia republicana. Tradicionalmente la historiografía ha representado esta represión como incontrolada, obra de exaltados que aprovecharon los meses de la denominada "violencia caliente" justo en el verano de 1936 para desatar una ola de asesinatos contra los grupos que ellos consideraron peligrosos o desafectos al régimen del momento.

---

763 Gráfico de elaboración propia.

Sin embargo, recientes estudios como los de Fernando del Rey hablan de que se desata una limpieza selectiva con escasa espontaneidad y mucho cálculo racional[764]. También José Luis Ledesma explica acertadamente cómo esta violencia llevada a cabo por incontrolados tuvo detrás a grupos que no eran ajenos a las organizaciones políticas y sindicales que apoyaban al régimen republicano[765].

Hay que destacar también que los familiares del universo conservador contra el que se produce la represión, posteriormente apoyarán al nuevo régimen y éste cuidará la memoria de los caídos con gran esmero, en parte por los importantes apoyos sociales que supondrían los familiares de las víctimas.

Es evidente que la pluralidad de los caídos era diversa, y en ocasiones fueron víctimas de rencillas personales, viéndose atrapadas en una espiral de violencia brutal, que luego el nuevo régimen se encargará de difuminar el pasado político de muchos de ellos incluso de partidos republicanos, y englobará a todas las víctimas conjuntamente como Caídos por Dios y por España.

En el estudio micro histórico que hace Fernando del Rey se observa cómo uno de los objetivos principales de la represión fue descabezar a las minorías dirigentes y los cuadros intermedios de los partidos políticos de derechas[766]. De esta manera, dirigentes políticos, alcaldes, concejales, secretarios de ayuntamientos que pertenecían a partidos políticos como la CEDA, el Partido Republicano Radical, el Partido Republicano Agrario o Falange fueron objetivos prioritarios.

Hay que destacar que Falange, a pesar del escaso peso político que tenía antes de la sublevación militar, fue objetivo prioritario durante la represión republicana, y los falangistas fueron uno de los colectivos más duramente golpeados. Por poner un ejemplo, la persecución de los falangistas en Ciudad Real fue en palabras de Fernando del Rey "contundente y brutal"[767] buscando su exterminio en las primeras semanas del conflicto.

Esto puede ayudarnos a comprender que tras una persecución tan salvaje Falange tendrá un papel esencial a la hora de recordar a los caídos, no solo por la persecución tan dura que había sufrido, sino porque tras la guerra los caídos serán una de sus áreas de influencia en el nuevo régimen que se estaba conformado, y en donde las numerosas facciones buscaban su cuota de poder.

---

[764] Fernando DEL REY REGUILLO, *Retaguardia roja. Violencia y revolución en la guerra civil española*, Barcelona: Galaxia Gutenberg, 2019, p.385.

[765] José Luis LEDESMA, "Una retaguardia al rojo", en Francisco Espinosa (ed.): *Violencia roja y azul*, pp. 149-247.

[766] Fernando DEL REY REGUILLO, *Retaguardia roja. Violencia y revolución en la guerra civil española*, Barcelona: Galaxia Gutenberg, 2019, p. 390.

[767] Fernando DEL REY REGUILLO, *Retaguardia roja. Violencia y revolución en la guerra civil española*, Barcelona: Galaxia Gutenberg, 2019, p. 402.

A través de los expedientes conservados en el Archivo General de la Administración podemos obtener una valiosa información que se expone a continuación. Una de las primeras cuestiones que hay que considerar es el origen geográfico de los documentos que se encuentran en el archivo. Tras un estudio en profundidad sobre los mismos se ha desarrollado la siguiente tabla, que nos permite ver el lugar donde se celebraron actos en recuerdo a los caídos, se produjo un envío de documentación y se han conservado los expedientes hasta nuestros días.

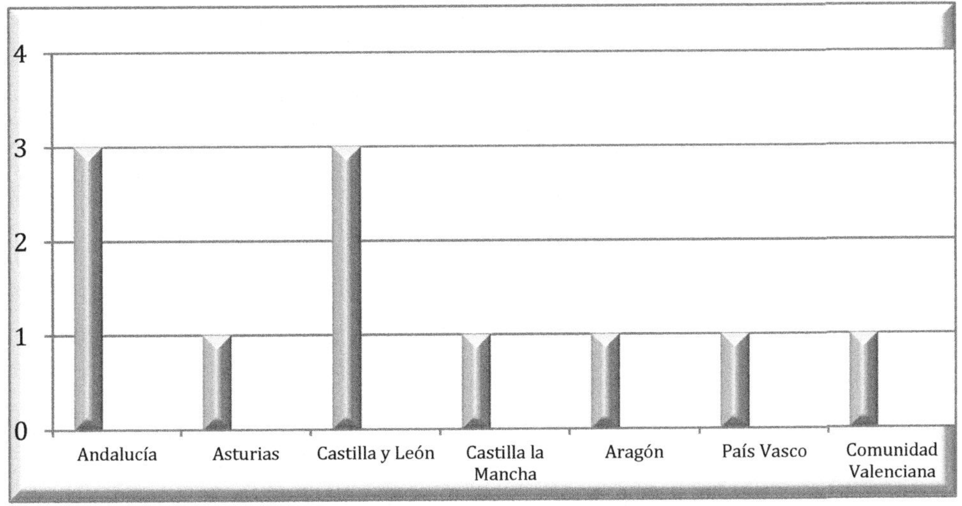

768

Una de las primeras cuestiones que llama la atención es el escaso número de expedientes que se conservan y que se pueden consultar en la actualidad. Es complicado intentar reconstruir los hechos y trazar las líneas generales que se cumplían en dichos actos si los datos disponibles para su elaboración son escasos. Los expedientes disponibles que se encuentran en el Archivo General de la Administración hacen referencia a las siguientes provincias: Teruel, Cuenca, Soria, Segovia, Ávila, Oviedo, Huelva, Sevilla, Cádiz, Álava y Castellón. Esto nos muestra que en estas capitales se realizaron actos en 1942 y se enviaron los informes pertinentes a Madrid, pero hay que señalar que habría más actos en las ciudades importantes donde no se ha conservado nada.

Es necesario destacar que hay una orden en la que nos muestra todas las delegaciones a las que se mandaban las directrices con las indicaciones para conmemorar dicho día. En un telegrama de la Delegación Nacional de Propaganda

---

⁷⁶⁸ Tabla de elaboración de propia en base de los expedientes de AGA, Cultura, Delegación Nacional de Prensa y Propaganda, correspondencia vicesecretaría y provincias sobre el día de la madre, muerte de José Antonio, día de los caídos, día de la hispanidad (foto y prensa) sobre 543-609, telegrama del delegado Nacional de Propaganda a las Vicesecretarías de Educación Popular, 1942, 21/00126 y la carpeta 21/0804.

se recogen las diferentes Vicesecretarías de Educación Popular y, de esta manera, podemos ver qué provincias contaban con una vicesecretaría y, por tanto, dónde se harían actos en recuerdo a los caídos.

En el telegrama se hacían referencia a las siguientes vicesecretarías: "Albacete, Alicante, Almería, Badajoz, Baleares, Burgos, Bilbao, Cáceres, Cádiz, Castellón, Ciudad Real, Córdoba, Coruña, Cuenca, Gerona, Granada, Huelva, Jaén, León, Lérida, Logroño, Lugo, Málaga, Marruecos, Murcia, Orense, Oviedo, Palencia, Pamplona, Las Palmas, Pontevedra, Salamanca, Santander, Santa Cruz de Tenerife, San Sebastián, Segovia, Sevilla, Tarragona, Toledo, Valencia, Valladolid, Vitoria, Zamora, Zaragoza"[769]

Llama la atención el hecho de que falten localidades muy importantes tales como Madrid o Barcelona, y esto nos muestra que ha quedado una pequeña parte para poder analizar, y máxime teniendo en cuenta que hay regiones en donde no encontramos ningún tipo de expediente o documento. A continuación, se desarrolla una gráfica que nos muestra en porcentaje los expedientes disponibles sobre el total y que permite dar una idea al lector de la cantidad de información que se ha perdido y que hubiera sido de enorme utilidad a la hora de poder trazar mejor las líneas maestras de la celebración del Día de los Caídos.

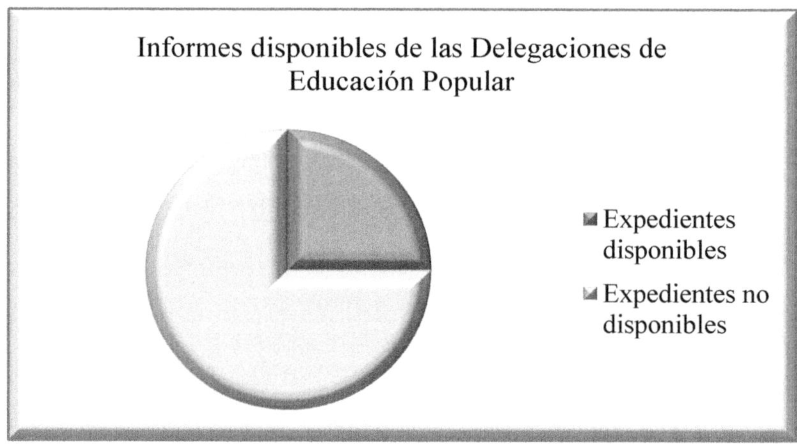

770

[769] AGA, Cultura, Delegación Nacional de Prensa y Propaganda, correspondencia vicesecretaría y provincias sobre el día de la madre, muerte de José Antonio, día de los caídos, día de la hispanidad (foto y prensa) sobre 543-609, Telegrama del delegado Nacional de Propaganda a las Vicesecretarías de Educación Popular, 1942, 21/00126.

[770] AGA, Cultura, Delegación Nacional de Prensa y Propaganda, correspondencia vicesecretaría y provincias sobre el día de la madre, muerte de José Antonio, día de los caídos, día de la hispanidad (foto y

Teniendo en cuenta que hay cuarenta y cuatro delegaciones de provincia, y que tenemos acceso a once expedientes, ello nos da un porcentaje de un 25% de capitales de los que podemos extraer información. Llama la atención la poca cantidad de expedientes guardados y conservados, máxime cuando este asunto era de capital importancia para el nuevo régimen, por la construcción simbólica que haría de la guerra y el elemento aglutinador que serían estos actos para la población. Unos actos a los que, como veremos, se les dedicarían grandes esfuerzos humanos y recursos económicos, y posteriormente se pedirían una serie de informes pormenorizados del impacto que habían tenido en la población y la labor que habían realizado los medios de comunicación.

Otro punto de análisis a remarcar es el de no tener expedientes de zonas que habían sido duramente castigadas por la guerra y la represión, como es el caso de Cataluña, Extremadura o lugares donde la muerte había golpeado a la población muy duramente como Madrid o Toledo. La importancia de realizar actos propagandísticos en recuerdo a los caídos era enorme para el nuevo régimen, y máxime en lugares donde la muerte se había extendido por tantas localidades y había tantas familias necesitadas de una reparación y una exaltación de la memoria de los que habían caído en el conflicto. Las indicaciones como veremos llegaban a todos los rincones del país, incluso a territorios donde la guerra había sido residual, como en el caso de Marruecos, pero que contaba con una Vicesecretaría de Educación Popular para que las actividades que se realizaran en recuerdo a los caídos llegasen allí y posteriormente se mandaran los informes pertinentes.

En lo que se refiere a la cronología hay que resaltar que todos los expedientes conservados sobre actos en conmemoración a los caídos son del año 1942. Sabemos por la prensa de la época que los actos realizados en su recuerdo se realizaron durante muchos años, aunque los actos fueran perdiendo importancia según se va avanzando en la década de los años sesenta. De esta manera, la falta de informes tan detallados como los del año 1942 se puede explicar porque la Vicesecretaría de Educación popular tendría una vida corta, y ésta se apagaría en el año 1945.

De la documentación que está disponible hay que señalar que, en muchos casos, hay una falta de información importante porque muchas fotografías y recortes de prensa que aluden los informes no se encuentran en los expedientes. Tenemos el ejemplo de Sevilla[771], donde todo el expediente se reduce a tres párrafos ya que el resto ha desaparecido.

---

prensa) sobre 543-609, telegrama del delegado Nacional de Propaganda a las Vicesecretarías de Educación Popular, 1942, 21/00126.

[771] AGA, Cultura, Delegación Nacional de Prensa y Propaganda, correspondencia vicesecretaría y provincias sobre el día de la madre, muerte de José Antonio, día de los caídos, día de la hispanidad (foto y prensa) sobre 543-609, informe de la Delegación Provincial de Sevilla, 1942, 21/00126.

Como se verá a continuación, FET y de las JONS se encargará de la organización de los actos en recuerdo a los caídos, ya que la Vicesecretaría de Educación Popular, a través de la Delegación Nacional de Propaganda, controlaba férreamente todo el proceso y no dejaba nada al azar. Tras leer los diferentes informes se observa que había un perfecto engranaje que funcionaba jerárquicamente, que iba desde la Delegación Nacional de Propaganda en Madrid a las delegaciones provinciales de las Vicesecretarías de Educación Popular de las diferentes provincias, y éstas hacían llegar las indicaciones hasta los niveles más locales. No se dejaba nada al azar, todo era metódicamente dictado y se proporcionaban las indicaciones necesarias para que los actos que se desarrollasen fueran iguales en todos los sitios. Incluso hay informes donde se observa la importancia que tenía seguir las directrices de Madrid. En Sevilla el delegado Provincial de Educación decía en su escrito "te agradeceré me digas ... si hay alguna cosa que deba hacerse de otra forma que se ajuste exactamente a tus deseos. Nuestros esfuerzos se encaminan a procurar los datos que se solicitan enviándolos de manera clara y sobria"[772]

Todo se organizaba siguiendo directrices muy marcadas mediante las diferentes circulares que se iban haciendo llegar. Una de ellas es la número 103, que la Delegación Nacional de Propaganda enviaba a todas las Delegaciones Provinciales, y en la que se relataba detalladamente todos los puntos que debían cumplirse.

A continuación, se observa la tabla con las directrices marcadas que quedaron reflejadas, y que nos ayuda a comprender mejor cuáles eran los pasos que se daban en la organización de los actos del día 29 de octubre.

CIRCULAR NÚMERO 103 PARA EL DÍA 29 DE OCTUBRE
1º En la emisión matinal, se hará un breve comentario al significado del día teniendo en cuenta los dos aspectos anteriormente anunciados.
2º En las emisiones de sobremesa se recordará el acto fundacional que se celebró en el Teatro de la Comedia en octubre de 1933, procediéndose a la lectura del discurso pronunciado en aquella fecha por José Antonio.
3º En la misma emisión de sobremesa, y durante la tarde y la noche, se exaltará la memoria de nuestros gloriosos caídos que todo lo dieron por el triunfo del Movimiento.
4º La parte musical de las emisiones estará compuesta por obras de Bach, Beethoven, Wagner o Mozart, incluyéndose a ser posible la Novena Sinfonía.
5º Durante todas las emisiones se darán interferencias tomadas de los discursos de José Antonio y del Caudillo, referentes o que hagan alusión a la solemnidad del día.

---

[772] AGA, Cultura, Delegación Nacional de Prensa y Propaganda, correspondencia vicesecretaría y provincias sobre el día de la madre, muerte de José Antonio, día de los caídos, día de la hispanidad (foto y prensa) sobre 543-609, informe de la Delegación Provincial de Sevilla, 1942, 21/00126.

6º El conjunto de las emisiones del día 29 deberá revestir de la máxima dignidad y seriedad, eliminándose de ellas todo lo que pueda ser considerado de dudoso gusto, así como la propaganda en cualquiera de sus aspectos.
7º Los delegados Provinciales de la Vicesecretaría de Educación Popular, podrán cursar las consignas especiales que crean oportunas para las conmemoraciones especiales de carácter provincial o local, sin prejuicio de cumplir las normas contenidas en esta circular.
8º Todas las emisoras de cada provincia deberán dar exacto cumplimento a las normas de programación, contenidas en las presentes instrucciones, y deberán presentar a censura los textos correspondientes, en la forma ordinaria.
9º Las Delegaciones Provinciales controlarán las emisiones respectivas y, en el término de 48 horas, darán a esta Delegación Nacional cuenta detallada de su desarrollo, acompañando un guion de dichas emisiones.

[773]

Esta circular se mandaba por parte del delegado Nacional de Propaganda el 16 de octubre, para que les diera tiempo a las diferentes vicesecretarías a preparar los distintos actos.

De esta manera, según la circular que se enviaba el día 29 de octubre, que en ese momento era el 9º aniversario del acto fundacional de la Falange, se conmemoraba también a los caídos. Ambos aspectos debían ponerse de relieve por las emisoras privadas en el día indicado, en el cual las estaciones de radio fusión realizarían sus programas y tendrían que seguir las directrices de la Vicesecretaría Provincial de Educación Popular. El uso de la radio era fundamental y, como vemos, se centraría desde la mañana en resaltar la importancia que tenía el día señalado y en repetir el discurso que pronunció el líder falangista en la fecha de fundación de Falange. Aparte, se debería remarcar la trascendencia del acto fundacional en la historia del país, ya que, según decían las indicaciones, se señalaba un nuevo rumbo político, el nacionalsindicalista, en el cual se inspira la vida del nuevo Estado. Como vemos, la carga falangista del programa que llegaba a los ciudadanos a través de la radio era muy importante, pero los especiales que había en recuerdo a los caídos lo eran todavía más, y en ellos se remarcaba el modelo que habían sido los caídos para los vivos, puesto que su ejemplo debía de servir de inspiración, guía y modelo de la conducta de los españoles que siempre debían estar prontos al sacrificio para el engrandecimiento de la nación.

Como punto esencial de la conmemoración se ponía de relieve el ideal religioso de los fallecidos, y también, según se decía del Movimiento, que tenía una raíz eminentemente católica; asimismo se señalaba que había que recordar a los caídos en

---

[773] AGA, Cultura, Delegación Nacional de Prensa y Propaganda, correspondencia vicesecretaría y provincias sobre el día de la madre, muerte de José Antonio, día de los caídos, día de la hispanidad (foto y prensa) sobre 543-609, Delegación Nacional de Propaganda, tabla de elaboración propia en base a la circular número 103, 1942, 21/00126.

la División Azul. La música estaba supervisada y debía ser clásica con unos compositores predeterminados y marcados por alguien que debía tener una formación musical importante; las emisiones de radio estaban muy controladas; y, durante el día, debía de remarcarse la solemnidad de la fecha, por lo que la publicidad se debería vigilar con especial atención para que los diferentes programas no perdieran la seriedad del día.

Por último, se señalaba que tenían cierto margen los diferentes delegados provinciales por si veían conveniente dar alguna indicación más a los medios de comunicación, ya que conocían el terreno mucho mejor. Lo que se señalaba era que al final deberían todas realizar un informe de las acciones llevadas a cabo para que Madrid pudiera comprobar cómo se habían llevado los actos en las diferentes ciudades.

A un nivel más local también había una uniformidad muy marcada. Por ejemplo, se ha encontrado en esta investigación, el documento que la Jefatura Provincial de Zamora manda a todas las jefaturas de la provincia sobre cómo debían organizarse los actos para conmemorar a los caídos. A continuación, se hace una tabla para que se puedan ver con claridad las diferentes indicaciones y poder señalar si hay alguna diferencia o no con las que se enviaban desde la Delegación Nacional de Propaganda.

CIRCULAR NÚMERO 42 DEL DÍA 29 DE OCTUBRE
1° La revista obligatoria del mes de octubre se celebrará el día 29.
2° En todas las JONS se celebrará Misa solemne por el alma de nuestros muertos, caídos antes de la revolución, en ella o en los campos de Rusia.
3° Se invitará a todas las Autoridades de la localidad.
4° Al final de la Misa, ante la lápida o Cruz de los Caídos, el jefe Local leerá el discurso de José Antonio en el Teatro de la Comedia en 1933 y a continuación la Oración de los Caídos, que se adjunta a continuación.
5° Seguidamente el jefe Local, delegados de Servicio, alcalde y Sección Femenina, colocarán ante la cruz o lápida coronas de laurel y flores naturales.
6° El acto terminará cantándose el himno y desfilando los camaradas ante la cruz o lápida.
7° El jefe local y alcalde conjuntamente invitarán al vecindario a sumarse a estos actos y a la colocación de colgaduras con crespones negros.

774

---

[774] Tabla de elaboración propia en base a la circular número 42. AGA, Cultura, Delegación Nacional de Prensa y Propaganda, correspondencia vicesecretaría y provincias sobre el día de la madre, muerte de José Antonio, día de los caídos, día de la hispanidad (foto y prensa) sobre 543-609, informe de la Delegación Provincial de Zamora, circular número 42, 1942, 21/00126.

Esta circular nos muestra una información más detallada de lo que se debía hacer por parte de las jerarquías de Falange el 29 de octubre. Mientras que en la circular 103 se remarcaba el papel que debían jugar las radios, en esta ocasión se señalan más los actos que eran imprescindibles. Por ejemplo, la misa era esencial y obligatoria de realizar durante el día para recordar a los fallecidos, no solo en la guerra, sino también los que habían muerto combatiendo en la División Azul.

Tras poder ver las diferentes circulares que llegaban a los distintos despachos de las vicesecretarías podemos ver cómo se desarrollaban los actos en las diferentes localidades de España.

Gracias a la información proporcionada sabemos que había un guion que no podía saltarse y que consistía en celebrar una misa e invitar a todas las autoridades de la localidad; posteriormente, ante la cruz o lápida de los caídos, el jefe local tenía que leer el discurso fundacional de la Falange y la oración de los caídos que le proporcionaba la Jefatura Provincial. Más adelante, miembros de Falange pondrían las coronas de flores ante la lápida y, finalmente, se terminaría con un desfile[775].

Una vez realizados los actos conmemorativos, a las delegaciones provinciales, tras recibir la circular número 100 a 31 de octubre, se les requería para que mandaran una información detallada de los actos que se habían llevado a cabo. Como se puede observar, el control era exhaustivo por parte del nuevo régimen, y éste quería ver los resultados de la campaña propagandística llevada a cabo.

Es importante destacar que los actos que se celebraban siempre hacen referencia a ciudades, aunque también hay constancia de que organizasen en pueblos. En el informe del delegado Provincial de Cádiz se informa que incluso en pequeñas localidades los delegados Locales de Educación Popular habían organizado conjuntamente con las Jefaturas locales de

l Movimiento una serie de actos entre los que se destaca "Misa ante la Cruz de los Caídos, o en las Iglesias Parroquiales Mayores; ofrendas de coronas de flores; lectura de la oración de los caídos y del discurso de José Antonio en el Teatro de la Comedia"[776]. El informe termina señalando que siempre asistían los niños de las escuelas públicas, en otras ocasiones, se realizaban concursos literarios para que participaran los más pequeños[777] o desfiles en los que participaban el Frente de

---

[775] AGA, Cultura, Delegación Nacional de Prensa y Propaganda, correspondencia vicesecretaría y provincias sobre el día de la madre, muerte de José Antonio, día de los caídos, día de la hispanidad (foto y prensa) sobre 543-609, informe de la Delegación Provincial de Zamora, circular número 42, 1942, 21/00126.

[776] AGA, Cultura, Delegación Nacional de Prensa y Propaganda, delegaciones provinciales, día de los caídos, 29 de octubre, informes y recortes de prensa, informe de la Delegación Provincial de Cádiz, hoja número 4, 1943, 21/00804.

[777] AGA, Cultura, Delegación Nacional de Prensa y Propaganda, correspondencia vicesecretaría y provincias sobre el día de la madre, muerte de José Antonio, día de los caídos, día de la hispanidad (foto y prensa) sobre 543-609, informe de la Delegación Provincial de Teruel, 1942, 21/00126.

Juventudes y alumnos de campamentos[778]. Esto nos muestra el elemento educativo y formativo que tenía en los menores y la importancia para FET y de las JONS que éstos asistieran.

La preparación comenzaba semanas antes; se organizaban toda una serie de actos en las principales ciudades para recordar a los caídos, y luego se redactaban una serie de minuciosos informes que se mandaban a Madrid donde quedaba constancia de todas las actividades que se habían producido. Los informes tenían una extensión variable: en 1942 la Delegación Provincial de Huelva manda un escueto informe a Madrid con una extensión de unos párrafos sobre los actos que se habían realizado[779]; en Castellón de la Plana se manda un parte extraordinario el día 30 de octubre en la que se hacía un pequeño resumen de los actos que se habían llevado a cabo[780]; en Teruel se envía un pequeño informe sobre los actos realizados y se indicaba que se mandaba un pequeño reportaje fotográfico, que sin embargo, ha desaparecido y no se encuentra en el expediente[781]; sin embargo otros informes eran muy exhaustivos, como por ejemplo el de Cádiz, que constaba de varios folios con una relación detallada de todas las actividades que se habían llevado a cabo. El delegado provincial de Cádiz mandaba el 8 de noviembre de 1942 un completo informe con un importante número de anexos: notas de prensa informando en los días previos de los actos que se iban a desarrollar el día 29, la alocución del Delegado Provincial de la Vieja Guardia al montar el servicio en la cruz de los caídos, dibujos sobre los actos, discurso a los camaradas del Frente de Juventudes, el recuadro publicado por la prensa, las octavillas repartidas por el Frente de Juventudes, un conjunto de fotografías que mostraban los actos desarrollados y el recorte de prensa del resumen de los actos realizados. [782]

El día era preparado concienzudamente por la Delegación Provincial de la Vicesecretaría de Educación Popular de cada provincia, que en ocasiones eran ayudada por otras instituciones falangistas, como la Jefatura Provincial del

---

[778] AGA, Cultura, Delegación Nacional de Prensa y Propaganda, correspondencia vicesecretaría y provincias sobre el día de la madre, muerte de José Antonio, día de los caídos, día de la hispanidad (foto y prensa) sobre 543-609, informe de la Delegación Provincial de Oviedo, 1942, 21/00126.

[779] AGA, Cultura, Delegación Nacional de Prensa y Propaganda, delegaciones provinciales, día de los caídos, 29 de octubre, informes y recortes de prensa, informe de la Delegación Provincial de Huelva, 1943, 21/00804.

[780] AGA, Cultura, Delegación Nacional de Prensa y Propaganda, delegaciones provinciales, día de los caídos, 29 de octubre, informes y recortes de prensa, informe de la Delegación Provincial de Castellón de la Plana, 1943, 21/00804.

[781] AGA, Cultura, Delegación Nacional de Prensa y Propaganda, correspondencia vicesecretaría y provincias sobre el día de la madre, muerte de José Antonio, día de los caídos, día de la hispanidad (foto y prensa) sobre 543-609, informe de la Delegación Provincial de Teruel, 1942, 21/00126.

[782] AGA, Cultura, Delegación Nacional de Prensa y Propaganda, delegaciones provinciales, día de los caídos, 29 de octubre, informes y recortes de prensa, informe de la Delegación Provincial de Cádiz, 1943, 21/00804.

Movimiento, el Frente de Juventudes y la Vieja Guardia[783]. Por tanto, como se puede, ver las actividades quedaban bajo el control absoluto de FET y de las JONS, y no se contaba con otras instituciones muy importantes en la época como podían ser el Ejército o la Iglesia Católica. Tampoco había sitio para los Ayuntamientos ni las Diputaciones, e incluso los familiares de los propios caídos habían sido apartados; no tenían espacio y no podrían proponer ningún tipo de actividad.

Como se remarca en los informes, el elemento propagandístico era fundamental, y por eso días antes se contactaba con diferentes periodistas para "dar publicidad al programa oficial de los actos"[784]. Hay que destacar que también se utilizaba el otro gran medio de comunicación de la época que era la radio; el informe que salía de Cádiz decía, "el día 27...fue leído por la Emisora local el anuncio oficial que se recoge en el Anexo número 2"[785].

El empleo de los medios de comunicación no terminaba con una serie de anuncios los días antes de la fecha señalada. El mismo día 29, por indicación de la Delegación Provincial, la prensa, en este caso *El Diario de Cádiz*[786], publicaba otra vez una esquela a gran escala en la que se podía leer "Caídos por Dios, por España y su Revolución Nacional Sindicalista. ¡Presentes!"[787].

De esta manera, como se puede comprobar, los ciudadanos de la localidad tenían una constante información; serían conscientes de la importancia de la fecha y FET y de las JONS acapararía a todos los fallecidos del conflicto. En estos días se proyectaba el mensaje de que los caídos habían muerto por Dios, España y también por la revolución falangista que se tenía que producir en el país. Como se ha visto en este trabajo, el número de caídos era mucho mayor en otras organizaciones, o en muchos lugares los fallecidos no eran siquiera falangistas. Tras la esquela aparecía en prensa el programa de actos que se iban a desarrollar durante el día[788].

---

[783] AGA, Cultura, Delegación Nacional de Prensa y Propaganda, delegaciones provinciales, día de los caídos, 29 de octubre, informes y recortes de prensa, informe de la Delegación Provincial de Cádiz, 1943, 21/00804.

[784] AGA, Cultura, Delegación Nacional de Prensa y Propaganda, delegaciones provinciales, día de los caídos, 29 de octubre, informes y recortes de prensa, informe de la Delegación Provincial de Cádiz, 1943, 21/00804.

[785] AGA, Cultura, Delegación Nacional de Prensa y Propaganda, delegaciones provinciales, día de los caídos, 29 de octubre, informes y recortes de prensa, informe de la Delegación Provincial de Cádiz, 1943, 21/00804.

[786] Periódico español nacido el 16 de junio de 1867 de tendencia conservadora y a partir de 1942 será el único diario de la provincia.

[787] Diario de Cádiz, 29 de octubre de 1942.

[788] AGA, Cultura, Delegación Nacional de Prensa y Propaganda, delegaciones provinciales, día de los caídos, 29 de octubre, informes y recortes de prensa, informe de la Delegación Provincial de Cádiz, anexo número 8 1943, 21/00804.

Una vez informada la población de la localidad, ésta se preparaba para la ocasión, y durante el día señalado los edificios oficiales, e incluso las casas particulares, aparecían con las banderas nacionales y de Falange. Los actos de las diferentes localidades tenían una característica común, y era que siempre comenzaba el día con una misa a las 10 de la mañana. La iglesia no se elegía al azar y se buscaba siempre que fuera un templo representativo y céntrico para que los actos que se iban a desarrollar fueran vistos por el mayor número de personas posibles. Por ejemplo, en Huelva se escogió la Parroquia Mayor de San Pedro, que es la iglesia más antigua de la ciudad. En Castellón el templo escogido sería la Santísima Trinidad, situado en el centro de la misma.

La misa réquiem que se celebraba en honor a los difuntos en las principales ciudades estaba preparada para la ocasión. En Vitoria el informe señalaba que "se habían levantado numerosos mástiles con banderas y gallardetes de los colores nacionales y del Movimiento"[789]. A continuación, se añade cómo se había levantado un catafalco que representaba a los muertos, y que estaba cubierto con la bandera falangista, y no había ningún otro símbolo o bandera; esto era algo común en otras localidades, y los templos estaban decorados para la especial conmemoración que se desarrollaba.

Las jerarquías que acudían al acto eran cuidadosamente escogidas siguiendo las indicaciones que habían llegado desde la circular que se había recibido, y se intentaba siempre que acudieran el mayor número de autoridades de todos los ámbitos posibles. En el informe que se manda desde Huelva se señala minuciosamente a todas las personas: "Al acto asistieron las siguientes autoridades: el Gobernador Civil, el Gobernador Militar, Jefe Provincial del Movimiento, Alcalde de la ciudad, Delegado de Hacienda, Segundo Comandante de Marina, Vicepresidente de la Diputación Provincial, Delegado Provincial de Educación Popular, Secretario Local del Movimiento, Delegada Provincial de la Sección Femenina, Secretario Provincial de la Vieja Guardia, Delegados de Servicio, Jefes y Oficiales de la guarnición, representantes de la Guardia Civil rural y de costas, de la Policía Armada, el Director del Instituto de educación La Rábida, el Director de la Escuela de Maestros, Agentes Consulares de Alemania, Italia y Portugal."[790].

Como se puede ver, en esta ocasión se había contado con autoridades locales, militares, de la propia administración, de la policía, guardia civil, educativas e incluso con autoridades de otros países. En el resto de los informes se señalan autoridades

---

[789] AGA, Cultura, Delegación Nacional de Prensa y Propaganda, delegaciones provinciales, día de los caídos, 29 de octubre, informes y recortes de prensa, informe de la Delegación Provincial de Álava, 1943, 21/00804.

[790] AGA, Cultura, Delegación Nacional de Prensa y Propaganda, delegaciones provinciales, día de los caídos, 29 de octubre, informes y recortes de prensa, informe de la Delegación Provincial de Huelva, 1943, 21/00804.

parecidas: militares, civiles, delegados de Falange, directores de centros educativos y miembros de la judicatura. Llama la atención que en ningún documento se habla de que los familiares de los caídos tuvieran un lugar especial en los actos que se desarrollaban; hay que destacar que en la inauguración de los monumentos muchas veces jugaban un papel central y estaban situados junto a las autoridades. Otro colectivo que se echa en falta con un papel más destacado es el de los excombatientes, que cuando se inauguraban monumentos a los caídos solían desfilar o estar en la tribuna junto con las autoridades.

Finalizada la misa seguían los actos programados, y se realizaba la visita a la cruz de los caídos o, en ocasiones, se ponía la primera piedra del futuro monumento[791]. Ante la cruz se leía la oración de los caídos de Sánchez Mazas[792] que se había proporcionado por Madrid al jefe Provincial de Falange que, como se ha visto, en muchas ocasiones también ocupaba el cargo de gobernador civil. En los diferentes informes se señala que "se prestaba poca atención a la lectura"[793], lo que indica que el discurso político que se lanzaba causaba poco interés, muchas veces por desconocimiento del público de la doctrina falangista. A continuación, se ponían una serie de coronas de flores por parte de la Sección Femenina, el gobernador civil, los centros de enseñanza y el alcalde. En Cádiz seguidamente se leyeron los nombres de los cadetes que al tener 21 años pasaban a formar parte de FET y de las JONS dejando el Frente de Juventudes.

En algunas ocasiones se realizaban desfiles del Frente de Juventudes con la participación de bandas de música, y se terminaba con el jefe Provincial invocando a José Antonio, a los caídos en la guerra y a los caídos de la División Azul, respondido con "presentes" por parte del público.

Como se puede apreciar, estos actos buscaban aglutinar y reunir a la población en torno a esta celebración. El nuevo régimen intentaba atraerse a diferentes grupos de todo tipo de clases sociales con el objetivo de que el mensaje falangista calara entre los distintos sectores de la población. Como se ha visto se intentaba que hubiera una participación de todo el mundo educativo con la presencia de estudiantes, profesores y directores de centros educativos. De la misma manera se procuraba que hubiese presencia de otros sectores profesionales, como en el caso de Huelva, donde, en la plaza donde se realiza el acto en recuerdo a los caídos, aparte de las centurias

---

[791] AGA, Cultura, Delegación Nacional de Prensa y Propaganda, delegaciones provinciales, día de los caídos, 29 de octubre, informes y recortes de prensa, informe de la Delegación Provincial de Castellón de la Plana, 1943, 21/00804.

[792] Francisco Morente, "Rafael Sánchez Mazas y la esencia católica del fascismo español" en Miguel Ángel RUIZ CARNICER (coord.), *Falange. Las culturas políticas del fascismo en la España de Franco (1936-1975)*, Zaragoza: Instituto Fernando el Católico, 2013.

[793] AGA, Cultura, Delegación Nacional de Prensa y Propaganda, delegaciones provinciales, día de los caídos, 29 de octubre, informes y recortes de prensa, informe de la Delegación Provincial de Cádiz, 1943, 21/00804.

de Falange, se encontraba "una centuria del Trabajo, integrada por obreros manuales, la mayor parte de ellos pertenecientes a las Empresas Río Tinto y Ferrocarriles"[794]. El interés de Falange por atraerse a los grupos de trabajadores es sobradamente conocido; desde sus inicios habían buscado competir con las fuerzas de izquierda aunque con escaso efecto. Desde la ideología falangista se defendía un sindicalismo revolucionario, donde se intentaba aglutinar a empresarios y trabajadores para que estuvieran al servicio de la nación y acabar con la lucha de clases que defendía el marxismo.

La carga propagandística no cesaba, y durante la jornada se repartían por el Frente de Juventudes octavillas entre el público con un objetivo que fielmente queda reflejado en el escrito, donde se hablaba directamente de una "siembra simbólica de ideas políticas".

Gracias al completo informe que se envía desde Cádiz conocemos el mensaje que se lanzaba y que iba directo a los ciudadanos: "Te llamamos a nuestras filas, en donde no es fácil entrar, ni cómodo permanecer. Te llamamos al supremo servicio y sacrificio de España a las órdenes de nuestro Caudillo"[795]. En la octavilla se remarcaba cuáles eran los pasos a seguir si un joven se quería inscribir en Falange. El mensaje también era claro, y animaba a que quien no tuviera espíritu de sacrificio y servicio por la patria que rompiese la hoja, puesto que formar parte de Falange era un privilegio porque se pasaba a servir a España y al mismísimo Franco.

Las octavillas las entregaba el asesor provincial de Formación Nacionalsindicalista con el objetivo de que los jóvenes integrantes las distribuyesen por todos los barrios de la ciudad. Semanas antes se producía un estudio detallado por parte de las autoridades falangistas a partir de los planos de la ciudad y se procedía a repartir entre las diferentes zonas por parte de los integrantes, para que llegara la propaganda a todos los lugares. El objetivo era que no se quedara ningún barrio y ningún vecino sin la información para apuntarse a FET y de las JONS.

El documento prosigue describiendo detalladamente cómo después de la entrega de las octavillas, unos quinientos jóvenes que venían de la provincia se dedican "a entonar por las calles canciones e himnos patrióticos y vitoreando a España, Franco y a la Falange, poseídos por el mayor espíritu nacionalsindicalista"[796]. Por lo que se

---

[794] AGA, Cultura, Delegación Nacional de Prensa y Propaganda, correspondencia vicesecretaría y provincias sobre el día de la madre, muerte de José Antonio, día de los caídos, día de la hispanidad (foto y prensa) sobre 543-609, informe de la Delegación Provincial de Huelva, 1942, 21/00126.

[795] AGA, Cultura, Delegación Nacional de Prensa y Propaganda, delegaciones provinciales, día de los caídos, 29 de octubre, informes y recortes de prensa, informe de la Delegación Provincial de Cádiz, anexo número 10, 1943, 21/00804.

[796] AGA, Cultura, Delegación Nacional de Prensa y Propaganda, delegaciones provinciales, día de los caídos, 29 de octubre, informes y recortes de prensa, informe de la Delegación Provincial de Cádiz, anexo número 16, 1943, 21/00804.

observa, estos actos eran un enorme escaparate para Falange, donde volcaban centenares de jóvenes debidamente uniformados para captar nuevos integrantes en la organización. El escenario era el ideal, ya que era un día donde los miembros de las diferentes secciones iban con su uniforme, se hacían desfiles y el aparato propagandístico de la organización funcionaba en todo su esplendor. Este día muchos jóvenes, aunque sus padres no fueran simpatizantes con el falangismo, viendo a los integrantes del Frente de Juventudes, querrían apuntarse y formar parte de un grupo que en ese momento estaba en la cúspide social, y de esta manera los muchachos tendrían un sentimiento de pertenencia que favorecería la cohesión social y la identidad colectiva.

Una vez conmemorados los caídos el día continuaba con la celebración de los actos que recordaban la fecha de la fundación de Falange que se había producido el 29 de octubre de 1933. De esta manera, se procedía a desarrollar una serie de actividades, normalmente en teatros, en las que se leería el discurso fundacional de Falange pronunciado por José Antonio en el teatro de la Comedia en 1933. Por ejemplo, en Vitoria el informe señala que fue escogido el Teatro Príncipe en el que se habían colgado banderas de Falange, estaban los símbolos del Movimiento en el estrado principal, y estaba adornado con coronas de flores[797]. También se señala en el documento que había un especial radiofónico dedicado a recordar esta fecha siguiendo las indicaciones que se habían hecho en la circular que recibida.

Para conmemorar el aniversario de la fundación de Falange como se puede imaginar se contaba con una nutrida representación de todas las organizaciones falangistas, pero se intentaba que fuera un acto público para que acudiese el mayor número de gente posible y que pudieran escuchar el importante mensaje político que se iba a producir.

En el acto habló el delegado Provincial del Frente de Juventudes y alcalde de Cádiz, que leyó el discurso fundacional de Falange y pronunció unas palabras ante los jóvenes allí reunidos, donde trató de la importancia de la doctrina política de José Antonio, del servicio de Falange, a la Patria y del magnífico momento en el que estaba la organización. El jefe Provincial también pronunció un discurso hablando del sacrificio que hizo José Antonio para con la patria y cómo se tenía que seguir su ejemplo, en especial entre los más jóvenes. Se aprovechaba el acto para hacer entrega del banderín que había dado Franco para el Frente de Juventudes en Cádiz[798]. Sucedería lo mismo en la ciudad de Lugo en el año 1940, cuando la prensa recoge

---

[797] AGA, Cultura, Delegación Nacional de Prensa y Propaganda, delegaciones provinciales, día de los caídos, 29 de octubre, informes y recortes de prensa, informe de la Delegación Provincial de Álava, 1943, 21/00804.

[798] AGA, Cultura, Delegación Nacional de Prensa y Propaganda, delegaciones provinciales, día de los caídos, 29 de octubre, informes y recortes de prensa, informe de la Delegación Provincial de Cádiz, anexo número 8, 1943, 21/00804.

cómo durante el acto en recuerdo a los caídos, después de la misa y las ofrendas de flores, se efectuaría el acto de paso de los cadetes al partido[799].

Pero hay que destacar que no solo se utilizaban teatros para dar discursos, sino que también se usaban cines para proyectar documentales. En el informe del delegado Provincial de Cuenca se relata cómo se utiliza el Cinema España para proyectar dos documentales sobre la vida en los campamentos del Frente de Juventudes[800]. El impacto que debería tener en los jóvenes poder ir al cine y ver imágenes de los campamentos debía ser enorme, en una época de posguerra, carestía y privaciones y donde ir al cine era algo extraordinario. Esto nos muestra que uno de los sectores en donde Falange se volcaba más eran los jóvenes, puesto que ellos serían la base para la organización y el futuro de la misma.

Como se aprecia, FET y de las JONS realizaba un gran trabajo y esfuerzo en intentar que su mensaje político llegara a todo el mundo. En Segovia los actos conmemorativos que se realizan en el salón de actos de la Jefatura Provincial del Movimiento serán retrasmitidos por la emisora local (EAJ 64 Radio Segovia) y fue "escuchada en todas las Jefaturas Locales de la Provincias, a cuyos jefes se les había ordenado que reuniesen a todos los afiliados en locales apropiados e instalasen altavoces precisos para la mayor eficacia de dicha retrasmisión"[801]. Pero hay que ser conscientes de que muchas veces el mensaje político, los discursos, no eran bien comprendidos por los asistentes. En Soria, en el informe que se manda a Madrid, se explica que el auditorio se mostraba frío e ignorante sobre los ritos de Falange y, al leer el discurso fundacional, muchos lo desconocían[802]. Esto nos muestra que ya habiendo terminado la guerra hacía años a Falange le seguía costando extender su discurso e ideología entre la población. Si era desconocido para los asistentes de las capitales de provincia que iban a los actos cabe suponer que en los pequeños pueblos todavía debía ser mayor el desconocimiento sobre la doctrina política falangista por el gran analfabetismo que había en esa época. A esto habría que añadir que las preocupaciones de la gente en esos momentos eran otras, y aprender sobre la doctrina falangista no estaba entre sus prioridades.

Otro ejemplo que muestra que muchas veces la población no estaba identificada con Falange es el informe que mandan desde Ávila donde el delegado Provincial

---

[799] *El Progreso: diario liberal*, 30 de octubre de 1940, p.5.

[800] AGA, Cultura, Delegación Nacional de Prensa y Propaganda, correspondencia vicesecretaría y provincias sobre el día de la madre, muerte de José Antonio, día de los caídos, día de la hispanidad (foto y prensa) sobre 543-609, informe de la Delegación Provincial de Cuenca, 1942, 21/00126.

[801] AGA, Cultura, Delegación Nacional de Prensa y Propaganda, correspondencia vicesecretaría y provincias sobre el día de la madre, muerte de José Antonio, día de los caídos, día de la hispanidad (foto y prensa) sobre 543-609, informe de la Delegación Provincial de Segovia, 1942, 21/00126.

[802] AGA, Cultura, Delegación Nacional de Prensa y Propaganda, correspondencia vicesecretaría y provincias sobre el día de la madre, muerte de José Antonio, día de los caídos, día de la hispanidad (foto y prensa) sobre 543-609, informe de la Delegación Provincial de Soria, 1942, 21/00126.

muestra su satisfacción después de la participación que tuvo la gente en 1942. Se narra cómo por fin la población se había acercado y participado en los actos en recuerdo a los caídos, ya que antes la indiferencia era la norma[803]. Esto es una información esencial, puesto que en los informes se recoge lo que se ha planteado en este trabajo cuando se ha realizado el análisis cuantitativo de la gente que asistía a los actos que se organizaban. En el proceso de las inauguraciones de los monumentos de Arenas de Iguña o Valls se contabilizaba y calculaba que seguramente sería en torno al 10 por ciento de la población la que asistiría a las actividades que se producían, siendo éstas ajenas para la mayoría de la población. Con estas afirmaciones se confirma que los actos no eran tan masivos como se pretendía y, a pesar de los enormes esfuerzos que realizaba FET y de las JONS, la población muchas veces era ajena a las actividades que se planteaban durante estas fechas tan señaladas por el régimen.

Es esencial que se comprenda que en los informes que se realizaban y donde se especificaban todos los actos que se habían desarrollado, se buscaba hacer un análisis profundo de los mismos. Las fotografías eran importantes y muchas veces se anexaban en los informes junto con los recortes en prensa. De este modo, Madrid podía ver el buen trabajo y el esmero que se ponía por parte de los delegados provinciales; en el caso de Cuenca se anexaba un importante reportaje fotográfico. En las fotografías se veía a Ortuño, secretario provincial del Movimiento, leyendo la Oración de los Caídos, imponiendo entregas de brazaletes o leyendo en el Teatro Cervantes el Discurso de la Fundación de Falange[804]. Con estos documentos gráficos se podía tomar nota del buen hacer de la Delegación Provincial de Cuenca y ascender o premiar a los organizadores. Hay que recordar que se estaba en unos momentos de posguerra, donde los recursos escaseaban, y muchas veces era complicado organizar actividades que requirieran movilizar a gente de diferentes localidades.

En otras ocasiones se remarcaba el éxito que habían tenido las actuaciones llevadas, y se señalaba la gran cantidad de gente que había acudido a los actos. Es necesario destacar y tomar en consideración la importancia que tenían los informes, habiendo incluso un apartado de datos estadísticos. Por ejemplo, la Delegación Provincial de Oviedo, en el documento enviado, mandaba un apartado haciendo referencia a los datos estadísticos. En el documento destacaba que a los actos en recuerdo a los caídos había asistido numeroso público, sobre todo a la celebración religiosa. El informe relataba "asistió bastante público a la misa, cosa poco frecuente

---

[803] AGA, Cultura, Delegación Nacional de Prensa y Propaganda, correspondencia vicesecretaría y provincias sobre el día de la madre, muerte de José Antonio, día de los caídos, día de la hispanidad (foto y prensa) sobre 543-609, informe de la Delegación Provincial de Ávila, 1942, 21/00126.

[804] AGA, Cultura, Delegación Nacional de Prensa y Propaganda, correspondencia vicesecretaría y provincias sobre el día de la madre, muerte de José Antonio, día de los caídos, día de la hispanidad (foto y prensa) sobre 543-609, informe de la Delegación Provincial de Cuenca, 1942, 21/00126.

y más en este mes de octubre muy recargado de ceremonias religiosas, Santa Teresa, patrona de la Sección Femenina y el arma de Intendencia, liberación de Oviedo, liberación de Asturias[805]" como vemos el calendario estaba completamente modificado y recargado de ceremonias religiosas para recordar los hitos más importantes de la guerra esta vez a un nivel local.

En el informe se remarcaba que la celebración del Día de los Caídos el 29 de octubre era el día que más personas había conseguido congregar ya que a la "Oración de los Caídos y ofrenda de Coronas asistieron unas 3000 personas[806]". Tiene sentido que fuera la celebración que más gente reuniera, ya que muchos de ellos serían familiares de los que habían muerto en combate o sufrido la represión que se había desarrollado en Asturias durante el conflicto y tenían motivos personales para acudir al homenaje. Sin embargo, asistir a celebraciones religiosas que recordaran la fecha en que se había terminado la guerra en Asturias o la patrona del arma de Intendencia el público objetivo que podía asistir era menor. En este último ejemplo podemos destacar que, aunque fueran ciertas las cifras que daban de asistencia a los actos en recuerdo a los caídos en Oviedo, nos muestra que si habían participado en torno a 3.000 personas de un total de unas 83.000 nos da un porcentaje de alrededor del 4% y estos datos concuerdan con los informes en donde se explicaba que muchas veces la indiferencia era la norma.

5.1.1 Las dificultades en la preparación de los actos del día de los caídos

Los informes también muestran los problemas que muchas veces tenían las Delegaciones Provinciales, que en ocasiones eran numerosos y donde, incluso, se podía rozar la tragedia. Por ejemplo, en Soria informaba el delegado Provincial de Educación, Roncal Gonzalo, que, tras el solemne funeral en la iglesia de San Pedro presidido por el jefe Provincial del Movimiento y gobernador civil de la provincia que era Sánchez del Álamo, se produce un incendio en el cine Ideal que era donde se estaba conmemorando en ese día la fundación de Falange. Como se señala en el informe "un incendio declarado momentos antes de empezar este acto y cuyas consecuencias pudieron revestir caracteres de catástrofe de no haber sido sofocado a

---

[805] AGA, Cultura, Delegación Nacional de Prensa y Propaganda, correspondencia vicesecretaría y provincias sobre el día de la madre, muerte de José Antonio, día de los caídos, día de la hispanidad (foto y prensa) sobre 543-609, informe de la Delegación Provincial de Oviedo, 1942, 21/00126.

[806] AGA, Cultura, Delegación Nacional de Prensa y Propaganda, correspondencia vicesecretaría y provincias sobre el día de la madre, muerte de José Antonio, día de los caídos, día de la hispanidad (foto y prensa) sobre 543-609, informe de la Delegación Provincial de Oviedo, 1942, 21/00126.

tiempo…"[807]; aun así, el empeño de los dirigentes hizo que el acto se celebrara, aunque hubo menos público que el deseado y el susto de los asistentes era palpable durante la celebración del mismo. El informe reflejaba que no se enviaba un reportaje fotográfico porque no tenían ninguna imagen que reflejara de manera presentable los actos desarrollados, y expresaban su queja, diciendo que no existía en toda Soria un reportero fotográfico.

Como se puede comprobar, la importancia que tenían los fotógrafos y el reportaje posterior que hacían, era fundamental, ya que recogían las imágenes que reflejaban la grandiosidad de los actos. En esta ocasión, aparte de los problemas materiales con los que contaba la delegación, hay que resaltar que un reportaje fotográfico con un auditorio medio vacío y con desperfectos por el fuego no dejaría en buen lugar a los organizadores.

Al ser actos propagandísticos la labor de los fotógrafos era esencial y, por tanto, era de extrema importancia que estuvieran bien formados y contaran con el material pertinente para llevar a cabo su labor. Como se ha podido ver, en Soria tenían el problema de que no existía un reportero que dejara constancia de los actos que se desarrollaban en esa ciudad. Sin embargo, en otras ocasiones los problemas eran diferentes, como por ejemplo en Madrid, donde J. Pajares hacía un escrito al delegado Provincial de la capital camarada Federico Urrutia en el que se señalaba los problemas que daban los fotógrafos. Incluso se remarcaba que se tomaran las medidas pertinentes para "controlar absolutamente de un modo intransigente a los fotógrafos que dieron la única nota discordante[808]". Esto nos muestra, una vez más, la precisión y el cuidado de los detalles que se tenían por parte de los organizadores, y el papel esencial que tenían los medios de comunicación que en este caso eran los fotógrafos y que no podían salirse del guion marcado.

Observando los diferentes problemas que sucedían en la preparación de los actos tenemos el ejemplo de lo que sucedió en la localidad de Huelva. El delegado provincial, José González Duque de Heredia, explicaba que se había corrido riesgo de que los actos quedaran deslucidos por las poco claras órdenes que se habían dado desde la Inspección Provincial de Trabajo, ya que las instrucciones dadas eran limitarse a "invitar a las Empresas a que permitiesen la asistencia a los actos, a los productores obreros encuadrados que habían de desfilar, ni a los obreros y empleados

---

[807] AGA, Cultura, Delegación Nacional de Prensa y Propaganda, correspondencia vicesecretaría y provincias sobre el día de la madre, muerte de José Antonio, día de los caídos, día de la hispanidad (foto y prensa) sobre 543-609, informe de la Delegación Provincial de Soria, 1942, 21/00126.

[808] AGA, Cultura, Delegación Nacional de Prensa y Propaganda, correspondencia vicesecretaría y provincias sobre el día de la madre, muerte de José Antonio, día de los caídos, día de la hispanidad (foto y prensa) sobre 543-609, escrito al delegado Provincial de Madrid con relación a la fiesta de los caídos, 1942, 21/00126.

afectos a los Sindicatos"[809]. De esta manera en su escrito señala que el gobernador civil tuvo que indicar a trabajadores y empresas que se tenía que acudir en masa al acto en recuerdo a los caídos. Posteriormente, el texto indica cómo la afluencia fue masiva por la gran cantidad de afiliados sindicados y público en general. De esta manera se puede apreciar, una vez más, el gran interés y la obsesión por parte de los falangistas de que los actos no quedaran deslucidos con poca asistencia de público, y se trasladaba la presión a las empresas para que enviaran a sus trabajadores y se pudiera contar con el mayor número de personas posible.

Otro gran problema que aparecía en los informes es el relacionado con la intendencia, los materiales necesarios y la organización de centenares de personas durante el día señalado. El camarada M. Torres López tenía que organizar la preparación, montaje y realce de los actos que tendrían en Madrid el 29 de octubre de 1942. Consistían en una misa a las 9.30 de la mañana en la Puerta de Alcalá con la presencia de la Sección Femenina y el Frente de Juventudes, y un desfile de 15.000 falangistas ante las jerarquías que asistiesen a los actos[810]. En esta ocasión la tarea era ingente y había una gran cantidad de trabajo para organizar, controlar y cuidar todos los detalles con la enorme cantidad de participantes.

Había ocasiones en las que los problemas de organización empezaban en cuanto se tenía que pensar y elegir el lugar donde se iba a desarrollar la celebración religiosa. En Huelva el delegado Provincial José González Duque de Heredia en su informe exponía que el cardenal arzobispo de Sevilla no había autorizado a que se realizasen misas de campaña en honor a los caídos[811]. Esto suponía un importante contratiempo a la hora de organizar los actos, ya que las misas de campaña eran celebraciones religiosas que se hacían al aire libre y que podían congregar a miles de personas, muchas de ellas uniformadas, y no estaban sujetas a los posibles problemas de espacio que podían darse en los templos más pequeños. Como se ha visto, en Huelva la Iglesia no dio permiso a que los sacerdotes celebrasen estas ceremonias y tuvo que hacerse en la Parroquia Mayor de San Pedro.

Como se observa, los problemas no dejaban de aparecer y máxime en una España azotada por la carestía, los problemas económicos y de materiales. Tenemos el ejemplo de cómo en el informe que se enviaba desde Sevilla se hablaba de que había problemas incluso a la hora de obtener la tela azul y negra para los uniformes

---

[809] AGA, Cultura, Delegación Nacional de Prensa y Propaganda, correspondencia vicesecretaría y provincias sobre el día de la madre, muerte de José Antonio, día de los caídos, día de la hispanidad (foto y prensa) sobre 543-609, informe de la Delegación Provincial de Huelva, 1942, 21/00126.

[810] AGA, Cultura, Delegación Nacional de Prensa y Propaganda, correspondencia vicesecretaría y provincias sobre el día de la madre, muerte de José Antonio, día de los caídos, día de la hispanidad (foto y prensa) sobre 543-609, escrito delegado Nacional de Propaganda a Madrid, 1942, 21/00126.

[811] AGA, Cultura, Delegación Nacional de Prensa y Propaganda, correspondencia vicesecretaría y provincias sobre el día de la madre, muerte de José Antonio, día de los caídos, día de la hispanidad (foto y prensa) sobre 543-609, informe de la Delegación Provincial de Huelva, 1942, 21/00126.

y, por lo tanto, había menos personas del partido que podían asistir[812] a los actos. Se puede ver cómo incluso la todo poderosa Falange tenía problemas para poder vestir a los miembros del partido y que asistiesen a los actos debidamente uniformados. Esto era algo generalizado puesto que desde Valladolid Jesús Rivero Meneses, que había sido nombrado jefe provincial de Falange, resaltaba en sus informes la falta de medios materiales, personales y políticos y por tanto la difícil situación que estaba pasando la institución en la provincia vallisoletana[813].

Esto nos muestra una vez más cómo se hacía todo lo posible para intentar superar los imprevistos y los diversos problemas que no cesaban de aparecer y que intentaban solventar las diferentes Delegaciones Provinciales.

5.1.2 Las cuestiones económicas y los discursos en la celebración del día de los caídos

Un apartado que tiene gran importancia es el relacionado con las cuestiones económicas que se producían durante estos días. Surgen muchas dudas relacionadas sobre diferentes aspectos: ¿cómo se financiarían las actividades desarrolladas el 29 de octubre?; ¿se pedía un presupuesto detallado de los gastos?; ¿se encargaba todo o se usaban simpatizantes para ayudar al montaje de los actos?

El problema que se tiene a la hora de poder obtener respuestas en este apartado es la falta de información. Un punto que hay que resaltar es que los informes de los actos desarrollados carecen completamente de un estudio económico o de un presupuesto previo. No había referencias a los gastos originados por la preparación de la celebración del 29 de octubre. Como se ha visto, el despliegue de medios humanos era impresionante por la gran cantidad de gente que se ponía a preparar los actos con mucho tiempo de antelación y con tareas ingentes como era la de organizar muchas veces a miles de personas.

También se ha podido ver cómo el despliegue de medios económicos no se quedaba atrás, y se producía un vuelco total por parte de FET y de las JONS para que los actos tuvieran todo la grandiosidad y el realce posible. En los informes se habla de fotógrafos, medios audiovisuales entre los que se incluían micrófonos, altavoces, estradas para las autoridades, telas para los uniformes, banderas, catafalcos que había que construir para ponerlos en muchos casos en las iglesias, etc.

Se ha podido encontrar un documento que habla de los medios que se usaron y los pagos que se realizaron para contar con dicho material. El escrito fechado el 9 de

---

[812] AGA, Cultura, Delegación Nacional de Prensa y Propaganda, correspondencia vicesecretaría y provincias sobre el día de la madre, muerte de José Antonio, día de los caídos, día de la hispanidad (foto y prensa) sobre 543-609, informe de la Delegación Provincial de Sevilla, 1942, 21/00126.

[813] Cristina GÓMEZ CUESTA, Valladolid en la posguerra: del escenario falangista a la realidad social. *Investigaciones Históricas: Época moderna y contemporánea*, N.º 21, 2001, p.304.

noviembre de 1942 que llegaba a la sección de organización de actos públicos y plástica de la Delegación Nacional de propaganda marcaba un detallado presupuesto de lo que se había gastado.

En la siguiente tabla, que se realiza tomando los datos disponibles, nos muestra cuáles eran los materiales que se utilizaban y cuánto costaban a los servicios de propaganda los actos desarrollados por la Vicesecretaría de Educación Popular de Madrid.

MATERIALES Y PRECIOS DE LA CELEBRACIÓN DEL 29 DE OCTUBRE EN MADRID	
Materiales	Precio
Dos lámparas de 1.000 vatios	9 pesetas
30 metros de cable de 10 ml	45 pesetas
130 metros de hilo miniado de 2,5 m	292,50 pesetas
25 metros de hilo miniado de 1,5- 2 m	31,25 pesetas
40 aisladores N.º 102 colocados sobre palomilleras de madera	16 pesetas
40 tornillos de 19 por 40	6 pesetas
Un portalámparas para la intemperie	3000 pesetas
Una lámpara de 1000 vatios (fundida)	60 pesetas
Diferentes accesorios (clavos, cinta aislante...)	15 pesetas
Mano de obra incluidos seguros transporte de dirección técnica material	283,85 pesetas
Dos portes de camión para transporte de mástiles de hierro desde el almacén a la puerta de Alcalá, Teatro de la Comedia y Plaza de Santa Ana	200 pesetas
Porte de camión para el transporte de la tribuna de la Plaza de Santa Ana al almacén de la Vicesecretaría	130 pesetas
Porte de camión para transportar los sillones a la plaza de la Independencia	130 pesetas
Porte de camión por el transporte de mástiles y material ornamental desde la plaza de Santa Ana al Teatro de la Comedia y luego al almacén de la Vicesecretaría.	110 pesetas
Portes de camión para el transporte de material de mástiles y material ornamental de la Plaza de la Independencia al almacén de la Vicesecretaría.	240 pesetas

Portes de camión para el transporte de mástiles de acopio desde el ayuntamiento al almacén de Plástica	250 pesetas
Porte de camión para el transporte de mástiles recogidos del ayuntamiento al almacén	150 pesetas
Jornales de los obreros empleados por esta vicesecretaría en la colocación de mástiles de hierro en la Plaza de la Independencia, desmontaje de estos, horas extraordinarias etc.	328,18 pesetas
Pinturas de 24 indicadores con varias manos de blanco y correspondiente inscripción en cada uno en negro y el yugo al fondo rojo. 40 letras de madera pintadas por todos sus cantos y un plano al óleo. Gastos de alquiler de automóvil en servicio oficial Otro gasto de automóvil en servicio oficial.	240 pesetas
Material de dibujo adquirido para este acto	85 pesetas
TOTAL:	5.621,58 pesetas

814

Como se observa en la tabla anterior los gastos estaban muy controlados y se presentaban de una manera muy pormenorizada. Todo gasto se tenía que justificar, incluso el de los pequeños tornillos o la pintura de las letras. Esto nos demuestra que todo se encontraba profesionalizado, y ya no se utilizaba la ayuda de simpatizantes o de afiliados que en su tiempo libre pudieran ayudar a preparar todos los actos. La justificación de los gastos era detallada, incluso se mandaba pintar unas letras de madera con los colores de Falange, que podían haber hecho perfectamente las juventudes falangistas o la Sección Femenina en las actividades que se desarrollaban a lo largo de todo el año.

Se estudiaba, se pensaba y se intentaba organizar de la mejor manera posible para que luego el día señalado tuviera el mayor renombre posible. Incluso se puede ver cómo se llegaban a alquilar coches para que las autoridades de Falange fueran conducidas de la mejor manera posible. Los trabajos habían sido organizados por José Gómez Collado, que era el jefe de los Servicios Técnicos de la Sección, y la persona que tenía la responsabilidad de tener todos los detalles preparados.

---

[814] AGA, Cultura, Delegación Nacional de Prensa y Propaganda, correspondencia vicesecretaría y provincias sobre el día de la madre, muerte de José Antonio, día de los caídos, día de la hispanidad (foto y prensa) sobre 543-609, Presupuestos Generales del Estado para 1942, Tabla de elaboración propia en base al presupuesto elaborado por la Sección de actos públicos y plástica, 1942, 21/00126.

Una vez llegados los gastos a la Delegación Nacional de Propaganda éstos se cargaban a los Presupuestos Generales del Estado como señalaba el justificante enviado el 30 de noviembre de 1942[815]. Todos los gastos estaban controlados, medidos e incluso se llegaba a pagar por los espacios que se utilizaban. Tenemos el ejemplo del pago que se hace al Teatro de la Comedia por el uso que hizo FET y de las JONS durante el Día de los Caídos y el diferente traslado de material que se usaría ese día. Se pasaba de conceptos abultados, como las tres mil pesetas de la lámpara, hasta el detalle de seis pesetas para comprar los cuarenta tornillos que se necesitaban y que contaban con unas medidas precisas para que funcionaran correctamente a la hora de montar los diferentes escenarios.

Además, se procedía a justificar el uso de los diferentes espacios que se utilizaban y que quedaba reflejado con el justificante que firmaba Rosendo Bove Perales. En el documento quedaba señalado que había que indemnizar con 7.447,25 pesetas al teatro por el uso que había hecho del mismo el día 29 de octubre para celebrar la fundación de Falange.

Las conclusiones que se pueden obtener después de analizar la documentación existente es que se nos muestra que todos los gastos estaban medidos y fiscalizados hasta el más mínimo detalle. No había nada que se escapara del férreo control de la Delegación Nacional de Propaganda, ya que todo tipo de gasto tenía que estar reflejado, por muy nimio que fuese. No se utilizaban voluntarios o conocidos para el montaje y trasporte de los escenarios, no hay referencias a que se buscaran afiliados que tuvieran disponibilidad para ayudar con la preparación material de los actos, por lo menos en la ciudad de Madrid. En otras ocasiones se puede leer en prensa cómo a los miembros de Falange que iban a desfilar o participar en los diferentes actos se les ofrecía alojamiento en casas de simpatizantes o afiliados, pero en estos informes no se ha leído nada parecido.

5.1.3 Discursos

Tras haber analizado las características generales de los actos que se celebraban durante el día 29, merece la pena adentrarse un poco más y estudiar a fondo el mensaje que se transmitía en esos días. La carga propagandística era evidente, el intento de extender la doctrina política falangista también, pero es necesario saber qué se decía y cómo se decía exactamente en dichos actos.

---

[815] AGA, Cultura, Delegación Nacional de Prensa y Propaganda, correspondencia vicesecretaría y provincias sobre el día de la madre, muerte de José Antonio, día de los caídos, día de la hispanidad (foto y prensa) sobre 543-609, Presupuestos Generales del Estado para 1942. Sección 2º de O. Gles, Cap. 3º, Art. 4º, Grupo 3º, Concepto único. Expediente 464/1942, 1942, 21/00126.

Como se puede suponer el primer problema que se tiene es el de la falta de información por la pérdida de los discursos. Sabiendo que faltan gran cantidad de informes, que muchos de ellos están incompletos, que los anexos están ilocalizables, en muchas ocasiones solo se encuentra un breve resumen de los actos, por lo que resulta complicado trazar una línea general y poder leer el mensaje exacto que se transmitía durante la jornada.

Sin embargo, se ha tenido la suerte de encontrar un expediente muy completo, que es el de Delegación Provincial de Cádiz, en el que se conserva la alocución del delegado Provincial de la Vieja Guardia al montar el servicio en la cruz de los caídos.

El discurso comenzaba con una llamada a los presentes: ¡Camaradas! Se comenzaba haciendo una alocución al legado de José Antonio, que había sido el ejemplo a seguir por el servicio que había hecho a la patria. Se remarcaba desde el principio lo duro que había sido el conflicto y los sacrificios que habían hecho los presentes arriesgando su vida y sus posesiones alzándose contra la república. Terminada la guerra en todas las localidades se podía ver el enorme impacto que había tenido el conflicto por el gran número de muertos.

Posteriormente, se hacía una referencia específica a Dios, remarcando que los presentes habían sido elegidos, y que tenían el legítimo deber de luchar para luego poder recoger los frutos de una nueva España. Una España que estuviera a salvo de los peligros que había traído la república que, según los falangistas, llevaban al país a la ruina. En la siguiente parte del discurso se refería a Falange como principal motor del cambio y como grupo que había llevado el peso de la muerte. "Nosotros sabemos como nadie, la alegría de morir. Y nuestros camaradas de las primeras escuadras murieron con alegría porque se llevaron en la última hora, nuestro juramento de fidelidad y honor, en la Santa Hermandad de la Falange"[816]. Se puede ver el importante papel que juega la muerte, que es tratada como un sacrificio y como algo que se tenía que llevar con orgullo por parte de los familiares de los fallecidos. El punto a destacar es la importancia que se da a Falange, dándole un papel central en el sacrificio de la muerte para ganar la guerra, y no haciendo referencia a otros grupos políticos y remarcando la muerte de los caídos como algo que había sido esencial para poder derrotar al enemigo.

Las referencias falangistas no cesaban en Cádiz y, seguidamente, en el discurso hacen una referencia explícita a la juventud, centrándose en los postulados de

---

[816] AGA, Cultura, Delegación Nacional de Prensa y Propaganda, delegaciones provinciales, día de los caídos, 29 de octubre, informes y recortes de prensa, informe de la Delegación Provincial de Cádiz, Alocución del delegado Provincial de la Vieja Guardia, al montar el servicio en la cruz de los caídos., 1943, 21/00804.

Falange. Los caídos debían ser recordados "aquellos que siguieron el ejemplo de ofrendar sus vidas jóvenes por la Revolución que España exige sin demora"[817].

Se hacía un verdadero hincapié en la lucha de lo nuevo frente a lo viejo, del poder de las ideas y de la juventud donde se remarcaba que eran capaces de cambiar todo. En el discurso se explicaba que el verdadero objetivo era transformar el sistema para poder implantar una verdadera revolución, que era la falangista, y no otras que tenían otro cariz y no llevarían a nada bueno.

El discurso continuaba exigiendo a los presentes que tenían que ser ejemplo y modelo de conducta para el resto de la población. La Vieja Guardia tenía un objetivo que era formar y explicar a los jóvenes los sacrificios y la importante obra que tenían que desarrollar en la construcción de la patria.

Terminaba el discurso pidiendo a Dios por el eterno descanso para los que ya no estaban y la calma necesaria para los vivos. De esta manera, los caídos se encontraban en un mundo fronterizo, muy conectado con el mundo real, y lo que necesitaban era un descanso, puesto que habían dado y ofrecido todo para que los vivos pudieran conservar el honor, la vida y la familia. La última frase decía: "Caídos por Dios, España y por su Revolución Nacionalsindicalista".

Como se observa, la conexión entre los vivos y los muertos era esencial, no debían ser olvidados, eran un ejemplo que seguir y tenían que estar siempre presentes y ser recordados entre los que seguían viviendo. Los postulados del falangismo quedaban claros mezclando arengas y doctrinas políticas para intentar seguir extendiendo la ideología de José Antonio. No hay referencias a otros grupos políticos, ni al ejército que había llevado el principal peso del combate y había dirigido la guerra; tampoco en esta ocasión hubo referencias a Franco como líder indiscutible y cabeza del nuevo régimen.

En conclusión, era un discurso realizado por falangistas y para falangistas donde todos los caídos habían pasado a ser caídos de Falange fueran o no fueran del partido.

Otro discurso que se ha conseguido rescatar del olvido es el que encontramos también en el mejor expediente conservado que hace referencia a los actos llevados a cabo por la Delegación Provincial de Cádiz. Es de especial importancia, ya que se trata de la Oración de los Caídos que se leyó ante todos los presentes el día 29 de octubre de 1942 ante la Cruz de los Caídos después de la Misa realizada. Es necesario destacar que el informe hace referencia a que la atención que prestaban los asistentes en los momentos de la oración era escasa. De esta manera, se había procedido por parte de esta delegación a intentar desarrollar una nueva oración para intentar captar

---

[817] AGA, Cultura, Delegación Nacional de Prensa y Propaganda, delegaciones provinciales, día de los caídos, 29 de octubre, informes y recortes de prensa, informe de la Delegación Provincial de Cádiz, Alocución del delegado Provincial de la Vieja Guardia, al montar el servicio en la cruz de los caídos., 1943, 21/00804.

la atención del público. Hay que saber que la oración a la que alude el informe era la Oración a los Caídos que había desarrollado Rafael Sánchez Maza y que había sido un éxito ya que se leía en todos los homenajes a los caídos en toda España.

La oración comenzaba rezando a Dios como jefe supremo de los ejércitos y también de la paz. Se pedía invocar y recordar a los que ya no estaban entre los vivos. "Henos aquí, en Tu Presencia para invocar la de aquellos de tus siervos que entregaron con alegría en el silencio del heroísmo, el caudal de su sangre indomable y generosa"[818]. Siempre se observa cómo se remarcaba el sacrificio que habían realizado los caídos y la total entrega que habían realizado derramando sus vidas en el campo de batalla. Era una oración religiosa, donde se intentaba explicar que los fallecidos habían muerto por Dios, por España y por la Revolución, entrelazando constantemente religión y doctrina falangista. De esta manera, para los muertos debía haber silencio y un gran respeto ya que se encontraban en la categoría de héroes.

Los muertos daban una gran lección a los vivos que era la de saber morir. Morir por unos ideales, por una patria que les necesitaba y que se merecían todos los honores posibles. La oración continuaba con la frase, "Señor, te pedimos reverentes, por nuestros Caídos; y queremos que la lección de sus muertes clame sin fatiga en el banquete de los desocupados, en la tertulia de los cobardes; que haga callar el vocerío sacrílego de los mercaderes de su sangre"[819]. Los muertos eran ejemplares y tenían que servir de modelo, sobre todo para que la gente viese el enorme sacrificio y esfuerzo que había hecho Falange en la guerra.

La oración terminaba con otra llamada a no olvidar y recordar a una juventud que había dado y entregado todo, incluso la vida por la patria. Para finalizar, se lanzaban las proclamas de ¡Presentes! y ¡Caídos por Dios, por España y por su Revolución Nacionalsindicalista"

Las conclusiones que se extraen de las diferentes alocuciones que se daban en estos actos nos refuerzan la idea de que la carga política era enorme. Todo giraba en torno a los postulados falangistas que se proclamaban con el objetivo de que el discurso llegara a todo el mundo posible; el discurso de la Vieja Guardia es normal ver que lo dirige y lo lee un falangista, pero llama la atención cómo la oración no es dirigida por un religioso, sino que se dirige también por un miembro de Falange.

Como conclusión, tras el análisis de los actos desarrollados y los mensajes políticos que se daban, se observa cómo el Día de los Caídos fue usado por Falange para sus propios fines. FET y de las JONS inicia una construcción simbólica de los

---

[818] AGA, Cultura, Delegación Nacional de Prensa y Propaganda, delegaciones provinciales, día de los caídos, 29 de octubre, informes y recortes de prensa, informe de la Delegación Provincial de Cádiz, escrito sobre la Oración a los Caídos, 1943, 21/00804.

[819] AGA, Cultura, Delegación Nacional de Prensa y Propaganda, delegaciones provinciales, día de los caídos, 29 de octubre, informes y recortes de prensa, informe de la Delegación Provincial de Cádiz, escrito sobre la Oración a los Caídos, 1943, 21/00804.

muertos apropiándose de todos ellos y no dejando espacio a ningún otro colectivo o grupo político. Se busca desarrollar unas políticas de memoria que sean homogéneas, en la que todos habían muerto por defender las mismas ideas que eran las de Falange. La propaganda jugaba un papel esencial, y las personas que preparaban y organizaban los actos y los discursos intentaban constantemente superarse para que la ideología falangista se extendiera por todos los rincones posibles.

5.2 La celebración del día de José Antonio Primo de Rivera

Falange Española tiene en sus filas al caído por excelencia que será José Antonio Primo de Rivera[820]. Como señala el catedrático Ricardo Martín de la Guardia "poco puede decirse de una figura tan exaltada y denostada como la de José Antonio Primo de Rivera"[821]. Desde su fusilamiento el 20 de noviembre del 1936 en la cárcel de Alicante, se genera un mito que el franquismo aprovechará con gran inteligencia para tener al mártir por excelencia[822]. De esta manera, José Antonio se convertirá en una figura legendaria y heroica, su nombre encabezará la lista de caídos de todos los monumentos y lápidas de todas las localidades de España. Su recuerdo quedaría grabado desde las catedrales más importantes, como la de Santiago de Compostela o Palma de Mallorca[823], hasta las más humildes aldeas donde su nombre aparecería en las fachadas de las iglesias más pequeñas.

Al carecer de una ideología clara, las políticas de memoria se construirán, en primer lugar, sobre el mito fundacional que fue la victoria en la guerra civil y la construcción de un héroe que sería un ejemplo para los demás, en definitiva, una persona a la que imitar. Así lo expresa Zira Box: "La guerra se convirtió en un importante instrumento de legitimación del régimen y en una retórica recurrente"[824]. Por tanto, la mitificación de la figura del fundador de Falange ya desde la guerra fue muy importante, el hecho de haber permanecido encarcelado y la posterior ocultación de su muerte para no desmoralizar a los combatientes, hace que el mito del Ausente

---

[820] Pablo BAISOTTI, "Ausente-Presente: las dos caras de José Antonio (1936-1938)" *Memoria y civilización*, N.º 18, (2015), pp. 163-189.

[821] Ricardo MARTÍN DE LA GUARDIA, "José Antonio Primo de Rivera o el estilo como idea de la existencia", en Gallego Ferran y Morente Francisco (eds.): *Fascismo en España. Ensayos sobre los orígenes sociales y culturales del franquismo*, Barcelona, El Viejo Topo, 2005. p.163.

[822] Giuliana DI FEBO, *Ritos de guerra y Victoria en la España Franquista*, Bilbao, Desclée de Brouwer, 2002.

[823] AGA, Cultura, Delegación Nacional de Prensa y Propaganda, correspondencia vicesecretaría y provincias sobre el día de la madre, muerte de José Antonio, día de los caídos, día de la hispanidad (foto y prensa) sobre 500-515, informe de la Delegación Provincial de Baleares, 1942, 21/00126.

[824] Zira BOX, "Secularizando el apocalipsis. Manufactura mítica y discurso nacional franquista: la narración de la Victoria", *en Historia y política: Ideas, procesos y movimientos sociales*, N°12, 2004, pp. 133-160.

fuese adquiriendo cada vez más importancia. Es interesante remarcar que, como señala el profesor Francisco Morente Valero, la figura de José Antonio "fue sometida a una suerte de culto laico, en el que no faltaron los ribetes místicos. Juventud, valentía, arrojo, integridad, desinterés por las cuestiones materiales, patriotismo, preclaridad, inteligencia, originalidad de su pensamiento..."[825]. Ricardo Martín de la Guardia añadía importantes atributos tales como amante de su familia, ejemplar católico y, por último, ejemplo de virtudes y valores patrios cuya vida había culminado su obra por España[826]. Todos estos atributos luego serían usados hábilmente como hemos visto por los falangistas para intentar que los jóvenes siguieran la ideología de FET y de las JONS, y que vieran a José Antonio como un modelo al que imitar y parecerse.

A todo esto hay que sumar que, terminada la guerra, se difunden los principios políticos del falangismo de una manera sacralizada, equiparando la doctrina nacionalsindicalista con una fe religiosa por la atemporalidad y la inmutabilidad que se intentaba transmitir[827].

En el presente apartado se trata de dilucidar el impacto y la importancia que tuvieron en España las celebraciones que se hicieron en recuerdo a José Antonio Primo de Rivera por parte de las Vicesecretarías de Educación popular durante el año 1942.

En primer lugar, hay que tener en cuenta el número de expedientes conservados en el Archivo General de la Administración de Alcalá de Henares que hacen referencia a estos actos. Los expedientes conservados de las diferentes Vicesecretarías de Educación Popular que se encuentran en el AGA son los siguientes: Huesca, Guadalajara, Granada, Gerona, Ciudad Real, Castellón, Cáceres, Badajoz, Palma de Mallorca, Lugo, Las Palmas de Gran Canaria, Logroño, Jaén, Teruel, Toledo, Valladolid, Zamora, Zaragoza, Soria, Tarragona, Oviedo, Palencia, Málaga, Valencia[828].

Hay que tener en cuenta que se conocen gracias a un telegrama de la Delegación Nacional de Prensa y Propaganda que manda a las diferentes Vicesecretarías de Educación Popular, que eran: "Albacete, Alicante, Almería, Badajoz, Baleares,

---

[825] Francisco MORENTE VALERO, "Hijos de un Dios menor. La Falange después de José Antonio", en Gallego Ferran y Morente Francisco (eds.): *Fascismo en España. Ensayos sobre los orígenes sociales y culturales del franquismo, Barcelona,* El Viejo Topo, 2005. p. 243.

[826] Ricardo MARTÍN DE LA GUARDIA, Información y propaganda en la prensa del movimiento: "Libertad" de Valladolid, 1931-1979, *Valladolid: Universidad, Secretariado de Publicaciones,*1993, p. 119.

[827] Ricardo MARTÍN DE LA GUARDIA, Información y propaganda en la prensa del movimiento: "Libertad" de Valladolid, 1931-1979, *Valladolid: Universidad, Secretariado de Publicaciones,* 1993.

[828] AGA, Cultura, Delegación Nacional de Prensa y Propaganda, correspondencia vicesecretaría y provincias sobre el día de la madre, muerte de José Antonio, día de los caídos, día de la hispanidad (foto y prensa) sobres 500-515, 516-542, Delegación Nacional de Propaganda, 1942, 21/00126.

Burgos, Bilbao, Cáceres, Cádiz, Castellón, Ciudad Real, Córdoba, Coruña, Cuenca, Gerona, Granada, Huelva, Jaén, León, Lérida, Logroño, Lugo, Málaga, Marruecos, Murcia, Orense, Oviedo, Palencia, Pamplona, Las palmas, Pontevedra, Salamanca, Santander, Santa Cruz de Tenerife, San Sebastián, Segovia, Sevilla, Tarragona, Toledo, Valencia, Valladolid, Vitoria, Zamora, Zaragoza"[829].

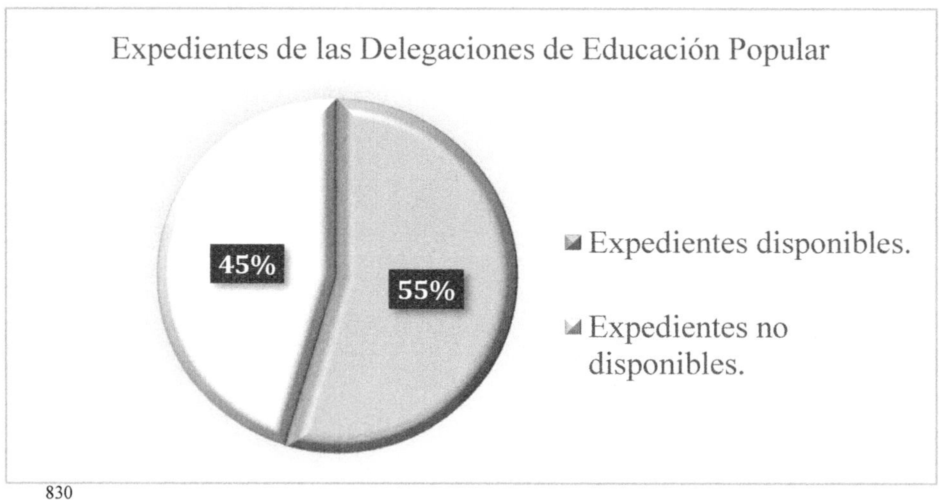

[830]

En un análisis estadístico de los datos proporcionados se nos muestra que tenemos un total de veinticuatro expedientes conservados, que tienen información relevante, sobre un total de cuarenta y cuatro. Es decir, tenemos un 55 % de expedientes disponibles que nos muestran las diferentes actividades que harían las diferentes Vicesecretarías de Educación popular en las diferentes provincias españolas.

Esto nos proporciona la información necesaria para poder trazar unas líneas maestras y saber cómo se desarrollaban los actos y los recursos que eran utilizados para la celebración de este día. Hay que tener en cuenta que tenemos más expedientes conservados sobre la celebración del día 20 de noviembre que sobre los actos que se hacían en recuerdo a los caídos el 29 de octubre.

---

[829] AGA, Cultura, Delegación Nacional de Prensa y Propaganda, correspondencia vicesecretaría y provincias sobre el día de la madre, muerte de José Antonio, día de los caídos, día de la hispanidad (foto y prensa) sobre 543-609, Delegación Nacional de Propaganda, Telegrama del delegado Nacional de Propaganda a las Vicesecretarías de Educación Popular 1942, 21/00126.

[830] Gráfica de elaboración propia en base a la documentación de AGA, Cultura, Delegación Nacional de Prensa y Propaganda, correspondencia vicesecretaría y provincias sobre el día de la madre, muerte de José Antonio, día de los caídos, día de la hispanidad (foto y prensa) sobres 500-515, 516-542, 543-609, Delegación Nacional de Propaganda, 1942, 21/00126.

Otro punto de gran interés es conocer el origen geográfico de los diferentes expedientes que se han conservado en el Archivo General de la Administración. En la siguiente gráfica realizada con la documentación conservada se pueden observar los expedientes y las diferentes regiones a los que pertenecían.

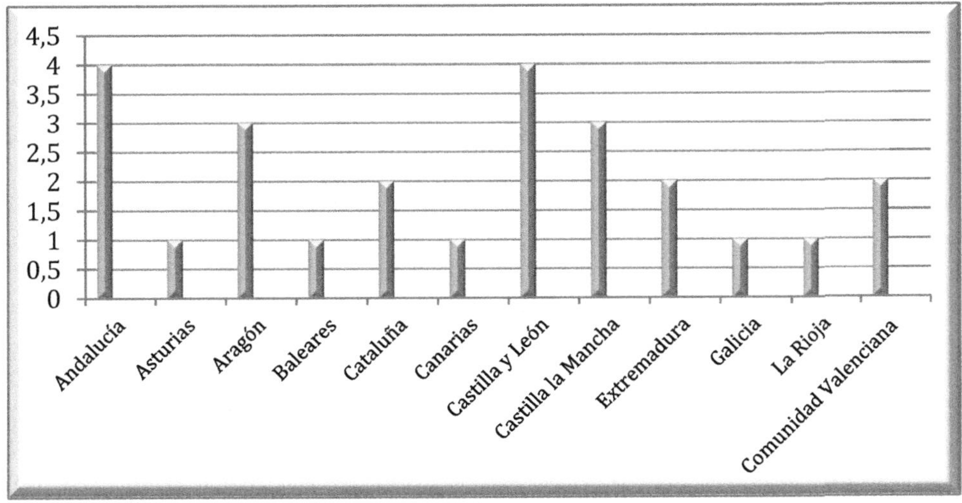

831

Como se puede comprobar hay una dispar documentación, que nos lleva desde una completa visión de los actos en Extremadura, ya que las dos delegaciones de Badajoz y Cáceres mandan los informes de los actos desarrollados, hasta regiones muy importantes donde no se tiene nada de información. Llama la atención el caso de Madrid que es la capital del país y de la que no se conserva el expediente completo. En esta ciudad era donde Falange tenía un peso enorme por los miles de afiliados que disponía, estaba todo el aparato del Movimiento y se encontraba la mismísima Delegación Nacional de Propaganda, la institución donde al final iba a parar toda la información que se recogía en las diferentes provincias. Hubiera sido muy interesante poder tener el expediente disponible y poder haber comparado si los actos en esta ciudad tenían grandes diferencias con otras localidades ya que, como se ha visto en un documento suelto, para la conmemoración del Día de los Caídos en la ciudad de Madrid se hacía un acto masivo con más de 15.000 participantes.

En este caso es interesante estudiar y conocer el expediente que se conserva y que hace referencia a Las Palmas de Gran Canaria. Como se verá en este capítulo,

---

831 Gráfica de elaboración propia en base a la documentación de AGA, Cultura, Delegación Nacional de Prensa y Propaganda, correspondencia vicesecretaría y provincias sobre el día de la madre, muerte de José Antonio, día de los caídos, día de la hispanidad (foto y prensa) sobres 500-515, 516-542, 543-609, Delegación Nacional de Propaganda, 1942, 21/00126.

los actos que se desarrollan en las Palmas estaban muy cuidados por parte de Falange, y esta organización hacía verdaderos esfuerzos en intentar extender las ideas falangistas entre la población de las islas. Hay que tener en cuenta que Canarias era un territorio singular por su posición geográfica en el noroeste de África, por estar alejado de la península en unos 1.700 kilómetros, y por ser un área donde tenía una implantación muy escasa. En el artículo de Ricardo A. Guerra Palmer se refleja cómo la afiliación no era nada numerosa, reduciéndose a unos pocos miles de personas que se concentraban en Las Palmas y en Santa Cruz de Tenerife[832]. En estas islas Falange tenía enormes problemas de personal y de material, e, incluso una hostilidad generalizada por parte de la población, lo que explica los esfuerzos que se hacían para intentar solventar la imagen tan nefasta de la organización por la mala gestión e, incluso, la corrupción que presentaba, y que era vista por muchos ciudadanos. En este caso hay que tener en cuenta las acusaciones de ineptitud y la presencia de los antiguos caciques que se afiliaban a Falange para intentar ganar poder e influencia dentro de las estructuras del nuevo Régimen.

Nos falta valiosa información de territorios esenciales como el País Vasco que, como se sabe, era una zona muy complicada para Falange, y donde ésta había tenido poca implantación[833]. Hubiera sido muy interesante disponer de los expedientes de las provincias vascas para ver el desarrollo de este tipo de actividades y los esfuerzos que se harían por parte de las jerarquías, puesto que este tipo de actos eran muy necesarios para poder extender la doctrina de Falange entre la población. Hay que recordar que en este lugar el proyecto falangista había tenido que luchar contra los movimientos nacionalistas que cada vez tenían más fuerza, o contra las opciones monárquicas y el Tradicionalismo, que tan arraigado estaba en provincias como Álava.

Otro expediente que se echa en falta y que hubiese sido muy interesante consultar es el de la ciudad de Barcelona, ya que estamos ante un territorio muy interesante para su estudio por la fuerte implantación nacionalista y por los esfuerzos que se tendrían que hacer en este tipo de campañas propagandísticas, donde se intentaba aleccionar a la población en la figura de José Antonio Primo de Rivera.

En lo que se refiere a Galicia nos falta también información, lo que nos impide tener una visión general de la conmemoración del veinte de noviembre; resulta muy interesante el análisis que hace Iñaki Fernández Redondo en su obra sobre la comparativa de Falange en estos territorios a los que nos referimos, y donde era tan

---

[832] Ricardo A. GUERRA PALMERO, FET y de las JONS en Canarias en la década de 1940 una primera aproximación. *Hispania Nova: Revista de Historia Contemporánea.* N. º3, 2003.

[833] Iñaki FERNÁNDEZ REDONDO, Aproximación a Falange Española en el País Vasco (1910-1945), en *Falange, las culturas políticas del fascismo en la España de Franco (1936-1975)* coord. Miguel Ángel RUIZ CARNICER, Vol. 2, 2013, p. 138.

complicado desarrollar la labor falangista[834]. El expediente que se encuentra disponible es el de la provincia de Lugo y éste es muy escaso, por lo que no nos permite conocer en profundidad el desarrollo de los actos que se producían en Galicia. Tal y como señalan Pilar López Rodríguez y María Jesús Baz Vicente en el caso de Lugo, "la Falange Lucense carece de arraigo social y no funciona"[835]. Falange en Galicia presentaba enormes problemas de organización, e incluso no disponía de los elementos esenciales para su funcionamiento y proyección pública por lo que hacía que en los actos faltara personal y no quedaban con el realce que le querían dar los organizadores.

Tampoco se dispone de ningún expediente conservado que haga referencia a la región de Cantabria o a las ciudades de Ceuta y Melilla. Una cuestión interesante es saber que si existía una Vicesecretaría de Educación Popular en Marruecos qué actos se desarrollarían en este lugar y qué impacto tendría en la población marroquí las ideas falangistas. Hubiese sido de gran interés poder comprobar el verdadero esfuerzo y los recursos económicos, materiales y humanos que FET y de las JONS utilizaba en un territorio que, hay que recordar, se entendía en la época como los restos de un imperio que no se habría desvanecido[836].

Habiendo analizado la información de la que se dispone se puede exponer que el aniversario de la muerte de José Antonio sería aprovechado por Falange para conmemorar cada veinte de noviembre su pérdida, y organizar una serie de actos que sirvieran para honrar su memoria y exaltar su figura. Las actividades que se desarrollarían vendrían igualmente marcadas desde la Delegación Nacional de Propaganda, al igual que sucedía en la celebración del veintinueve de octubre con los actos que se organizaban en recuerdo a los caídos.

De esta manera, desde Madrid se enviaban las circulares pertinentes para que desde las diferentes provincias se organizaran las líneas maestras del día, pero siempre con una marcada uniformización de los actos. Durante esta jornada la función propagandística que se desarrollaba era esencial, y ésta se planeaba días antes; de esta manera conocemos que se manda una circular el 9 de noviembre donde

---

[834] Iñaki FERNÁNDEZ REDONDO, Una aproximación comparativa a Falange Española en Galicia, País Vasco y Catalunya, *Estatu-Nazioen Baitako Nazioak: Naziogintza Kulturala Eta Politikoa, Gaur Egungo Europan* / Joseba Agirreazkuenaga Zigorraga (ed. lit.), Eduardo José Alonso Olea (ed. lit.), 2014, pp. 363-374.

[835] Pilar LÓPEZ RODRÍGUEZ, M.ª Jesús BAZ VICENTE, Una aproximación a Falange en la provincia de Lugo (1936-1942). *A patria enteira. Homenaxe a Xosé Ramón Barreiro Fernández*. Edición a cargo de X.L. Axeitos, Emilio Grandío Seoane e Ramón Villares. Servizo de Publicacións e Intercambio Científico da Universidade de Santiago de Compostela, 2008. p. 209.

[836] Alfonso IGLESIAS AMORÍN, Falange en el Protectorado durante la Guerra Civil y la bandera de Marruecos de FET y de las JONS, en *Camisas azules en Hispanoamérica (1936-1978. Organización política y prosografía del falangismo en ultramar*. Coord. Luis VELASCO MARTÍNEZ, Miguel MADUEÑO ÁLVAREZ, José Manuel AZCONA PASTOR, 2021, pp. 71-100.

se indicaba que la fecha debía ser especialmente conmemorada por las radios y donde se señalaba que las emisoras nacionales tendrían que ajustar los programas para conmemorar y exaltar la figura del fundador de Falange[837].

En la siguiente tabla se recoge la información más importante, para que se puedan ver cuáles eran las indicaciones exactas que recibían las diferentes Vicesecretarías de Educación Popular de las provincias.

CIRCULAR NÚMERO 114. CONMEMORACIÓN DEL SEXTO ANIVERSARIO DEL ASESINATO DE JOSÉ ANTONIO
1° En la emisión matinal, se hará una breve referencia al significado de la fecha.
2° En las emisiones de sobremesa, durante la tarde y noche, se exaltará la figura de José Antonio con arreglo a las siguientes normas. a) Evocación de José Antonio. Se rememorará su vida ejemplar, su religiosidad, constante esfuerzo para que prevaleciera el bien de España. Se pondrá de relieve su intervención preparatoria del glorioso Alzamiento del 18 de julio, y el martirio en Alicante. b) Clarividencia política. Se conmemorará en el sentido de la fundación de Falange Española, católica, nacionalsindicalista, tradicional y revolucionaria, que ha proporcionado a España una nueva forma de vida, cuando eran insuficientes las soluciones liberales y democráticas frente al comunismo. c) Los textos literarios en que se desarrollen los temas anteriores lo harán con un estilo claro, sencillo y directo, procurando que resulten de fácil compresión y sumamente asequibles para todos los oyentes. d) La parte musical de las emisiones mencionadas debe hacerse a base de obras de Bach, "Magnificant", "La pasión según San Mateo"; Mozart "Réquiem"; Beethoven, "Novena sinfonía", "Misa", "Últimos cuartetos" Brahms, "Segunda sinfonía"; Cesar Franck, "Preludio coral y fuga"; Schuman, "Cuarta sinfonía"; Liszt, "Funerales", "Los Preludios"; Wagner, "Cabalgata de las Valkirias", "Marcha fúnebre del crepúsculo de los dioses", "Murmullos de la selva", "Obertura de Tanhauser", "Sigfredo templa su espada"; Weber, "Obertura de Oberón"; Ricardo Strauss, "Muerte y transfiguración", "Vida de héroe", "Don Quijote"; Stravinski, "Le sacre du primtems", "Sinfonía de los Salmos", "Historia del soldado", y Ravel, " Concierto de piano y orquesta".
3° Durante todas las emisiones se darán interferencias tomadas de los discursos de José Antonio y del Caudillo, eligiendo con preferencia las de este último que hagan referencia a nuestro Fundador.

---

[837] AGA, Cultura, Delegación Nacional de Prensa y Propaganda, correspondencia vicesecretaría y provincias sobre el día de la madre, muerte de José Antonio, día de los caídos, día de la hispanidad (foto y prensa) sobre 543-609, Delegación Nacional de Propaganda, circular 114, 1942, 21/00126.

<table>
<tr><td>4° El conjunto de las emisiones del día 20 deberá revestir la máxima dignidad y seriedad, eliminándose de ellas todo lo que pueda ser considerado de dudoso gusto, así como la propaganda en cualquiera de sus aspectos. La publicidad se autorizará en los términos corrientes.</td></tr>
<tr><td>5° Los delegados Provinciales de la Vicesecretaría de Educación Popular, podrán cursar las consignas especiales que crean oportunas para las conmemoraciones especiales de carácter provincial o local, sin prejuicio de cumplir las normas contenidas en esta Circular</td></tr>
<tr><td>6° Todas las emisoras de esa provincia deberán dar exacto cumplimento a las normas de programación especial, contenidas en las presentes instrucciones, y deberán presentar a censura los textos correspondientes, en la forma ordinaria.</td></tr>
<tr><td>7° Las Delegaciones Provinciales controlarán las emisiones respectivas y, en el término señalado en la Circular de esta Delegación Nacional del 31 de octubre, darán cuenta de dichas emisiones y en su desarrollo remitiendo un guion de éstas.</td></tr>
</table>

[838]

En la circular se explicaba detenidamente todo lo que tenían que hacer las emisoras de radio: en primer lugar, rememorar la vida y religiosidad de José Antonio haciendo hincapié en su figura, que tenía que ser un ejemplo para las nuevas generaciones. Además, había que explicar la importancia de la fundación de Falange en 1933 en la historia de España. En el documento que se recibía, se remarcaba la importancia de explicar que las soluciones liberales habían sido insuficientes frente al comunismo, y de esta manera se puede ver cómo se lanzaba un mensaje político desde las emisoras de radio donde se resaltaba la debilidad de la democracia, apareciendo ésta como un sistema inútil y obsoleto para España.

El documento continuaba describiendo que los textos sobre falangismo que se leyeran debían tener un "estilo claro, sencillo y directo ... resulten de fácil comprensión..."[839]. Como se observa era esencial que la doctrina e ideas políticas fueran entendidas y comprendidas por los oyentes, poniéndose especial hincapié en que fueran lecturas ágiles y sencillas para que pudieran llegar a todos los sectores de la población. De esta manera, la doctrina falangista no se quedará solo en ambientes que tuvieran una mayor formación política.

El delegado nacional de Propaganda, en la circular que mandaba, se encargaba de cuidar todos los detalles de las diferentes programaciones de radio. En el apartado musical solo se admitía la música clásica, no habiendo hueco para música tradicional

---

[838] AGA, Cultura, Delegación Nacional de Prensa y Propaganda, correspondencia vicesecretaría y provincias sobre el día de la madre, muerte de José Antonio, día de los caídos, día de la hispanidad (foto y prensa) sobre 543-609, Delegación Nacional de Propaganda, tabla de elaboración propia en base a la documentación de la circular 114, 1942, 21/00126.

[839] AGA, Cultura, Delegación Nacional de Prensa y Propaganda, correspondencia vicesecretaría y provincias sobre el día de la madre, muerte de José Antonio, día de los caídos, día de la hispanidad (foto y prensa) sobre 543-609, Delegación Nacional de Propaganda, circular 114, punto 2 apartado c, 1942, 21/00126.

o folclórica. Según se señalaba en la circular los compositores y las obras seleccionadas entre otras eran: Bach "Magníficat", Mozart "Réquiem", Beethoven "Novena Sinfonía" "Misa", Liszt "Funerales" "Los Preludios", Wagner, "Cabalgata de las Valkirias" "Marcha Fúnebre del crepúsculo de los Dioses" o Stravinski"[840]. Por lo que respecta al análisis musical de estos actos se observa que hay un pleno conocimiento de la música clásica por parte de la persona que había escogido a los diferentes compositores y obras. El repertorio religioso era casi el único que había exceptuando a Wagner, y los otros géneros musicales directamente no existían en estas celebraciones. Llama la atención la ausencia de compositores que representan el nacionalismo español como podían ser Falla, Albéniz o Granados; estos autores no tendrían espacio ninguno en el repertorio musical que se utilizaba.

Las indicaciones proseguían con un control total de lo que había que hacer, señalando que la publicidad en todas las emisoras de radio durante el día 20 de noviembre tenía que ser estrictamente controlada y "revestir de la máxima dignidad y seriedad, eliminado todo lo que pueda ser considerando de dudoso gusto"[841]. Es evidente la enorme importancia que se daba a la fecha, resaltando que no toda publicidad estaba permitida, puesto que era un día de luto y duelo que toda la población tenía que interiorizar. Se remarcaba la importancia de que todas las emisoras tenían que dar exacto cumplimento de las normas que se dan y se recordaba que las Delegaciones Provinciales deberían remitir un informe a la Vicesecretaría de Educación Popular con un guion explicando las programaciones que se desarrollarían el 20 de noviembre.

Marcadas las indicaciones que debían seguir las diferentes Vicesecretarías de Educación Popular de las distintas provincias se completaba con otra circular que mandaba también la Delegación Nacional de Propaganda, que dispondría que todos los actos se celebrasen de igual manera. A continuación, se desarrolla una tabla para que se pueda ver la información y los pasos que tenían que seguir para cumplir todas las indicaciones que llegaban desde Madrid.

---

[840] AGA, Cultura, Delegación Nacional de Prensa y Propaganda, correspondencia vicesecretaría y provincias sobre el día de la madre, muerte de José Antonio, día de los caídos, día de la hispanidad (foto y prensa) sobre 543-609, Delegación Nacional de Propaganda, circular 114, punto 2 apartado d, 1942, 21/00126.

[841] AGA, Cultura, Delegación Nacional de Prensa y Propaganda, correspondencia vicesecretaría y provincias sobre el día de la madre, muerte de José Antonio, día de los caídos, día de la hispanidad (foto y prensa) sobre 543-609, Delegación Nacional de Propaganda, circular 114, punto 3, 1942, 21/00126.

CIRCULAR NÚMERO 79 CONMEMORACIÓN DEL ANIVERSARIO DEL ASESINATO DE JOSÉ ANTONIO	
1º	A las 11 de la mañana habrá un solemne funeral organizado por la Jefatura Provincial del Movimiento. A la entrada de la iglesia, y a ambos lados, se hará una concentración de camaradas del Frente de Juventudes, sindicatos y jerarquías.
2º	En aquellas Parroquias que no figure de una manera definitiva la inscripción de: "José Antonio Primo de Rivera, ¡Presente!", deberá grabarse sobre la piedra o, en su sustitución, colocando letras de bronce.
3º	Se deberá montar una guardia de Cadetes durante todo el Día 20 a ambos lados de las coronas, desde el amanecer hasta la caída del sol.
4º	Se ordenará que en todos los edificios públicos y vecindario en general se coloquen banderas y colgaduras respectivamente, con luto, en sus balcones. Para el acoplamiento de la Sección Femenina, se tendrá en cuenta la circular número 185 de la Delegación Nacional de la Sección Femenina dirigida a sus delegadas Provinciales.

[842]

En esa circular las instrucciones eran muy sencillas y claras para que no hubiera ninguna duda ni posibilidad de interpretación diferente por parte de los encargados provinciales. En primer lugar, se debería realizar una misa a la que tendrían que asistir las diferentes organizaciones falangistas de la localidad y estar debidamente formadas a la entrada del templo. Con posterioridad al oficio religioso se deberían colocar y renovar las coronas de laurel en los muros de las iglesias, en los mismos sitios que se colocaron el año pasado, tal y como se especificaba en las órdenes recibidas. La segunda indicación que se transmite es de enorme interés y gran importancia en la presente investigación, pues nos muestra que desde la Delegación Nacional de Propaganda se hicieron indicaciones precisas para que en todos los templos religiosos se inscribiese el nombre de José Antonio. De esta manera, desde el 8 de noviembre del año 1941 se demuestra que las inscripciones recordando al fundador de Falange en las diferentes iglesias de las localidades españolas no eran espontáneas, sino que obedecían a unas órdenes concretas que se habían recibido.

Hay que resaltar que también se remarcaban una serie de advertencias para que se hicieran cumplir, y eran referentes a que durante la celebración de los actos religiosos se evitará que por los alrededores de los templos religiosos no hubiera ruido ni incluso vehículos pasando, para intentar dar un aspecto de una mayor solemnidad

---

[842] AGA, Cultura, Delegación Nacional de Prensa y Propaganda, correspondencia vicesecretaría y provincias sobre el día de la madre, muerte de José Antonio, día de los caídos, día de la hispanidad (foto y prensa) sobre 543-609, Tabla de elaboración propia en base a la circular número 79, 1941, 21/00126.

a los actos. También queda reflejado en las instrucciones cómo se intentaba que los ciudadanos participaran, aunque fuera de manera simbólica, con la puesta de crespones de luto y banderas durante la jornada. Por último, hay que remarcar cómo se daban órdenes diferentes a la Sección Femenina para que apoyara y participara en los actos, aunque no se ha encontrado entre la documentación consultada cuáles eran las indicaciones exactas que se le daban a esta organización.

Una vez recibidas las instrucciones las Delegaciones Provinciales de las Vicesecretarías de Educación Popular se ponían a trabajar y a organizar los actos. Se preparaban con semanas de antelación para cuidar al detalle, puesto que se quería que todo estuviera bien controlado y organizado. Con las indicaciones recibidas y los informes posteriores se puede observar cómo se intentará que toda la población fuera partícipe y consciente de lo que se celebraba y por qué se celebraba. Los informes que se hacían y llegaban a la Delegación de Propagada tenían una extensión variable y en muchos casos dependía del celo y el trabajo de quien preparaba los informes. El delegado Provincial de Educación Popular de Cáceres, que se encontraba en una situación provisional, manda un pequeño informe con unos párrafos sobre los actos realizados[843]. Otro ejemplo de escaso trabajo o de poco celo en las labores que tenían que desarrollar lo encontramos en el delegado Provincial de Ciudad Real que envía un informe de unas líneas y lo denomina "informe especial"[844]. El caso más llamativo es el escrito que se hace desde Zamora donde se indicaba que se habían celebrado los actos en recuerdo a José Antonio pero de una manera muy sencilla y esto llevó al delegado Nacional de Propaganda Manuel Torres López[845], a escribir y exigir el envío del informe "he de recordarte lo que establece la circular número 108 referente a los partes especiales, ya que en esta ocasión lo has olvidado en todos sus aspectos al elevarme en un simple oficio la información de un acto de tal importancia"[846].

En el otro lado nos encontramos con el enorme trabajo que se realiza por parte del delegado provincial de educación de Baleares. En su extenso informe describe con precisión la preparación realizada, las enseñanzas, los actos, un reportaje fotográfico variado y multitud de recortes de periódicos donde se informaba de los

---

[843] AGA, Cultura, Delegación Nacional de Prensa y Propaganda, correspondencia vicesecretaría y provincias sobre el día de la madre, muerte de José Antonio, día de los caídos, día de la hispanidad (foto y prensa) sobre 500-515, informe de la Delegación Provincial de Cáceres, 1942, 21/00126.

[844] AGA, Cultura, Delegación Nacional de Prensa y Propaganda, correspondencia vicesecretaría y provincias sobre el día de la madre, muerte de José Antonio, día de los caídos, día de la hispanidad (foto y prensa) sobre 500-515, informe de la Delegación Provincial de Ciudad Real, 1942, 21/00126.

[845] Catedrático de Historia del Derecho ocupó importantes cargos públicos durante el franquismo. Fue alcalde de la ciudad de Salamanca y sería el primer delegado de la Delegación Nacional de Propaganda en Madrid.

[846] AGA, Cultura, Delegación Nacional de Prensa y Propaganda, correspondencia vicesecretaría y provincias sobre el día de la madre, muerte de José Antonio, día de los caídos, día de la hispanidad (foto y prensa) sobre 516-542, informe de la Delegación Provincial de Zamora, 1942, 21/00126.

actos que se habían realizado[847]. Otro ejemplo de profesionalidad se encuentra en el informe que llegaba desde Valladolid, que contenía varias páginas, y en el que se exponía que, "deseo me informes, para el mejor cumplimiento de estos partes, si es necesario que las fotografías y recortes vayan por duplicado en estos partes, así como en los semanales"[848].

Es importante resaltar que todos los informes que se conservan hacen referencia a los actos que se producían en las capitales de provincia de toda España, y no hay informes que hagan referencias a pequeñas localidades. Sin embargo, esto no demuestra que no hubiera actos en pueblos, ya que en el informe de Valencia se resalta cómo "en los pueblos de la provincia se conmemoró la fecha mediante solemnes funerales en las iglesias parroquiales y renovación de coronas ante la Cruz de los caídos"[849]. En el informe de Valladolid también hay referencias a los actos que se realizaron en la provincia, lo que nos demuestra que se intentaba que los actos llegasen a todos los rincones de la geografía española.

El secretario provincial que ejercía de manera interina en Lugo señalaba cómo entre las pequeñas localidades de la provincia había dos que habían sobresalido y ésras eran Ribadeo y Becerreá[850]. Estos son ejemplos de cómo los actos no se limitaban a las capitales de provincias o a las grandes localidades. Las pequeñas poblaciones con pocos miles de habitantes eran también un lugar donde la propaganda de Falange llegaba y se mandaba hacer un seguimiento. Desde Toledo también queda reflejado que las diferentes direcciones provinciales hacían un seguimiento de las pequeñas localidades y se las pedía un informe de los actos que se realizaban: "El día 14 dirigí una circular telegráfica a los camaradas, jefes Locales y delegados de Servicio en todos los pueblos de la provincia, dándoles normas para la celebración en sus respectivas localidades. En los informes que recibo de las Delegaciones locales se me cuenta de haber sido cumplidas mis instrucciones"[851]. Desde Oviedo en el informe que mandaba el delegado provincial, destaca un

---

[847] AGA, Cultura, Delegación Nacional de Prensa y Propaganda, correspondencia vicesecretaría y provincias sobre el día de la madre, muerte de José Antonio, día de los caídos, día de la hispanidad (foto y prensa) sobre 500-515, informe de la Delegación Provincial de Baleares, 1942, 21/00126.

[848] AGA, Cultura, Delegación Nacional de Prensa y Propaganda, correspondencia vicesecretaría y provincias sobre el día de la madre, muerte de José Antonio, día de los caídos, día de la hispanidad (foto y prensa) sobre 516-542, informe de la Delegación Provincial de Valladolid, 1942, 21/00126.

[849] AGA, Cultura, Delegación Nacional de Prensa y Propaganda, correspondencia vicesecretaría y provincias sobre el día de la madre, muerte de José Antonio, día de los caídos, día de la hispanidad (foto y prensa) sobre 516-542, informe de la Delegación Provincial de Valencia, 1942, 21/00126.

[850] Localidades de la Provincia de Lugo y que en 1942 contarían con aproximadamente 8000 habitantes cada una. Ribadeo se localiza en la costa cerca de Asturias y Becerrea se encuentra en el interior de la provincia en la comarca de los Ancares.

[851] AGA, Cultura, Delegación Nacional de Prensa y Propaganda, correspondencia vicesecretaría y provincias sobre el día de la madre, muerte de José Antonio, día de los caídos, día de la hispanidad (foto y prensa) sobre 516-542, informe de la Delegación Provincial de Toledo, 1942, 21/00126.

apartado que es único respecto a otros informes y relata los actos que se celebraban en diferentes localidades, y no solo habla de la capital de la provincia. Hay que resaltar que los actos eran todos muy similares con la celebración de una misa funeral con la asistencia de las jerarquías locales y con la colocación de coronas de flores ante la cruz de los caídos. Pero en el caso de Mieres[852] se aprovecha la celebración del funeral para colocar la primera piedra del monumento a los caídos que había acordado el ayuntamiento erigir en su memoria. El periódico *La Nueva España*[853] reflejaba los actos que se habían producido y destacaba "la afluencia de personas, en tan triste aniversario a nuestra iglesia ha superado en bastante a años anteriores, y es a que a medida que el tiempo trascurre la figura de José Antonio se agiganta y crece …"[854].

En los informes se muestra una vez más lo esencial que eran los medios de comunicación y el importante carácter propagandístico de los actos. Los detalles eran cuidados hasta la mínima expresión; se buscaba que todo el mundo recibiera la información que se deseaba transmitir y, como se puede ver, Falange ponía en marcha toda la maquinaria y recursos disponibles. Si se busca en la prensa se puede ver cómo todos los periódicos, y no solo los más importantes se encargaban de trasladar la información a los ciudadanos. De esta manera, encontramos el ejemplo del periódico Región en donde el día veintiuno podía leerse sobre los actos desarrollados, la misa y la asistencia de las jerarquías, y por último. hacía referencia a cómo se habían congregado miles de personas en la plaza de Alfonso II el Casto donde se encontraba la cruz a los caídos, y cómo se habían colocado las coronas de flores en honor a los fallecidos[855]. Tiene gran interés que, a través de la prensa, se pueda conocer cómo, aparte del funeral principal que se hizo en la catedral, en la iglesia de San Pedro de los Arcos también se hizo otro funeral paralelo organizado por los niños y las niñas de las escuelas de la Argañosa[856].

Para comprender la importancia de los medios de comunicación tenemos el ejemplo que nos llega desde Palma de Mallorca. Con las siguientes palabras comenzaba el informe de la Delegación Provincial de Baleares, destacando el enorme esfuerzo que se había hecho "se realizó una intensa propaganda por la prensa local a

---

[852] Importante localidad minera asturiana que tendría unos 40.000 habitantes en 1940 debido a la importancia actividad minera que tenía la región.

[853] Periódico que comenzó a publicarse en Oviedo en 1936 como Diario de la Falange Española y de las Jons que a la llegada de la democracia sería privatizado y hoy en día es uno de los periódicos más importantes de Asturias con casi 360.000 lectores diarios.

[854] *La Nueva España* 21-11-1942. p. 7.

[855] *Región*, 21-11-1942.

[856] *Región*, 21-11-1942.

base de entrefiletes, notas... programa de actos, etc. Por radio también se verificó una eficaz campaña que superó, quizás, la realizada por los periódicos"[857].

Tras la intensa campaña propagandística llevada a cabo los días anteriores, se sumaba el reparto de invitaciones, que se encargaba de elaborar la Delegación Provincial, y que repartía el jefe Provincial del Movimiento, invitando a la población a sumarse al acto y que, en el informe de la Delegación Provincial de Oviedo se adjunta, para que Madrid tuviera constancia de las invitaciones que se hacían para asistir a la catedral por el funeral de José Antonio. Falange ponía a todos sus organismos a trabajar conjuntamente para que los actos fueran un éxito; la Jefatura Provincial del Movimiento manda una alocución "dedicada al vecindario y a los afiliados al Partido, en la que se invitaba a engalanar la población con colgaduras y crespones negros"[858]. Se buscaba que toda la población fuera partícipe del día y que las consignas políticas fueran introduciéndose en la mentalidad de los españoles. Aparte de la llamada que se hacía desde la Jefatura Provincial, también desde el ayuntamiento se procedía a lanzar el aviso "Oviedo respondió al llamamiento que, en sentida alocución había hecho el alcalde, don Manuel González Conde, al pueblo para que cubrieran los balcones con colgaduras y acudiese a los actos que en honor del gran caudillo de Falange se celebraron en la Santa Catedral"[859].

En ocasiones el día comenzaba muy pronto, como queda reflejado en el informe del delegado Provincial de las Palmas de Gran Canaria José Naranjo Hermosilla. Desde las nueve de la noche anterior hasta las cinco de la madrugada del día veinte en todos los distritos de la capital, se había realizado los siguientes actos: estar en vela, rezar el rosario y dar lectura a varios textos del fundador. Todo esto tenía un significado claro para los falangistas, y las horas estaban muy medidas, porque todo se detenía a las cinco de la madrugada, hora de su muerte. Los actos proseguían con la lectura del testamento, y con una misa rezada con responso a la que acudía la Vieja Guardia y las Jerarquías del Movimiento. Posteriormente, se hacía un desfile nocturno por parte de la Vieja Guardia con antorchas, ofreciendo una enorme corona de laurel frente a la inscripción en la que el nombre de José Antonio estaba reflejado junto con el resto de los caídos de la isla[860]. Este acto sería señalado en el informe

---

[857] AGA, Cultura, Delegación Nacional de Prensa y Propaganda, correspondencia vicesecretaría y provincias sobre el día de la madre, muerte de José Antonio, día de los caídos, día de la hispanidad (foto y prensa) sobre 500-515, informe de la Delegación Provincial de Baleares, 1942, 21/00126.

[858] AGA, Cultura, Delegación Nacional de Prensa y Propaganda, correspondencia vicesecretaría y provincias sobre el día de la madre, muerte de José Antonio, día de los caídos, día de la hispanidad (foto y prensa) sobre 516-542, informe de la Delegación Provincial de Oviedo, 1942, 21/00126.

[859] *La Voz de Asturias*, 21-11-1942, p. 2.

[860] El informe señala como se había dado utilizado para la inscripción de los caídos una piedra típica canaria la de Arucas. Esta era de gran calidad y quería ser un recuerdo fiel de la gran losa que cubría la tumba de José Antonio que se encontraba en el Real Monasterio de San Lorenzo del Escorial.

como uno de los más emotivos dado su carácter exclusivamente falangista[861]. Hay que recordar las grandes dificultades que atravesaba la Falange en Canarias por la falta de implantación y la falta de recursos, lo que producía que en el informe se intentara dar una buena impresión del funcionamiento de la Falange local y de sus mandos por los actos que se habían llevado a cabo.

Una vez llegado el día de la celebración del funeral se procedía a la preparación de las iglesias donde tendría lugar la solemne misa. El papel de las campanas era importante, y quedaba reflejado en los informes, como en el caso de la localidad de Cáceres, en donde se resaltaba que, "Por la mañana desde las siete las campanas de la ciudad doblaron a muerto hasta las once, hora del funeral oficial"[862]. Este toque de difuntos que se conoce como "doblar a muerto" servía para para que en la localidad se conociese la muerte de algún vecino. En este caso era tañer una campana y, tras una breve pausa, daba toque otra campana. El sonido que debía escucharse durante esas horas debía ser impresionante, ya que todas las campanas de la localidad se turnarían durante esas horas para tocar sin interrupción. Hay que destacar, que hoy en día esta costumbre se ha perdido porque se considera "molesta" por algunos vecinos.

Los templos escogidos siempre eran los más representativos e importantes de la localidad: en Zaragoza se escogió la Basílica del Pilar[863]; en Oviedo se eligió la Catedral Basílica; en Palencia el templo escogido sería el de Nuestra Señora de la Calle que alberga a la patrona de la ciudad[864]; el informe de Gerona también indica que se escoge la Catedral; en Granada se escogió la Iglesia del Sagrario, construida sobre la antigua mezquita musulmana, modificada en el siglo XVII y adosada a la catedral. En Granada se quería buscar tal respeto y solemnidad a los actos que "se prohibió con una hora de anticipación, de acuerdo con lo dispuesto en la O.C. N.º 79 de la Vicesecretaría, el rodaje de vehículos, por las inmediaciones del Templo"[865].

---

[861] AGA, Cultura, Delegación Nacional de Prensa y Propaganda, correspondencia vicesecretaría y provincias sobre el día de la madre, muerte de José Antonio, día de los caídos, día de la hispanidad (foto y prensa) sobre 516-542, informe de la Delegación Provincial de las Palmas de Gran Canarias, 1942, 21/00126.

[862] AGA, Cultura, Delegación Nacional de Prensa y Propaganda, correspondencia vicesecretaría y provincias sobre el día de la madre, muerte de José Antonio, día de los caídos, día de la hispanidad (foto y prensa) sobre 500-515, informe de la Delegación Provincial de Cáceres, 1942, 21/00126.

[863] La Basílica del Pilar de Zaragoza tendrá una enorme importancia simbólica tras el conflicto, puesto que fue bombardeada el 3 de agosto por un avión republicano que lanzó varias bombas que no llegaron a explotar. Se considera que fue un milagro de la Virgen del Pilar.

[864] AGA, Cultura, Delegación Nacional de Prensa y Propaganda, correspondencia vicesecretaría y provincias sobre el día de la madre, muerte de José Antonio, día de los caídos, día de la hispanidad (foto y prensa) sobre 516-542, informe de la Delegación Provincial de Palencia, 1942, 21/00126.

[865] AGA, Cultura, Delegación Nacional de Prensa y Propaganda, correspondencia vicesecretaría y provincias sobre el día de la madre, muerte de José Antonio, día de los caídos, día de la hispanidad (foto y prensa) sobre 500-515, informe de la Delegación Provincial de Granada, 1942, 21/00126.

En Valencia también se restringió el tráfico y no se podía transitar con ningún vehículo en las proximidades del templo escogido para el funeral a José Antonio. Como se puede observar, la vida de la ciudad cambiaba y se organizaba ese día para que los actos falangistas en recuerdo a José Antonio tuvieran el máximo impacto posible en la población.

Antes de que empezara la ceremonia religiosa, y para que el ambiente fuera el adecuado, FET y de las JONS organizaba a sus afiliados para que correctamente uniformados se situasen por las zonas en las que vivían para ir en grupo con un delegado al frente hacia la iglesia donde se celebraría la ceremonia religiosa. La importancia de esta medida era enorme, ya que según refleja el informe "hizo que desde bastante tiempo antes al señalado para la celebración del acto se viera transitar por todas las calles de la ciudad nutridísimos grupos de falangistas camino del templo metropolitano"[866]. Una vez en el templo los detalles decorativos estaban muy medidos y controlados; los informes relatan cómo había una gran cantidad de banderas nacionales y de Falange, "un túmulo con un gran tapiz negro y las flechas yugadas, en madera"[867] y coronas de flores.

Los asistentes al acto estaban muy detalladamente descritos en los informes; el delegado provincial de Guadalajara los precisaba de la siguiente manera: " Gobernador Civil y Jefe Provincial del Movimiento, Gobernador Militar, Presidente de la Diputación, Director de la Academia de Infantería, Coronel de la Guardia Civil, Alcalde de Guadalajara, Fiscal de Tasas, Delegado de Hacienda, Teniente Coronel de la Guardia Civil, Comandante Director del Centro Electrotécnico de Ingenieros y otras corporaciones civiles y militares"[868]. Todas las autoridades civiles, militares e, incluso, algunas educativas estaban presentes en el acto. La celebración del acto contaba con participantes de todos los ámbitos. En el informe se seguía relatando cómo también se encontraban los miembros de la Vieja Guardia, falangistas, Sección Femenina, excombatientes de la guerra civil y miembros de la División Azul.

Terminada la misa se dirigían a la fachada del templo, donde se encontraba en la mayoría de los casos el nombre de José Antonio grabado en la pared, o la cruz de los caídos[869]. Allí se colocaban coronas de flores, normalmente por falangistas. En el

---

[866] AGA, Cultura, Delegación Nacional de Prensa y Propaganda, correspondencia vicesecretaría y provincias sobre el día de la madre, muerte de José Antonio, día de los caídos, día de la hispanidad (foto y prensa) sobre 516-542, informe de la Delegación Provincial de Valencia, 1942, 21/00126.

[867] AGA, Cultura, Delegación Nacional de Prensa y Propaganda, correspondencia vicesecretaría y provincias sobre el día de la madre, muerte de José Antonio, día de los caídos, día de la hispanidad (foto y prensa) sobre 500-515, informe de la Delegación Provincial de Guadalajara, 1942, 21/00126.

[868] AGA, Cultura, Delegación Nacional de Prensa y Propaganda, correspondencia vicesecretaría y provincias sobre el día de la madre, muerte de José Antonio, día de los caídos, día de la hispanidad (foto y prensa) sobre 500-515, informe de la Delegación Provincial de Guadalajara, 1942, 21/00126.

[869] En casi todos los informes se señala que el nombre de José Antonio estaba grabado en piedra o que se había colocado una placa de mármol en su recuerdo. No hay que olvidar, que en la orden nº 79 señalaba la

caso de Granada el informe señala que fue el jefe y secretario provincial del Movimiento el que puso la corona de laurel enfrente del muro donde estaba grabado el nombre del fundador de Falange; posteriormente la multitud entonaba el Cara al Sol. Todos estos momentos fueron recogidos por fotografías que se adjuntaban en el informe que se enviaba a Madrid[870]. En otras ocasiones, se producían momentos muy emotivos por la participación de personas que no eran falangistas pero que tenían una enorme carga simbólica. El periódico *Amanecer*[871], hacía un extenso reportaje el día 21 de los actos del día anterior y señalaba cómo uno de los momentos más emotivos fue el que había protagonizado la madre del voluntario Modrego Otero, de la División Azul, que en ese momento se hallaba herido en un hospital en Berlín[872].

Posteriormente, se celebraban actos en la Jefatura de Falange, donde se leyó el testamento de José Antonio, y el jefe Provincial del Movimiento pronunció un discurso alusivo al aniversario de su muerte[873]. En Valencia, en el salón de actos de la Jefatura Provincial del Movimiento, se rezó un rosario organizado por la Sección Femenina y, posteriormente, se leyó su testamento[874]. En Badajoz las organizaciones juveniles participaron activamente montando guardia frente al muro de la iglesia donde se encontraba grabado el nombre de José Antonio. El informe señala que la Plaza de España tenía un aspecto impresionante por la gran cantidad de público que se había congregado, por el silencio sepulcral que reinaba, y por el espectáculo visual que se había montado ya que "el muro de José Antonio estuvo desde las primeras horas del atardecer hasta las doce de la noche iluminado por un gran foco colocado entre los árboles que se encuentran enfrente"[875]. Esto constituye una prueba más de

---

obligatoriedad de que en aquellas Parroquias que no figure de una manera definitiva la inscripción de: "José Antonio Primo de Rivera, ¡Presente!", deberá grabarse sobre la piedra o, en su sustitución, colocando letras de bronce.

[870] AGA, Cultura, Delegación Nacional de Prensa y Propaganda, correspondencia vicesecretaría y provincias sobre el día de la madre, muerte de José Antonio, día de los caídos, día de la hispanidad (foto y prensa) sobre 500-515, informe de la Delegación Provincial de Granada, 1942, 21/00126.

[871] Periódico publicado en Zaragoza entre 1936 y 1979. En un primer lugar ocuparía las instalaciones del Diario de Aragón al ser incautado por Falange y sería dirigido por Maximiano García Venero. Posteriormente formará parte de la Prensa del Movimiento y tras las enormes pérdidas económicas que acarreaba desde 1975 sería cerrado en 1979 al tener solo una pequeña tirada de 2267 ejemplares.

[872] *Amanecer*, 21 de noviembre de 1942.

[873] AGA, Cultura, Delegación Nacional de Prensa y Propaganda, correspondencia vicesecretaría y provincias sobre el día de la madre, muerte de José Antonio, día de los caídos, día de la hispanidad (foto y prensa) sobre 500-515, informe de la Delegación Provincial de Gerona, 1942, 21/00126.

[874] AGA, Cultura, Delegación Nacional de Prensa y Propaganda, correspondencia vicesecretaría y provincias sobre el día de la madre, muerte de José Antonio, día de los caídos, día de la hispanidad (foto y prensa) sobre 516-542, informe de la Delegación Provincial de Valencia, 1942, 21/00126.

[875] AGA, Cultura, Delegación Nacional de Prensa y Propaganda, correspondencia vicesecretaría y provincias sobre el día de la madre, muerte de José Antonio, día de los caídos, día de la hispanidad (foto y prensa) sobre 500-515, informe de la Delegación Provincial de Badajoz, 1942, 21/00126.

cómo Falange no había escatimado en nada a la hora de preparar los actos; se utilizaban todos los medios técnicos que la organización tenía a su alcance para poder crear el mayor impacto posible entre la población[876].

En otras ocasiones se hacían verdaderos espectáculos para que la población fuera consciente de lo que se celebraba. En el caso de Málaga, en la plaza donde se encontraba la cruz de los caídos, se procedió a la "instalación de altavoces y micrófono, en todo su perímetro se colocaron camaradas del Frente de Juventudes con antorchas en número de 125…las ciento veinticinco antorchas que ardieron durante la lectura fueron depositadas al pie de la Cruz en un soporte de madera ideado al efecto, donde continuaron alumbrando con un gran resplandor…"[877].

Tras los actos religiosos se continuaba con los actos políticos, en muchos casos con la presencia de estudiantes con sus profesores, puesto que se intentaba transmitir de una forma didáctica a los más jóvenes el discurso político, como ocurrió en Guadalajara, donde el colegio salesiano participó en los actos con su director. En el informe que se envía hay un recorte del periódico *Nueva Alcarria*[878] en el que refleja el resumen de los actos, el componente educativo y el templo religioso escogido. De esta manera, la jornada se había producido en la parroquia de San Nicolás el Real, considerada por aquella época el centro de la vida religiosa y social de la ciudad. Posteriormente, a las cinco de la tarde, acogería el rezo del rosario que congregaría a gran cantidad de gente[879].

Como se puede observar, el componente educativo y formativo que quería dar Falange en este día era evidente por el esfuerzo que hacía por intentar involucrar a los centros educativos con los profesores y alumnos a la cabeza. En el caso de las Palmas de Gran Canaria, la inspectora jefa de educación, doña María Paz Sáenz Tejera de la Concha, daba una serie de instrucciones[880] el día 18 de noviembre que

---

[876] Otro ejemplo del importante despliegue de medios técnicos es el escrito que hace el delegado Provincial de Castellón de la Plana. "La víspera de la fecha de la conmemoración, en la capital los muros de la Iglesia Arciprestal en los que está grabada la Cruz de los Caídos, el nombre de José Antonio y el de los que dieron su vida por Dios y por España, fueron iluminados con potentes reflectores …" AGA, Cultura, Delegación Nacional de Prensa y Propaganda, correspondencia vicesecretaría y provincias sobre el día de la madre, muerte de José Antonio, día de los caídos, día de la hispanidad (foto y prensa) sobre 500-515, informe de la Delegación Provincial de Castellón de la Plana, 1942, 21/00126.

[877] AGA, Cultura, Delegación Nacional de Prensa y Propaganda, correspondencia vicesecretaría y provincias sobre el día de la madre, muerte de José Antonio, día de los caídos, día de la hispanidad (foto y prensa) sobre 516-542, informe de la Delegación Provincial de Málaga, 1942, 21/00126.

[878] Periódico fundado el 15 de julio de 1939 bajo el título de Nueva España, aunque posteriormente adoptaría el título de *Nueva Alcarria*. Fue fundado por FET y de las JONS y sería considerado como el órgano provincial del Movimiento. Actualmente es un periódico digital que tiene una línea editorial totalmente diferente.

[879] *Nueva Alcarria* 21-11-1942.

[880] AGA, Cultura, Delegación Nacional de Prensa y Propaganda, correspondencia vicesecretaría y provincias sobre el día de la madre, muerte de José Antonio, día de los caídos, día de la hispanidad (foto y

debían cumplir todos los centros educativos. Las medidas principales eran: el día 20 de noviembre en todos los centros de primaria se tendrían que dar una lección sobre la figura y la muerte de José Antonio. Estas lecciones no quedaban abiertas para que cada maestro explicase a su manera estos hechos, ya que todo debía regirse por unas indicaciones que había dado la Delegación Nacional del Frente de Juventudes. La explicación debía acompañarse con algún acto religioso conmemorativo y se daría permiso a los niños que estaban integrados en el Frente de Juventudes para que salieran a desfilar con su organización.

Cabe destacar que el componente educativo no terminaba en los colegios y los institutos de educación secundaria, sino que en ocasiones alcanzaba la universidad. Por lo tanto, todo el ámbito educativo participaba en el recuerdo a José Antonio y la doctrina falangista se extendía por estos lugares tan importantes, puesto que los jóvenes eran el futuro de Falange y del país. El delegado provincial de educación de Valladolid, en su informe del 23 de noviembre de 1942, reflejaba que, aparte de la participación de los colegios con las respectivas misas, el izado a media asta y las explicaciones a los alumnos sobre la obra de José Antonio, la universidad también había organizado sus propios actos. De esta manera se celebraba una misa en la capilla universitaria, a la que asistían las autoridades académicas y, posteriormente, se impartiría una conferencia en el salón de actos que impartiría Pedro Salvador Vicente[881].

Cabe resaltar que también este día se utilizaba para hacer otras labores propagandísticas, como era por ejemplo visitar después de los actos los hogares más humildes para repartir donativos entre las familias más necesitadas[882]. De esta manera, FET y de las JONS se acercaba a las personas más desfavorecidas; éstas tendrían una mayor simpatía con el Movimiento, y esperarían ansiosos el siguiente año para celebrar los actos en memoria de José Antonio. En otras ocasiones se habían desarrollado los días previos a la fecha señalada una serie de conferencias sobre José Antonio, que habían ocupado cuatro días, y que habían "preparado" a la población para la conmemoración del 20 de noviembre. Como se puede ver en el informe de G. Herminio Pinilla, todas las conferencias quedaron reflejadas y se pedían recursos

---

prensa) sobre 516-542, informe de la Delegación Provincial de las Palmas de Gran Canarias, 1942, 21/00126.

[881] AGA, Cultura, Delegación Nacional de Prensa y Propaganda, correspondencia vicesecretaría y provincias sobre el día de la madre, muerte de José Antonio, día de los caídos, día de la hispanidad (foto y prensa) sobre 516-542, informe de la Delegación Provincial de Valladolid, 1942, 21/00126.

[882] AGA, Cultura, Delegación Nacional de Prensa y Propaganda, correspondencia vicesecretaría y provincias sobre el día de la madre, muerte de José Antonio, día de los caídos, día de la hispanidad (foto y prensa) sobre 500-515, informe de la Delegación Provincial de Huesca, 1942, 21/00126.

económicos al secretario nacional de Propaganda, Patricio González Canales, para su financiación[883].

En los informes que llegaban a Madrid muchas veces se destacaba el importante papel que jugaban los medios de comunicación y cómo estos se habían utilizado. Hay que recordar que esto era esencial para Falange, pues el carácter propagandístico de los actos era evidente y siempre se buscaba que causara el mayor impacto a la población.

El delegado provincial de Granada relata en su informe cómo la emisora de radio había funcionado durante la jornada "la Emisora Local había ajustado su programa durante todo el día…los intermedios musicales se escogieron de acuerdo con vuestras superiores instrucciones"[884]. Como se puede observar, todo quedaba detallado y controlado haciéndose de la manera que se indicaba desde la Delegación de Propaganda. Otro ejemplo que hay del control absoluto de los medios de comunicación lo encontramos en el informe que desarrolla el delegado provincial accidental de educación de Gerona, que era R. Guardiola Rovira, donde señalaba la realización de diferentes actos y mandaba un anexo con la emisión especial de radio dada por la Sección Femenina[885]. Es decir, en el uso de la radio y los medios de comunicación las mujeres también trabajaban y actuaban intentando llegar a todos los rincones, y no jugaban un rol secundario en lo que a los medios se refiere.

Desde las Palmas de Gran Canaria llegaba un preciso informe de parte de José Naranjo Hermosilla. En dicho expediente se enviaban recortes de prensa de periódicos locales con el resumen de los actos realizados, y una relación de las emisiones que se habían realizado en Radio Las Palmas. Entre las intervenciones se destacaba, en primer lugar, el mensaje a las juventudes falangistas, que sería dirigido por el padre Victorino Carballo que era el asesor religioso; en segundo lugar, unos textos familiares de José Antonio; y, a continuación, la programación continuaba con "Un hombre entrañable" a cargo del propio delegado provincial José Naranjo, siendo todo acompañado con espacios musicales fúnebres[886]. Lo que se puede comprobar es

---

[883] AGA, Cultura, Delegación Nacional de Prensa y Propaganda, correspondencia vicesecretaría y provincias sobre el día de la madre, muerte de José Antonio, día de los caídos, día de la hispanidad (foto y prensa) sobre 500-515, informe de la Delegación Provincial de Badajoz, 1942, 21/00126.

[884] AGA, Cultura, Delegación Nacional de Prensa y Propaganda, correspondencia vicesecretaría y provincias sobre el día de la madre, muerte de José Antonio, día de los caídos, día de la hispanidad (foto y prensa) sobre 500-515, informe de la Delegación Provincial de Granada, 1942, 21/00126.

[885] AGA, Cultura, Delegación Nacional de Prensa y Propaganda, correspondencia vicesecretaría y provincias sobre el día de la madre, muerte de José Antonio, día de los caídos, día de la hispanidad (foto y prensa) sobre 500-515, informe de la Delegación Provincial de Gerona, 1942, 21/00126.

[886] AGA, Cultura, Delegación Nacional de Prensa y Propaganda, correspondencia vicesecretaría y provincias sobre el día de la madre, muerte de José Antonio, día de los caídos, día de la hispanidad (foto y prensa) sobre 516-542, informe de la Delegación Provincial de las Palmas de Gran Canarias, 1942, 21/00126.

el reparto de funciones y de intervenciones en la radio dirigidos a los diferentes grupos de la población. Estamos viendo una Falange completamente volcada en extender la doctrina nacionalsindicalista a través de los medios de comunicación[887], aunque fuese vista por los canarios como algo que les quedaba muy lejano según se quedaba reflejado en los informes.

Para profundizar en este apartado y ver que música se escuchaba exactamente, y hasta dónde habían llegado las indicaciones de la Delegación Nacional de Propaganda, tenemos la posibilidad de ver la emisión completa que había realizado la radio el 20 de noviembre. En el informe, firmado por el delegado provincial de Logroño, se señalaba que la emisora local "Radio Rioja" había colaborado con la Delegación y la Sección Femenina para realizar la siguiente programación en la que no había habido cortes publicitarios[888].

PROGRAMACIÓN DEL DÍA - RADIO RIOJA	
13.00h	–Por Dios y por España. Marcha militar (P. Pérez) –Sinfonía N°8 en SI MENOR (SCHUBERT) primer y segundo movimiento.
13.30h	–Emisión en colaboración con la Delegación Provincial de la Vicesecretaría de Educación Popular. –Murmullos de la Selva "Sigfrido" (Wagner) –OBERON "obertura" (Weber) –Artículo de Eduardo Orio Parreño –Romanza sin palabras (Mendelssohn) –Canto a la espada "Sigfrido" Wagner –Artículo de la Sección Femenina –La rosa del jardín del amor (marcha fúnebre) (Pftisener) –El fuego encantado "Las Valkirias" Wagner –Artículo de Don Félix E. Ayala. "Evocación de José Antonio" –Ave María (Gounod)
14.30h	–Retrasmisión de REDERA desde su emisora local de Madrid

---

[887] Ricardo A. GUERRA PALMERO, Aarón LEÓN ÁLVAREZ, La españolización de Canarias a través de la propaganda falangista (1936-1945) en *Falange, las culturas políticas del fascismo en la España de Franco (1936-1975)*. Coord. Miguel Ángel RUIZ CARNICER, Vol. 2, 2013, pp. 195-220.

[888] AGA, Cultura, Delegación Nacional de Prensa y Propaganda, correspondencia vicesecretaría y provincias sobre el día de la madre, muerte de José Antonio, día de los caídos, día de la hispanidad (foto y prensa) sobre 516-542, informe de la Delegación Provincial de Logroño, 1942, 21/00126.

15.10h	–Preludio de los maestros cantores –Cuarto concierto para órgano (Héndel)
21.00	–Pasa la Falange "marcha militar" (Tabuenca) –Cabalgata de las valkirias (Wagner) –Campanas en la lejanía (Katelby)
21.25	–Euryante (obertura) – Weber –Ausencia (Arpos) –21.45 Retrasmisión de Radera desde su emisora local de Madrid –22.25 Emisión especial en colaboración con la Delegación Provincial de la Vicesecretaria de Educación Popular –El crepúsculo de los Dioses (Wagner) –Romance de José Antonio, de Federico Urrutia. Locutor señor Ayala. –Fantasía par órgano (Mozart) –Coro de Aleluya "El mesías" Haendel –Artículo del locutor Eduardo Orio Parreño –Tanhausser "obertura" (Wagner) –Novena Sinfonía – Primer tiempo Beethoven –Artículo in memoriam, Don Félix F. Ayala. –Novena Sinfonía. Segundo tiempo Beethoven –23.35 Guía del comprador –23.40 Final de la Sinfonía de Beethoven –24.00 Cierre

[889]

Esta relación es muy interesante, ya que es uno de los pocos informes que manda la relación exacta de la emisión producida. En muchos expedientes pone que se anexan las emisiones, pero, sin embargo, se han perdido y no se encuentran disponibles. Vemos cómo había una relación directa entre la música clásica escogida y las indicaciones que se habían recibido por parte de la Delegación Nacional de Propaganda. También podemos observar cómo en este caso aparecían marchas militares, con intervenciones que se producían desde Logroño por miembros cuidadosamente escogidos por parte de la Vicesecretaría de Educación Popular de la ciudad.

---

[889] AGA, Cultura, Delegación Nacional de Prensa y Propaganda, correspondencia vicesecretaría y provincias sobre el día de la madre, muerte de José Antonio, día de los caídos, día de la hispanidad (foto y prensa) sobre 516-542, tabla de elaboración propia en base a la información del expediente de Logroño, 1942, 21/00126.

Una vez explicadas las actividades desarrolladas durante el día, los informes tenían un último apartado, donde se explicaba el impacto y las impresiones producidas en los delegados provinciales de los actos realizados. Como se ha visto, se indicaba que se adornasen los edificios públicos y privados con banderas y crespones negros; en otras ocasiones se cortaba el tráfico rodado; en Badajoz la Delegación ordenó a los cafés y bares de la capital que se suprimieran conciertos, espectáculos y audiciones[890]. El informe del delegado provincial de Teruel señalaba "durante todo el día la población guardó una conducta respetuosa y recogida"[891]. Incluso se relataba que hubo una vigilancia por parte de falangistas para que se guardase "la debida compostura" y que no habían podido enviar fotografías al estar enfermo el único fotógrafo disponible. En Castellón de la Plana el escrito terminaba de la siguiente manera: "En general, la vida de la capital durante el día dio sensación de seriedad, uniéndose el pueblo castellonense a la conmemoración de esta fecha"[892].

El impacto que los actos producían en las localidades era evidente, ya que las ciudades no solo sufrían cortes de tráfico o supresiones de espectáculos; en algunos casos el celo de Falange para dar un tono más de solemnidad producía que se cerraran incluso las tiendas como en el caso de Soria "todo el comercio de la ciudad permaneció cerrado"[893]. También tenemos otros ejemplos, como el informe que hace el delegado provincial de Huesca, A. Abarca, que se encontraba en funciones, pero aun así señala en su informe "miles de almas se sumaron a la ceremonia religiosa, cerrando el comercio por entero y figurando engalanados las calles y balcones, con crespón negro"[894]. Hay que resaltar que se observa cómo muchos de los cargos falangistas se encontraban en situación de provisionalidad y hacían verdaderos esfuerzos a la hora de preparar los actos para que éstos fuesen lo más vistosos posibles y que ejercieran el mayor impacto tanto en la población como a sus superiores para un posible ascenso.

---

[890] AGA, Cultura, Delegación Nacional de Prensa y Propaganda, correspondencia vicesecretaría y provincias sobre el día de la madre, muerte de José Antonio, día de los caídos, día de la hispanidad (foto y prensa) sobre 500-515, informe de la Delegación Provincial de Badajoz, 1942, 21/00126.

[891] AGA, Cultura, Delegación Nacional de Prensa y Propaganda, correspondencia vicesecretaría y provincias sobre el día de la madre, muerte de José Antonio, día de los caídos, día de la hispanidad (foto y prensa) sobre 516-542, informe de la Delegación Provincial de Teruel, 1942, 21/00126.

[892] AGA, Cultura, Delegación Nacional de Prensa y Propaganda, correspondencia vicesecretaría y provincias sobre el día de la madre, muerte de José Antonio, día de los caídos, día de la hispanidad (foto y prensa) sobre 500-515, informe de la Delegación Provincial de Castellón de la Plana, 1942, 21/00126.

[893] AGA, Cultura, Delegación Nacional de Prensa y Propaganda, correspondencia vicesecretaría y provincias sobre el día de la madre, muerte de José Antonio, día de los caídos, día de la hispanidad (foto y prensa) sobre 516-542, informe de la Delegación Provincial de Soria, 1942, 21/00126.

[894] AGA, Cultura, Delegación Nacional de Prensa y Propaganda, correspondencia vicesecretaría y provincias sobre el día de la madre, muerte de José Antonio, día de los caídos, día de la hispanidad (foto y prensa) sobre 500-515, informe de la Delegación Provincial de Huesca, 1942, 21/00126.

Es interesante resaltar cómo en el informe que hacen desde Málaga se envían las impresiones que los actos habían causado en los ambientes obreros o sindicales y, que en este caso, no había nada negativo que señalar. Lo que sí remarcaba era que "probablemente la invocación de José Antonio es el motivo político capaz de agrupar más masas en esta población"[895]. Hay que destacar que en Málaga la Falange era uno de los lugares donde tenía más afiliados, junto con Madrid y Navarra[896].

Otro aspecto esencial que se recogía en los informes era la afluencia de público que había asistido a los actos y la repercusión que habían tenido[897]. Las conclusiones de algunos informes nos muestran la enorme importancia que tenía la función propagandística que desde Falange se desarrollaba. El delegado Provincial de Jaén, Alfonso Montiel Villar, decía en su escrito el 24 de noviembre "los actos así organizados se llevaron a cabo con una asistencia excepcional de público...En general se obtuvo una magnífica impresión..."[898]. Otro ejemplo se encuentra en el informe que envía Tomás Bonilla desde Zaragoza, donde se aprovechó la enorme explanada de la Plaza del Pilar para desarrollar los actos en recuerdo a José Antonio, y a los que asistió una enorme multitud que quedó reflejado los recortes de prensa que se adjuntaron en el informe[899].

El delegado Provincial de Oviedo se mostraba muy satisfecho puesto que los actos habían logrado "la máxima brillantez que buscábamos y una concurrencia extraordinaria"[900]. En los anexos que se mandan se muestran los recortes de periódicos, donde se hacía un profundo resumen de lo que había sucedido en la jornada. Cabe destacar cómo había pedido informes en los pueblos de la provincia de Asturias y cómo recibía "excelentes impresiones" de cómo se habían llenado los templos incluso en las cuencas mineras y pese a ser jornada de trabajo. El informe terminaba diciendo que los resultados habían sido muy positivos. Como se observa,

---

[895] AGA, Cultura, Delegación Nacional de Prensa y Propaganda, correspondencia vicesecretaría y provincias sobre el día de la madre, muerte de José Antonio, día de los caídos, día de la hispanidad (foto y prensa) sobre 516-542, informe de la Delegación Provincial de Málaga, 1942, 21/00126.

[896] Cristian CERÓN TORREBLANCA, El partido único durante el franquismo FET y de las JONS en Málaga, *Baética: Estudios de Historia Moderna y Contemporánea*, N.º 30, 2008, pp. 403-414.

[897] AGA, Cultura, Delegación Nacional de Prensa y Propaganda, correspondencia vicesecretaría y provincias sobre el día de la madre, muerte de José Antonio, día de los caídos, día de la hispanidad (foto y prensa) sobre 500-515, informe de la Delegación Provincial de Gerona, 1942, 21/00126.

[898] AGA, Cultura, Delegación Nacional de Prensa y Propaganda, correspondencia vicesecretaría y provincias sobre el día de la madre, muerte de José Antonio, día de los caídos, día de la hispanidad (foto y prensa) sobre 516-542, informe de la Delegación Provincial de Jaén, 1942, 21/00126.

[899] AGA, Cultura, Delegación Nacional de Prensa y Propaganda, correspondencia vicesecretaría y provincias sobre el día de la madre, muerte de José Antonio, día de los caídos, día de la hispanidad (foto y prensa) sobre 516-542, informe de la Delegación Provincial de Zaragoza, 1942, 21/00126.

[900] AGA, Cultura, Delegación Nacional de Prensa y Propaganda, correspondencia vicesecretaría y provincias sobre el día de la madre, muerte de José Antonio, día de los caídos, día de la hispanidad (foto y prensa) sobre 516-542, informe de la Delegación Provincial de Oviedo, 1942, 21/00126.

Falange tenía un enorme interés en llegar a todos los rincones, incluso los más complicados y hostiles a su discurso, como era la cuenca minera asturiana que tenía una importante tradición izquierdista.

5.2.1 Dificultades en la preparación de los actos del día de José Antonio

Una vez analizada las líneas maestras de la celebración del día en memoria de José Antonio es interesante destacar cuáles eran los problemas y las limitaciones que tenían los delegados provinciales.

Los problemas eran constantes y de circunstancias muy diferentes. por lo que dichos delegados debían estar muy atentos para intentar solventar todos los posibles incidentes para que no saliese nada mal. Muchas veces, la labor de coordinación entre la propia Falange era esencial para que no se solapasen en las diferentes tareas que debían de realizar. Por ejemplo, desde Toledo el delegado provincial narra en su informe cómo tuvo que lidiar para que no chocasen dos actos que eran diferentes y rompían la solemnidad de la muerte de José Antonio. En la localidad de Añover de Tajo[901] la Falange local había organizado un festival cinematográfico para el día 20 de noviembre que sirviera de aguinaldo para los miembros de la División Azul que combatía en la Unión Soviética. De esta manera, dos días antes se tuvo que llamar a la Falange local y explicar que no se podía desarrollar dicha actividad y así lo dejó reflejado en el informe, "conferencié telefónicamente con aquel camarada, haciéndole ver lo improcedente de una fiesta, aun con fin tan excelente como el que aquella tenía, en los actos conmemorativos de la muerte del Fundador, y le aconsejé que la celebrara en la noche del día siguiente, sábado o el domingo"[902]. Como se puede observar, los actos eran cuantiosos y muchas veces podían chocar entre sí; la jerarquía y el orden eran fundamentales para poder desarrollar las diferentes actividades que muchas veces surgían de los propios organismos locales de Falange para los destinatarios que eran los habitantes de los pueblos. Se puede observar que las jefaturas locales de Falange tenían libertad para organizar y desarrollar celebraciones en sus respectivas localidades, pero siempre contando con el visto bueno de las delegaciones provinciales respectivas.

Otro problema importante al que se debía de hacer frente era la falta de recursos que, como se sabe, era la tónica habitual en España durante la posguerra. La crisis económica que había era brutal, y hasta Falange tenía severos problemas de falta de recursos materiales y económicos, como se ha visto en este trabajo. En ocasiones se

---

[901] Localidad de la provincia de Toledo que tendría en 1940 alrededor de 2600 habitantes.

[902] AGA, Cultura, Delegación Nacional de Prensa y Propaganda, correspondencia vicesecretaría y provincias sobre el día de la madre, muerte de José Antonio, día de los caídos, día de la hispanidad (foto y prensa) sobre 516-542, informe de la Delegación Provincial de Toledo, 1942, 21/00126.

ha comprobado cómo se ponía de manifiesto que no había incluso tela para los uniformes; otras delegaciones no contaban con el material fotográfico necesario para poder realizar las fotos y mandarlas en los informes; y, por último, muchas veces escaseaban los medios humanos y se tenía que movilizar a los falangistas de toda la provincia para que los actos no quedaran con una mala imagen para la institución falangista.

Tenemos el ejemplo de cómo el delegado provincial de Teruel, en su informe, añadía una nota al final del escrito, en la que quería dejar constancia de la falta de material y los problemas que se tenían para desarrollar los actos con normalidad. En el documento que se enviaba no se habían podido anexar fotografías por "existir únicamente un fotógrafo en esta capital y ese día encontrarse enfermo"[903]. Por tanto, nos encontramos, con una localidad en la que, en la década de los años cuarenta contaba con una población estimada de 17.000 personas, y en la que solo había un fotógrafo disponible para cubrir este tipo de actos. Esto nos da un ejemplo gráfico de la falta de material tan brutal que no solo tenían las pequeñas localidades sino también las capitales de provincias. Otro ejemplo que se puede añadir es el de la localidad de Soria, en la que sin tapujos F. Roncal Gonzalo decía en su informe "no se obtuvo ninguna información fotográfica por carecer de reportero en esta especialidad"[904]. Se muestran dos ejemplos de la falta de material que era básico para desarrollar las tareas que tenían encomendadas.

Como se puede ver el reportaje fotográfico era fundamental, ya que podía mostrar de una manera gráfica cómo se habían desarrollado los actos y la repercusión de éstos en la población de la localidad. Los delegados provinciales eran conscientes de que un buen trabajo se tenía que ver reflejado con imágenes, pero la realidad de la posguerra era otra y, en muchos casos, se tenía que reconocer la falta de medios.

En otras ocasiones, como sucedería en Toledo, tampoco se mandarían fotografías puesto que "No enviamos fotografías de los actos celebrados en la capital; porque, habiendo de ser sensiblemente iguales a las de otros análogos, tales como las del Día de los Caídos, o las de los celebrados en años anteriores, carecerían de valor documental."[905]. Lo que se produce en este informe es una justificación por la falta de material, que tenía una ciudad tan importante como Toledo, que en 1940 tenía una población de unos 35.000 habitantes. No hay que olvidar que era una localidad

---

[903] AGA, Cultura, Delegación Nacional de Prensa y Propaganda, correspondencia vicesecretaría y provincias sobre el día de la madre, muerte de José Antonio, día de los caídos, día de la hispanidad (foto y prensa) sobre 516-542, informe de la Delegación Provincial de Teruel, 1942, 21/00126.

[904] AGA, Cultura, Delegación Nacional de Prensa y Propaganda, correspondencia vicesecretaría y provincias sobre el día de la madre, muerte de José Antonio, día de los caídos, día de la hispanidad (foto y prensa) sobre 516-542, informe de la Delegación Provincial de Soria, 1942, 21/00126.

[905] AGA, Cultura, Delegación Nacional de Prensa y Propaganda, correspondencia vicesecretaría y provincias sobre el día de la madre, muerte de José Antonio, día de los caídos, día de la hispanidad (foto y prensa) sobre 516-542, informe de la Delegación Provincial de Toledo, 1942, 21/00126.

cercana a Madrid, un lugar donde el reportaje fotográfico causaría sensación, ya que era la ciudad donde se habían producido hechos gloriosos para el Régimen Franquista como había sido la defensa del Alcázar.

En ese mismo informe que se enviaba desde Toledo. dado la falta de medios materiales, el delegado provincial Tomás Rodríguez sugería una solución para el futuro. En el escrito decía que no se enviaba fotografías "porque su coste es excesivamente caro. El fotógrafo exige 25 pesetas por cada cliché, independientemente de las copias que nos cobra, por cada una 6 pesetas. Así, no es preciso que sea muy copiosa una información para que su cuenta ascienda a 200 pesetas. Insisto en la conveniencia, por economía y bien del servicio, de dotarnos de una máquina fotográfica, que sería manejada por un camarada de la Delegación, a cuyo cargo estaría también el revelado y sacado de pruebas, con un gasto mínimo"[906]. Ante la falta de medios y de soluciones muchas veces las propias delegaciones intentaban mediar o dar ellos mismos las soluciones a la problemática de la carestía tan severa que sufrían.

Desde Tarragona llegaban noticias a la Delegación Nacional de Propaganda que eran preocupantes, puesto que el déficit de material y de personal hacía que el trabajo que tenía que desarrollarse muchas veces nos llegara a producirse. El delegado provincial de educación, Enrique Olivé, decía en su escrito "me permito elevar a tu superior conocimiento las siguientes consideraciones, hijas del mejor deseo de subsanar dificultades, que se van presentando al dar cumplimento a las órdenes – circulares de esa Delegación Nacional de Propaganda. No quiero, ni pretendo al informarte de ellas excusar de antemano su incumplimiento, pero sí es mi deseo darte a conocer las dificultades con que tropezamos para cumplirlas, proponiéndote al mismo tiempo aquellas soluciones y reformas..."[907].

Se pedía que se hiciera un esfuerzo desde Madrid puesto que una ciudad de casi 35.00 habitantes solo tenía cinco personas que se dedicaban a todas las tareas. En el informe se pedía un aumento de plantilla para que se nombraran de manera urgente inspectores, secretarios y mecanógrafos, y que éstos tuvieran un sueldo digno. Pero la cuestión no quedaba en reclamos de personal; se añadía la información de una profunda carestía en lo que se refiere incluso a material de oficina, y se pedía por favor una máquina de escribir o un pase de libre circulación para usar el ferrocarril ya que no disponían de gasolina para sus coches. El informe terminaba diciendo que no se estaba realizando una correcta labor porque les era muy complicado visitar y

---

[906] AGA, Cultura, Delegación Nacional de Prensa y Propaganda, correspondencia vicesecretaría y provincias sobre el día de la madre, muerte de José Antonio, día de los caídos, día de la hispanidad (foto y prensa) sobre 516-542, informe de la Delegación Provincial de Toledo, 1942, 21/00126.

[907] AGA, Cultura, Delegación Nacional de Prensa y Propaganda, correspondencia vicesecretaría y provincias sobre el día de la madre, muerte de José Antonio, día de los caídos, día de la hispanidad (foto y prensa) sobre 516-542, informe de la Delegación Provincial de Tarragona, 1942, 21/00126.

estar en contacto con los distintos delegados de los pueblos de la provincia, por lo que no se estaban realizando actos de carácter propagandístico[908].

Por tanto, nos encontramos con un territorio como el catalán donde había una falta importante de personal, que era el reflejo de lo que había sido Falange antes de la guerra en Cataluña; un grupo que había sido marginal y que no había calado entre la población[909]. El proyecto falangista en esta provincia se encontraba en una situación muy difícil por lo que vemos; el informe nos muestra que era un proyecto que no se había desplegado bien en el territorio, que no había personal, que había falta de organización y que estaba desconectado de la población, en parte por la escasez de recursos tanto materiales como humanos.

---

[908] AGA, Cultura, Delegación Nacional de Prensa y Propaganda, correspondencia vicesecretaría y provincias sobre el día de la madre, muerte de José Antonio, día de los caídos, día de la hispanidad (foto y prensa) sobre 516-542, informe de la Delegación Provincial de Tarragona, 1942, 21/00126.

[909] Josep GELONCH SOLE, FET y de las JONS en la Cataluña rural de posguerra. La implantación del Partido Único en la provincia de Lleida 1938-1945, en *Falange, las culturas políticas del fascismo en la España de Franco (1936-1975)*. Coord. Por Miguel Ángel RUIZ CARNICER, p.166.

CAPÍTULO 6

EL PAPEL DE LA PRENSA EN EL RECUERDO A LOS CAÍDOS

La prensa ha jugado siempre un papel fundamental a la hora de informar y difundir los sucesos que tienen lugar en una determinada época. De esta manera se puede decir que es un elemento esencial para conocer la realidad del momento y analizar las diferentes mentalidades y costumbres. La red de publicaciones que van surgiendo, y que luego constituirán la denominada Prensa del Movimiento, será enormemente eficaz y positiva para los intereses del nuevo Estado. La prensa, mediante la propagación de noticias, el recuerdo a los caídos y las alabanzas al nuevo Régimen hará un gran proselitismo y, sobre todo, fortalecerá la cohesión social de las diferentes facciones del bando sublevado en un país que quedó devastado por la guerra[910].

Se debe tener en cuenta que la prensa en los años que se estudian era uno de los principales vehículos de información que tenían los ciudadanos y, por tanto, nos da una visión inmejorable de los diferentes actos que se hacían y que se han estudiado a lo largo de este trabajo. Durante los primeros años del siglo XX ya había en España en funcionamiento 280 diarios[911] lo que nos muestra la enorme importancia que tenía la prensa escrita a principios de siglo. Es interesante señalar que, como veremos a continuación, los periódicos tendrán un contenido político muy importante que, como explica muy bien Cristina Barreiro, ya se venía produciendo desde la Segunda República[912].

En el siguiente punto, se pretende tener una visión más completa sobre el recuerdo a los caídos que se hacía en estos años. La prensa desde el primer momento

---

[910] Ricardo MARTIN DE LA GUARDIA, El modelo propagandístico en la prensa del movimiento ante el aislamiento internacional: Libertad de Valladolid, 1945-1951. *Investigaciones históricas: Época moderna y contemporánea*, N°14, 1994, pp. 237-258.

[911] Cristina BARREIRO GORDILLO, España y la Gran Guerra a través de la prensa, *Aportes: Revista de historia contemporánea*, Año N.º 29, N.º 84, 2014, pp. 161-182.

[912] Cristina BARREIRO GORDILLO, Aproximación al estudio de la prensa durante la Segunda República, *Revista Re-Presentaciones: Periodismo, Comunicación y Sociedad*, N°3, 2007, pp. 57-76.

se puso a trabajar para informar con todo detalle a los ciudadanos de los actos que se harían en recuerdo a los caídos, en especial de los actos que tenían una relación estrecha con la región a la que pertenecían estos medios de comunicación. Por ejemplo, en Valladolid el periódico *El Norte de Castilla* recogía noticias a los pocos meses de haber terminado la guerra sobre los funerales que se hicieron en honor a Calvo Sotelo en la iglesia del Salvador el 13 de julio de 1939[913]. También se recogería días más tarde la noticia de la celebración del funeral que se hizo en el Santuario Nacional del Sagrado Corazón y la visita posterior al cementerio vallisoletano donde se visitó la tumba de Onésimo Redondo y la de otros caídos[914].

No hay que olvidar que como Ricardo Martín de la Guardia señala, "El periodismo desempeña... una función de enorme magnitud en la España franquista en su diaria lucha de inculcar principios, actitudes, formas de comportamiento, un auténtico código ideológico..."[915]. Un ejemplo muy interesante del estudio que hay de la prensa en la provincia de Valladolid es el trabajo de Ricardo Martín de la Guardia, que nos hace un recorrido desde el año 1936 a 1945, donde se puede ver la influencia de los falangistas, los católicos y el mundo liberal en estos años[916].

Es decir, nos encontramos en una época donde los medios de comunicación serán de una extraordinaria importancia a la hora de apoyar la causa del nuevo régimen, pero hay que saber que el tema de los caídos se irá diluyendo poco a poco a partir de 1945, cuando cambian de signo las relaciones internacionales, y Franco empezará a contar con otras personalidades alejadas de Falange, como por ejemplo personas vinculadas a la Asociación Católica Nacional de Propagandistas[917]. De este modo, a partir de que termine la Segunda Guerra Mundial, la prensa tendrá que justificar y ayudar a la imagen de un Régimen aislado, por lo que las noticias se centrarán en la mejora económica, la equidad social y los logros que se iban produciendo por parte de Franco y su gobierno.

A continuación, podemos analizar cómo trataba la prensa las inauguraciones de los monumentos a los caídos y, sobre todo, qué mensaje se decía en los discursos a la población que acudía a los actos.

---

[913] *El Norte de Castilla*, 13-07-1939, p.1.

[914] *El Norte de Castilla*, 25-07-1939.

[915] Ricardo MARTÍN DE LA GUARDIA, "Los medios de comunicación social como formas de persuasión durante el primer franquismo" en José Miguel, DELGADO IDARRETA, *"Propaganda y medios de comunicación en el primer franquismo (1936-1959)*, Logroño: Universidad de la Rioja, 2006, pp. 15-28.

[916] Ricardo MARTÍN DE LA GUARDIA: Falangistas, católicos y liberales: la prensa vallisoletana durante la Guerra Civil y el primer franquismo (1936-1945). *Aportes: Revista de historia contemporánea*, N.º 51, 2003, pp. 86-94.

[917] Cristina Barreiro Gordillo, La ACNdeP y su papel político en el primer franquismo, *Hispania Sacra*, Vol. 70, N.º 142,2018, pp. 681-689.

6.1 Las diferentes noticias que los periódicos mostraban sobre los caídos

La prensa de la época recoge numerosas noticias sobre las inauguraciones de los monumentos a los caídos. Es importante considerar que la inauguración era uno de los momentos más relevantes a la hora de recordar a los muertos, ya que concentraban a gran parte de la población de la localidad, y ponía punto final al complejo proceso que era el diseño y la construcción. Tal y como refleja el Nodo las inauguraciones estaban cargadas de un gran simbolismo. La simbología religiosa siempre estaba presente, con la celebración de la misa, reflejando el sacrificio hecho por los caídos por los que estaban vivos, y relacionándolo con el sacrificio que había hecho Jesucristo por los cristianos[918]. Los actos en las ciudades contaban con un gran despliegue de medios técnicos, como eran fotógrafos profesionales, cámaras de televisión y equipos de sonido, así como la presencia del ejército y de los excombatientes en los desfiles que se producían. Como puede observarse todo era llevado a cabo con gran precisión, cuidándose hasta los mínimos detalles para que el acto tuviera éxito.

Se solía contar con una afluencia significativa de ciudadanos a estos actos que llenaban las calles aledañas y se asomaban a los balcones, que se encontraban siempre con banderas de España. En ocasiones la inauguración del monumento venía acompañado de otro tipo de inauguraciones que se hacían ese mismo día, como por ejemplo la entrega de viviendas de protección oficial [919]. La carga propagandística era evidente, reflejando los logros del Régimen con la mejora de condiciones de vida de la gente y los avances económicos, pero sin que se olvidara su origen, que era la guerra civil. Por ejemplo, en Vizcaya la inauguración del monumento a los caídos en Bilbao estuvo dentro de la visita de Franco a la región y se enmarcó dentro de un ambicioso programa de visitas a los centros fabriles de Vizcaya, al ayuntamiento de Bermeo y a la inauguración de la cruz donde pondría la última paletada de cemento que concluía el monumento[920].

Hay que destacar que este culto a los caídos con la construcción de monumentos e inauguraciones y que cuenta con un importante despliegue de medios técnicos, es un fenómeno que ocurre en Europa en estos años con los muertos en la Segunda Guerra Mundial. El Nodo refleja cómo en Londres se hacían actos muy similares a los que ocurrían en España. Los monumentos en el centro de la ciudad, los desfiles militares, la presencia de sacerdotes que rezaban, las aglomeraciones de gente que guardaba un absoluto silencio, la presencia de autoridades, incluido Churchill, era

---

[918] NODO, 26-05-1947, Inauguración del monumento del Crucero Baleares. Número 229 B.

[919] NODO, 10-2-1947, Inauguración del monumento a los caídos en Santa Cruz de Tenerife. Número 214 A.

[920] NODO, 3-7-1950, Inauguración de la cruz de los caídos en Bilbao, Número 391 A.

algo común después de la guerra[921] en los diferentes países y no fue un hecho aislado de España.

El programa de actos que tenía lugar en las celebraciones de las inauguraciones de los monumentos a los caídos era complejo, y normalmente se aprovechaban fechas señaladas, tales como el día 29 de octubre (Día de los Caídos), el 20 de noviembre (muerte de José Antonio Primo de Rivera) o el 18 de julio (día del denominado Alzamiento Nacional). En otros casos era el día de la liberación de la localidad por parte de las tropas franquistas el elegido para proceder a la inauguración de éstos.

Un aspecto muy interesante, y que nos muestra información esencial para comprender los actos de inauguración de los monumentos a los caídos, lo podemos descubrir a través de la prensa. Hemos visto cómo muchas veces se trasladaban falangistas de una localidad a otra, así como diversos aspectos relacionados con la intendencia de los actos, pero, gracias a la prensa, vemos cómo se hacían anuncios para que la población y, sobre todo, los falangistas de la localidad colaboraran a la hora de la realización de los mismos. En el diario *Arriba España* se anunciaba en portada que las personas que pudieran ofrecer alojamiento a los falangistas que iban a participar en los actos se apuntaran en las oficinas de Falange. Además, se remarcaba que los hogares más humildes son los que usualmente se ofrecían con mayor facilidad a la hora de acoger miembros del Partido en sus casas. También podemos saber cómo los familiares de los caídos debían ponerse en contacto con la Jefatura Insular de Propaganda para inscribirse en una lista y poder estar situados en la tribuna junto a las autoridades el día de la inauguración. Por último, incluso se lanzaba una llamada para los habitantes que tuvieran coches y pudieran cederlos para trasladar a falangistas de los pueblos de alrededor, lo que nos muestra la falta de recursos muchas veces a la hora de organizar los actos[922]. De esta manera vemos que muchas veces los actos salían adelante gracias a la colaboración desinteresada de simpatizantes o miembros de Falange, que ponían incluso sus propios vehículos, casas y recursos para ayudar en la elaboración de los actos. Otro ejemplo de la movilización masiva que hacía Falange con sus afiliados a la hora de inaugurar monumentos se puede comprobar leyendo en prensa la inauguración del situado en Torrelavega, cuando se dice que, "Tomaron parte miles de afiliados de FET y de las JONS de las jefaturas locales de Arenas de Iguña, Barros, Cartes, Cieza, Rivero Molledo, Renedo, Viérnoles y Torrelavega"[923]; a lo que habría que sumar las jerarquías y los medios que se mandaban desde Santander.

Otro aspecto interesantísimo de la prensa es que nos muestra mucha información que nos ayuda a comprender todo el complejo universo que se desplegaba en este tipo de actos, aparte de los desfiles, la misa, la bendición del monumento y los

---

[921] NODO, 21- 11-1949, El día del recuerdo a los caídos en Londres, Número 359 B.

[922] *Arriba España*, Mahón, 26 de octubre de 1939, p.1.

[923] *La Prensa: diario de la tarde de información mundial*, 28 de julio de 1941, p.3.

discursos de las autoridades falangistas. Por ejemplo, en la localidad cántabra de Los Corrales de Buelna, en la inauguración del monumento, se vivieron momentos muy simbólicos puesto que, tras la bendición, el gobernador civil y jefe provincial del Movimiento Tomás Romojaro, entregaría a José Senach Virto, que era el padre de un caído, la concesión de una pensión anual. Pero no quedaban aquí las ayudas del nuevo régimen, sino que a Martina Blanco González, que era la viuda de otro fallecido, se le darían dos becas de estudio para sus hijos que eran huérfanos de guerra[924]. Como ya sabemos, los caídos no solo eran los de la guerra civil; también los caídos de la División Azul eran recogidos por la prensa y se hacían importantes actos de homenaje. Por ejemplo, en la localidad vallisoletana de Villavicencio de los Caballeros se homenajeaba a un falangista que antes había sido jonsista y que había luchado en la guerra civil y que se llamaba Cesáreo del Caño. En este acto estaría presente el ministro de Trabajo Girón de Velasco que había sido compañero suyo en los primeros años de Falange en Valladolid y daría consuelo tanto al padre como a la madre de la víctima, siendo toda la noticia recogida por el periódico La Prensa[925].

También gracias a la prensa tenemos noticias de que en la provincia de Zamora se intentó dar un impulso a la construcción de monumentos a los caídos y el gobernador civil mandaría una circular en la que "se aconseja y se instruye a los municipios sobre la construcción en todas las localidades de un monumento dedicado a conmemorar el sacrificio y la presencia eterna de los caídos[926]".

Es muy importante resaltar que la prensa ya incluso durante el transcurso de la guerra recoge noticias de las diferentes inauguraciones que se iban produciéndose por la geografía española. En la localidad de Bañobárez[927] se recoge una noticia el día 10 de enero en donde se hace referencia a la inauguración del monumento a los caídos que se había producido el día 8 de enero[928]. En la provincia de Zamora, en la localidad de Calzada de Tera[929], se informa que se había erigido gracias al jefe local de Falange un monumento a los caídos que "sustituiría a la tosca cruz de leño levantada en memoria de los que dieron su vida por Dios y por Falange"[930]. Durante el acto se celebraría una procesión encabezada por el párroco de la localidad, en la que todos los vecinos se unirían para ir a la Ermita de San Vicente, que es donde se encontraba el monumento. Aquí tenemos el ejemplo de cómo muchas veces se hacían monumentos provisionales incluso de la manera más sencilla como era un trozo de

---

[924] *Hoja del Lunes*, 28 de julio de 1941, p.1.

[925] *La Prensa*, 8 de junio de 1942, p.3.

[926] *Imperio: Diario de Zamora de Falange Española de las JONS*, 30 de septiembre de 1941, p.3.

[927] Localidad de la provincia de Salamanca que en la actualidad tiene censados alrededor de 300 vecinos.

[928] *El Adelanto*, 10-1-1939, p.4.

[929] Localidad de la provincia de Zamora que tiene alrededor de 130 habitantes censados y que se encuentra cerca del antiguo camino mozárabe a Santiago de Compostela.

[930] *Imperio: Diario de Zamora de Falange Española de las JONS*, 3 de diciembre de 1939, p.5.

madera para recordar a los caídos y se esperaba hasta que se conseguían más medios para poder erigir un mejor recuerdo.

Otras veces la prensa nos muestra cómo había algunas jefaturas locales que ideaban actos con un enorme simbolismo y con un efecto propagandístico importantísimo, como el que sucedería en Manacor. En este lugar la jefatura local de Falange ideó que la mejor manera de recordar a los caídos era realizar a las 22.30 una "solemne procesión marítima con antorchas que se dirigirá al Monumento de los Caídos, montándose Guardia de Honor en el mismo bajo la interpretación de los Himnos Nacional y del Movimiento por camaradas Viejas Guardias"[931]. El efecto ofrecido a los vecinos debía ser impresionante, ya que pocas veces se podía ver algo así puesto que estamos ante un espectáculo visual en toda regla. El periódico *La Almudaina* también recogió la noticia: describía el convoy de barcos, cómo se agrupaban cerca de las rocas y cómo se usaron bengalas durante la noche para iluminar el monumento[932].

Llamativo también es el proceso de inauguración de la colocación de la primera piedra del monumento a los caídos en la ciudad de Lugo. El encargado sería el todopoderoso secretario general del Partido José Luis Arrese que, tras pasar revista a los falangistas movilizados, la misa en la Basílica de Santa María y tras su visita a la casa de Falange tendría el honor de colocar la primera piedra del monumento a los caídos en la localidad. Lo verdaderamente singular de este día fue que a continuación tras el desfile de los falangistas se pudo ver a "Los marineros de los puertos de la provincia, desfilaron con remos, redes y esquieiros. También figuraban en el desfile dos traineras y varias cajas de pescado extraído del mar pocas horas antes del desfile"[933]. El componente local en esta ocasión quedaba marcadísimo por la importancia que tenía el mar en esta provincia gallega.

Unas sencillas líneas en el periódico Labor recordarían a los setenta y dos muertos del pueblo de Pedronúñez, donde se remarcaba que habían sido asesinadas familias enteras[934].

En la provincia de Córdoba tenemos la noticia de la inauguración del monumento a los caídos en la localidad de Luque[935], que había sido durante la guerra un lugar con combates durísimos.

La prensa informaba también de la colocación de la primera piedra del monumento a los caídos de Reus, que se ubicaría en la Plaza de José Antonio[936].

---

[931] *Baleares: órgano de Falange Española Tradicionalista y de las JONS*, 3 de septiembre de 1941, p.2.

[932] *La Almudaina*, 5 de septiembre de 1941, p.1.

[933] *La Prensa*, 17 de agosto de 1942, p.3.

[934] *Labor*, 30 de abril de 1940, p.1.

[935] *Azul Órgano de la Falange Española de las JONS*, 15 de septiembre de 1939, p.4.

[936] *El Compostelano*, 15 de enero de 1940, p.2.

Siguiendo en tierras catalanas, en la localidad de Berga[937], se anunciaba en lo que denominaba la prensa "el segundo aniversario de la liberación" y se iban a desarrollar una serie de actos como eran desfiles, misa y la exposición de una maqueta que estaba situada en el ayuntamiento y se encontraba expuesta para que todos los vecinos pudieran ver el proyecto que iba a erigir la localidad en recuerdo a sus fallecidos[938]. El Diario de Burgos recogía la noticia de la bendición de la cruz de los caídos y la inauguración del Hogar del soldado[939].

Desde Baleares llegaba la noticia de que "Felanitx[940] eleva una magnífica Cruz en honor a los Caídos"[941]. Se adjuntaba un dibujo del futuro monumento y se anunciaba cuándo sería la inauguración para que asistieran todas las personas que lo desearan al acto que iba a organizar el ayuntamiento para homenajear a los treinta y tres fallecidos del municipio. El día 29 de agosto volvería a recoger el periódico la noticia del acto de inauguración, en donde se remarcaba la presencia falangista, las autoridades que habían asistido, recogiendo momentos realmente emotivos que sacudieron a la población aquel caluroso día de final del verano. Los momentos más impresionantes tuvieron lugar cuando se rompió el silencio con los lloros y sollozos de los familiares al leerse la oración de los caídos, cuando las falangistas entregan un pergamino con los nombres de los fallecidos, o, cuando ya de madrugada, los actos habían finalizado y "la soledad de la cruz se hizo magnífica. Ante ella dos mujeres jóvenes de rodillas"[942]. Este último ejemplo nos recuerda y nos muestra el enorme componente religioso y simbólico de recuerdo a los muertos que tenían estos monumentos y que se ha ido describiendo en este trabajo.

También, la localidad de Santa María[943] anunciaría en prensa la inauguración de su monumento a los caídos invitando para ello a las autoridades del Movimiento para el día 28 de abril, indicando que a las 11.00 se procedería a la bendición del mismo[944]. Muy interesante es la crónica posterior que se hace de la inauguración del acto por parte del periódico la Almudaina[945], puesto que nos explica que, aparte de los tradicionales desfiles, discursos y de los diferentes actos que se hicieron durante el día en honor a los diecinueve fallecidos de la localidad, luego hubo un ágape pues eran las fiestas de la localidad. En primera plana y junto con la fotografía del

---

[937] Situada en la provincia de Barcelona y en los años cuarenta tenía alrededor de 7.000 vecinos censados.

[938] *Hoja del Lunes*, Barcelona, 3 de febrero de 1941, p.1.

[939] *Diario de Burgos: de avisos y de noticias*, 27 de agosto de 1941, p.2.

[940] Localidad situada en la comarca de Migjorn en la isla de Mallorca.

[941] *Baleares Órgano de Falange Española Tradicionalista y de las JONS*, 22 de agosto de 1939, p.1.

[942] *Baleares Órgano de Falange Española Tradicionalista y de las JONS*, 29 de agosto de 1939, p.4.

[943] Localidad de Mallorca situada muy cerca de Palma.

[944] *Correo de Mallorca: periódico católico*, 27 de abril de 1940, p.4.

[945] Diario fundado en 1887 de ideología conservadora, pero tras una profunda crisis económica se fusionaría con el *Correo de Mallorca* dando lugar al *Diario de Mallorca*.

monumento se explicaba que las autoridades y jerarquías fueron obsequiados por el ayuntamiento con un refrigerio, y el local de Falange sería el lugar para que todos los afiliados pudieran celebrar las fiestas de la localidad[946].

En ocasiones la prensa anunciaba una doble inauguración como la que sucedería en el pueblo de Castrodeza, situado en la provincia de Valladolid. El periódico *Libertad* recogía la noticia de los actos que se habían producido el día de año nuevo, "Ayer se celebró en el vecino pueblo de Castrodeza un grandioso acto con motivo de la inauguración de un monumento a los caídos y descubrimiento de una lápida con los nombres de los diez combatientes hijos del citado pueblo que cayeron en acto de servicio en defensa de los ideales de Dios y de la Patria"[947]. El discurso lo pronunciaría el jefe provincial de Falange, el camarada Sabares, y haría constantes alusiones al pasado falangista de algunos vecinos, e incluso se recordaba el año 1934, cuando los falangistas iban con Onésimo Redondo por los pueblos de Castilla intentando extender su doctrina revolucionaria. De esta manera, al pueblo de Castrodeza no le bastaba con un monumento, sino que también habían colocado una lápida en la iglesia en la que a día de hoy todavía se conserva en recuerdo a los fallecidos en el conflicto.

Interesante también es cómo recoge la prensa la inauguración del monumento a los caídos de Gerona, porque muestra el enorme trabajo que había detrás de la preparación de los actos. Hay que destacar que se movilizaron autoridades muy importantes, como el vicesecretario general y jefe provincial de FET y de las JONS que llegó a la cuatro de la madrugada y a las diez de la mañana empezaría con los actos del día. La prensa recoge cómo la ciudad presentaba un aspecto muy cuidado con "las calles y balcones que aparecían engalanados con banderas nacionales y del Movimiento. La animación era extraordinaria desde primeras horas de la mañana, aumentado conforme iban llegando los trenes repletos de comisiones y representaciones de los pueblos de la provincia..."[948].

6.2 Las inauguraciones de los monumentos vistas desde la prensa: un estudio de Mahón y Vitoria frente a las pequeñas localidades

En la localidad de Mahón podemos hacer un detallado estudio, ya que disponemos de un gran reportaje sobre la inauguración del monumento que nos permite saber los actos que se sucedieron durante la jornada. De este modo el diario *"Arriba España"*, a fecha 31 de octubre de 1939, recogía los distintos actos que habían sucedido en la inauguración de este monumento a los caídos. El trabajo que

---

[946] *La Almudaina: diario de la mañana,* 1 de mayo de 1940, p.1.

[947] *Libertad,* 2 de enero de 1941, p.3.

[948] *Hoja oficial de la provincia de Barcelona,* 8 de junio de 1942, p.1.

se realizaba era inmenso y se elaboraba durante las semanas anteriores por parte de la Jefatura de Propaganda, que se dedicaba a organizar junto al Estado Mayor del Gobierno Militar el acto, para que todo se produjera con "acierto y precisión"[949]. Como en otras ocasiones la Jefatura de Propaganda cumplía el papel esencial de ser la organizadora del acto, y tenía como uno de sus objetivos principales la movilización y la búsqueda de alojamiento para los miles de falangistas que acudirían a la inauguración. Al carecer de medios materiales y, por tanto de una infraestructura adecuada, los simpatizantes de Falange eran acogidos en casas particulares que se encontraban en los pueblos de alrededor. Esto nos muestra el papel esencial que tenían los simpatizantes y afiliados, que cedían sus viviendas para acomodar a otros miembros de la organización y, de esta manera, el acto tendría una afluencia masiva, y los ciudadanos de Mahón podrían ver una enorme cantidad de falangistas perfectamente uniformados. Esto daría una enorme importancia a Falange entre los ciudadanos de Mahón y seguramente animaría a los indecisos a afiliarse a una organización que se encontraba en su apogeo en estos años.

Como podemos comprobar, la inauguración del monumento y el recuerdo a los caídos era un acto con una enorme carga propagandística, y en cierto modo era un "escaparate" de Falange para mostrarse ante la población. De este modo se puede comprobar que FET y de las JONS era una única organización política a la que los ciudadanos se podían afiliar y, por tanto, participar en los actos políticos que se desarrollaban.

El trabajo que se había organizado desde Falange había sido muy positivo, ya que el periódico informaba que "la animación que presentaba nuestra ciudad con este motivo era algo extraordinario y la profusión de camisas azules y boinas rojas parecía un sueño"[950]. Se puede comprobar que el trabajo que había detrás de la Jefatura de Propaganda era enorme, ya no solo por los miles de falangistas que se movilizaban de las localidades cercanas y por la búsqueda de alojamiento que se les debía de proporcionar, sino también por la organización de los pequeños detalles para que el día señalado todos los rincones de la ciudad tuvieran una importante presencia falangista.

El día comenzaba temprano, ya que a las ocho tenían lugar las primeras concentraciones de los falangistas. Es importante saber que las Organizaciones Juveniles y la Sección Femenina también jugaban un papel muy destacado durante la jornada,v y que se producía un cambio en la vida de la ciudad. La guardia municipal se dedicaba a despejar y cortar determinadas calles de la localidad para que hubiera espacio suficiente para las concentraciones y los desfiles de Falange.

---

[949] *Arriba España*, Mahón 31 de octubre de 1939, p.1.

[950] *Arriba España*, Mahón 31 de octubre de 1939, p.1.

En el centro de la plaza en la que tenía lugar la celebración se hallaba un enorme monolito de veintiún metros de altura al que se le había dado un cariz cristiano, puesto que en las caras se podía apreciar una cruz. Es muy importante señalar cómo se respetó la historia menorquina ya que, según dice el corresponsal, el monolito contaba con influencias de un talayot. Como se sabe estas estructuras son típicas de Menorca, tienen una antigüedad de casi 2.000 años y se cree que podían ser torres con una función defensiva o de vigilancia. Al lado del talayot había una mesa de altar para llevar a cabo celebraciones religiosas[951], y una vez más se puede comprobar que siempre la religión católica jugó un papel determinante en las celebraciones y en la liturgia del recuerdo a los caídos.

Hacia las nueve de la mañana las jerarquías de Falange se reunieron, y trasladaron una sencilla cruz de madera que había sido colocada momentáneamente, para honrar a los caídos, hasta que se desarrollase el monumento, lo que nos demuestra el importante culto que tuvieron los fallecidos incluso durante la guerra. Tras la llegada de los miembros de Falange y las autoridades militares, los alrededores ya se encontraban completamente abarrotados de gente; el reportero calculó que el público congregado ascendía a más de cinco mil personas.

Pasadas las nueve y media llegó el gobernador general, que pasó revista a las diferentes fuerzas militares concentradas. En las tribunas se encontraba una representación de todo tipo de jerarquías políticas, militares y económicas de la isla: el jefe de la Base Naval, el delegado del Gobierno, el alcalde de Mahón, el jefe Insular de Falange, los jefes Locales de Falange, los alcaldes de los pueblos, el jefe Insular de Propaganda y los familiares de los caídos, que tenían un lugar privilegiado por el sacrificio que habían realizado.

A las diez llegó a la plaza el obispo de Menorca, quien se dirigió al altar del monumento y procedió a bendecirlo. Posteriormente se celebró una misa en honor a los caídos con la participación de las bandas musicales militares que interpretaban las composiciones oportunas para solemnizar el acto. Este consistía en la lectura de una serie de discursos en los que se relataba la memoria del monumento, los trabajos que habían sido realizados y el dinero que se había gastado para su construcción. En los discursos procedieron a hablar el jefe de Falange, el obispo de Menorca y, en último lugar, para cerrar las intervenciones, el gobernador general, que era el impulsor del monumento.

Después de los diferentes discursos expuestos se procedía a la conmemoración de los caídos y la puesta al pie del altar de las coronas de flores en su honor. El Ejército, la Marina, la Falange y los ayuntamientos de la isla entregaron sus respectivas coronas de flores. Hay que destacar que, en este lugar, incluso la Aviación

---

[951] Ver anexo en donde se ve el monumento hoy en día.

mandó su propia corona, ya que un hidroavión pasó volando a baja altura lanzándola, mostrando así su respeto y devoción a los caídos.

Seguidamente tuvo lugar un enorme desfile con una duración de casi una hora. La prensa nos muestra detalladamente las fuerzas militares que participaron: compañía de Infantería de Marina, una batería del regimiento de Artillería con su banda, batallón del regimiento de Infantería con sus banderas y bandas, tres compañías de fusiles, dos compañías del Tabor de regulares de Tetuán, una compañía de zapadores y una sección de intendencia, una sección de batería de cañones y de obuses. Por lo que se puede observar, el papel del ejército en este caso fue fundamental, y se volcó en este acto, no solo con su presencia sino, sobre todo, con su participación.

Gracias a la prensa tenemos otro ejemplo de la inauguración del monumento a los caídos, en esta ocasión en Vitoria. Se había trabajado informando días antes del acto y, de esta manera, se incluía en portada una foto del monumento, y se animaba a la gente a acudir a las celebraciones: "Álava honra así la memoria de sus Héroes y Mártires de la Gloriosa Cruzada Nacional de Liberación"[952]. De este modo, con la noticia en primera página, se informaba a toda la ciudad de los actos que iban a suceder y se mostraba una foto del imponente monumento que iba a estar desde ese momento en la localidad. Hay que tener en cuenta que el proyecto se había ubicado en un lugar céntrico por el que pasaba mucha gente, la calle Marqués de Estella, y la elección no podía haber sido mejor, ya que se encontraba en un sitio estratégico en el centro de la ciudad.

En esta ocasión en las lápidas del monumento había que colocar más de 1.200 nombres, un número altísimo, que recodaría a todos los muertos del bando franquista de toda la provincia de Álava. *El Pensamiento Alavés* explicaba que "Todas las aldeas, hasta las más recónditas de nuestra provincia, han contribuido para que no falte ni un solo nombre de los que dieron su vida y su sangre por la Patria"[953]. Según recogía la noticia esto era una muestra de la lealtad de esta tierra a España, y seguía con el anuncio de que el monumento sería inaugurado por importantes representantes del Estado, como el señor ministro secretario general del Movimiento José Luis de Arrese. También en la localidad de Lérida se contaría con un número tan abultado de fallecidos y la noticia de la inauguración sería recogida por la prensa. De esta manera el periódico en su portada diría "En Lérida se ha celebrado esta mañana la inauguración del monumento a la memoria de 1.200 caídos construido delante del paredón donde aquellos fueron fusilados"[954].

---

952 *El Pensamiento Alavés*, 2 de junio de 1945, p.1.

953 *El Pensamiento Alavés* ,2 de junio de 1945, p.1.

954 *Hoja del Lunes*, 7 de julio de 1941, p.1.

El ayuntamiento y Falange quisieron que los actos tuvieran un impacto importante en la población, por lo que se lanzaron avisos en los que se animaba a los vitorianos a honrar a los caídos y a participar en las celebraciones que se iban a producir. La primera de todas las labores era colgar en los balcones la enseña nacional y acudir a los actos, especialmente a la misa. Posteriormente, habría un desfile al que era necesario asistir para demostrar la adhesión a Franco y al nuevo Estado. Se observa aquí la importancia de la participación activa de los ciudadanos y cómo las instituciones lo fomentaban.

En esta ocasión, la fecha escogida era el 3 de junio y, ya por la mañana, la ciudad amaneció llena de banderas colgadas en los balcones. Las calles próximas a la cruz de los caídos se encontraban repletas de miembros de Falange que habían acudido en masa, como no podía ser de otra manera. En esta ocasión hay que señalar que en las lápidas estaban los nombres de los caídos de toda la provincia de Álava, por lo que habría gente de todas las localidades, que habrían acudido al evento para honrar a sus fallecidos. Además de falangistas y público era muy importante la presencia de niños en edad escolar que eran acompañados por sus profesores. No cabe duda de que había un elemento educativo y didáctico muy importante, ya que los estudiantes no iban con sus familias sino con los profesores que previamente les hablaban de los caídos, el falangismo y lo que había supuesto la guerra.

En la cuestión de la financiación, en lo que se refiere al presupuesto de los actos, no se escatimó en ningún gasto ya que a los lados del monumento se habían instalado varios mástiles con banderas, tapices para la ocasión y un potente sistema de megafonía para que llegaran a todo el mundo las palabras de los protagonistas del acto.

El elemento religioso estaba presente, puesto que se había colocado un altar añadido a la cruz para celebrar la misa en la que participaron el Vicario General de la Diócesis y un jesuita que era asesor del Frente de Juventudes. Por lo que se puede observar, la carga falangista era evidente ya que en el monumento la inscripción decía "Caídos por Dios, España y su revolución Nacionalsindicalista" por lo que se puede apreciar cómo todos los caídos eran acaparados por el falangismo en una tierra donde el tradicionalismo y el carlismo tenían gran peso. En esta ocasión se contaría con otro gran medio de comunicación de la época, como era el Nodo; esto nos muestra que, tras la llegada del ministro del Movimiento, el acto tomó un importante cariz falangista, porque se aprovechó para imponer las medallas a la Vieja Guardia de Falange[955]. De este modo, a los miembros se les fue llamando después de la misa uno a uno, y se les fueron imponiendo unas medallas con la presencia de las autoridades lo que dio al acto una enorme importancia por tener a los altos representantes del estado colocando las medallas[956]. La vinculación del falangismo con los caídos era

---

[955] Personas que habían sido militantes de Falange antes del Decreto de Unificación en 1937.

[956] Nodo, 11-6-1945, Inauguración del monumento a los caídos en Vitoria. Número 128 A.

evidente, y se añadió que Arrese hizo constantes alocuciones en su discurso relacionando a los muertos con los vivos. Tras esto se va organizando una procesión cívica por la ciudad, que termina con la llegada a la Diputación; y se contó con la presencia de la Sección Femenina que, ataviada con trajes típicos de la zona, amenizó la jornada.

A continuación, se nombró a Arrese hijo adoptivo de la provincia, tras lo que se procede a realizar una importante campaña propagandística, ya que se realizan otro tipo de inauguraciones, como escuelas profesionales y el Sanatorio de la Obra Dieciocho de Julio. Como se puede observar, el importante carácter propagandístico de estas obras a las que iba el ministro del Movimiento se relaciona con los avances que iba haciendo el Régimen y la importancia de la sublevación militar y el sacrificio que habían hecho los caídos para que los que estaban vivos contaran con una vida mejor.

6.2.1 Las inauguraciones en las pequeñas localidades

La inauguración de los monumentos a los caídos en las pequeñas localidades era bastante diferente si lo comparamos con los grandes actos que se hacían en las ciudades. En primer lugar, hay diferencias en lo que se refiere a las noticias por parte de la prensa, ya que se cuenta con menos información. Al ser pequeños pueblos, las noticias no despertaban tanto interés ni para los periódicos ni para la gente y estos acontecimientos no se consideraban importantes. De este modo, la inauguración de una cruz a los caídos en un pueblo no era considerado relevante, y los periódicos normalmente lo despachaban con un titular y unas breves líneas en el mejor de los casos. En lo que se refiere al Nodo no hubo grabaciones que reflejaran el dolor, el sufrimiento y el recuerdo de las pequeñas localidades a sus muertos.

En segundo lugar, hay una diferencia en lo que se refiere a la presencia de las autoridades y jerarquías, ya que en algunas ciudades se contaba con la presencia de importantes cargos falangistas, gobernadores civiles, ministros o incluso el propio Franco. También, se puede comprender que, incluso en lo que se refiere a la organización de los actos y los preparativos, éstos eran mucho más simples o rudimentarios, ya que no tenían una financiación fuerte detrás ni el respaldo de las organizaciones de propaganda de Falange, que muchas veces movía simpatizantes de localidades cercanas para que estuvieran presentes.

Estos actos normalmente eran más sencillos, pero tenían una característica importante, y es que el pueblo se volcaba en su celebración, ya que la mayoría de la población se conocía, y los muertos en la guerra estaban claramente identificados. En una ciudad mucha gente no conocería quienes eran los que habían muerto en la guerra por lo que era más impersonal y generalizado. Además, había ocasiones donde los nombres en el monumento superaban el millar, como era el caso de Vitoria o Lérida.

Sin embargo, en los pueblos normalmente se recordaban a unas decenas de personas en la mayor parte de los casos.

Uno de los ejemplos más importantes lo tenemos en la crónica de los actos que tuvieron lugar en Fuentelapeña[957] (Zamora), un pequeño pueblo que el 25 de febrero de 1940[958] inaugura el monumento a sus fallecidos en el conflicto. Gracias a un periodista del *Heraldo de Zamora* sabemos que el pueblo se había volcado para homenajear a sus muertos y se había preparado para el acto: "todo el vecindario en masa esperaba…" y se había adornado para el homenaje, ya que se habían levantado unos arcos que estaban decorados con ramas "de pino y ciprés y otros árboles que abundan por aquellos lugares…. los balcones y fachadas aparecían con colgaduras y ramas enguirnaldadas"[959]. De esto modo podemos ver que la localidad en la medida de sus posibilidades había procurado hacer una serie de actos para inaugurar el monumento. En esta ocasión no se contó con importantes jerarquías puesto que la representación que vino de Zamora constaba de un comandante y un general que fueron recibidos con júbilo por todo el pueblo y por las autoridades locales que, según recoge el reportaje, eran el alcalde, el jefe local del Movimiento y el párroco. Se celebró, en primer lugar, una misa, y a continuación se inauguró el monumento, que se encontraba en un lugar céntrico y a la vista de todos enfrente de la iglesia de la localidad. Como recoge la crónica, el monumento era una sencilla cruz en la que había una lápida de mármol con los nombres de los caídos y para embellecer el lugar habían puesto un pequeño jardín.

Estos actos solían tener una mayor carga de emotividad y sentimentalismo ya que, cuando hablaba el alcalde, se dirigía directamente a las madres, esposas, novias y hermanas de los que ya no estaban. Tenían que ser "celosas guardianas y conservadoras de aquel recuerdo perpetuado en la piedra"[960].

La carga sentimental debería ser enorme puesto que, al ser una pequeña localidad, los caídos y sus familias eran conocidos por todos, incluido el alcalde. En algunos momentos se llegaba al culmen en el momento en el que se abrazaba a alguna de las madres de los soldados que habían muerto; estos momentos "eran de una emoción incontenible". El silencio que envolvía el acto era impresionante. El acto finalizaba cuando el general descubría la lápida con los nombres grabados en ella, y al mismo tiempo sonaba el himno nacional interpretado por la banda de música del pueblo.

---

[957] Localidad situada en la esquina suroeste de la provincia de Zamora con 2.000 habitantes en 1940.

[958] *Heraldo de Zamora,* 26 de febrero 1940, p.1.

[959] Heraldo de Zamora, 26 de febrero 1940, p.1.

[960] Heraldo de Zamora, 26 de febrero 1940, p.1.

Otro de los ejemplos lo encontramos en la pequeña localidad de Peromingo[961] (Salamanca) que tendría alrededor de unos quinientos habitantes en esos años. El corresponsal relata cómo el pueblo se había volcado con la celebración ya que, al llegar a la iglesia, ésta estaba adornada con paños, terciopelo y multitud de flores, y se encontraba llena de personas que estaban oyendo misa.

En esta ocasión, se encontraban bastantes excombatientes y miembros de la Falange local situados en los primeros bancos. Terminada la eucaristía se empezó a rezar el rosario y la estación al Santísimo. Seguidamente, se formó en procesión para dirigirse al lugar donde se erigía el monumento a los caídos. Este se encontraba a las afueras, en un alto de manera que fuera lo más visible posible desde cualquier ángulo del pueblo.

Una vez en la cruz, se postraron de rodillas mientras el párroco bendecía el monumento. A continuación, la hermana del párroco leyó la oración a los caídos en un absoluto silencio. En esta ocasión fue el párroco el encargado de hablar y recordar a los caídos. Además, resaltó la importancia del patriotismo y de la España triunfadora.

Finalmente pusieron las coronas de flores los impulsores del monumento, que habían sido los propios vecinos. Tras estos actos la gente regresó y "fue obsequiado todo el pueblo con dulces, licores y tabaco"[962]; por lo que se puede ver que en esta ocasión hubo un ambiente festivo al final de la inauguración de la cruz de los caídos.

Como podemos comprobar, en estos actos las autoridades que iban eran de menor rango e importancia. Por ejemplo, a la inauguración[963] del monumento en Covaleda[964] (Soria) fue el delegado de Auxilio Social, que representaba al gobernador de la provincia, y el jefe de propaganda local. Estos serían recibidos por las autoridades locales que estaban representadas en este caso, por el alcalde, los concejales, el secretario y el juez municipal[965].

Tuvo lugar la celebración de la preceptiva misa, en la que la iglesia se adornó con gran entusiasmo, y el sermón del párroco estuvo centrado en la memoria de los que ya no estaban y en el sacrificio que habían hecho por los vivos. Era importante recordar qué era lo que había supuesto para España la lucha contra el marxismo y el significado que había tenido la Cruzada. Podemos ver cómo eran unos sermones

---

[961] Localidad al sureste de la provincia de Salamanca, cercana a Béjar y con poco más de 500 habitantes en 1940.

[962] *El Adelanto*, p. 5.

[963] El Boletín oficial de la provincia de Soria expone la información de como el ayuntamiento saco a pública subasta la construcción del monumento y como se tuvo que hacer antes una maqueta para que la vieran los vecinos. Boletín Oficial de la Provincia de Soria, 25 de marzo de 1941, p.8

[964] Localidad situada al noroeste de la provincia de Soria, con unos 1.400 habitantes en 1940.

[965] *El Avisador Numantino*,1 de noviembre de 1941, p. 2.

cargados de intención política, para que la gente del pueblo no olvidara quién era el enemigo y los sacrificios que se habían llevado a cabo para derrotarlos.

En este caso la participación de los niños también era destacable e importante. Según comunica el corresponsal "...se dirigen hacia el cementerio, marchando en cabeza los niños de las escuelas"[966]; eran los que partían en la vanguardia y tenían que marchar con unas cruces hechas de madera y banderas con crespones negros. Por tanto, había un vuelco total de todo el pueblo con un papel importante de los menores.

Tras la llegada al cementerio se observa que se había erigido el monumento y que constaba de una gran cruz y de diez pilastras. Este invitaba al recogimiento y la meditación, a pensar en los sacrificios de los que ya no estaban. Las frases que estaban grabadas en el mármol decían "postrarse en este monumento y balbucir una plegaria es deber espiritual de hermano". Por lo tanto, era un espacio que invitaba a los que pasaban por allí a pensar en los actos de los muertos y rezar por ellos. Una de las inscripciones decía: "Covaleda en este humilde homenaje os rinde admiración, respeto y os desea gloria eterna" una construcción que mostraba el esfuerzo por parte del ayuntamiento para honrar a sus difuntos. La última inscripción hace referencia a las posibles características de los fallecidos: "tanto amabais a vuestra Patria que cuando estuvo en peligro, disteis la vida por no tener más que dar". No eran gente importante que podía dar dinero o movilizar a las masas para que acudieran a la llamada de la guerra; más bien puede decirse que procedían de familias humildes sin muchos recursos y el ayuntamiento tuvo que hacerse cargo del traslado de sus cuerpos al cementerio. "El emplazamiento se ha hecho sobre las tumbas de los cinco caídos que pudieron recogerse en el campo de batalla y cuyos cadáveres fueron trasladados al pueblo, costeando el ayuntamiento cuantos gastos se originaron"[967]. Las familias por tanto no pagaron nada ya que si el consistorio corrió con los gastos es porque ellas no podían hacerse cargo, puesto que se habla de un pequeño pueblo de la Castilla profunda en la provincia de Soria.

Los actos continuaron esta vez con el discurso del alcalde que manifestó su admiración y respeto, y remarcó que el pueblo había cumplido con su deber con la erección del monumento. Posteriormente se leían los nombres de los muertos y se gritaba "presente" con cada uno. A continuación, se pronunció el discurso del jefe de Propaganda. En este caso, la banda municipal es la que se encargó del Himno Nacional, el Oriamendi y el Cara al Sol. Tras esto, se hicieron unos pequeños desfiles; en este caso, no con militares sino con gente del pueblo, falange local, y los escolares pasando por delante del monumento y realizando el saludo falangista.

Siguiendo en tierras sorianas tenemos otro interesante ejemplo que es el de la localidad de Almazán a la que viajó un periodista del periódico Labor para hacer la

---

[966] *El Avisador Numantino*, 1 de noviembre de 1941, p. 2.
[967] *El Avisador Numantino*, 1 de noviembre de 1941, p. 2.

crónica de la inauguración del monumento a los caídos y recoger los discursos de las autoridades. El enviado veía atónito la preparación que habían hecho los falangistas locales, puesto que habían conseguido reunir a un gran número de camisas azules en una zona tan despoblada y con falta de todo tipo de recursos materiales y, sobre todo, humanos. En una localidad de unos 3.000 habitantes se había realizado una cruz de granito y mármol negro y enfrente se había colocado la tribuna de jerarquías del Movimiento que venían desde Soria. En esta ocasión, tras la misa y la bendición del monumento, cabe destacar las alusiones que se hicieron a las madres de los fallecidos y, con posterioridad, se realizó un ejercicio de gimnasia por miembros del Frente de Juventudes.

Este tipo de noticias vemos que generaban interés en determinados periódicos ya que esta inauguración y la relación de los discursos apareció en el periódico en la portada ocupando el espacio más importante del diario[968]. Incluso se recogía la misma noticia desde periódicos diferentes y fechas distintas; la inauguración del monumento también fue recogida por el periódico *El Avisador Numantino*, que un día después sacaría la noticia también en portada, aunque hay que destacar que con otra redacción de los actos. De hecho, se llegaba al detalle de que este periódico reflejó en la portada los veinticinco nombres de los fallecidos del pueblo[969].

A continuación, viajamos a la provincia de Valladolid puesto que tenemos noticias de la inauguración del monumento a los caídos en la localidad de Simancas[970] y la noticia fue recogida por el diario *El Norte de Castilla*[971] en el año 1943. En esta ocasión este municipio sí contaría con el máximo representante del gobierno en la provincia ya que asistió Tomás Romojaro Sánchez[972], que en ese momento era el gobernador civil y el jefe provincial del Movimiento en Valladolid. También se contaría con un representante de Vicesecretaría de Educación Popular, con el delegado del Frente de Juventudes y con las diferentes autoridades locales de Simancas. El alcalde y jefe local de Falange, que en ese momento era Antonio Gil, estaría como no podía ser de otra manera en el acto, al igual que varios gestores municipales. La movilización falangista había sido importante y se habían trasladado dos centenares de miembros del Frente de Juventudes de Valladolid para poder dar el realce que los actos que se iban a desarrollar se merecían. Este enorme movimiento

---

[968] *Labor*, 29 de abril de 1941, p.1.

[969] *El Avisador Numantino*, 30 de abril de 1941, p.1.

[970] Municipio de la provincia de Valladolid que tiene alrededor de 5.000 vecinos y tiene gran importancia puesto que se sitúa el Archivo General de Simancas en el castillo. Este archivo es esencial para conocer la documentación de la Monarquía Española durante la Edad Moderna.

[971] Periódico que se funda en 1854 y tiene alrededor de 150.000 lectores diarios.

[972] Nacido en Santander fue un Camisa Vieja que ocupó importantes cargos durante el régimen franquista llegando a ocupar el cargo de gobernador civil en las provincias de Santander, Valladolid y Zaragoza. Posteriormente sería miembro del Consejo Nacional de FET y de las JONS y vicesecretario general de la Falange entre 1951-1956 al final ocuparía el cargo de Inspector general de Enseñanza Primaria.

de personal no había sido difícil de realizar, ya que la localidad se encuentra a escasamente a quince kilómetros de la capital y los falangistas habían venido sin mucha complicación por la cercanía de los municipios a través del denominado Camino Viejo entre Simancas y Valladolid.

A la llegada del Tomás Romojaro éste pudo ver la gran movilización falangista que se había producido, puesto que no solo habían llegado falangista de Valladolid, sino también de todos los pueblos cercanos tal y como recogió la prensa. Al acto habían llegado "Varias falanges de camaradas de Simancas, Arroyo, Ciguñuela y Puente Duero y la Vieja Guardia de Geria, que rindieron honores; los niños de las escuelas con sus maestros y el pueblo entero, que vitoreó con entusiasmo al camarada Romojaro"[973]. En esta ocasión Falange movilizaría a todos sus afiliados de los pueblos próximos para que se contara con ellos durante la jornada, y de esta manera los habitantes de Simancas vieran la fuerza y la cantidad de afiliados con los que contaba la organización.

Como vemos en esta ocasión también el componente educativo fue muy importante, y se movilizó en este pequeño pueblo de Castilla a todos los escolares para que participaran, aunque fuera de forma pasiva en los actos de inauguración del monumento a los fallecidos de Simancas. A continuación, el gobernador civil visitaría las instalaciones del nuevo consistorio que se había realizado en la Plaza Mayor de la localidad, y el alcalde le trasladó las necesidades del ayuntamiento para que Tomás Romojaro pudiera interceder por ellos y mediar para conseguir solucionar sus problemas. El funeral se celebraría en la iglesia de El Salvador que se encuentra muy cercana al ayuntamiento; la misa fue oficiada por el párroco de la localidad Valentín Calvo, y no se contó con otras jerarquías eclesiásticas más importantes como pudiera ser el obispo de Valladolid. Los asistentes al acto son reflejados por *El Norte de Castilla* y se contó con el gobernador civil, el alcalde, el delegado provincial del Frente de Juventudes y también con el director del Archivo de Simancas por ser una institución tan importante dentro de la localidad y a nivel nacional. Asimismo, tuvieron un lugar destacado los familiares de los fallecidos que estaban en el lugar central junto con las autoridades. En las naves laterales se encontraban todos los falangistas movilizados y, en la parte trasera, se hallaban todos los vecinos de Simancas que habían acudido a la misa funeral.

Seguidamente, se procedió a la salida del templo a inaugurar un pequeño monumento que se encontraba en la entrada del mismo, que consistía en un pequeño obelisco de piedra al que se le había adosado una cruz en la parte superior para darle el sentido cristiano que, como hemos visto a lo largo del trabajo, era esencial para que los monumentos fueran aprobados. Tomás Romojaro, en su condición de jefe provincial del Movimiento, y como gobernador civil, fue el encargado de descubrir el monumento y leer la lista de los catorce nombres de los fallecidos durante el

---

[973] *El Norte de Castilla,* 8 de junio de 1943.

conflicto y fue contestado por el público con el grito de ¡Presentes! La Sección Femenina dejaría su corona de flores y se procedería a que las autoridades pronunciaran sus discursos, que en esta ocasión fueron, en primer lugar, el del jefe local y alcalde, que era Antonio Gil, después el del párroco Valentín Calvo con unas breves palabras, y cerraría el Tomás Romojaro. Como se puede ver en esta ocasión eran actos en los que también, a pesar de ser una pequeña localidad, hubo la carga propagandística falangista, puesto que se movilizó a todos los afiliados de la zona, y en los discursos también solo hablaron los falangistas y el párroco. La prensa dejaría reflejado con una fotografía la noticia de cómo el gobernador civil había pasado revista y presenciado el desfile de los falangistas junto con el resto de las jerarquías. También hay otra pequeña fotografía donde se recoge también al gobernador civil procediendo a la lectura de los nombres de los caídos, pero no se recogen ni fotos del monumento ni de la afluencia al acto, por lo que no se puede hacer una aproximación de la cantidad de gente que asistió.

Otro ejemplo que podemos encontrar en la inauguración de monumentos en pequeñas localidades nos traslada a la localidad de Palazuelo de Vedija[974]. Este caso es realmente interesante, pues nos demuestra que los periódicos, en esta ocasión *El Norte de Castilla*, publicaba este tipo de noticias incluso cuando se trataba de un pueblo que se encontraba en medio de la nada en la comarca castellana de Tierra de Campos. Estamos ante una localidad que se encuentra a 50 kilómetros de Valladolid, que tenía muy pocos habitantes, que la guerra no había causado estragos importantes, pero a la que el gobernador civil Tomás Romojaro asistiría a los actos de inauguración del monumento a los caídos. La noticia sería recogida el martes 14 de diciembre de 1943 y haría referencia a los actos que se realizaron el domingo día 12 en la localidad, "El gobernador civil y jefe provincial del Movimiento, camarada Romojaro, en Palazuelo de Vedija. Inauguró un monumento a los Caídos y las nuevas Escuelas y presidió un reparto de subsidios familiares"[975]. En esta ocasión podemos comprobar cómo el gobernador civil se trasladó a la pequeña localidad, que en esa época le llevaría alrededor de una hora y media en coche, para proceder a toda una sucesión de actos a lo largo de todo el día.

El periódico recogía como los integrantes habían salido de Valladolid a las nueve y media, y en esta ocasión se contaba con el gobernador civil, Juan Represa que era el secretario provincial de Falange, el inspector de educación Ángel Horta, y Antonio Maestud que era el jefe de Subsidios Familiares, además de algunos periodistas, que sabemos que pertenecían a *El Norte de Castilla*, para que cubrieran los actos y pudieran luego dar a conocer y hacer publicidad de los diferentes logros que hacía el nuevo régimen en la provincia de Valladolid. A diferencia de la localidad de Simancas en esta ocasión el gobernador civil contaba con un inspector de educación,

---

[974] Localidad en la provincia de Valladolid que en la actualidad tiene censados alrededor de 160 vecinos.

[975] *El Norte de Castilla*, 14-12-1943.

puesto que se iba a proceder a la inauguración de las escuelas de la localidad, y también se contaría con el representante de la provincia para que se dieran los subsidios a las personas necesitadas. Es decir, estamos ante una sucesión de actos propagandísticos perfectamente estudiados y entrelazados con los caídos de la localidad, y que contarían con la adecuada presencia de periodistas, siento todo muy estudiado para que produjera un mayor impacto en los habitantes de Palazuelo de Vedija.

Tras una hora de viaje por la nacional 60,1 que es la carretera que une Valladolid con León, la comitiva llegó al pueblo de Medina de Rioseco y se desvió por la carretera comarcal VP- 5505 hasta que por fin llegó a la localidad. *El Norte de Castilla* recogió cómo las autoridades llegaron a las 10.30 de la mañana y fueron recibidos por el jefe local de Falange que era a su vez el alcalde, que se llamaba José Escudero; también fueron recibidos por el capitán de la compañía de la Guardia Civil destinado en Medina de Rioseco porque era el centro de referencia de toda la zona. A continuación, llegaron hasta la Plaza Mayor donde se oía un estruendoso repique de campanas y estaban formados el Frente de Juventudes de la localidad y la Sección Femenina. Esta vez la movilización de falangistas de la zona no se produjo, puesto que al parecer los miembros de las organizaciones falangistas del pueblo fueron suficientes para formar y realizar los actos pertinentes; los que sí asistieron fueron el alcalde de Medina de Rioseco, José Amigo y los concejales, Justino Salmerón y Demetrio García. Un acto muy emotivo que se produjo a continuación es cuando el gobernador civil, tras pasar revista a los falangistas, se dirigió al ayuntamiento y el alcalde le presentó a los familiares de los caídos de la localidad. Esto no se producía en otras ocasiones porque los familiares podían ser muchos, pero en este caso eran pocos y se pudo tener unas palabras de aliento y consuelo por parte del gobernador civil, y máxime recordando que estamos hablando del año 1943 y la guerra todavía estaba cercana.

La misa se celebró en la Iglesia de Santa María Barruelo[976] y fue oficiada por el párroco del pueblo, que era Ildefonso Fernández, y no se contó con la presencia de ninguna otra autoridad religiosa. Las jerarquías antes citadas y los familiares estaban en los primeros bancos, mientras que los habitantes de Palazuelo y los falangistas se situaban en la parte central y trasera del templo. Tras el funeral se procedió a la inauguración del monumento que consistía en "un elevado obelisco de granito, en el que se ven una cruz de metal, un bello escudo nacional de bronce e inscripciones conmemorativas"[977]. El monumento era muy parecido al de Simancas: era sencillo, de granito para que perdurara, y contaba con la cruz para que hubiera un símbolo cristiano que recordara a los fallecidos. No se contaba con grandes proyectos aquí ni en Simancas pues estamos hablando de localidades pequeñas que no tenían grandes

---

[976] Iglesia del siglo XVI, pero reedificada en el siglo XVIII y XIX.
[977] *El Norte de Castilla*, 14 de diciembre de 1943.

recursos para erigir enormes monumentos a sus caídos. Tras ser bendecido por el párroco y descubierto por el jefe provincial del Movimiento se leyeron los nombres de los fallecidos y se cantó el Cara al Sol, por lo que se le dio el típico barniz falangista y homogeneizador al acto.

A continuación, se produce la visita y la bendición de las nuevas escuelas que se habían construido en la localidad y que, según se refleja en la prensa, se debía al gobernador civil, que había puesto todo su empeño en que en la provincia hubiera más centros educativos. Esto se puede entender puesto que no hay que olvidar que Tomás Romojaro era profesor de primaria y que, tras abandonar la política, recalaría en Inspección Educativa, por lo que se puede apreciar cómo fue una persona preocupada por la educación. Por último, el gobernador civil y el jefe provincial de Subsidios Familiares se encargaron de repartir los sobres con las ayudas a las familias necesitadas, entregando la nada desdeñable cantidad de 9.521 pesetas. La prensa narraba y resaltaba especialmente el papel que hacía Tomás Romojaro repartiendo los sobres y estrechando manos afectuosamente entre los agraciados; además, se dirigió al público que se encontraba presente en la Plaza Mayor viendo el reparto de sobres y expuso "el desvelo del nuevo Estado por la familia española y destacando especialmente el aumento que habían experimentado los subsidios, particularmente el familiar"[978]. El impacto de esta medida era muy importante entre los agraciados y sobre los vecinos, pues veían cómo el nuevo régimen se desvivía en ayudar a los más necesitados incluso aunque se encontraran en un pequeño pueblo en la Castilla profunda, como eran los vecinos de Palazuelo de Vedija. Hay que destacar que, a pesar de que había otras jerarquías, el papel principal fue para el gobernador civil, encargado de dirigir todos los actos; el papel del alcalde, del inspector de educación y de la persona que vino desde Valladolid para dar los subsidios fue secundario.

Uno de los análisis que se puede destacar es que los monumentos en las pequeñas localidades tenían un carácter más funerario, mientras que en las grandes ciudades tenían una función más propagandística. Muchos de los monumentos en las pequeñas localidades tenían unas connotaciones claramente religiosas por la representación de Cristo y ángeles, cuestión que en las grandes ciudades no existe. En lo que se refiere a la financiación, en la gran mayoría de los pueblos era por suscripción popular, mientras que en las ciudades muchas veces la financiación contaba con el apoyo de instituciones como diputaciones o eran costeadas directamente por los grandes ayuntamientos. Los actos tuvieron una mayor cercanía y emotividad en las localidades pequeños, puesto que podían consolar a los familiares y, en cierto modo, compensarles por la pérdida de sus seres queridos. En cambio, en las localidades grandes eran actos mucho más impersonales, y con un objetivo, que era el de mostrar a Falange ante los ciudadanos como una organización a la que había que afiliarse.

---

978 *El Norte de Castilla*, 14 de diciembre de 1943.

6.3 Discursos de las autoridades frente a los monumentos recogidos a través de la prensa

Los discursos de las autoridades en las inauguraciones eran fundamentales para transmitir los mensajes a la población que, en ocasiones, necesitaba una mezcla de consuelo y una justificación a las pérdidas tan altas de vidas humanas que había habido en España. Era de enorme importancia la difusión del mensaje y que éste llegara lo más lejos posible. Por eso en ocasiones la prensa lo recoge y lo trascribe palabra a palabra, publicándolo en algunos periódicos en la portada el día siguiente al acontecimiento.

A continuación, se hace un análisis de algunos de los diferentes discursos que recogió la prensa en varias localidades de España, presentándose con un orden cronológico de lo sucedido. Este apartado del libro es realmente interesante y novedoso, puesto que nos informa de las palabras que se usaban en estos actos y podemos ver si los mensajes tenían una carga propagandística importante y nos muestra el tipo de discurso que se decía a los ciudadanos.

En primer lugar, contamos con el ejemplo de la localidad vasca de Hernani, en donde en la inauguración del monumento, hubo una serie de discursos de diversas personalidades que sirvieron para recordar a los caídos y transmitir un mensaje a la población. Es importante destacar que cada dirigente trasladaba una información diferente. El alcalde se centró en intentar resaltar la labor y la importancia que tenía la retaguardia en las operaciones militares. Se debe tener en cuenta que el alcalde trataba de hacer que los habitantes de la localidad que no habían ido a luchar se sintieran partícipes de la victoria. Esta conexión entre el alcalde y los ciudadanos de la localidad era una constante en el discurso, ya que ponía en valor el sacrificio que estaban haciendo y la generosa entrega que los jóvenes y sus familias habían demostrado al ir al frente de batalla poniendo su vida en peligro.

El alcalde Teodoro Zaragueta se sentía orgulloso y quería que sus habitantes también lo estuvieran, porque Hernani era una de las primeras localidades en inaugurar un monumento a los caídos. Las conexiones con la religión eran constantes, y se explicaba cómo los familiares deberían estar reconfortados ya que los muertos estaban cerca de Dios. Se dirigió a todas las familias vestidas de luto para que tuvieran presente que el homenaje también iba dirigido a ellas: "Recibid en este momento y desde este monumento el homenaje de gratitud que os debe la Patria"[979].

La carga emocional era importante, pero se quería ir más allá, y apuntó que Hernani, en concreto, les agradecía aún más el sacrificio realizado. Era un agradecimiento de todo el pueblo hacia las familias de los muertos y se remarcaba que los vecinos debían tener una devoción importante por el monumento y que los

---

[979] *El Diario Vasco*, 31 de mayo de 1938, p.5.

nombres inscritos tenían que servir a los habitantes ya que eran ejemplo que seguir. El discurso terminaba con la siguiente frase: "Caídos del pueblo de Hernani: ¡Presentes!"[980]. Hay que destacar que el discurso se centra en el pueblo, en la cercanía a los familiares que, seguramente, muchos serían conocidos por el alcalde por ser un pueblo de pequeñas dimensiones, ya que tenía alrededor de unos 7.000 habitantes en esos años.

Es un discurso donde no hay referencias políticas ni militares, y no habla de figuras lejanas al pueblo. Se centra, únicamente, en los habitantes de Hernani.

Después del alcalde habló el delegado Provincial de Prensa y Propaganda de Falange, que era Manuel Fernández Cuesta y esta vez sí trató sobre política. En primer lugar, agradeció la presencia del ejército, de las boinas rojas y de los falangistas presentes (tras el decreto de unificación todos deberían ir igual vestidos, con camisa azul y boina roja). A continuación, se dedicó a señalar el porqué de las muertes de los jóvenes de Hernani y a dejar marcado a los culpables de la muerte de los caídos, "Defender la unidad física y política española en contra del separatismo desintegrador y el marxismo internacional"[981]. De esta manera, el enemigo estaba en Hernani, y era el culpable de la muerte de los jóvenes; se trataba del comunismo y el separatismo. Durante el discurso se refirió a los últimos años de la República, aludiendo al Frente Popular como extranjero, culpándole de los ataques a los valores tradicionales y a la integridad de la patria con los estatutos de autonomía que se habían producido. Remarcaba que España se estaba resquebrajando, y casi dejaba de ser una nación. De esta manera, los nacionalismos periféricos no podían tener cabida en la patria y el objetivo era que España fuera Una, Grande y Libre, que es la que había soñado José Antonio.

Como podemos comprobar, la carga falangista era muy importante, porque se explicaba que los muertos habían labrado el camino de la Revolución Nacionalsindicalista y los habitantes de España tenían que seguirles. Como se observa el discurso era completamente político y se centraba en la ideología de Falange; cabe destacar que no hay una sola referencia a la villa de Hernani, a los familiares de los muertos y es una verdadera antítesis al discurso del alcalde. En esta ocasión podemos ver cómo en esta localidad se produce una apropiación de todos los caídos por el falangismo.

El último discurso fue del tradicionalista Juan José Pradera[982], vocal por entonces de la Junta Política Nacional y director de la "Voz de España".[983] Se centró

---

[980] *El Diario Vasco*, 31 de mayo de 1938, p.5.

[981] *El Diario Vasco*, 31 de mayo de 1938, p.5.

[982] Juan José Pradera representaba un equilibrio entre falange y el tradicionalismo. Posteriormente desempeñó el puesto de jefe Provincial de FET y de las JONS en Guipúzcoa.

[983] La Voz de España, periódico publicado en San Sebastián entre 1936 - 1980, y perteneciente a la cadena de prensa del Movimiento.

en la necesidad de unión entre las diferentes facciones frente a un enemigo común que era el separatismo. Explicaba a los habitantes de Hernani que la unión entre el Tradicionalismo, la Falange y el Ejército había hecho posible la victoria. Pradera resalta la importancia de la unidad a pesar de las diferencias entre el carlismo y el falangismo. En el discurso se apela a la historia del Carlismo; cómo siempre se había opuesto al liberalismo extranjero y cómo José Antonio se había adherido a la lucha para restaurar lo que debería ser España. Defiende la verdadera necesidad de estar juntos y no caer en enfrentamientos estériles, recordando cómo el Decreto de Unificación que se había producido hace poco tenía que conseguir que todas las instituciones se pusieran al servicio del mismo fin que era construir una España nueva.

El discurso conectaba los intereses comunes que había tenido a lo largo de la historia el tradicionalismo, posteriormente la Falange, y el Ejército, al mando de Franco, que había sido enviado, según decía Juan José Pradera, para traer la paz a España. A continuación, realizó un ataque al régimen anterior y destacó la conexión de la religión y la defensa de los valores religiosos. Insistió en que solo fuese posible el matrimonio religioso y no el matrimonio civil, que había sido aprobado por la República. Del mismo modo, apuntó a que el liderazgo de Franco era imprescindible y necesario para que se alcanzase la victoria contra los enemigos, y, de esta manera, hacer una reconstrucción que era necesaria para que España volviera a ser una gran nación.

Finalmente se cede la palabra al teniente coronel Morato, quien pronuncia unas breves palabras pero que no son recogidas por la prensa. Parece ser que este discurso careció de interés para la prensa y por eso no quedó reflejado.

Los discursos de la inauguración del monumento en Mahón pivotaron sobre tres personas: el jefe Insular de Falange, el obispo de Menorca y, por último, el general gobernador. Terminada la explicación inicial relativa a la construcción y el presupuesto del monumento, comienza a hablar Juan Cardona, que era entonces jefe de Falange. Su discurso era político y comenzaba hablando sobre el necesario renacimiento de España pues estaba volviendo a recuperar su glorioso pasado imperial gracias al sacrificio de los caídos. En el discurso se hacía constantes referencias a José Antonio explicando que "la vida no valía la pena si no es para quemarla al servicio de una empresa grande"[984]. El discurso proseguía hablando de cómo España no podía olvidar a sus muertos antes de empezar nuevos caminos; por eso, era de obligado cumplimiento la construcción de monumentos que recordasen a los que ya no estaban.

A continuación, se dirigió al público el obispo de Menorca para hablar poniendo el énfasis en la bendición del monumento y en la celebración del sacrificio de la misa.

---

[984] *Arriba España*, Mahón 31 de octubre de 1939, p. 1.

Como no podía ser de otra manera, el discurso del obispo gravitaba en torno a la religión, e hizo referencia al sacrificio realizado por Jesucristo para la salvación del mundo, asemejándolo con el sacrifico realizado que los caídos habían hecho por Dios y por España. El obispo relataba las palabras del profeta Isaías en algunas de sus aportaciones: "Se erigirán obeliscos a la memoria de Dios, así como también me recuerdan aquel obelisco del Vaticano con su Cristo vence, Cristo reina, Cristo impera"[985]; relacionando estas palabras con lo que había sucedido en España, explicando que Cristo, finalmente, había dado las armas necesarias para producir la necesaria reconquista que se había llevado a cabo en España.

Se remarcaba la celebración de los caídos, la inauguración del monumento y la fiesta de Cristo Rey. Subrayaba cómo Cristo era el Rey de los caídos y lo relacionaba con las palabras de San Juan: "Él se llamó también caído, se comparó al grano de trigo que, caído en un surco, produce la mies ya que Él, desde el surco del sepulcro, hizo brotar esas espinas espirituales que elevan al cielo la blanca oración de sus piedras"[986]. El obispo explicaba la relación que había entre Cristo y los caídos, diciendo que la muerte de ambos tenía un significado importante, puesto que de ellas brotaban bienes mayores. Las referencias religiosas no cesaban y se hablaba de la importancia de la presencia de Cristo, que tenía que estar en todos los rincones, como por ejemplo en los tribunales, en las escuelas y en los trabajos. Asimismo, relataba que quienes siempre tuvieron presente a Dios fueron los caídos, que lo hicieron de una manera ejemplar, y que ahora se encontraban arriba gozando de la Gloria de Dios, y a El le harían llegar los gritos que se pronunciaban por la Patria.

El último discurso corrió a cargo del gobernador general Eduardo Recas Marcos, que había sido el impulsor de la construcción del monumento. En esta ocasión giraba otra vez al terreno político, y hacía referencias al inicio del levantamiento militar y aprovechaba para ensalzar la figura de Franco como caudillo y persona imprescindible para haber ganado la guerra. Relatando su experiencia personal y sus vivencias en Asturias durante la contienda explicaba su admiración por las personas que lucharon contra el marxismo y por los que dieron su vida por la Patria. Seguía explicando cómo a su llegada a la isla quedó sorprendido por la cantidad de muertos que había ido dejando la guerra a lo largo de los años por toda la geografía española. Remarcaba cómo en su ruta por la península había observado cómo se habían ido levantando, en las grandes ciudades y en las humildes aldeas, monumentos para perpetuar la memoria de los que habían caído defendiendo a España que, en muchos casos, eran grandiosos, pero, en otros, eran muy modestos. De esta manera, explica cómo surge la idea: "Aquellos recuerdos y la impresión recibida hicieron nacer en mí la idea y abrigar la esperanza de que en la isla de Menorca... también se alzaría un símbolo evocador de la gran gesta y recuerdo imperecedero a la memoria de nuestros

---

[985] *Arriba España*, Mahón, 31 de octubre de 1939, p. 2.

[986] *Arriba España*, Mahón, 31 de octubre de 1939, p.2.

egregios caídos, que hablará a las generaciones venideras del heroísmo…"[987] Como defendía el gobernador, el monumento tenía una importante función, que era la de explicar a los que vinieran después las enormes batallas que se habían producido durante la guerra, hacía referencia a episodios míticos como el Alcázar, Belchite[988], Oviedo o Santa María de la Cabeza[989]. Posteriormente se narraba la persecución de los cristianos que se había producido en la guerra explicando los acontecimientos sucedidos. En palabras del gobernador, el monumento no solo simbolizaba el recuerdo a los caídos y su sacrificio, sino que también debía simbolizar el espíritu y la fuerza de voluntad de un pueblo que, por Dios y la Patria, solo sabía morir o vencer.

Por primera vez, en los discursos de la inauguración se nombraba a los familiares, y se hacía una expresa mención a las madres, las esposas y los hijos de los que ya no estaban. Se explicaba que las piedras simbolizaban el heroísmo de sus seres queridos y relataba cómo el monumento era la tumba de los soldados que habían caído en campos de batalla o en los abismos del mar y no podían haber sido enterrados. "Son el cenotafio de todos los que reposan en las entrañas de la madre tierra en lugar desconocido"[990]. De esta manera, éste era el lugar al que se tendría que acudir para visitar y honrar a los que ya no estaban, y se nos muestra, una vez más, la importante carga funeraria y de lugar de oración que tenían los monumentos.

Por último, agradecía a todos los que habían prestado su ayuda en las labores de construcción. Los trabajos habían sido posibles gracias a la enorme participación del ejército "cediendo el solar, el cemento utilizado y parte de transporte y mandos auxiliares como la mano de obra"[991].

A continuación, vamos a referirnos a los discursos que se pronunciaron en los pueblos de Castilla, y si éstos tuvieron una carga ideológica o mensaje diferente respecto a los que se dieron en el Guipúzcoa o en Menorca. Por ejemplo, en la localidad de Bañobárez, gracias a la información publicada por el diario *El Adelanto*, sabemos que se produjo la inauguración del monumento a los caídos, y también hay unas referencias a las palabras que se dijeron el día 8 de enero de 1939. En esta ocasión las autoridades que hablaron a los congregados del pequeño pueblo salmantino fueron el secretario del ayuntamiento, el jefe provincial de Falange y el delegado de Orden Público. Las palabras del secretario del ayuntamiento estuvieron cargadas de un fuerte componente religioso, haciendo que los vecinos vieran que se estaba luchando en defensa del catolicismo. Se remarcaba que los caídos habían

---

[987] *Arriba España*, Mahón, 31 de octubre de 1939, p.2.

[988] Municipio situado en la provincia de Zaragoza en el que, durante la Guerra Civil, se llevó a cabo un duro combate quedando el pueblo arrasado.

[989] Santuario situado en Andújar en la provincia de Jaén, en el que se realizó un asedio de varios meses durante la Guerra Civil.

[990] *Arriba España*, Mahón 31 de octubre de 1939, p.2.

[991] *Arriba España*, Mahón, 31 de octubre de 1939, p.1.

muerto para defender la fe, y se haría un paralelismo con la historia de España haciendo referencia a que "todas las guerras habidas en España, haciendo resaltar que siempre tuvieron un sentido religioso, y máxime en la guerra actual, en la que podemos decir que es una guerra de Religión"[992]. Como vemos en esta ocasión, el componente religioso que se utilizaba en el discurso era muy importante, y se procedía a la legitimación y la justificación de la guerra en una zona donde los argumentos religiosos eran muy importantes por ser una zona tradicional, y en donde la religión tenía un peso fundamental para los habitantes. A continuación, el jefe provincial de Falange pronunciaría un discurso más político, esta vez centrado en el enemigo, "Este pueblo sustituye definitivamente, la hoz y el martillo, que indicaban siega y destrucción de valores espirituales, erigiendo una Cruz que abraza a todos los españoles"[993]. Posteriormente hacía una alusión a Falange, en donde decía que recibiría con los brazos abiertos a todos los que se quisieran unir a la organización y sumarse a la tarea de reconstruir España. Por lo que vemos, en esta ocasión lo que se buscaba abiertamente era buscar afiliados en un territorio cercano a la frontera con Portugal, situado muy cerca de los Arribes del Duero, donde seguramente las doctrinas falangistas quedaban muy lejanas y no estuvieran muy arraigadas. El delegado de Orden Público, que era Ceferino Alias, remarcaba que "Castilla, a pesar de infiltraciones marxistas, nunca perdió sus esencias tradicionales, por eso recuerda con emoción como en una aldea castellana continuo con la tradición de rezar el rosario"[994]. El elemento cristiano seguía presente y esta vez en sus palabras se añadiría la importancia que había tenido el ejército y la Falange para poder superar al enemigo y ganar la guerra. Por último, el representante del gobernador civil, que no había podido asistir al acto puesto que ya solo por la lejanía era complicado, explicaba que la importancia de Bañobárez era ser el primer pueblo de la provincia en erigir una cruz a los caídos, y explicaba a los vecinos que las madres, las novias, los hermanos y todos los familiares debían estar contentos, puesto que los caídos habían muerto por conseguir la paz, y se les debía recordar como a Cristo que, con su sacrificio, redimió al mundo. En esta localidad se ha podido ver cómo la carga religiosa fue muy importante, y el discurso de defensa de la religión y los valores tradicionales fue esencial a la hora de recordar a los fallecidos.

Otro ejemplo lo encontramos en la localidad de Simancas, donde el discurso que se recoge en la prensa hace referencia a las palabras de Tomás Romojaro que, como gobernador civil de la provincia de Valladolid, sería la persona que hablaría a los congregados en la inauguración del monumento, y su discurso sería recogido por Sabemos que primero lo hicieron el jefe local de Falange y alcalde de Simancas Antonio Gil, y a continuación, el párroco del pueblo Valentín Calvo explicando el

---

[992] *El Adelanto*, 10 de enero de 1939, p.4.

[993] *El Adelanto*, 10 de enero de 1939, p.4.

[994] *El Adelanto*, 10 de enero de 1939, p.4.

significado del acto y alabando el sacrificio y la gloria que habían alcanzado con su muerte los caídos de Simancas. El contenido del discurso pronunciado por Tomás Romojaro, jefe provincial del Movimiento, comenzaba explicando el enorme sacrificio que habían hecho los fallecidos y el respeto que les debería mostrar los vecinos, puesto que sus amigos y familiares habían entregado su vida por ellos. Sorprende la carga religiosa que usa también en el discurso, y más después de que hubiera hablado el párroco que ya habría tocado este tema, "Este monumento no puede servir solamente de mero recuerdo para que al pasar ante él os acordéis de los que cayeron y recéis por ellos una oración al Altísimo"[995]. Esto nos muestra una vez más la enorme carga religiosa y funeraria de los monumentos como lugares de oración y de meditación por parte de familiares y amigos de los fallecidos. Sus palabras seguían con la importancia que tenía el estar unidos y el ser todos los vecinos útiles para engrandecer a España, y después se ponía el ejemplo de José Antonio Primo de Rivera que todos debían seguir, fueran o no falangistas. Esto se debe, parece ser, a la falta de efectivos de Falange en Simancas, puesto que hay que recordar que tuvieron que venir falangistas de todos los pueblos de alrededor para que los actos no quedaran con falta de personal.

El discurso que pronunció también el gobernador civil de Valladolid Tomás Romojaro, cuando fue a inaugurar el monumento a los caídos en Palazuelo de Vedija, tuvo una carga más política y, tras las palabras del alcalde y jefe local de Falange, se centraría en hacer referencias a un personaje de gran importancia en la zona que era Onésimo Redondo. En esta ocasión sí que se haría referencia al concepto de Revolución que había defendido Onésimo en relación con los campesinos castellanos y la agricultura. Esto era realmente útil, pues estamos ante un público agrario, mediano propietario y donde el discurso de revolución de Onésimo triunfaba por la enorme importancia que tenía en la zona la cuestión rural y la mejora de las condiciones de los agricultores. Además, se especificaba que lo que directamente se buscaba era un resurgir de la vida campesina española y de los pueblos de una manera digna. A continuación, Tomás Romojaro hacía especial hincapié en los logros del nuevo régimen y la preocupación que tenía con los humildes a los que se les daba subsidios y, sobre todo, con la educación de las masas, por lo que quedaba claro que también el nuevo Estado no dejaba la cuestión rural y el tema educativo abandonado y, de este modo, los habitantes de Palazuelo podían ver cómo no solo habían sido cuestiones capitales durante el anterior periodo republicano, sino que también ahora eran temas que tenían una importancia esencial. En el discurso también fue importante el sentido religioso ya que, "sin ese sentido no podríamos jamás llegar a esa España, unida, grande. Nuestra tradición nos dice que la religiosidad de nuestro pueblo es lo que nos llevó precisamente a las gestas más gloriosas"[996]. Como se puede

---

[995] *El Norte de Castilla,* 8 de junio de 1943.
[996] *El Norte de Castilla,* 14 de diciembre de 1943.

comprobar este discurso estaba específicamente preparado para un público conservador, religioso, tradicional y en donde la cuestión agraria contaba con mucho apoyo en la zona. Aquí no se hablaba de conceptos como democracia o derechos de un régimen liberal, no había alusiones a la ideología de izquierdas o a la cuestión obrera como en otros lugares.

Para concluir, como no podía ser de otra manera, por parte del jefe provincial del Movimiento, se hablaba de la verdadera Revolución que no era otra que se proponía, y que ofrecía mejoras tangibles a las personas. Los postulados falangistas, junto con una gran conciencia religiosa y junto con el Caudillo, se preocupaban de "elevar el nivel de vida del campesino, como lo demuestra el establecimiento de subsidios agrícolas, de vejez, nupcialidad y familiar, para lo cual el Estado por medio del Ministerio de Trabajo y siguiendo las consignas del Caudillo, ha dado una legislación que no tiene igual en el mundo"[997]. Estaba claro que el mensaje propagandístico que se daba era muy importante y se tocaban los temas esenciales del pueblo de Palazuelo, donde más se podía luego recoger los frutos de la movilización y el apoyo de los habitantes al nuevo régimen. Para terminar, se hizo mención otra vez más a la religión como principio fundamental que tenían que seguir los habitantes de Palazuelo puesto que la espiritualidad católica era inherente al pueblo español y la patria había triunfado cuando había estado unida a la religión. Tomás Romojaro finalizaba con un alegato para vincular más la religión "para volver a llevar a cabo por todo el mundo la cruz de la Religión y siendo siempre modelo de conducta del ser español"[998]. Como era habitual en estos casos se finalizaría con un ¡Viva Franco!, para que todos en Palazuelo vieran quién era la persona responsable de todos los logros que se estaban llevando a cabo.

Muy interesante y político fue el mensaje que salió del discurso de la localidad cántabra de Los Corrales de Buelna. Hemos visto anteriormente que se produjeron momentos muy emotivos con la concesión de una pensión a un padre de un caído y con unas becas de estudio a unos huérfanos, por lo que el impacto entre los vecinos debió ser muy importante. Tras una primera alocución del alcalde, que se centró en los caídos y que no recoge el periódico, se pasa al discurso de Felipe Arche, que era el delegado sindical, y directamente lanzaba el mensaje que la única revolución que ayudaba a los humildes y a los vecinos era la Revolución Nacionalsindicalista. Esta doctrina organizaba el trabajo y sobre todo "transforma la miseria en abundancia"[999]. A continuación, intentaba tranquilizar a los habitantes de los problemas económicos que tenían en la dura posguerra y defendía que habría un reajuste de precios y salarios pero que todos debían tener clara la idea de que solo se saldría de la crisis con mucho trabajo y disciplina. Para finalizar Tomás Romojaro, gobernador civil y jefe

---

[997] *El Norte de Castilla*, 14 de diciembre de 1943.

[998] *El Norte de Castilla*, 14 de diciembre de 1943.

[999] *Hoja del Lunes*, 28 de julio de 1941, p.1.

provincial del Movimiento, también haría alusiones a Falange, pero muy simbólicas dirigiéndose a las madres, "Habéis venido a rendir un tributo de admiración a estas mujeres que nos escuchan y que merecen la gratitud de todos, porque de ellas nacieron los hijos…derramando su sangre rescataron a esta Patria. Todos los desvelos de Falange son para ellas…"[1000].

Viajando a la provincia de Álava, en 1945 en Vitoria se cuenta con una presencia importante del Estado ya que el discurso lo dice José Luis Arrese[1001], quien conecta la idea de unión entre los vivos y los muertos y destaca la importancia del sacrificio. Esta unión se daba en parte entre la Vieja Guardia, las personas que se habían unido al movimiento, y los caídos, con los que conectaba el sacrificio realizado a consecuencia de la guerra. El mensaje tenía una profunda carga falangista ya que Arrese era el ministro del Movimiento. Trataba de explicar el concepto de Revolución "que no es sinónimo de algarabía y jaleo"[1002]; lo que hacía es una clara referencia a la importancia del orden y de la disciplina, valores que tenía que haber en el nuevo Estado. El mensaje proseguía con una alocución pública sobre quiénes eran los enemigos de la patria y lo que la había erosionado "… cimientos destruidos por siglo y medio de masonería y liberalismo"[1003]. Todos los problemas de la patria nacían a partir de la Constitución de 1812 y de la entrada del liberalismo en el país. España había dejado de ser "grande" desde que se introdujeron estos principios que, decía Arrese, sólo habían traído problemas.

La fórmula era sencilla, ya que la verdadera revolución en España debía tener una serie de fundamentos, entre los que se destacaban Dios, lo nacional y lo social. Según recogía el discurso, el ateísmo y la herejía eran contrarios a lo que debía ser la patria y no formaban parte de ninguna modernización, además de que los nacionalismos exagerados y la demagogia no podían tener lugar en Álava. Todo era un ataque frontal a los años de la República, que había intentado quitar poder a la Iglesia, y se habían elaborado unos Estatutos de Autonomía para diversas regiones. El discurso proseguía con un ataque a la clase política, a quienes denominaba gente oportunista, y a los que despreciaba por solo querer conseguir cargos y ventajas mediante las urnas. Se produce un auténtico discurso político basado en la ideología de Falange.

Los ataques constantes al periodo republicano y a la idea de democracia liberal, que según explicaba Arrese no funcionaba y era únicamente un sistema que producía problemas, eran la norma en el discurso. De esta manera los inconvenientes quedaban claramente señalados; por tanto, todo el mundo los debía tener presentes y saber que

---

[1000] *Hoja del Lunes*, 28 de julio de 1941, p.1.

[1001] José Luis Arrese fue nombrado el ministro-secretario general de FET (Falange Española Tradicionalista y de las JONS (Juntas de Ofensiva Nacional Sindicalistas) en la primavera de 1941.

[1002] *El Pensamiento Alavés*, 4 de junio de 1945.

[1003] *El Pensamiento Alavés*, 4 de junio de 1945.

los caídos se habían sacrificado para intentar solucionar los problemas anteriormente relatados, y, de este modo no eran algo del pasado, lejano e inconexo con el presente. Los caídos habían hecho el mayor sacrificio, que era entregar su vida por la patria para salvarla de sus enemigos, y que sirvieran, según se remarca, para conseguir hacer la revolución en España. Los monumentos a los caídos se encontraban en las ciudades, y no apartados en cementerios, para que sirvieran de ejemplo a los habitantes y no se quedaran en el olvido. Finalmente, hizo referencia a Franco como salvador de la patria y como persona que había conseguido sacarla de sus problemas, ensalzando la importancia de su labor y el valor de tener un líder que dirigiera el país y a quien le debían su actual seguridad.

La carga ideológica y de propaganda de este discurso era impresionante, teniendo un simple objetivo: ensalzar la nueva España y a sus líderes, haciendo ver a la población que gracias a ellos España se había salvado de lo que iba a ser su ruina total. Estas ideas seguirían siendo repetidas machaconamente para que todo el mundo interiorizara los principios básicos que se debían conocer.

Para concluir este punto se puede apreciar que las diferencias en los discursos son importantes, y los matices por tanto eran diferentes y éstos variaban según su localización geográfica y la autoridad que los pronunciaba. Las diferencias más notables se encuentran en el mensaje; por ejemplo, en el País Vasco hay alusiones a la política territorial llevada a cabo por la República. Las diferencias entre territorios, y los Estatutos de Autonomía, no serían aceptadas por el nuevo Régimen. En Menorca no se encuentra ninguna referencia a los separatismos ni nacionalismos, mientras que en Hernani y Vitoria la referencias al separatismo eran constantes. En los pueblos de Castilla se hacían alusiones al problema agrario, a la importancia de la defensa de la religión y las tradiciones, que habían estado en peligro en los años anteriores, a la mejora de vida de los campesinos y a intentar llevar a cabo una revolución falangista que revitalizara los pueblos. Incluso se hacía referencia a personajes locales que habían tenido una gran importancia en la zona, como había sido el caso de Onésimo Redondo.

Es relevante destacar que en los discursos pronunciados en las grandes ciudades no intervenían las autoridades locales, y se dejaba el espacio a gobernadores o ministros. De esta manera, las referencias a los caídos locales y a sus familiares directos eran escasas, y los discursos se centraban más en lanzar un mensaje con una carga política que llegara a la población general con constantes referencias a conceptos como democracia, partidos políticos o el liberalismo como doctrina política. El consuelo a los afectados, y las referencias a lo que había supuesto la guerra y al dolor generado en el conflicto, eran pocas.

En las pequeñas localidades el mensaje que se intentaba transmitir por parte de las autoridades locales era reconfortar a los familiares de los caídos en la guerra, ensalzando su figura y el sacrificio realizado por el pueblo. Hemos visto gracias a la prensa que se daban pensiones y becas para los familiares y que había momentos muy íntimos donde la emoción y los sentimientos eran muy palpables.

Hay que destacar que la prensa no recogió los discursos en las localidades más pequeñas, y por tanto éstos se han perdido. En la prensa casi siempre se hace referencia a los grandes discursos, habitualmente pronunciados por gobernadores o ministros del Régimen Franquista, y solo tenemos el ejemplo de lo que se dijo por parte de algún alcalde.

Un dato importante para resaltar es que siempre intervenían representantes de Falange, en cuyas aportaciones aparecía su propia ideología y un mensaje lleno de propaganda. Los discursos eran aprovechados para intentar hacer llegar a la población conceptos como la Revolución Nacionalsindicalista, el ensalzamiento de la figura de José Antonio, o glosar la figura de Franco, por lo que se puede decir que estos actos eran una manera de hacer política en esta época.

6.4 Las presiones realizadas para construir un monumento

La prensa no solo informa y trasmite noticias a la población, sino que muchas veces hace presiones y anima a determinados actos que cree que son necesarios en determinados lugares o épocas. En lo que respecta al recuerdo a los caídos y a la necesidad de levantar un monumento tenemos un buen ejemplo con la ciudad de Zamora. Varios periódicos nos permiten tener una imagen de la multitud de noticias que se dieron a los zamoranos sobre la construcción de la cruz de los caídos que se iba a erigir en la localidad.

Por ejemplo, el periódico *Imperio*, que nace en 1936 perteneciendo a Falange, y que en 1963 se fundirá con *El Correo de Zamora*, que recoge noticias fundamentalmente del ámbito local junto con *el Heraldo de Zamora*, hace un seguimiento muy exhaustivo sobre el largo y difícil recorrido para hacer el monumento, desde que se solicitó construir hasta su acto de inauguración, el 29 de octubre de 1951.

Una de las primeras noticias de las que se tiene constancia se encuentra en el periódico El *Heraldo de Zamora*, en donde ya en 1940 en su portada pide que se construya un monumento a los héroes de la provincia[1004]. En la noticia se nos muestra que el organismo que estaría detrás de su erección era la Diputación de Zamora, y que sería ubicado en un lugar estratégico para que todos los habitantes lo pudieran ver. Es necesario relacionar siempre lo importante que era para las administraciones que estos monumentos se pusieran en lugares estratégicos para que fueran vistos por la máxima cantidad de personas. También es importante resaltar que el impulsor del

---

[1004] *El Heraldo de Zamora*, 15 de marzo 1940.

proyecto no era el ayuntamiento o los vecinos de la ciudad; en este caso fueron el gobernador y el jefe provincial de Falange quienes vieron necesario que fuera impulsado a través de la Diputación puesto que al parecer los otros actores no movían los resortes necesarios para erigir el monumento.

Desde la prensa se animaba diciendo que era necesario el monumento, y que sería una pena que no tuvieran un recuerdo en Zamora a sus caídos de una guerra que pasaría a la historia y sería recordada durante muchos años. Sin embargo, el proyecto quedaría desierto y no sería construido, por lo que empieza una campaña en los medios de comunicación en la que se intenta involucrar a la población mediante encuestas y con sucesivas noticias sobre este acontecimiento para intentar meter presión para que la construcción del monumento no cayera en el olvido. Por ejemplo, saldría en prensa información relativa al concurso de maquetas para escoger el proyecto ganador que luego sería el futuro monumento a los caídos de la ciudad de Zamora. De esta manera en los salones de la Obra Sindical se inauguraría la exposición de cinco maquetas de diferentes escultores de la provincia de Zamora que aspiraban a ganar el concurso público que se había realizado por la Jefatura de Propaganda. A la inauguración asistió el gobernador Civil y jefe provincial del Movimiento, que era en ese momento Francisco Labadie Otermin, el presidente de la Diputación y el gobernador militar de Zamora. La prensa quería que llegara a todos los ciudadanos, y por eso resaltaba que "La exposición permanecerá abierta estos días para que todo el mundo pueda contemplar las maquetas del Monumento a nuestros Caídos"[1005]. Con esto se pretendía que los ciudadanos fueran partícipes con sus visitas a la exposición del proyecto que se pretendía levantar en la ciudad.

Además, desde la prensa se intenta que el monumento estuviera presente en la vida de los zamoranos mediante la publicación de diversas encuestas. La primera entrevista para conocer la opinión sobre la ubicación del futuro monumento a los caídos se realiza a un ciudadano que decía que, a pesar de su inexperiencia en este tipo de asuntos, abogaba porque el monumento se situara en el Parque del General Mola, por ser éste un lugar entre jardines; un sitio ideal para que cuando fuera a pasear la gente pudiera ver y recordar a los fallecidos y los tuviera presentes[1006].

Otra encuesta, donde se entrevistaba a un falangista[1007], daba datos interesantes sobre dónde debería situarse el monumento. Como siempre, resultaba interesante que destacara y tuviera una proyección visible, y por eso eligió como lugar para construirlo las afueras de la localidad, en el Alto del Valorio; defendía este lugar porque era una llanura donde se podían realizar las típicas concentraciones falangistas. Esto era esencial, ya que los actos en las capitales de provincia eran actos

---

[1005] Heraldo de Zamora: Diario de la tarde. Defensor de los intereses morales y materiales de la provincia, 1 de abril de 1942, p.4.

[1006] Imperio: Diario de Zamora de Falange, 3 de enero 1943, p. 7.

[1007] Imperio: Diario de Zamora de Falange, 8 de enero 1943, p. 2.

masivos donde se movilizaban afiliados de toda la provincia y en donde se demostraba la fuerza e importancia de FET y de las JONS. Sabemos que los numerosos desfiles que se celebraban en las ciudades contaban, muchas veces, con miles de personas que acudían de diferentes localidades, y por tanto tenían que ser lugares amplios donde se pudiera concentrar la multitud. El militante de Falange seguía recomendando el lugar ya que, al ser un alto, se divisaba desde numerosos lugares de la ciudad y esto significaba que los ciudadanos siempre tuvieran presentes a sus caídos. Otra de las razones dadas era que al ser un sitio solitario no habría jaleos y faltas de respeto y esto era muy importante ya que, en ocasiones en los monumentos de diversas localidades, al estar en lugares céntricos y muy concurridos, muchas veces, el monumento perdía ese carácter solemne, por lo que al final la gente lo asumía como una parte más del mobiliario urbano y gozaba de un escaso respeto, en el que incluso podían encontrarse niños jugando a la pelota.

Tras diversas entrevistas a personas de la ciudad, la última entrega se llevó a cabo con un destacado personaje de la Falange local. La persona elegida era el delegado Provincial de Educación Popular que expresaría sus opiniones sobre la ubicación ideal del futuro monumento. Además, hay que tener en cuenta que esta organización ejercía de pieza clave a la hora de desarrollar el monumento, y en este caso se había encargado de realizar las gestiones relacionadas con su erección tales como el concurso y la exposición de bocetos.

La visión de esta persona la podemos calificar como de experto y de alguien que se dedicaba a trabajar con la propaganda. Concluía su entrevista afirmando que la cruz tendría que estar situada en un lugar que estuviera en la ciudad y no a las afueras[1008]. De este modo el monumento se encontraría presente en el día a día de los ciudadanos, y debería de ubicarse en un lugar solemne y no en lugares comunes de esparcimiento. Asimismo, era importante disponer de un espacio amplio para las concentraciones del partido que se tendrían que celebrar allí en fechas señaladas como, por ejemplo, el 29 de octubre. Otro punto relevante que había que tener en cuenta es que sería bueno que el proyecto se encontrara cerca de edificios representativos de la ciudad tales como la catedral o el castillo ya que se buscaba "dar al rincón un aire místico y heroico"[1009]. Es importante tener en cuenta que la visión que se quería dar, desde el nuevo régimen, era de una gesta heroica que se había producido en la historia de España y que habría que celebrar durante muchas generaciones. Es decir, querían que la cruz de los caídos se pudiera comparar con las cruzadas medievales que sucedieron siglos atrás luchando contra los infieles.

Sin embargo, los años fueron pasando y el monumento seguía sin haber sido erigido, puesto que hubo una gran cantidad de proyectos que no se conseguían poner en marcha. La prensa recoge, con cierto enfado, cómo era posible que, tras tantos

---

[1008] *Imperio: Diario de Zamora de Falange Española de las JONS,* 15 de enero de 1943 p. 5.
[1009] *Imperio: Diario de Zamora de Falange Española de las JONS,* 15 de enero de 1943 p. 5.

años acabada la guerra, el monumento siguiera sin ser levantado en la ciudad. En 1948 se recogía una crónica[1010] en la que abiertamente se denunciaba la demora de la construcción, puesto que no había ningún motivo justificado, y en la que anunciaba que no se iba a intentar desarrollar de nuevo otra iniciativa más sobre el monumento. Las causas del retraso eran una acumulación de iniciativas y de tensiones, y esto era calificado en la prensa como pequeña política y como algo que había que solucionar de inmediato.

En estos años la mayoría de las localidades ya tenían su monumento a los caídos, puesto que habían sido erigidos nada más finalizar la guerra. Los caídos, según decía el periódico, no podían seguir esperando, ni que su gloria quedara en el olvido. Tras la publicación de diversas iniciativas, y tras las encuestas realizadas a personas relacionadas con el urbanismo, no se podía entender este retraso en la elección del proyecto de monumento.

Lo que se denunciaba no solo era el olvido y la falta de decisión a la hora de elegir el proyecto, sino que ya ni se hablaba del tema entre las autoridades locales o los propios vecinos de Zamora. Esto puede relacionarse con que, en 1948, habían pasado casi 10 años desde el final de la guerra, y las preocupaciones y los intereses de la ciudad empezaban a ser otros.

Sin embargo, la prensa recoge cómo el 29 de octubre de 1949 se sitúa la primera piedra del monumento: "Es por fin hoy el día en el que Zamora rendirá su homenaje de agradecimiento y recuerdo a los caídos. Un alcalde falangista colocará hoy la primera piedra"[1011]. De esta manera, la noticia remarcaba que habían sido muchos años de espera, muchas sesiones municipales, muchos proyectos aprobados, encuestas periodísticas e iniciativas que al fin tenían el resultado deseado.

[1010] *Imperio: Diario de Zamora de Falange Española de las JONS*, 3 de octubre de 1948, p. 2.

[1011] *Imperio: Diario de Zamora de Falange Española de las JONS*, sábado 29 de octubre de 1949, p.2.

CONCLUSIONES

Como hemos podido ver a lo largo de este trabajo, el franquismo cuidó de una manera esmerada la memoria de sus caídos y realizó una serie de políticas y acciones para que ésta no cayera en el olvido. Es necesario remarcar que hablamos de un régimen que nace de una brutal guerra civil y los caídos serían un importante elemento aglutinador de las diferentes facciones que había en el bando sublevado. De esta manera, los muertos fueron utilizados para cohesionar a los vencedores y al resto de la población frente a un enemigo al que se había vencido pero que seguía estando en el país, puesto que se había producido un conflicto civil y no una guerra contra un enemigo extranjero. El culto que tuvieron los fallecidos les convirtió en héroes y en personas a las que se debía admirar estando su recuerdo presente en la mayoría de las localidades españolas.

A partir de 1939 se asiste en España por primera vez a un recuerdo individualizado de los fallecidos en donde no importaba su clase social, sino que hubieran luchado en el bando ganador en la guerra. De este modo, los nombres y apellidos de personas humildes serían recordados en monumentos y en las fachadas de las iglesias para que quedaran para la posteridad. Como se ha visto a lo largo del trabajo, el culto a los caídos tras la guerra es un fenómeno que sucede en Europa a partir de los conflictos brutales que surgen en el siglo XX. Por lo tanto, el caso español no es un hecho aislado, sino que en Europa el recuerdo a los caídos será muy similar en lo que se refiere a los monumentos, los actos y las conmemoraciones que se desarrollaron en esos tumultuosos años en el viejo continente.

Hemos visto cómo una de las acciones fundamentales para recordar a los caídos fue la de erigir cruces en recuerdo de los fallecidos. De esta manera, la memoria de los muertos estaría presente y no caerían en el olvido. Los monumentos no fueron erigidos por el nuevo Estado, ya que éste se dedicaría a uniformizarlos y desarrollar una legislación al respecto para que no hubiera diferencias entre localidades o regiones. En este trabajo se ha podido hacer un estudio micro histórico y se han puesto nombres y apellidos a las personas que pidieron los permisos necesarios para erigir los monumentos a sus fallecidos. Hemos visto cómo alcaldes, excombatientes, la Falange local, los vecinos y los familiares fueron piezas clave a la hora de recordar a los muertos y este proceso que se desarrolló "desde abajo" sería fundamental en la erección de los monumentos que se construían para honrar a los caídos.

Se ha comprobado cómo el conseguir erigir un monumento no era nada fácil; en muchas ocasiones era un proceso complicado y tortuoso. Hemos comprobado cómo había normas muy estrictas; se debía entregar una documentación muy completa y detrás de los proyectos había personas profesionales para que los futuros monumentos tuvieran todas las garantías necesarias. En multitud de ocasiones los proyectos fueron denegados, se mandaron hacer rectificaciones, y se sabe que sé les pidió exactamente a los promotores. En la construcción de los monumentos se contó con la ayuda desinteresada de los vecinos, y también con personal cualificado, que hacían estos proyectos como si fueran una obra más.

También en este proyecto de investigación hemos visto que los monumentos tenían muchas funciones, entre las que se puede destacar en primer lugar el representar la memoria de los muertos ya que eran monumentos funerarios y su objetivo era perpetuar la memoria de los caídos en la guerra; en segundo lugar ser espacios de propaganda que representaran a un régimen nacido de una guerra y donde se hacían multitud de actos y discursos políticos que servían para aglutinar a la población en torno a unas ideas políticas que se intentaba extender entre los ciudadanos; y, por último, ser elementos que representan el poder de un nuevo Estado que tenía que hacer llegar su influencia por todos los lugares, y que señalaba a los fallecidos a los que se debía de recordar.

Las cruces de los caídos no deben asociarse exclusivamente a la exaltación de una dictadura, sino que en ocasiones son monumentos con una elevada carga funeraria y religiosa, que tenían como objetivo recordar a las personas que habían muerto en el conflicto. Se ha comprobado cómo la función religiosa era esencial; eran monumentos en donde se iba a rezar, a meditar y a donde familiares y vecinos acudían también para la celebración de misas durante las fechas señaladas en el calendario. Hay que destacar que desde los promotores se hacía un estudio en profundidad para ver cuál era la mejor ubicación para el futuro monumento y que, en ocasiones, la localización tenía un fuerte significado porque era el lugar donde habían sido asesinados los caídos.

Un tema fundamental del presente trabajo es la cuestión relativa a los nombres de los fallecidos que se labrarían en las lápidas. En estE libro se ha explicado cómo se recogían los nombres por las autoridades locales y como había filtros importantes para que no se "colara" ningún nombre que no debía de aparecer. Se han puesto ejemplos de, cómo en ocasiones, hubo errores y omisiones a la hora de poner los nombres de los fallecidos, y por supuesto se ha arrojado luz sobre la institución que tenía la última palabra en este tema y que no era otra que FET y de las JONS a través de la Vicesecretaría de Educación Popular. Este punto es fundamental puesto que no había sido tratado antes y resulta novedosa toda esta información que se ha conseguido sacar a la luz.

Un tema también importante de este trabajo es la demostración del peso que tuvieron las mujeres en el recuerdo a los caídos, y como éstas no fueron tan invisibles como se ha pretendido señalar en otras ocasiones. Se ha podido demostrar con datos que las mujeres sí que aparecen en las lápidas de los caídos en multitud de localidades; que en muchos edificios religiosos sigue habiendo placas que recuerdan a las religiosas asesinadas y, por lo tanto, sus nombres no fueron ocultados ni puestos en un segundo lugar. Las mujeres jugaron un papel muy importante, muchas veces como promotoras, tal y como se ha demostrado en el trabajo, poniendo sus nombres y sus apellidos cuando querían pedir los permisos para erigir un recuerdo a sus fallecidos o cómo cuando participaban en las comisiones pro-monumento. De esta manera sabemos que también intervendrían en cuestiones esenciales, tales como la elección del monumento ganador, su ubicación, la recogida de nombres y las cuestiones relativas a la financiación. También, desde la Sección Femenina se participaría en las inauguraciones, en las suscripciones populares, en las misas, en organizar los rezos del rosario y, en ocasiones, en la colocación de las coronas de laurel en el monumento a los caídos.

Una cuestión muy interesante ha sido poder ver los actos que se desarrollaban durante la inauguración de los monumentos. Hemos podido comprobar cómo se pedían los permisos necesarios y los esfuerzos que se hacían para que los ciudadanos participaran durante la jornada. Sin embargo, hemos visto con datos que muchas veces la población permanecía al margen y que en ocasiones solo se contaba con alrededor de un diez por ciento de participación ciudadana a pesar de los tremendos esfuerzos de las diferentes autoridades falangistas.

Otro punto fundamental ha sido el estudio de la celebración del denominado Día de los Caídos y la conmemoración del Día de José Antonio Primo de Rivera. De esta manera, hemos podido ver las indicaciones que se daban desde la Delegación Nacional de Propaganda; cómo todos los actos se hacían de manera uniforme, y cómo se usaban los medios de comunicación de una manera muy profesional para poder acercar la doctrina falangista a los ciudadanos, puesto que éste era uno de los objetivos principales. El estudio de la prensa y la radio ha sido fundamental para poder comprobar la importancia que tenían estos días en la vida de los ciudadanos y los importantes esfuerzos que hacía FET y de las JONS para que los actos tuvieran éxito. En este trabajo se ha comprobado cómo la función propagandística durante estas jornadas era esencial; se ha podido ver el papel que jugaron los periódicos con las noticias que se publicaron en relación a estos actos, lo que nos muestra cómo la prensa era usada insistentemente por el nuevo régimen. También se ha conseguido sacar interesantísima información del papel que hacían durante estos días las radios locales, conociendo la música que era escogida e, incluso, la programación de la jornada, cuestiones que antes no habían salido a la luz.

Gracias al detalle en la investigación se ha podido ver cómo los protagonistas, con sus nombres y apellidos, mandaban los informes a Madrid y exponían los problemas que iban surgiendo; y nos muestran cómo al igual que sucedía en las inauguraciones de los monumentos, la población muchas veces actuaba de manera pasiva y distante viendo estos actos como algo lejano.

También se ha trabajado en profundidad la prensa como fuente para extraer una valiosísima información que antes no se había tratado. Los periódicos son fundamentales para conocer el pasado y ayudarnos a comprender mejor, en este caso, todo lo relacionado con el mundo de los caídos. Tras este trabajo sabemos que el periodismo desarrolló un papel fundamental a la hora de recordar a los caídos y que éstos estuvieran presentes en la vida de los ciudadanos, con las noticias de los actos que se iban a desarrollar, las inauguraciones, el resumen de las jornadas que habían sucedido e incluso, con la plasmación en el papel de los discursos que dieron las autoridades en estos momentos y que permitían que los ciudadanos tuvieran toda la información disponible.

También ha sido fundamental en este trabajo sacar a la luz y poder mostrar los mensajes que se decían y, sobre todo, cómo se decían. De esta manera, tras un estudio en profundidad, sabemos los nombres de las personas que pronunciaron los discursos y, sobre todo, el mensaje que se dijo en esos momentos y que resulta muy interesante para tener una visión más completa de los actos. Hemos podido comprobar que los mensajes, en muchos casos, trataban temas locales que afectaban a los vecinos, como eran las cuestiones agrarias, los temas educativos, la inauguración de centros de formación o la entrega de subsidios y de diferentes ayudas como eran pensiones y becas para los familiares de caídos. Es decir, estamos ante actos propagandísticos que eran muy estudiados por las autoridades y que contaban siempre con el apoyo de la prensa para que la ciudadanía viera los logros que hacía el nuevo régimen. También era fundamental en los discursos el peso de la religión católica y la creencia de una vida después de la muerte. De este modo la religión se convertía en un refugio y en un consuelo para los familiares de las víctimas.

Asimismo, hemos comprobado cómo en ocasiones el discurso tenía una carga política muy importante, tratándose temas como la inutilidad del sistema liberal, la inoperancia de los partidos políticos y de la democracia, la necesidad de hacer una verdadera revolución que era la nacionalsindicalista y, sobre todo, dejar marcado al enemigo y sus políticas; el marxismo, al que se aludía en muchas ocasiones, los estatutos de autonomía y todo lo que tuviera relación con la izquierda estaría proscrito. Los momentos de los discursos fueron muchas veces los lugares donde se trasladaba la doctrina falangista a la población.

En definitiva, los caídos fueron en cierta manera sacralizados y la dictadura giró alrededor de ellos sobre todo en los primeros años, ya que fueron un reclamo y una justificación junto con la guerra civil del nuevo régimen. Hay que dejar constancia de que FET y de las JONS tuvo el monopolio total y absoluto en todo lo que se refiere al culto, al recuerdo y, en definitiva, a todas las políticas de memoria que desarrolló el régimen franquista con los fallecidos. Falange usaría a los caídos, y los utilizaría como un altavoz político con el que propagar sus ideas y su doctrina entre la población, aunque sin mucho éxito, como hemos visto en los diferentes informes.

Por último, hay que remarcar que los expedientes de los monumentos, los informes de las inauguraciones y de los actos que se desarrollaron en recuerdo a los caídos y en honor a José Antonio se suceden en la inmediata posguerra. Es decir, en una época donde el régimen tenía que justificar la cantidad ingente de muertos y cuando el dolor y el sentimiento de pérdida de la población estaba muy reciente. Al final, según van pasando los años, todos los actos, las inauguraciones y las noticias en prensa poco a poco irán desapareciendo de la vida de los españoles, en especial a partir del aperturismo iniciado en los años sesenta. El nuevo régimen se distanciará de la guerra y lo que significó, tendrá otras prioridades en donde los asuntos económicos, las relaciones internacionales y el desarrollo social de España estaban muy por delante que la de los fallecidos de una guerra de la que ya habían pasado veinte años. Para concluir, en la mayoría de las ciudades ya no existen este tipo de monumentos y en las pequeñas localidades se tienen varias opciones con las últimas leyes: o bien quitar los elementos que ensalcen la dictadura y quedarse solo los nombres, una modificación para que hagan referencia a todos los caídos en la guerra, el traslado al cementerio o, en último lugar, su retirada. Los monumentos a los caídos todavía continúan en muchos de los pueblos, donde se pueden seguir viendo las pequeñas cruces, muchas veces cerca de la iglesia parroquial, y que se siguen manteniendo porque entramos en un terreno mucho más personal, local y cercano que en las grandes ciudades donde se ponían los nombres de los caídos de toda la provincia. En estos casos los familiares siguen muy de cerca el que se conserven estos recuerdos, ya que nos adentramos en una dimensión que llega a los sentimientos y las emociones de las familias de los que están ahí representados. Hay que tener en cuenta que estamos ante un fenómeno histórico que estuvo presente en las ciudades y los pueblos durante la segunda mitad del s. XX y que sus ramificaciones han llegado hasta el s. XXI, pero como todo en la historia tiene un fin, y no tardando desaparecerán casi por completo, siendo únicamente vistos desde los libros de historia.

FUENTES PRIMARIAS

Relación de archivos consultados

Archivo General de la Administración.
Archivo Histórico de Lérida
Archivo Histórico Provincial de Alicante
Archivo de la Diputación de Álava.
Archivo de la Diputación de Guadalajara.
Archivo Intermedio Militar de Canarias
Archivo Histórico Provincial de Valladolid
Archivo Municipal de Benavente
Archivo Municipal de Badajoz.
Archivo Municipal de Huesca
Archivo Municipal de Huelva.
Archivo Municipal de Jerez de la Frontera
Archivo Municipal de Pontevedra.
Archivo Municipal de Vigo
Archivo Municipal de La Coruña.
Archivo Municipal de Villareal.
Archivo Municipal de Mahón.
Archivo Municipal del Espinar.
Archivo Fotográfico personal.
Nodo.

Hemerotecas:
Arriba España
Alerta
Amanecer
Azul Órgano de la Falange Española de las JONS
BOE
El Boletín oficial de la provincia de Guadalajara
El Boletín oficial de la provincia de Soria

Baleares Órgano de Falange Tradicionalista y de las JONS

Correo de Mallorca: periódico católico

Diario Español de Falange Tradicionalista y de las JONS

Diario de Burgos: de avisos y de noticias

El Adelanto

El Avisador Numantino

El Compostelano

El día de Palencia: defensor de los intereses de Castilla

El Diario de Cádiz

El Diario Montañés

El Diario Vasco

El Faro de Vigo

El Norte de Castilla

El Pensamiento Alavés

El Progreso: diario liberal

El Heraldo de Zamora

El País

Hoja del Lunes, Santander

Hoja oficial de la provincia de Barcelona

Imperio: Diario de Zamora de Falange Española de las JONS

Odiel

Proa: diario de Falange Española de las JONS

Región

La Almudaina

La Prensa

La Prensa Diario de la Tarde de Información Mundial

Labor Órgano de Falange Española Tradicionalista de las JONS

Libertad

Nueva Alcarria

La Rioja: diario político

La Nueva España

La Voz de Asturias

La Voz de Galicia

BIBLIOGRAFÍA

Paloma AGUILAR, *Políticas de memoria y memorias de la política*, Madrid, Alianza editorial, 2008.

Jesús ALONSO CARBALLÉS, "La memoria de la guerra civil y sus víctimas en el espacio público vasco. Una mirada retrospectiva a través de los monumentos,1937-2017" *Sancho el sabio: Revista de cultura e investigación vasca*, N.º Extra-1, 2018 (Ejemplar dedicado a: La Guerra Civil en el País Vasco. Historia y memoria), p. 211

Jesús ALONSO CARBALLÉS, "Banalización de la Violencia y usos políticos del culto a los mártires y caídos de la cruzada en el primer franquismo", *Amnis* [En ligne], 17 | 2018, mis en ligne le 15 juillet 2018, consulté le 03 juin 2020. URL: http://journals.openedition.org/amnis/3672; DOI:https://doi.org/10.4000/amnis.3672 (2018), p.3.

Jesús ALONSO CARBALLÉS, La memoria de la Guerra Civil en el espacio urbano de Bilbao, *Bidebarrieta: Revista de humanidades y ciencias sociales de Bilbao*, N.º. 18, 2007 (Ejemplar dedicado a: 70 años de la guerra civil : guerra, posguerra y memoria), pp. 399-439.

Isabel AYESTE NAVARRO, "Caídos por Dios y por España": ideología e iconografía en el monumento a los caídos en la guerra civil de Zaragoza". *Revista Artigrama núm. 24*, 2009.

Pablo BAISOTTI, "Los "caídos" falangistas como germen de la religión política en España (1933-1936)", *Historia del presente*, N.º 28, (2016), pp. 143-153.

Pablo BAISOTTI, "Ausente-Presente: las dos caras de José Antonio (1936-1938)" *Memoria y civilización*, N.º 18, (2015), pp. 163-189.

Pablo BAISOTTI, El culto a la muerte como principal sustento de las religiones políticas. Los casos del fascismo, nacionalsocialismo y el franquismo. *Revista Estudios*, N.º 35, 2017, pp. 188-223.

Alberto BÁRCENA PÉREZ, *Los presos del Valle de los Caídos*, San Román, Madrid, 2015.

Encarnación BARRANQUERO TEXEIRA, Lucía PRIETO BORREGO, *La derrota bajo tierra. Las fosas comunes del franquismo*, Comares, Granada, 2018.

Cristina BARREIRO GORDILLO, España y la Gran Guerra a través de la prensa, *Aportes: Revista de historia contemporánea*, Año N.º 29, N.º 84, 2014, pp. 161-182.

Cristina BARREIRO GORDILLO, Aproximación al estudio de la prensa durante la Segunda República, *Revista Re-Presentaciones: Periodismo, Comunicación y Sociedad*, N°3, 2007, pp. 57-76.

Cristina BARREIRO GORDILLO, La ACNdeP y su papel político en el primer franquismo, *Hispania Sacra,* Vol. 70, N.º 142, 2018, pp. 681-689.

Anette BECKER, *Les Monuments Aux Morts: Mémoire De La Grande Guerre*, Errance, París, 1990.

Benito BERMEJO SÁNCHEZ, "La Vicesecretaría de Educación Popular (1941-1945): Un ministerio de la propaganda en manos de Falange." *Espacio, tiempo y forma. Serie V, Historia contemporánea*, N°4 volumen (1991), pp. 73-96.

Norman BONNEY, The Cenotaph: A consensual and contested monument of remembrance, October 2013.

Zira BOX, "Pasión, muerte y glorificación de José Antonio Primo de Rivera", *Historia del presente,* N.º 6, (2005), pp. 191-216.

Zira BOX, "Secularizando el apocalipsis. Manufactura mítica y discurso nacional franquista: la narración de la Victoria", en *Historia y política: Ideas, procesos y movimientos sociales, N°12,* (2004), pp. 133-160.

Zira BOX, "La tesis de la religión política y sus críticos: aproximación a un debate actual". *Ayer*, N.º 62, (2006), pp. 195-230.

Zira BOX, *La fundación de un régimen. La construcción simbólica del franquismo*, tesis dirigida por Fernando del Rey Reguillo, Universidad Complutense de Madrid (2008), p.116.

Zira BOX, "Muerte y resurrección de España en el discurso franquista de la victoria", *Lo que hacen los sociólogos*: Homenaje a Carlos Moya Valgañon, 2007, pp. 121-134.

Zira BOX, "Rituales funerarios. Culto a los caídos y política en la España franquista: a propósito de los traslados de José Antonio Primo de Rivera (1936-1959) en *Políticas de la muerte: usos y abusos del ritual fúnebre en la Europa del S.XX,* coord. Por Jesús María Casquete Badallo, Rafael Cruz Martínez, *2009*, pp. 265-298.

Michael BURLEIGH, *El Tercer Reich,* Una nueva historia, Madrid, Punto de Lectura, 2004.

Marieta CANTOS CASENAVE, Fernando DURÁN LOPEZ, Alberto ROMERO FERRER, *La guerra de pluma estudios sobre la prensa de Cádiz en el tiempo de las cortes (1810-1814),* (coords), Universidad de Cádiz, Servicio de Publicaciones, 2008.

Julián CASANOVA, *La iglesia de Franco,* Madrid, Temas de Hoy, 2001.

Julián CASANOVA, *República y guerra civil,* Barcelona, Crítica -Marcial Pons, 2007, pp. 200-201.

Jesús CASQUETE, *El culto a los mártires nazis. Alemania, 1920-1939,* Madrid: Alianza Editorial 2020, pp. 313-321.

Jesús CASQUETE, Rafael CRUZ, *Políticas de la muerte. Usos y abusos del ritual fúnebre en la Europa del Siglo XX,* La Catarata, Madrid, 2009.

Antonio CASTILLO GÓMEZ, Escritura, monumento y memoria: las lápidas a los caídos franquistas, *Cultura escrita y sociedad,* N. º6, 2008, pp. 132-149.

Luis CASTRO, *Héroes y caídos. Políticas de la memoria en la España Contemporánea,* Madrid, Catarata, 2008.

Luis CASTRO, El recuerdo de los caídos: una memoria hemipléjica, *Ebre* 38, N. º3, 2008, pp. 1-35.

Antonio CAZORLA SÁNCHEZ, Sobre el primer franquismo y la extensión de su apoyo popular, *Historia y política*,8, 2002, pp. 303-320.

Ángela CENARRO LAGUNAS, Los días de la "Nueva España": entre la "revolución nacional" y el peso de la tradición, *Ayer*, N.º 51, 2003, pp. 115-134.

Ángela CENARRO LAGUNAS, Miradas y debates sobre la violencia franquista, *Ayer*, N.º 91, 2013, pp. 241-253.

Cristian CERÓN TORREBLANCA, El partido único durante el franquismo FET y de las JONS en Málaga, *Baética: Estudios de Historia Moderna y Contemporánea*, N.º 30, 2008, pp. 403-414.

Francisco COBO ROMERO, El franquismo y los imaginarios míticos del fascismo europeo de entreguerras, *Ayer*, 2008, pp. 117-151.

Josefina CUESTA BUSTILLO, "Las capas de la memoria. Contemporaneidad, sucesión y transmisión generacionales en España 1931-2006". *En Hispania Nova. Revista de historia contemporánea*, N.º 7 (2007).

Miguel Ángel DEL ARCO BLANCO, "Las cruces de los caídos instrumento nacionalizador en la cultura de la victoria" en Miguel Ángel DEL ARCO BLANCO, Carlos FUENTES MUÑOZ, Claudio HERNANDEZ BURGOS y Jorge MARCO CARRETERO, (eds.), *No solo miedo actitudes políticas y opinión popular bajo la dictadura franquista, Granada:* Editorial Comares, 2013, pp. 65-83.

Miguel Ángel DEL ARCO BLANCO. "Morir de hambre": autarquía, escasez y enfermedad en la España del primer franquismo". *Pasado y memoria*: Revista de historia contemporánea, N.º 5 (2006), pp. 241-258.

Miguel Ángel DEL ARCO BLANCO, *Cruces de Memoria y olvido Los monumentos a los caídos de la guerra civil española (1936-2021)*, Crítica, Barcelona, 2021. p. 147.

Fernando DEL REY REGUILLO Manuel ÁLVAREZ TARDÍO, *Políticas del odio violencia y crisis en las democracias de entreguerras,* Biblioteca de Historia y Pensamiento Político, Madrid, Tecnos, 2017, p.45.

Fernando DEL REY REGUILLO, *Retaguardia roja. Violencia y revolución en la guerra civil española*, Barcelona: Galaxia Gutenberg, 2019, pp. 385-386.

Giuliana DI FEBO, *Ritos de guerra y Victoria en la España Franquista*, Bilbao, Desclée de Brouwer, 2002.

Peter EDWARDS, "Mort pour la France: conflict and commemoration in France after the First World War". *University of Sussex Journal of Contemporary History* (2000). p.2.

Francisco ESPINOSA MAESTRE (ed.), *Violencia Roja y azul. España 1936-1950*, Barcelona, Crítica, 2010, p.77.

Antonio ELORZA, "El franquismo, un proyecto de religión política", en Javier TUSSELL, Emilio GENTILE y Giuliana DI FEBO (eds.): *Fascismo y franquismo cara a cara: una perspectiva histórica*, Madrid: Biblioteca Nueva, 2004, p. 79.

Sheelagh ELLWOOD, *Prietas las filas. Historia de la Falange Española, 1933-1983*, Barcelona, Crítica, 1984.

Donato FERNÁNDEZ NAVARRETE, La política económica exterior del franquismo: del aislamiento a la apertura, *Historia Contemporánea* N.º 30, 2005, pp. 49-79.

Iñaki FERNÁNDEZ REDONDO, Aproximación a Falange Española en el País Vasco (1910-1945), en *Falange, las culturas políticas del fascismo en la España de Franco (1936-1975)* coord. Miguel Ángel RUIZ CARNICER, Vol. 2, 2013, p. 138.

Iñaki FERNÁNDEZ REDONDO, Una aproximación comparativa a Falange Española en Galicia, País Vasco y Catalunya, *Estatu-Nazioen Baitako Nazioak: Naziogintza Kulturala Eta Politikoa, Gaur Egungo Europan* / Joseba Agirreazkuenaga Zigorraga (ed. lit.), Eduardo José Alonso Olea (ed. lit.), 2014, pp. 363-374.

Francesc FORTUÑO BONET, La FET y de las JONS y el monopolio de la sociabilidad formal en el mundo rural durante el primer franquismo: la comarca del Priorat en *Las huellas del franquismo: pasado y presente.* Coord. por Xavier RAMOS DÍEZ-ASTRAIN, Itziar REGUERO SANZ, Marta REQUEJO FRAILE, Sofía RDRÍGUEZ SERRADOR, Lucía, SALVADOR ESTEBAN, Jara CUADRADO, 2019, pp. 123-140.

José Andrés GALLEGO, *¿Fascismo o Estado Católico? Ideología, religión y censura en la España de Franco, 1937-1941*, Madrid, Encuentro, 1997.

Ferran GALLEGO, *El Evangelio Fascista. La formación de la cultura política del franquismo (1930-1950)*, Barcelona, Crítica, 2014.

Josep GELONCH SOLE, FET y de las JONS en la Cataluña rural de posguerra. La implantación del Partido Único en la provincia de Lleida 1938-1945, en *Falange, las culturas políticas del fascismo en la España de Franco (1936-1975).* Coord. Por Miguel Ángel RUIZ CARNICER, p.166.

Emilio GENTILE, *Fascismo. Historia e interpretación*, Madrid: Alianza Editorial, 2004, pp. 219-245.

Emilio GENTILE, Political Religion: A concept and its Critics- A critical Survey, *Totalitarian Movements and Political Religions*, 6, 2005.

Cristina GÓMEZ CUESTA, La construcción de la memoria franquista (1939-1959). Mártires, mitos y conmemoraciones. *Studia histórica. Historia contemporánea*, N.º 25, 2007, pp. 87-123.

Cristina GÓMEZ CUESTA: Entre la fecha y el altar: El adoctrinamiento femenino en el franquismo. Valladolid como modelo, 1936-1959, *Cuadernos de historia contemporánea*, N°31, 2009, pp. 297-317.

Cristina GÓMEZ CUESTA, Valladolid en la posguerra: del escenario falangista a la realidad social. *Investigaciones Históricas: Época moderna y contemporánea*, N.º 21, 2001, p.304.

Cristina GÓMEZ CUESTA, De la Anti- España a la nueva España: El discurso de las derechas en la prensa de Valladolid entre las elecciones del Frente Popular y el estallido de la Guerra Civil. *Historia Contemporánea*, N.º 68, 2022, p. 219.

Ángeles GONZÁLEZ FERNÁNDEZ, La otra modernización: tecnocracia y mentalidad de desarrollo en la península ibérica (1959-1974), *Historia y política: Ideas, procesos y movimientos sociales*, N.º 35, 2016, p. 321.

Ricardo A. GUERRA PALMERO, Aarón LEÓN ÁLVAREZ, La españolización de Canarias a través de la propaganda falangista (1936-1945) en *Falange, las culturas políticas del fascismo en la España de Franco (1936-1975).* Coord. Miguel Ángel RUIZ CARNICER, Vol. 2, 2013, pp. 195-220.

Ricardo A. GUERRA PALMERO, FET y de las JONS en Canarias en la década de 1940 una primera aproximación. *Hispania Nova: Revista de Historia Contemporánea.* N.º 3, 2003.

J. GUINOVART ESCARRÉ, *Tomàs Caylà. Un home de la terra,* Valls (Tarragona), Cossetània, 1997.

Raúl HEVIA GARCÍA, Riqueza y variedad estereoscópica en el Archivo Alejandro Quintana en Santander, III Jornadas sobre Investigación en Historia de la Fotografía: *La fotografía estereoscopia o en 3D, siglos XIX y XX.* Coord. José Antonio HERNÁNDEZ LATAS, 2022. pp. 319-326.

Alfonso IGLESIAS AMORÍN, Falange en el Protectorado durante la Guerra Civil y la bandera de Marruecos de FET y de las JONS, en *Camisas azules en Hispanoamérica (1936-1978. Organización política y prosografía del falangismo en ultramar.* Coord. Luis VELASCO MARTÍNEZ, Miguel MADUEÑO ÁLVAREZ, José Manuel AZCONA PASTOR, 2021, pp. 71-100.

David A. JOHNSON and Nicole F. GILBERTSON., Commemorations of Imperial Sacrifice at Home and Abroad: British Memorials of the Great War. University of North Carolina, Charlotte and University of California, Irvine, Vol. 43, N. º4 (August 2010), pp. 563-584.

Reinhart KOSELLECK, *Modernidad, culto a la muerte y memoria nacional,* Madrid, Centro de estudios políticos y constituciones, 2011.

José L. LEDESMA Y Javier RODRIGO, "Caídos por España, mártires de la libertad. Víctimas y conmemoración de la Guerra Civil en la España Posbélica (1939-2006)", *Ayer,* N.º 63 (2006), pp. 233-255.

José Luis LEDESMA, "Una retaguardia al rojo", en Francisco Espinosa (ed.): *Violencia roja y azul,* pp. 149-247.

Juan LINZ, "El uso religioso de la política y/o el uso político de la religión: la ideología sucedáneo versus la religión sucedáneo", *Revista Española de Investigaciones Sociológicas,* N.º 114, Madrid, (2006), pp. 11-35.

Pilar LÓPEZ RODRÍGUEZ, M.ª Jesús BAZ VICENTE, Una aproximación a Falange en la provincia de Lugo (1936-1942). *A patria enteira. Homenaxe a Xosé Ramón Barreiro Fernández.* Edición a cargo de X.L. Axeitos, Emilio Grandío Seoane e Ramón Villares. Servizo de Publicacións e Intercambio Científico da Universidad de Santiago de Compostela, 2008. p. 209.

Gonzalo MAESTRE, "El tema religioso- católico en Falange Española durante la Segunda República", *Aportes: Revista de Historia Contemporánea* Vol. 31, N.º 90 (2016), p. 96.

Ricardo MARTÍN DE LA GUARDIA: Censura y creación de opinión entre el final del franquismo y la transición a la Democracia: (1973-1978). *Investigaciones históricas: Época moderna y contemporánea,* N.º. Extra-1, 2021, pp. 659-682.

Ricardo MARTÍN DE LA GUARDIA: Falangistas, católicos y liberales: la prensa vallisoletana durante la Guerra Civil y el primer franquismo (1936-1945). *Aportes: Revista de historia contemporánea,* N.º 51, 2003, pp. 86-94.

Ricardo MARTÍN DE LA GUARDIA, "Los medios de comunicación social como formas de persuasión durante el primer franquismo" en José Miguel DELGADO IDARRETA,

"Propaganda y medios de comunicación en el primer franquismo (1936-1959), Logroño: Universidad de la Rioja, 2006, p. 17.

Ricardo MARTÍN DE LA GUARDIA, "José Antonio Primo de Rivera o el estilo como idea de la existencia", en Gallego Ferran y Morente Francisco (eds.): *Fascismo en España. Ensayos sobre los orígenes sociales y culturales del franquismo*, Barcelona, El Viejo Topo, 2005. p.163.

Ricardo MARTÍN DE LA GUARDIA, Información y propaganda en la prensa del movimiento: "Libertad" de Valladolid, 1931-1979, *Valladolid: Universidad, Secretariado de Publicaciones*, 1993, p. 119.

Ricardo MARTIN DE LA GUARDIA, El modelo propagandístico en la prensa del movimiento ante el aislamiento internacional: Libertad de Valladolid, 1945-1951. *Investigaciones históricas: Época moderna y contemporánea*, N°14, 1994, pp. 237-258.

Roque MORENO FONSERET, Francisco SEVILLANO CALERO, Los orígenes sociales del franquismo, *Hispania: Revista española de historia,* Vol. 60, N.° 205, 2000, pp. 703-724.

Francisco MORENTE VALERO, "Rafael Sánchez Mazas y la esencia católica del fascismo español" en Miguel Ángel RUIZ CARNICER (coord.), *Falange. Las culturas políticas del fascismo en la España de Franco (1936-1975),* Zaragoza: Instituto Fernando el Católico, 2013.

Francisco MORENTE VALERO. Hijos de un Dios menor la falange después de José Antonio en *Fascismo en España: Ensayos sobre los orígenes sociales y culturales del franquismo*, 2005, p. 211.

George L. MOSSE, *La nacionalización de las masas*, Madrid, Marcial Pons, 2005.

George L. MOSSE, *Soldados Caídos. La transformación de la memoria en las guerras mundiales.* Zaragoza, Prensas de la Universidad de Zaragoza, 2016.

Stanley PAYNE, *Falange. Historia del Fascismo español*, Madrid: Sarpe, 1985.

Stanley PAYNE, *El fascismo*, Madrid: Alianza, 2009, p.159.

José Luis LEDESMA, La violencia contra el clero español (1936-1939): una interpretación histórica, *Razón y fe*, tomo 263, N.° 1347, 2011, p. 47.

Ángel LLORENTE, *Arte e ideología en el franquismo (1936-1951),* Madrid, Visor, 1995.

Manuel ORTIZ HERAS, Damián GONZÁLEZ MADRID A. (coords.), *De la cruzada al desenganche: la Iglesia española entre el franquismo y la transición,* Madrid, Sílex, 2011. p.22.

Fernando OLMEDA, *El Valle de los Caídos. Una memoria de España,* Península, Madrid, 2019.

Juan PAN-MONTOJO, «Spanish Agriculture, 1931-1955. Crisis, Wars and New Policies in the Reshaping of Rural Society», en Paul Brassley, Yves Segers and Leen Van Molle (eds.), *War, Agriculture and Food. Rural Europe from the 1930s to the 1950s,* Nueva York, Routledge, 2011, pp. 75-95.

Paul PRESTON, *El holocausto español. Odio y exterminio en la guerra civil y después,* Barcelona, 2011, p.17.

Alberto REIG TAPIA, *La Cruzada de 1936. Mito y Memoria,* Madrid, Alianza Editorial, 2006, pp. 117-121.

Michael RICHARDS, *Un tiempo de silencio. La guerra civil y la cultura de la represión en la España de Franco, 1936-1945,* Barcelona, Crítica, 1999.

Michael RICHARDS, El régimen de Franco y la política de memoria de la guerra civil española, en J. AROSTEGUÍ y F. GODICHEAU, *Guerra Civil. Mito y Memoria,* Madrid, Marcial-Pons, pp. 167-200.

César RINA SIMÓN, *La construcción de la memoria franquista en Cáceres: héroes espacio y tiempo para un nuevo estado (1936-1941),* Universidad de Extremadura, Cáceres, 2012.

César RINA SIMÓN, Fascismo, nacionalcatolicismo y religiosidad popular. Combates por la significación de la dictadura (1936-1940), *Historia y política: Ideas, procesos y movimientos sociales,* N.º 37, 2017, pp. 241-266.

Armando ROMERO CUESTA, *Objetivo: Matar a Franco: (La Falange contra el Caudillo),* Madrid, Ediciones 99, 1976.

Julián SANZ HOYA, El asalto falangista a los gobiernos civiles. La política de unión de los cargos de gobernador y jefe provincial de FET-JONS (1938-1945). *Alcores: revista de historia contemporánea,* N°18, 2014, pp. 193-212.

Julián SANZ HOYA, FET-JONS en Cantabria y el papel del partido único en la dictadura franquista, *Ayer,* N.º 54, 2004, pp. 281-303.

Ismael SAZ, "Las culturas políticas de los nacionalismos franquistas", *Ayer,* N.º 71, (2008), pp. 153-174.

Ismael SAZ y Zira BOX, Spanish Fascism as a political religion (1931-1941*). Politics, Religion and Ideology,* 4, (2011), p. 377.

Francisco SEVILLANO CALERO, "Cultura, propaganda y opinión en el primer franquismo". *Ayer,* Universidad de Alicante, N.º 33, (1999), pp. 147-166.

Francisco SEVILLANO CALERO, *Exterminio: El terror con Franco,* Oberon, 2004.

Francisco SEVILLANO CALERO, *Rojos. La representación del enemigo en la guerra civil,* Madrid, Alianza Editorial, 2007.

Francisco SEVILLANO CALERO, *Franco: caudillo por la gracia de Dios, 1936-1947,* Alianza Editorial, 2010.

Francisco SEVILLANO CALERO, "Caídos por Dios y por España. El culto a la muerte en la dictadura Franquista". *Historia Contemporánea, Universidad de Alicante,* N° 55, (2017), pp. 609-635.

Daniel SUEIRO, *La verdadera historia del Valle de los Caídos. La cripta franquista,* Tébar Flores, Madrid 2019 (1976).

Mock STEVEN, *Symbols of defeat on the construction of national identity,* New York, Cambridge, 2012.

Matteo TOMASONI, *El caudillo olvidado: vida, obra y pensamiento de Onésimo Redondo (1905-1936),* Editorial Comares, 2017.

Manuel TUÑÓN DE LARA, *Metodología de la historia social en España,* Madrid, Siglo XXI, 1974.

Mónica VÁZQUEZ ASTORGA, "Los monumentos a los caídos: ¿un patrimonio para la memoria o para el olvido?" *Anales de Historia del Arte,* Zaragoza, 2006.

Ángel VIÑAS, Autarquía y política exterior en el primer Franquismo 1939-1959, *Revista de estudios internacionales,* N°1, Enero/ Marzo1980, pp. 61-92.

Marcel XANDRI, *Monuments "a los Caídos por Dios y por España" a Catalunya de 1939 a 1970,* Barcelona: Universidad Autónoma de Barcelona, tesis doctoral, 2016.

Jays WINTER, *Sites of memory, sites of mourning. The Great War in European Cultural History,* Cambridge, University Press, 1995.

ANEXOS

Anexo I: Planos de la futura localización de los monumentos

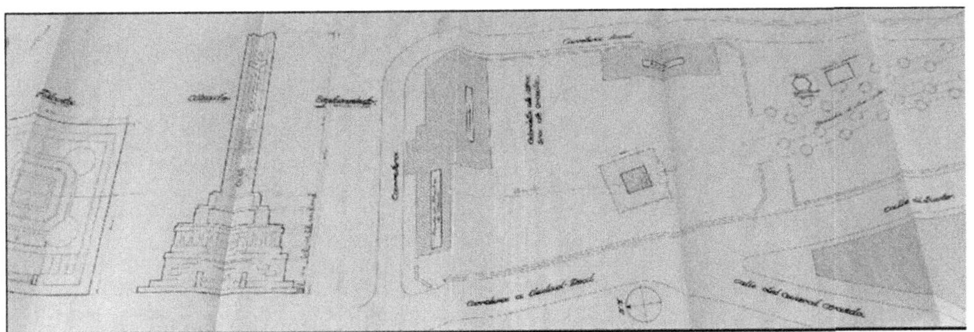

Ilustración 1: Plano del monumento a los caídos en Puertollano, Ciudad Real. AGA, 21/00065.

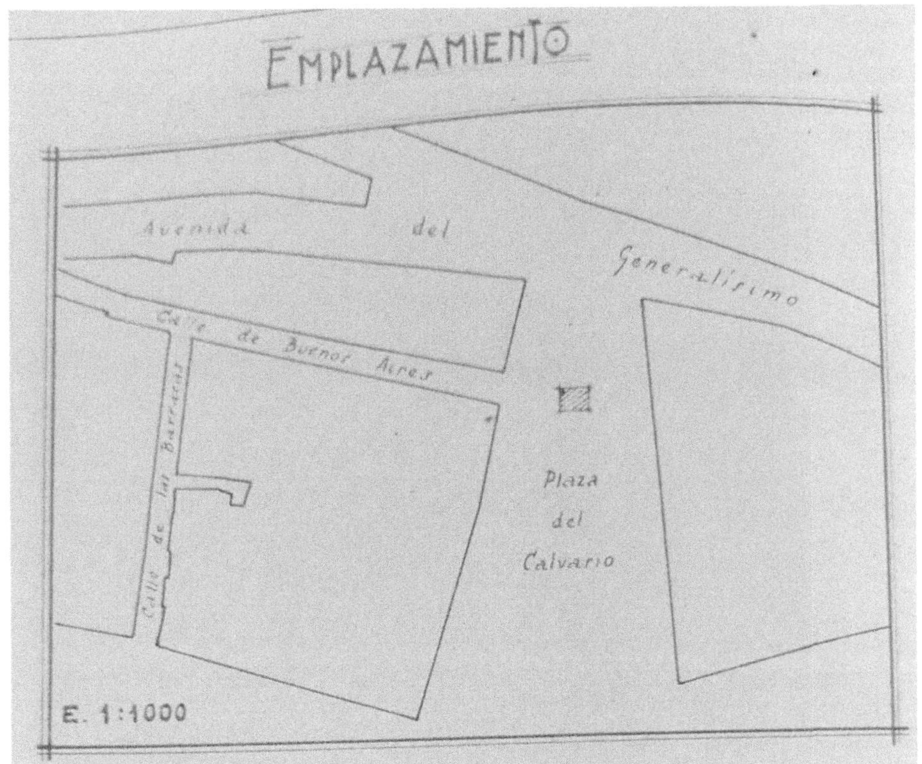

Ilustración 2: Plano de la ubicación del monumento a los caídos en Sollana, Valencia. AGA, 21/05374.

Anexo II: Plantas y alzados de los proyectos de los monumentos a los caídos.

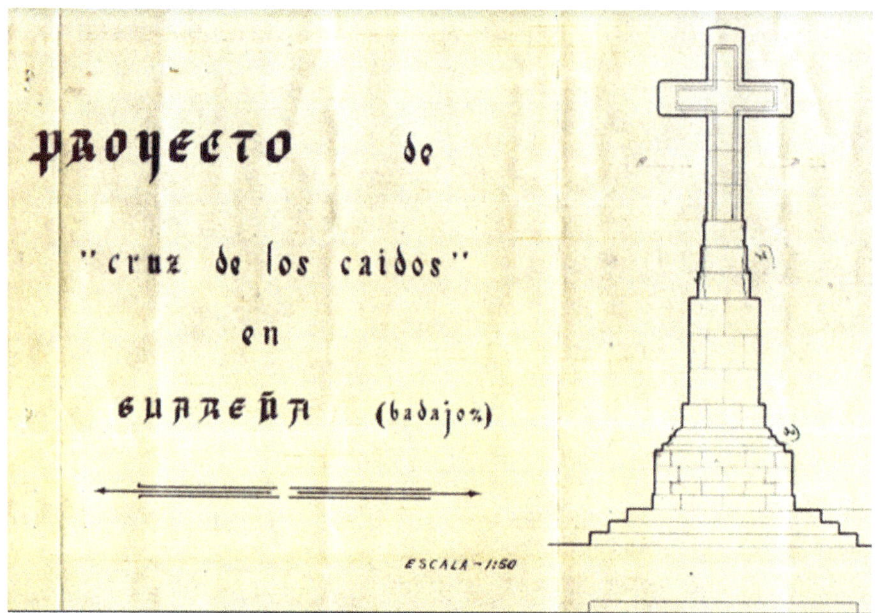

Ilustración 3: Boceto del monumento a los caídos en Guareña, Badajoz. AGA 21/05370.

Ilustración 4: Boceto del monumento a los caídos en Sigüenza, Guadalajara. AGA, 21/05371.

Ilustración 5: Boceto del monumento a los caídos en Bollullos del Condado, Huelva. AGA, 21/05371.

Ilustración 6: Boceto del monumento a los caídos en Motrico, Guipúzcoa. AGA, 21/05371.

Ilustración 7: Boceto del monumento a los caídos en Tolosa, Guipúzcoa. AGA, 21/05371.

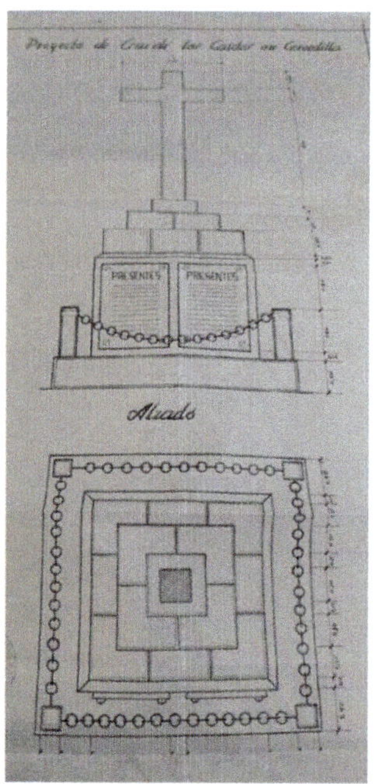

Ilustración 8: Boceto del monumento a los caídos en Cercedilla, Madrid (1941). AGA, 21/05372.

Ilustración 9: Boceto del monumento a los caídos en León (1941). AGA, 21/05372

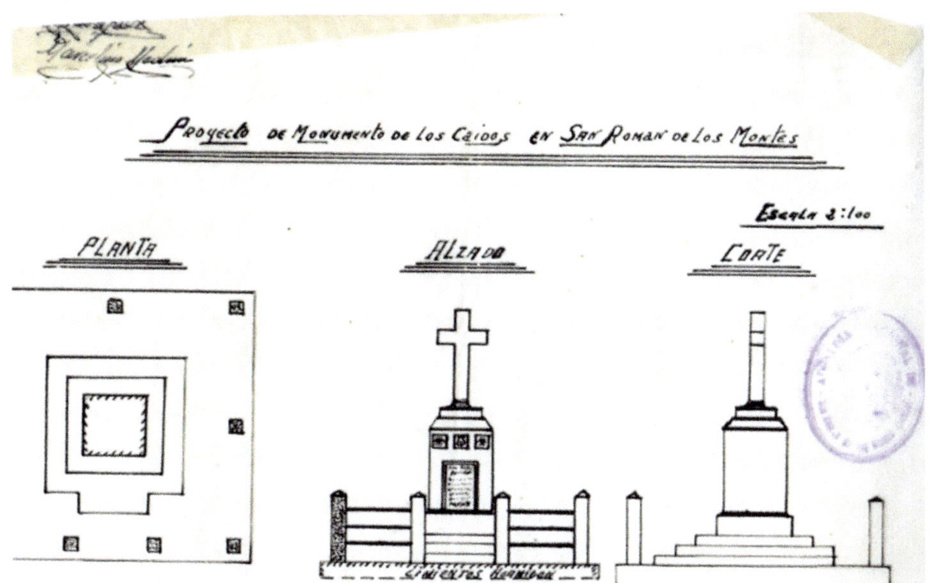

Ilustración 10: Boceto del monumento a los caídos en San Román de los Montes, Toledo, AGA, 21/05373

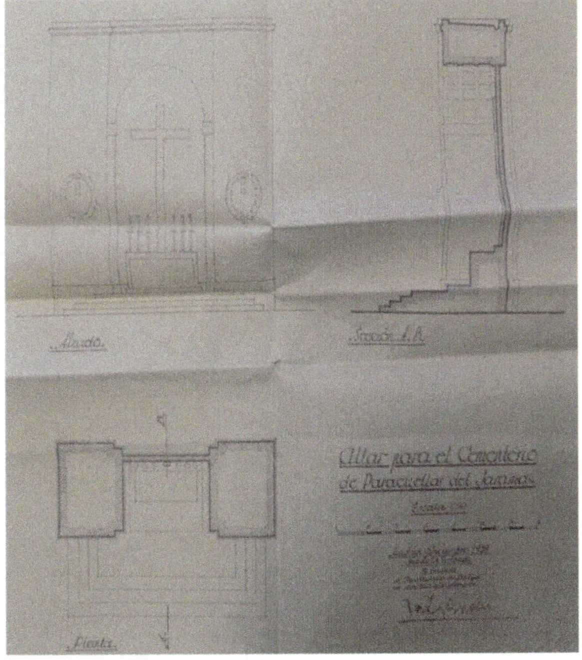

Ilustración 11: Planta y alzado del monumento a los caídos en Paracuellos del Jarama, Madrid. AGA, 21/05372.

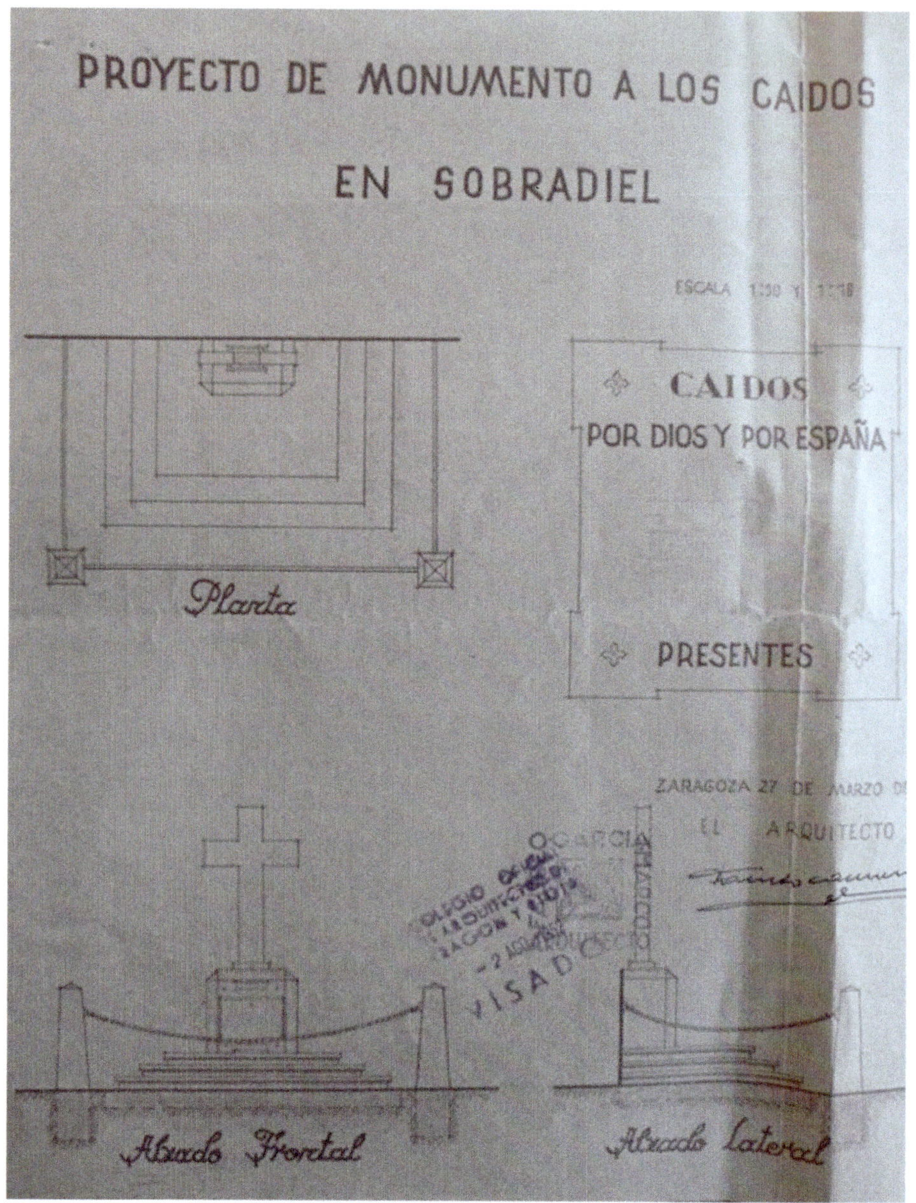

Ilustración 13: Planta y alzado del monumento a los caídos en Villa de Sobradiel, Zaragoza. AGA, 21/05374.

Ilustración 13: Boceto del monumento a los caídos de Fabara, Zaragoza. AGA, 21/05374.

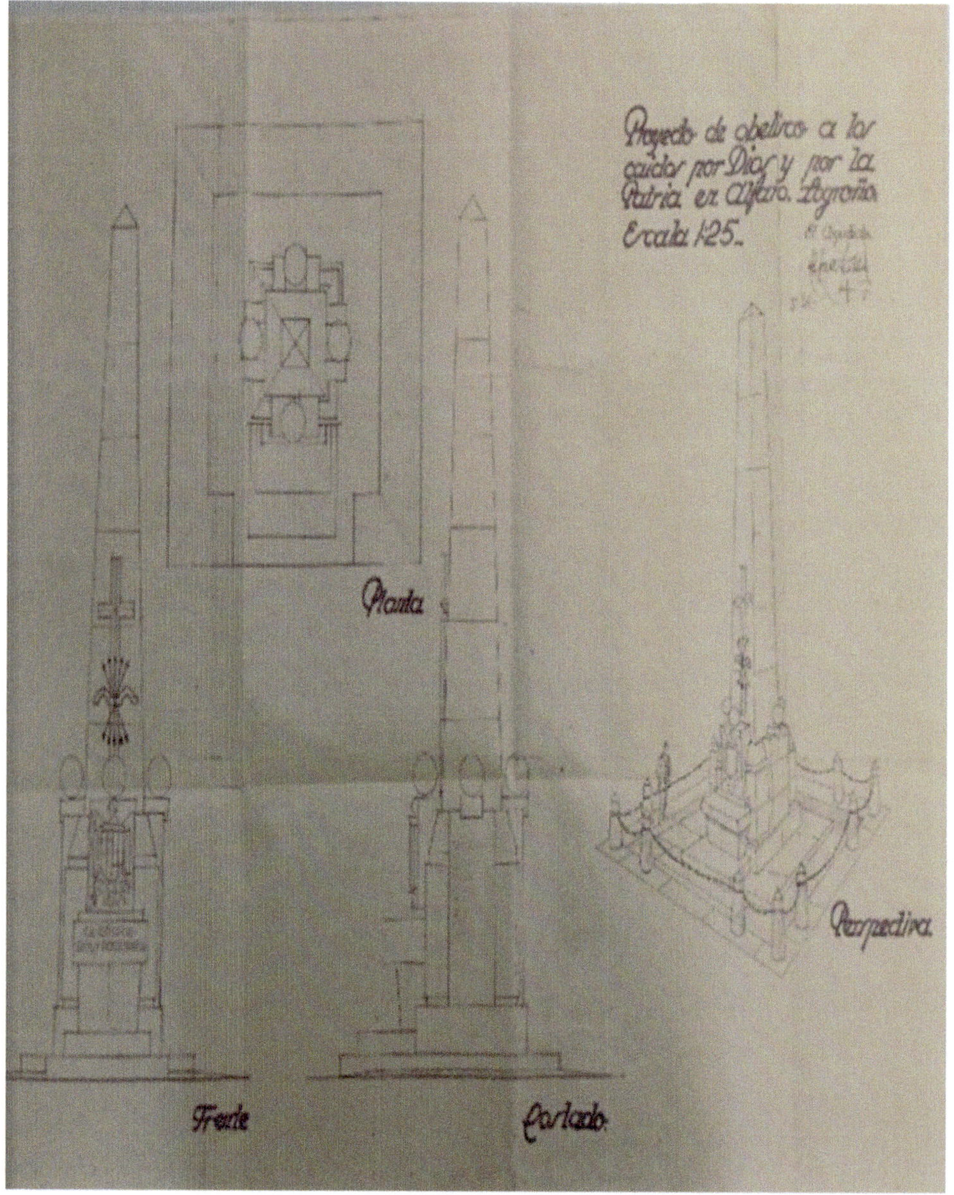

Ilustración 14: Planta y alzado del monumento a los caídos en Alfaro, La Rioja. AGA, 21/05372.

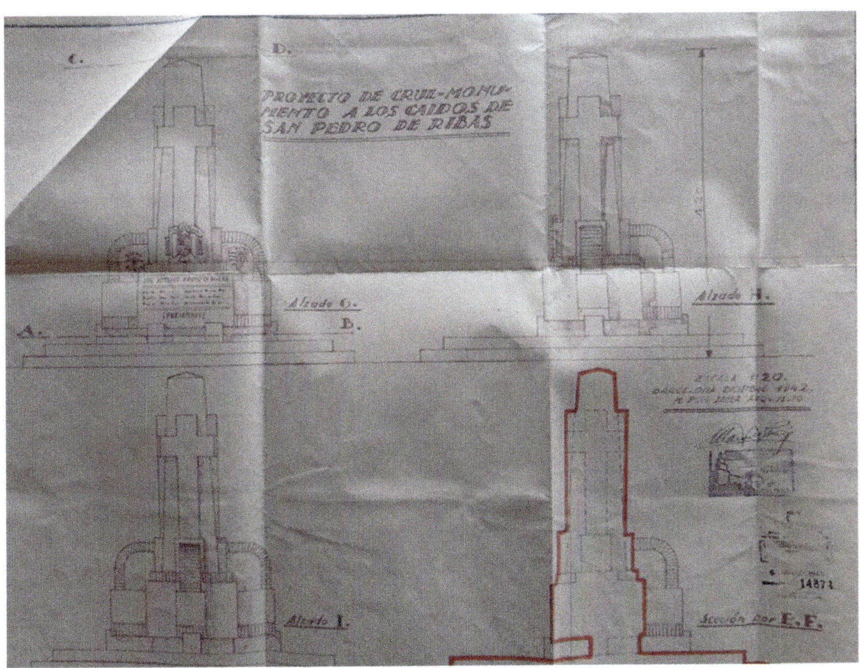

Ilustración 15: Boceto corregido del Monumento en San Pedro de Ribas, Barcelona, AGA, 21/02386.

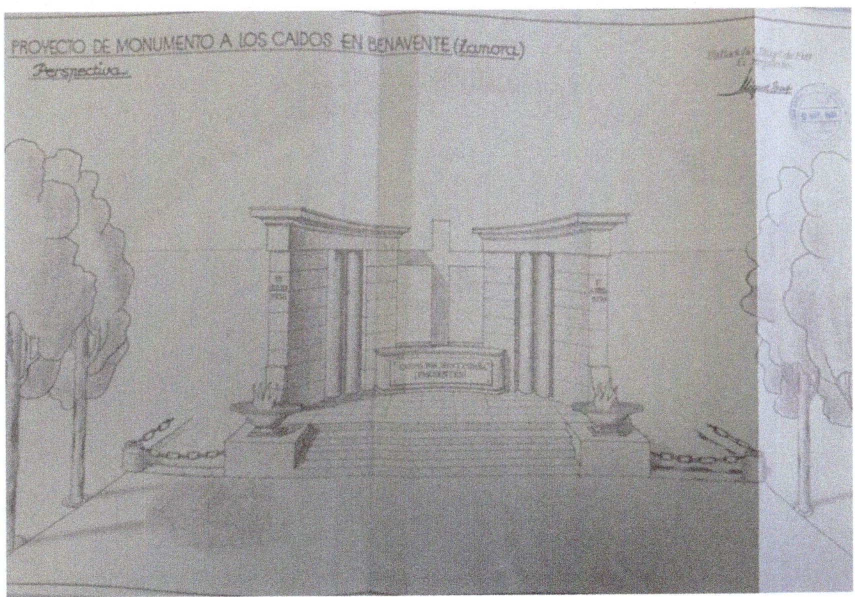

Ilustración 16: Boceto del monumento a los caídos en Benavente, León. AGA, 21/05374.

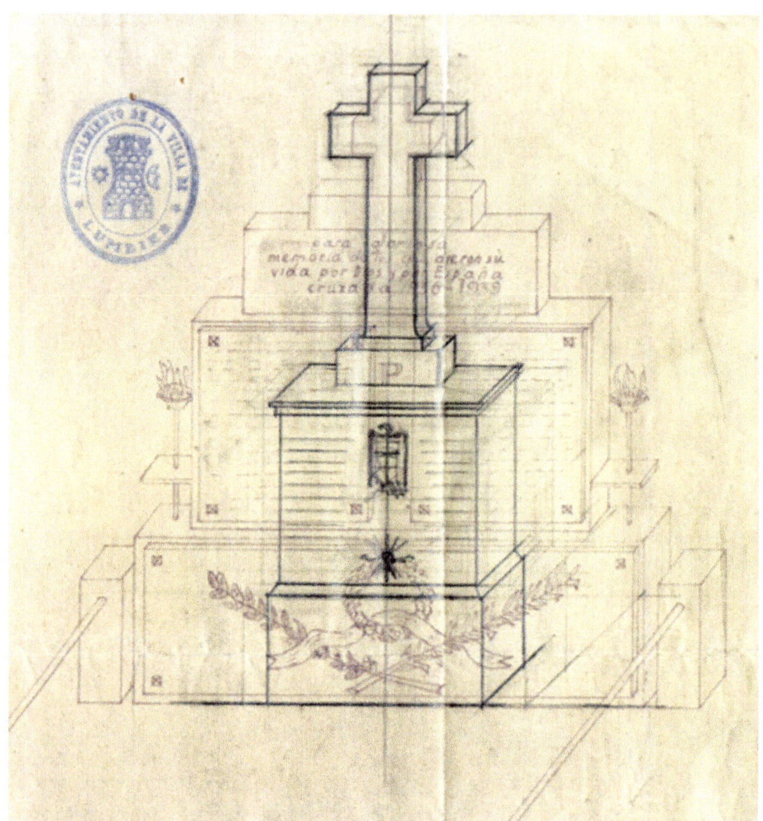

Ilustración 17: Boceto del monumento a los caídos en Lumbier, Navarra. AGA,21/05373.

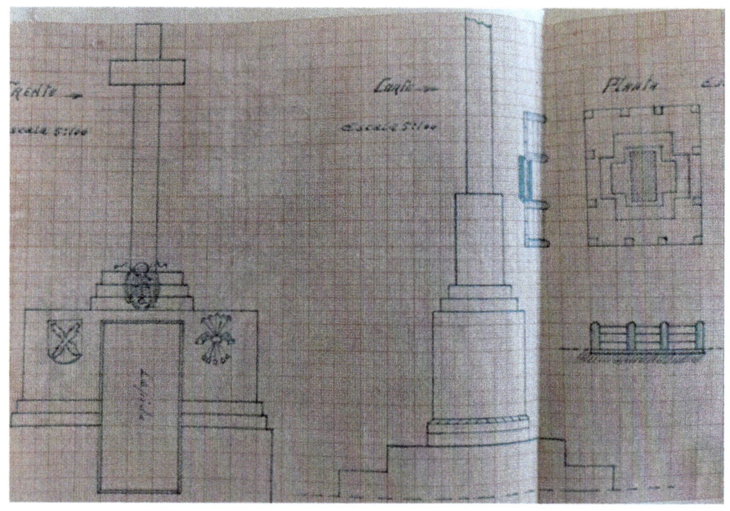

Ilustración 18: Boceto del monumento a los caídos en Olazagutía, Navarra. AGA, 21/02386.

Ilustración 19: Boceto del monumento a los caídos en Huércal Overa, Almería. AGA, 21/05370.

lustración 20: Fotografía del monumento a los caídos en Huércal Overa, Almería. AGA, 21/05370.

Ilustración 21: Boceto del monumento a los caídos en Sollana, Valencia. AGA, 21/05374.

Ilustración 22: Boceto del monumento a los caídos en Colmenar de Oreja, Madrid. AGA, 21/05372.

Ilustración 23: Dibujo del monumento a los caídos en Murcia. AGA, 21/05372.

Ilustración 24: Fotografía de una maqueta del monumento a los caídos de Carcagente,
Valencia. AGA, 21/02387.

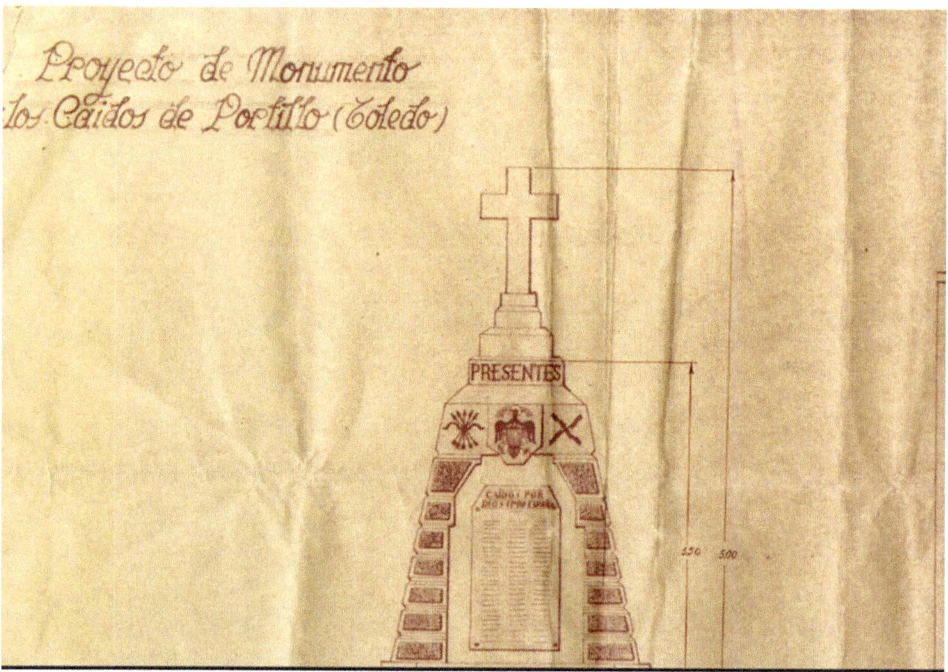

Ilustración 25: Boceto del monumento a los caídos en Portillo de Toledo, Toledo. AGA, 21/05373.

Anexo III: Boletines de suscripción para financiar los monumentos

Ilustración 26: Boletín de suscripción para financiar el monumento a los caídos en Llodio, Álava. AGA, 21/02386.

FALANGE ESPAÑOLA TRADICIONALISTA
Y DE LAS J. O. N. S.
HERNANI

18

Teniendo en proyecto un monumento en memoria de los mártires de Hernani que han caido en defensa de los ideales de esta Santa Cruzada, esperamos de su patriotismo contribuya a sufragar los gastos de la construcción e inauguración del mismo.

A este fin, le rogamos tenga la bondad de llenar el boletín adjunto, que pasarán a recoger al día siguiente de su entrega.

Por Dios, por España y su Revolución Nacional Sindicalista.

21 Mayo 1.938 II Año Triunfal

LA COMISION.

ARCHIVO MUNICIPAL HERNANI

D. Ayuntamiento de Hernani *, con domicilio en* ... *desea contribuir con* 1.500 - *Ptas. para sufragar los gastos del monumento en memoria de los mártires de Hernani.*

(Firma.)

Acordado en sesión del 28 de mayO
EL SECRETARIO,

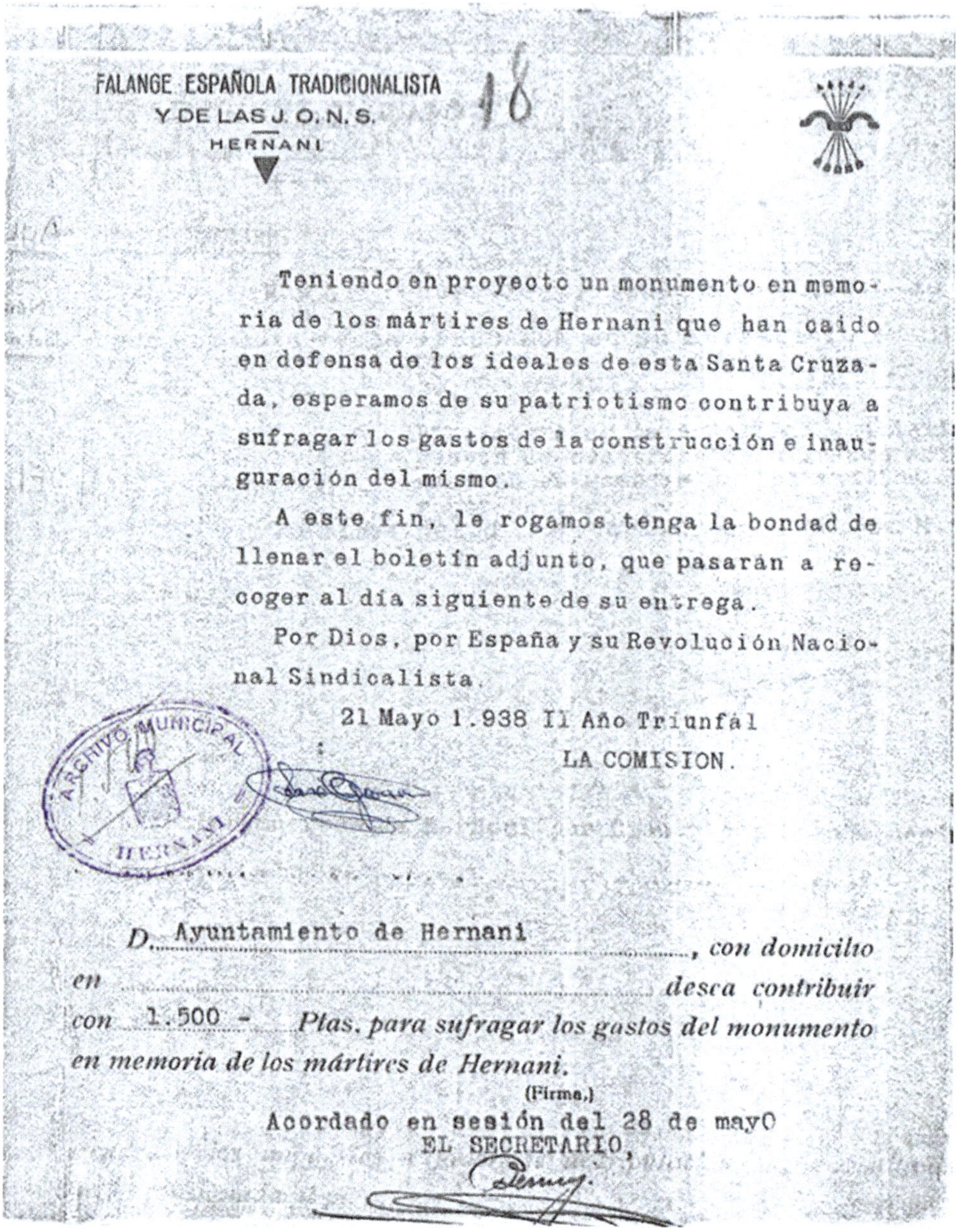

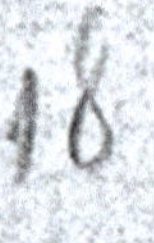

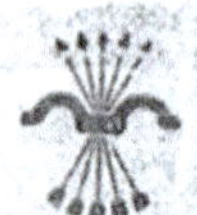

Ilustración 27: Archivo municipal de Hernani, (HUA//HISTORIKOA/E-5-II-27/5.Guerra de 1936. Monumento a los caídos por España). Solicitud para la contribución económica del monumento.

Anexo IV: Monumento a los caídos en Mahón

Ilustración 28: Monumento a los caídos en Mahón.

Fuente:https://www.menorca.info/menorca/local/2019/06/24/660059/censo-simbolos-franquistas-senala-monolito-mao-para-reubicacion.html

lustración 29: Monumento a los caídos en la actualidad. Fuente: Archivo fotográfico personal

Anexo V:
Monumentos a los caídos de pequeñas localidades que poseen una fuerte simbología religiosa

Ilustración 30: Monumento a los caídos en Urda, Toledo. Fuente: Archivo Fotográfico personal.

Ilustración 31: Placa a los caídos en Fuente del Arzobispo, Toledo. Fuente: Archivo fotográfico personal.

Anexo VI:

Algunos ejemplos de monumentos a los que se les ha retirado la simbología franquista

Ilustración 32: Monumento a los caídos en el cementerio de Goiriz, Lugo. Fuente: archivo fotográfico personal.

Ilustración 33: Monumento a los caídos en Osorno, Palencia. Fuente: archivo fotográfico personal.

Ilustración 34: Cruz de los caídos en Calatayud, Zaragoza. Fuente: Archivo fotográfico personal

Ilustración 35: Cruz de los caídos en Catral, Alicante. Fuente: archivo fotográfico personal.

Anexo VII:
Monumentos con simbología falangista

Ilustración 36: Monumento a los caídos de Segurilla, Toledo. Fuente: Archivo fotográfico personal (15-9-2015).

Ilustración 37: Monumento a los caídos en Ocaña, Toledo. Fuente: Archivo fotográfico personal (8-10-21)

Anexo VIII

Monumentos que poseen una mesa de altar para la celebración de la misa

Ilustración 38: Monumento a los caídos en Santa Eulalia del Campo, Teruel. Fuente: Archivo fotográfico personal (23-9-2019).

Ilustración 39: Monumento a los caídos en Fuentidueña de Tajo, Madrid. Fuente: Archivo fotográfico personal (25-5 2019).

Ilustración 40: Monumento a los caídos en Belalcázar, Córdoba. Fuente: Archivo fotográfico personal (21-9-2020).

Ilustración 41: Monumento a los caídos en Alconera, Badajoz. Fuente: Archivo fotográfico personal (18-3-2017).

Anexo IX: Diversos ejemplos de monumentos a los caídos

Ilustración 42: Monumento a los caídos en Albacete. Fuente: Archivo fotográfico personal (6-12-18).

Ilustración 43: Monumento a los caídos en Arganda del Rey. Fuente: Archivo fotográfico personal (6-4-22)

Ilustración 44: Monumento a los caídos en Ahillones, Badajoz. Fuente: Archivo fotográfico personal (19-3-2018).

Ilustración 45: Monumento a los caídos en Alar del Rey, Palencia. Fuente: Archivo fotográfico personal (30-11-22)

Ilustración 46: Monumento a los caídos en Carcagente, Valencia. Fuente: Archivo fotográfico personal (16-1-19)

Ilustración 47: Monumento a los caídos en Cabeza de Buey, Badajoz. Fuente: Archivo fotográfico personal (21-9-10).

Ilustración 48: Monumento a los caídos en Casas de Ves, Albacete. Fuente: Archivo fotográfico personal (2-9-19).

Ilustración 49: Monumento a los caídos en Épila, Zaragoza. Fuente: Archivo fotográfico personal (5-2-17)

Ilustración 50: Monumento a los caídos en Corella, Navarra. Fuente: Archivo fotográfico personal (2-11-13).

Ilustración 51: Monumento a los caídos en Cervera de Pisuerga, Palencia. Fuente: Archivo fotográfico personal (25-8-14).

Ilustración 52: Monumento a los caídos en Moreda de Aller, Asturias. Fuente: Archivo fotográfico personal (1-5-18).

Ilustración 53: Monumento a los caídos en Osorno, Palencia. Fuente: Archivo fotográfico personal (22-8-15).

Ilustración 55: Monumento a los caídos en Santa Cruz de la Zarza, Toledo. Fuente: Archivo fotográfico personal (4-1-17).

lustración 56: Monumento a los caídos en Santa Cruz de Tenerife, Canarias. Fuente: Archivo fotográfico personal (16-2-22).

Ilustración 57: Monumento a los caídos en Santander. Fuente: Archivo fotográfico personal (1-12-22).

Ilustración 58: Monumento a los caídos en Úbeda, Jaén. Fuente: Archivo fotográfico personal (30-12-16).

Ilustración 59: Monumento a los caídos en Vigo, Pontevedra. Fuente: Archivo fotográfico personal (5-7-17).

Ilustración 60: Monumento a los caídos en Íscar, Vallado-lid. Fuente: Archivo fotográ-fico personal (24-5-18).

Ilustración 61: Monumento a los caídos en Calzada de Oropesa, Toledo. Fuente: Archivo fotográfico personal (15-9-16).

Anexo X: Inauguraciones de los monumentos a los caídos en Arenas de Iguña y Valls.

Ilustración 62: Fotografía de la inauguración del monumento a los caídos en Arenas de Iguña, Cantabria. AGA, 21/05373.

Ilustración 63: Fotografía de la inauguración del monumento a los caídos en Arenas de Iguña, Cantabria. AGA, 21/05373.

Ilustración 64: Fotografía de la inauguración del monumento a los caídos en Arenas de Iguña, Cantabria. AGA, 21/05373.

Ilustración 65: Fotografía del jefe Provincial dando lectura a los nombres de los caídos en la inauguración del monumento a los caídos en Arenas de Iguña, Cantabria. AGA, 21/05373.

Ilustración 66: Fotografía de la inauguración del monumento a los caídos en Valls, Tarragona. AGA, 21/05374.

Ilustración 67: Fotografía de la inauguración del monumento a los caídos en Valls, Tarragona. AGA, 21/05374.

Ilustración 68: Fotografía de la inauguración del monumento a los caídos en Valls, Tarragona. AGA, 21/05374.